"十四五"职业教育国家规划教材
"十三五"职业教育国家规划教材
新编21世纪高等职业教育精品教材
智慧财经系列

财务会计
（第七版）

王国生◎编著

中国人民大学出版社
· 北京 ·

图书在版编目（CIP）数据

财务会计 / 王国生编著．-- 7 版．-- 北京：中国人民大学出版社，2025. 1. --（新编 21 世纪高等职业教育精品教材）. -- ISBN 978-7-300-33039-6

Ⅰ. F234. 4

中国国家版本馆 CIP 数据核字第 2024UQ2697 号

“十四五”职业教育国家规划教材
“十三五”职业教育国家规划教材
新编 21 世纪高等职业教育精品教材·智慧财经系列
财务会计（第七版）
王国生　编著
Caiwu Kuaiji

出版发行	中国人民大学出版社		
社　　址	北京中关村大街 31 号	邮政编码	100080
电　　话	010－62511242（总编室）		010－62511770（质管部）
	010－82501766（邮购部）		010－62514148（门市部）
	010－62515195（发行公司）		010－62515275（盗版举报）
网　　址	http://www. crup. com. cn		
经　　销	新华书店		
印　　刷	北京溢漾印刷有限公司	版　　次	2004 年 4 月第 1 版
开　　本	787 mm×1092 mm　1/16		2025 年 1 月第 7 版
印　　张	22. 5	印　　次	2025 年 2 月第 2 次印刷
字　　数	543 000	定　　价	55. 00 元

前　言

2016年12月8日，习近平总书记在全国高校思想政治工作会议上的讲话中强调，各类课程都要与思想政治理论课同向同行，形成协同效应，把思想政治工作贯穿教育教学全过程。党的二十大报告指出，要“深化教育领域综合改革，加强教材建设和管理”。

本书是职业教育国家规划教材，它不仅承担着传递丰富的财务会计专业知识、提高和强化职（执）业能力的任务，还是培育和弘扬社会主义核心价值观的重要载体。本次教材系统更新的主要内容包括：

第一，将马克思主义立场、观点、方法贯穿于教材始终，体现习近平新时代中国特色社会主义思想，全面落实立德树人要求，每章增加了素养目标，将专业培养目标与德育教育目标融为一体，利用教材平台，通过潜移默化、润物无声的方式，实现全面传授专业知识与系统德育教育无缝对接。

第二，在每章末增加了素养园地，以案例形式并结合会计职业特点，全面反映了会计信息在经济发展、营商环境和宏观经济决策方面的作用。会计职业所承担的这种社会公共责任，也使其提供会计信息的意义远远超越会计活动本身。通过案例分析，学生能深刻理解会计职业，激发全面、系统和扎实地掌握专业知识的热情；同时，在案例中有机融入德育教育元素，以加强社会主义核心价值观、中华优秀传统文化等先进文化教育为宗旨，实现专业知识与德育教育的有机交融。

第三，为适应产业升级和行业发展，以及移动互联网、云计算、云会计和财务共享中心区块链等应用的需要，对教材中的相关数据和内容进行了更新，融入了新知识、新技术和新方法。

编者

“财务会计”
教学大纲

目　录

第一章 总　论

学习目标

本章阐述了财务会计的基本理论与基本方法。

通过本章的学习，学生应掌握财务会计的特征、财务会计的目标，以及财务会计基础，了解财务会计假设，掌握财务会计要素、会计信息质量要求，以及企业会计准则的内容。

素养目标

“财务会计”课程承担着培养学生如何生成和提供财务会计信息、维护国家财经纪律等重要职责。为此，在财务会计教学、传授专业知识过程中，要根据党的二十大报告提出的“培养造就大批德才兼备的高素质人才”精神，实现以下目标：

1. 教师通过讲授财务会计的特征等内容，使学生全面理解财务会计信息的重要性，加深对会计职业的认识，增强自觉提升专业知识水平的能力，深刻领悟职业操守的明确内涵和意义。

2. 通过对“重要性”“谨慎性”“实质重于形式”等会计理念的讲解，教师应将这些理念的内涵及所蕴含的正确的价值观传授给学生，深入挖掘专业课程中的思想政治元素，探索专业课程的思想政治建设之路，有效地实现专业知识与思政理论的协同效应。

3. 财务会计准则是从事财务会计工作的标准和规则。教师通过对财务会计准则的讲授，让学生懂得“没有规矩不成方圆”的道理，培养学生正确的价值观，增强学生依法办事的意识。

导　读

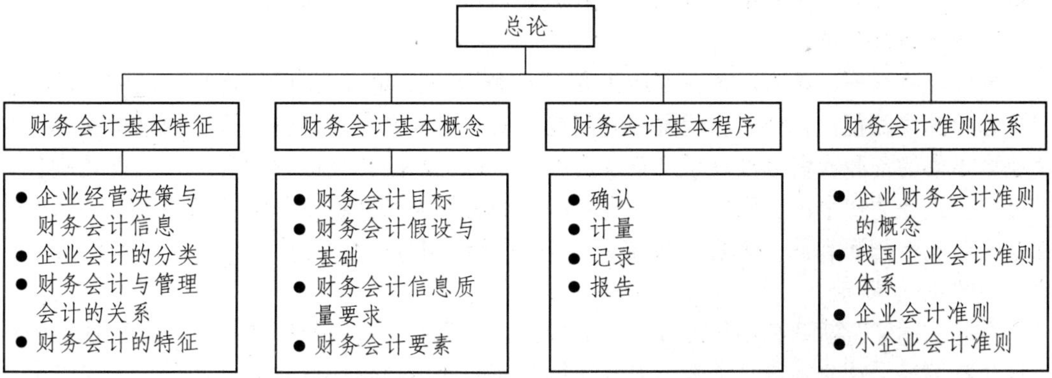

框图说明：

会计是一门既传统又与时俱进的学科，也是一项应用十分广泛的管理活动。按应用范围和服务对象不同，会计可分为企业会计、政府会计和非营利性组织会计。企业会计又分为财务会计、成本会计和管理会计。以企业外部投资者、债权人等为主要服务对象，以定期提供财务报表为主要手段，是财务会计的重要特征。开展财务会计工作要明确其目标，向财务会计报告使用者提供有关会计信息，反映企业管理层受托责任履行情况，是财务会计的基本目标。财务会计的基本程序包括会计确认、计量、记录和报告。人们从事财务会计活动必须遵守一定的规则，即会计准则。

第一节　财务会计基本特征

一、企业经营决策与财务会计信息

现代社会是一个错综复杂的有机组合体，其生存与发展既离不开企业财富的支持，也需要非营利性组织提供的教育、文化、医疗等服务；同时，更需要政府的指导、管理、协调、监督、服务、维护和保障。因此，在社会主义市场经济环境下，我国的社会组织是由企业、政府及其组织、非营利性组织三部分构成的。

企业是依法设立的，以营利为目的，从事生产、流通、服务等经营活动并实行独立核算的社会经济组织。企业是社会经济的基本单位，可以按照不同的标准进行分类，其中与会计最为密切的分类是按企业的组织形式分为个人独资企业、合伙企业和公司制企业三类。三种类型企业的定义和特点如图 1－1 所示。

企业是商品制造者和劳务提供者，同时也是社会财富的创造者。追求盈利是企业一切经营活动的目标，从事生产、流通和服务等活动是企业的基本职能，企业通过这些活动与消费者或其他社会组织发生经济联系，在满足社会需要的同时获得利润、增加社会财富，并有效地履行社会责任。

现代经济学理论认为，企业本质上是“一种资源配置的机制”。获取一定的资源，实现资源的优化配置，是企业实现盈利的前提。从一定程度上讲，追求盈利的过程实际上是企业将筹集的资源或资金投资于经营性资产，通过资产的有效运营和管理，实现获利目标的过程。企业的资金源于投资者，实现的净利润应作为投资收益分配给投资者，或暂时留存企业形成未分配利润。筹资、投资、运营以及利润分配构成了企业经营活动的主要内容，如图 1－2 所示。

企业上述经营活动必然与投资者、债权人、政府及其有关部门和社会公众形成一定的经济利益关系。这些利益相关者，通常根据企业所处的经营环节和自身的目的，对其面临

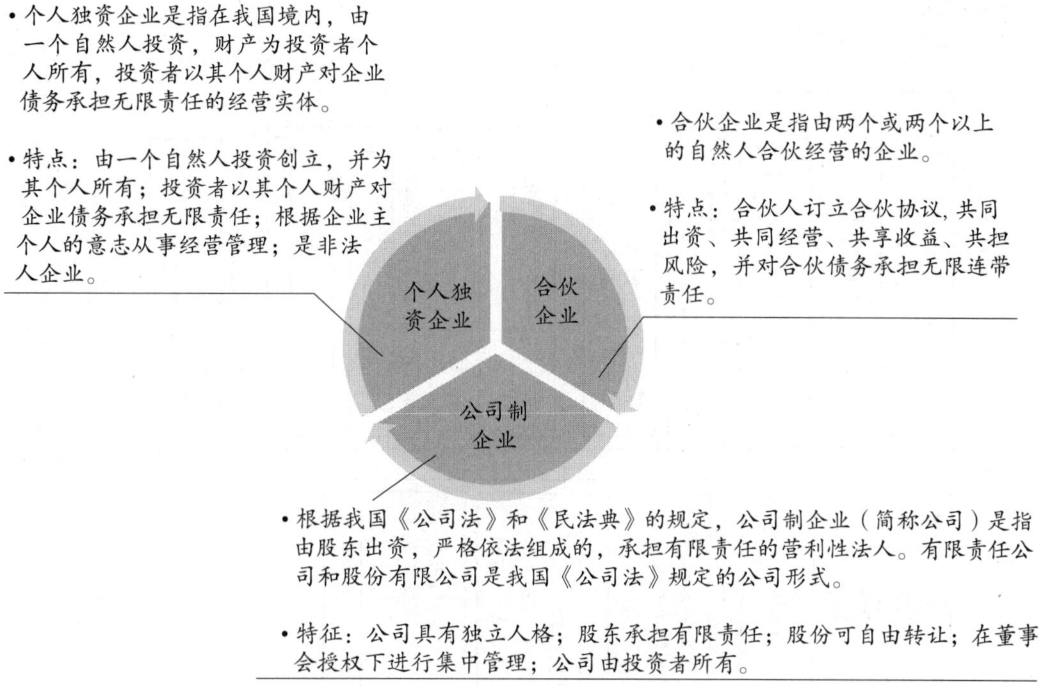

图 1-1　三类企业的定义和特点

的下列问题做出决策：

（1）筹资过程。筹资是指向现有和潜在的投资者、资金提供者（债权人等）寻求资金的支持，从而为企业获取并保持必要的财务资源。筹资的过程和结果是财务报告的重要内容，企业通过提供筹资信息，可以使投资者和债权人等评估企业的实际业绩、预期业绩以及面临的风险，有助于投资者做出是否提供资金、提供多少资金的决策，债权人根据风险评估信息，做出是否提供信贷资金的决策等。管理层也需要通过所有者、长期债权人和短期债权人的资金比例关系做出相应的筹资决策。

（2）投资过程。投资是指以收回货币资金并取得收益为目的而发生的资金流出。其实质是企业将筹集的资金在不同资产之间进行合理的配置。对内投资和对外投资是资产配置的两种方式。对内投资是企业把筹集到的资金用于本企业的资产上，如购置固定资产、无形资产等；对外投资是企业把筹集到的资金用于购买股票、债券、出资组建新公司或与其他企业联营等。投资的类型、规模、结构、回报水平等是企业管理层以及出资人、债权人等利益相关者特别关注的信息。

（3）经营运作过程。投资（股票、债券投资除外）只有通过经营活动才能产生回报。采购、生产、销售、管理、研发等是企业的主要经营活动。经营环境的不确定性，使企业管理层需要及时分析和预测有关经济活动信息，如企业支付账款的能力、产品制造成本的高低、生产线盈利状况等，据以做出维持或调整生产经营的决策；供应商也需要获得经营状况信息，做出是否赊销以及赊销额度的决策；客户需要获得关于企业持续经营的信息，做出是否维系彼此经济业务往来的决策；客户也需要企业提供对其产品的售后服务和保修能力等方面的信息。

（4）利润形成与分配过程。利润是投资、筹资、运营等有效管理的集中体现，也是利润分配的来源。利润分配是指在企业赚得的利润中，确定有多少作为股利发放给投资者，

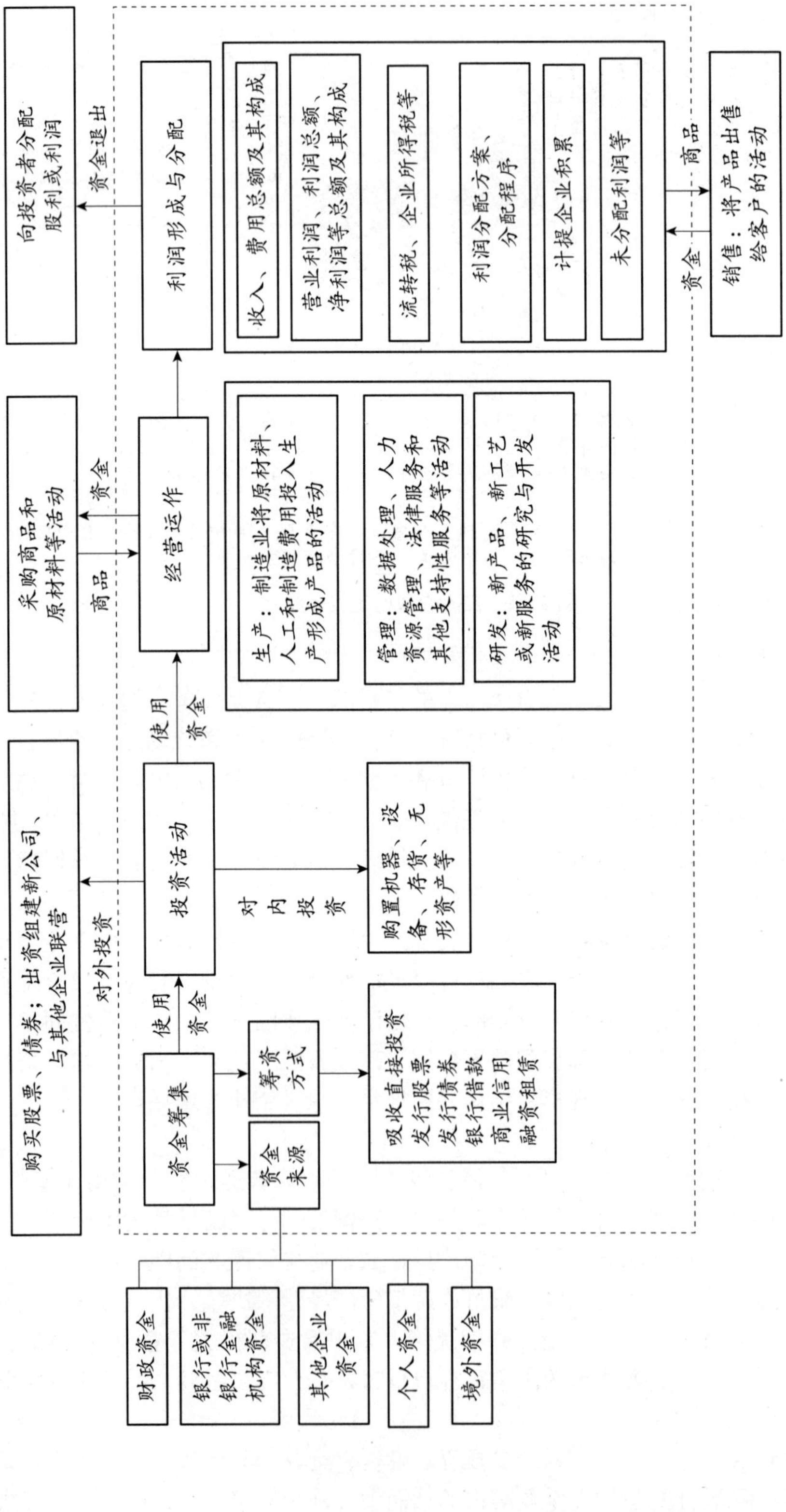
财政资金
银行或非银行金融机构资金
其他企业资金
个人资金
境外资金
资金来源
资金筹集
筹资方式
吸收直接投资
发行股票
发行债券
银行借款
商业信用
融资租赁
使用资金
投资活动
对外投资
购买股票、债券；出资组建新公司、与其他企业联营
对内投资
购置机器、设备、存货、无形资产等
使用资金
经营运作
商品
资金
采购商品和原材料等活动
生产：制造业将原材料、人工和制造费用投入生产形成产品的活动
管理：数据处理、人力资源管理、法律服务和其他支持性服务等活动
研发：新产品、新工艺或新服务的研究与开发活动
利润形成与分配
资金退出
向投资者分配股利或利润
收入、费用总额及其构成
营业利润、利润总额、净利润等总额及其构成
流转税、企业所得税等
利润分配方案、分配程序
计提企业积累
未分配利润等
资金
商品
销售：将产品出售给客户的活动

图1-2 企业的经营活动

有多少留在企业作为再投资。在现实生活中，利润分配是在种种制约因素下进行的，管理层在制定最佳利润分配方案时，需要获得众多的信息，如企业盈利水平、积累多少和盈余稳定性、资产流动性、投资机会、债务状况等。同时，利润分配的依据、比例、方式等也是利益相关者关注的重要信息。

任何经营活动都离不开相关的决策，而决策正确与否都会影响企业的发展。美国著名管理学家赫伯特·西蒙曾指出："决策是管理的心脏，管理是由一系列决策组成的，管理就是决策。"企业的决策依赖于信息的支撑，经营决策的正确与否，取决于会计能否提供可靠、相关的财务信息。

会计是为了使信息使用者能够做出有根据的判断和决策而确认、计量和传递经济信息的程序。[①] 会计信息对"决策的有用性"是现代会计的一个重要特点。现代企业，尤其是公司制企业的经营活动都是在受托责任关系下运行的。企业的委托人（如投资者、债权人、政府相关管理部门等）与受托人（企业的董事会、总经理、部门经理等）之间存在一定的委托受托关系。委托人将财产的经营管理权授予受托人之后，不再直接干预财产的具体经营管理，但受托人在获得财产的自主经营权和处置权的同时，担负着妥善保管财产并使其保值、增值，以及向委托人报告受托责任履行情况的义务。可见，利用财务报告向委托人如实反映受托责任履行情况（如企业经营业绩信息等）是现代会计的又一重要特点。财务报告在委托人和受托人之间起着桥梁作用，通过财务报告反映企业过去的经营状况、经营成果和现金流量。与社会组织分类相适应，会计分为企业会计、政府会计和非营利性组织会计三部分。一个社会的会计，总是以企业会计为主体，因为企业是会计应用的基本单位，并且企业会计处理的交易或事项在会计领域中最具代表性和典型性，财务报告所服务的对象也最为广泛，提供的财务信息也极为丰富。在会计发展的历史长河中，企业会计是会计实务和会计理论研究的最为基础的部分，企业会计实务的进步与理论的完善程度，代表了整个会计领域的发展水平。

二、企业会计的分类

企业会计可以按照不同的标准进行分类，按其应用范围和服务对象不同，可将企业会计分为财务会计、成本会计和管理会计。

（一）财务会计

概括地讲，财务会计是指为企业投资者、债权人等利益相关者提供经济决策所需信息的会计。具体来说，财务会计是以权责发生制为基础，依据财务会计准则，对企业发生的各项经济业务或者事项进行确认、计量、记录，通过财务报告反映和监督企业的财务状况、经营成果和现金流量等情况，从而帮助财务报告使用者做出各种与企业相关的经济决策。

财务会计活动如图 1-3 所示。

根据企业经营活动的内容以及图 1-3 可知，企业接受了包括国家在内的所有投资者

---

① 美国会计学会．基本会计理论．北京：中国商业出版社，1991：2.

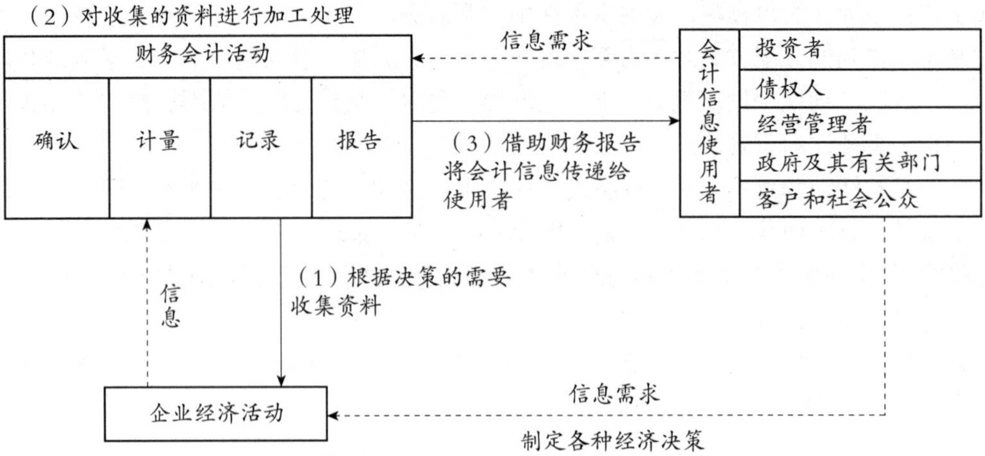

图 1-3 财务会计活动

和债权人的投资，彼此之间以资金为纽带形成了一定的经济利益关系。财务会计根据不同会计信息使用者的信息需求，通过对企业经济活动的确认、计量、记录和报告，满足各主要方面对企业会计信息的需求。

(1) 投资者。在企业所有权与经营权相分离的情况下，投资者不直接参与企业的经营管理，但他们十分关心投资的风险和报酬，需要利用会计信息评估企业现金流量的金额、时间、不确定性以及支付股利的能力等，从而做出是否投入或者转让、撤回股票或者股权的决策。

(2) 债权人。他们需要根据会计信息评价企业的偿债能力和财务风险，评估企业能否如期支付贷款本金及其利息，能否如期支付所欠购货款等。

(3) 政府及其有关部门。它们需要利用会计信息来监管企业的有关活动、制定税收政策、进行税收征管和国民经济统计等。

(4) 经营管理者。他们需要根据会计信息制订企业目标和计划，实现资源的有效配置，管理销售、生产、采购、研发等经营活动。通过会计信息反映经营管理者取得的业绩以及受托责任履行情况。

(5) 客户和社会公众。客户希望通过企业披露的会计信息，了解企业的产品质量、价格结构和竞争力，以便制定是否继续购买企业产品的决策；社会公众需要企业披露其参与环境保护以及社会公益等活动信息，以便对企业履行社会责任进行评价和监督。

由于财务会计的服务对象主要是企业外部与企业有经济利益关系的各方，因此，财务会计又称为对外报告会计。

（二）成本会计

成本会计是以成本的计划、计算、分析、报告为中心，主要为企业内部提供经营决策所需的各种成本信息，并为反映企业资产和计算损益提供依据的管理活动。

成本会计是 19 世纪英国工业革命时期工厂制度的产物。工业革命的崛起，使工厂的规模不断扩充，生产技术迅猛发展，重型设备投资剧增，产品品种需求多样化，导致了经营管理者对产品成本信息产生极大关注。竞争的日趋激烈，科学技术、经济发展等诸多环境的变化，刺激了制造商对准确成本信息的全面需求。为了满足工厂管理者的需要，人们将账外的成本记录转入严密、科学的账簿体系之中，使成本的形成、积累与结转纳入复式簿记系统，实现了成本记录与会计记录的有机融合。成本会计的形成与发展，有助于企业正确计量存货和确定收益。

（三）管理会计

管理会计是指主要为企业内部经营管理者提供经营决策所需信息而进行的管理活动。它以企业生产经营活动的预测与决策、预算与控制、考核和业绩评价为主要内容，主要服务于企业内部管理的需要，并将财务与业务活动相融合，在企业规划、决策、控制和评价等方面发挥着重要的作用。

19 世纪下半叶至 20 世纪初，欧洲及北美洲等地区的工业化生产得到飞跃发展，竞争也日趋激烈。为了在竞争中求生存、谋发展，实现利润的最大化，一些企业将泰罗的科学管理理论广泛地应用于管理实践，以提高生产效率、降低成本费用，并将独立于会计系统之外的标准成本、预算控制和差异分析等技术方法与泰罗的科学管理理论直接融合，引入成本会计体系，使成本的预算、计算和控制有机地衔接，成本会计的工作重点也从初期的成本计量、记录和核算转向成本控制（标准成本系统的灵魂就在于控制）。“当人们的思想、行为开始由成本计量、记录方面转向成本控制方面的时候，管理会计创立便处于萌芽阶段。”①

成本会计和管理会计侧重于为企业内部经营管理服务，因此它们又被称为对内报告会计。管理会计与成本会计共同组成统一的管理会计系统（广义的管理会计），它们相辅相成，共同为企业内部使用者提供相关的管理信息。但两者的区别主要在于前者侧重于为管理的决策功能提供相关信息，着眼于利润最大化；后者侧重于为管理的控制功能提供相关信息，着眼于成本的最低化。②

三、财务会计与管理会计的关系

管理会计（包括成本会计）是从财务会计中分离形成的会计分支，它与财务会计既有联系又相互区别。首先，财务会计与管理会计的对象基本一致，即企业的经济活动及其发出的信息。其次，财务会计与管理会计所应用的原始资料很多是相同的。管理会计经常直接引用财务会计的凭证、账簿和报表资料进行分析研究；有时则根据这些资料形成各种内部报表，为企业内部经营管理服务。而财务会计有时也将原属于管理会计的内部报表，如现金流量表等，列入对外提供报告的范围。

财务会计与管理会计的分工不同，其区别如表 1-1 所示。

表 1-1 财务会计与管理会计的区别

区别的标志	财务会计	管理会计
提供信息的目的	向投资者、债权人及企业外部与其存在利益关系的各方传递企业财务状况、经营成果和现金流量等信息，帮助他们做出正确决策	帮助内部管理人员做出正确决策，以实现组织的目标

① 郭道扬．二十世纪会计大事评说（六）：二十世纪管理会计的产生与演进．财会通讯，1999（06）．

② 余绪缨．管理会计．沈阳：辽宁人民出版社，1996：11．

续表

区别的标志		财务会计	管理会计
服务对象		侧重于企业外部与其有经济利益关系的企业、单位或个人	主要是企业内部各级管理人员
关注重点		反映过去	面向未来
行为依据		有关法规、会计准则	内部管理层的需要，不受会计准则约束
程序与方法		固定程序，方法稳定、可选择性小	程序与方法灵活多样，具有较大的可选择性
职能定位		记录价值，属于“报账型会计”	重在“创造价值”，属于“经营管理型会计”
会计信息	特征	全面、系统、连续和综合的财务信息；主要是以价值尺度反映的定量资料，对精确度和真实性的要求较高，至少在形式上要绝对平衡	有选择的、部分的和不定期的管理信息；既包括定量资料，也包括定性资料；计量单位既可以使用货币单位，又可以选择实物量单位、时间量单位和相对数单位
	质量要求	强调数据的客观性和可验证性	强调相关性
报告	时间跨度	不灵活，通常为1年、1个季度或1个月	灵活，从几小时到10～15年不等
	空间跨度	反映企业整体	反映不同产品、部门、地区或战略
	性质	财务报告	财务报告或非财务报告
	格式	统一格式	没有统一格式

四、财务会计的特征

与管理会计相比，财务会计的特征主要表现在下述几方面。

（一）对外提供通用的财务报表

财务会计的主要任务是向企业外部与企业存在经济利益关系的各方提供财务会计报告，满足外部会计信息使用者的需要。由于企业外界利益相关者众多，他们所需要的决策信息千差万别，因此，财务会计并不是也不可能针对某一外部使用者提供财务会计报告，满足其个别决策的需要，而是通过定期编制通用的资产负债表、利润表、现金流量表和所有者权益变动表等财务报告，向企业外部使用者传递企业财务状况、经营成果和现金流量等会计信息，供其据以衡量企业生产经营活动的成败，判断经营管理人员受托责任履行情况，评价企业财务状况是否良好、资源配置是否合理、资金调度是否灵活，从而预测企业生产经营的前景。

（二）以会计准则指导和规范会计行为

为使财务会计报告能够取信于企业外部的投资者、债权人和政府有关部门，防止企业内部管理层在财务报告中弄虚作假和主观臆断，财务会计必须严格遵循会计准则。在我国，会计准则属于法规体系组成部分，具有法律效力。它告诉人们应将哪些经济资源确认为资产，应将哪些经济债务记录为负债，应将哪些资产和负债的变动确认、计量和报告，何时确认、如何计量，应编制哪些财务报表，在报表中披露哪些信息等。会计准则可以规范会计确认、计量、记录和报告等行为，保证财务会计信息质量，满足财务会计信息使用者的需要。

（三）运用传统的会计方法和程序组织会计活动

财务会计是从传统会计演化而来，它沿用了传统会计中有关确认、计量、记录等方法及程序，对企业的经济活动进行有效的反映和监督；同时，在传统会计的基础上又进一步发展，使传统会计的方法、程序提高到一定的会计理论高度。主要表现在以下几方面：

（1）继承权责发生制确认基础，在此基础上做到以权责发生制为主并有选择地采用收付实现制。按照会计准则的规定，在提供资产负债表、利润表的同时，提供现金流量表就是有利的佐证。

（2）继承历史成本计量属性，在此基础上同时采用重置成本、现值、可变现净值和公允价值等计量属性。

（3）继承复式记账原理记录经济业务，但记录方式呈现电算化逐步替代手工记账的趋势。

（4）继承将财务报表作为对外提供信息的主要方式，同时增加了其他报告内容。

第二节 财务会计基本概念

一、财务会计目标

财务会计目标是财务会计期望达到的目的或境界，它是财务会计中最基本、最原始的概念，其回答的主要问题是：谁是财务会计信息的使用者？财务会计信息使用者需要什么信息？等等。这一基本概念贯穿于财务会计理论的始终，它既是财务会计活动的起点、引领财务会计行为的导向，也为制定财务会计规范提供依据，还是评价、鉴定财务会计工作质量的最终标准。关于财务会计目标，我国《企业会计准则——基本准则》表述如下：“财务会计报告的目标是向财务会计报告使用者提供与企业财务状况、经营成果和现金流量等有关的会计信息，反映企业管理层受托责任履行情况，有助于财务会计报告使用者作出经济决策。”其基本内容如图 1-4 所示。

（一）提供财务会计信息的目标

财务会计作为人类一项有意识的社会实践活动，向投资者、债权人、政府及其有关部门和社会公众提供财务会计信息，其目标是反映企业管理层受托责任履行情况，有助于财务会计报告使用者做出经济决策。

（二）财务会计信息的使用者

财务会计信息的使用者可分为两类：一是内部使用者，如企业内部经营管理者、企

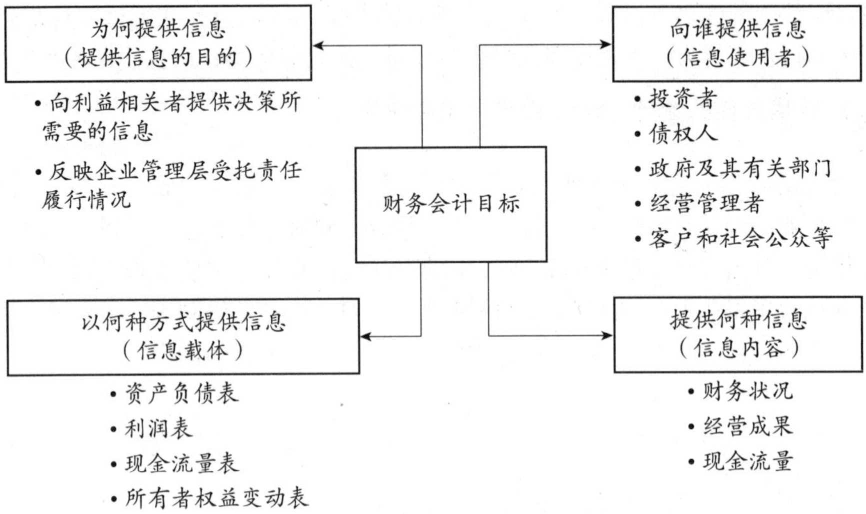

图 1-4　财务会计目标

业职工及工会组织；二是外部使用者，是指与企业有一定的利益关系，但不参与企业经营活动的单位或个人，如投资者、债权人、政府及其有关部门、企业客户、社会公众等。投资者、债权人、政府及其有关部门、企业内部经营管理者是财务会计信息的主要使用者。

（三）财务会计信息的内容

财务会计应提供的信息内容如下：

（1）与各类经济决策相关的信息。财务会计提供与各类经济决策相关的信息主要包括：第一，财务状况信息，即企业资产、负债、所有者权益及其结构等方面的信息。提供与财务状况变动相关的信息，有助于评价企业在报告期内的投资、筹资和经营活动的过程及结果。第二，经营成果信息，即企业某一时期收入扣除费用形成的利润或亏损等方面的信息。利用经营成果信息有助于预测企业在现有资源基础上产生现金流量的能力，还有助于判断企业利用新增资源可能取得的效果。第三，现金流量信息。人们从事投资、信贷和类似活动，主要是为增加其现金资源。财务会计系统能够提供企业有关销货款、利息收入、债券和借款到期还款等现金流量的数额、时间和不确定性等信息，有助于投资者、信贷者以及其他有关方面对未来现金流量方案做出合理的决策。

（2）与企业管理层受托责任履行情况有关的信息。财务会计提供的信息还可以满足企业投资者、债权人等方面了解各级管理层保管、使用受托资产情况的需要，据此评价管理层的责任或业绩，做出是否需要调整投资或者信贷政策、续聘还是调换管理者等决策。

（四）财务会计信息的提供方式

财务会计对企业经济活动的反映，是以财务报表形式传输给使用者的。财务报表包括报表和附注两部分。其中，报表包括资产负债表、利润表、现金流量表和所有者权益变动表；附注是针对财务报表本身难以充分表达或无法表达的内容、项目或数额所做的补充说明、详细解释或陈述。

二、财务会计假设与基础

（一）财务会计假设

导入案例

张林在市区租房居住，2×24 年 7 月，他在市区投资开了一家服装店，生意不错。年底，一位朋友问他服装店开业半年是赚钱还是赔钱，张林说："这笔账很难算。"朋友开玩笑地讲："你说实话吧，我不向你借钱！"随后，张林向朋友透露了服装店的部分现金流水情况，他说："店是自己开的，店里一旦缺钱，我会通过银行转账或跟朋友借补充资金，家里临时用钱从店里拿，朋友喜欢的服装也到店里拿，并且没有单独记账。"朋友明白了这笔账难算的原因。

思考：张林为何很难回答朋友所提的问题？

财务会计假设，是指会计人员对所处变化不定的会计环境做出合乎情理的判断。依据这些假设，会计人员才能确定会计确认、计量和报告的时间范围、空间范围、内容以及程序和方法。否则，财务会计工作无法进行。财务会计假设包括会计主体、持续经营、会计分期和货币计量四项，其基本内容如表 1-2 所示。

表 1-2 财务会计假设

会计假设	内涵	作用
会计主体	会计确认、计量和报告的经济活动是一个企业或单位的经济活动，这个企业或单位的经济活动要与其他企业或单位的经济活动相区别，也要与企业或单位出资者个人的经济活动相区别。	规定了会计活动的空间范围和服务对象，明确了会计人员提供信息的界限。
持续经营	会计确认、计量和报告企业的经济活动时假定企业是无限期持续经营的，或者说企业在可以预见的将来不会破产清算。	为正常会计处理提供理论基础。据此，资产可按历史成本计价，并对资产进行折旧或摊销，债权债务按正常情况结算。
会计分期	会计确认、计量和报告企业的经济活动，需要把企业持续不断的生产经营过程划分为若干较短的等距会计期间，以便分期结算账目，按期编制财务报表。	如果没有会计分期假设，本期和非本期、权责发生制和收付实现制、配比、待摊和预提（应计）等概念也就无从谈起，也就不可能定期编制财务报表。
货币计量	会计确认、计量、记录和报告均以货币作为计量单位，并且假定币值是稳定不变的。	能够综合、全面地反映企业的财务状况和经营成果。

上述四项财务会计假设具有相互依存、相互补充的关系。会计主体确立了会计活动的空间范围，持续经营与会计分期确立了会计活动的时间长度，而货币计量则为会计提供了必要手段。

【提醒您】

会计主体，可以是独立法人，也可以是非法人（独资与合伙企业一般不具备法人资格，但在会计上将其视为会计主体）；可以是一个企业，也可以是企业内部某一单位或企业中的一个特定的部分（如企业的分公司、企业设立的事业部）；可以是单一企业，也可以是由若干具有独立法人资格的企业所组成的企业集团。

会计期间是指在会计工作中，为核算企业生产经营活动所规定的起讫日期。每年1月1日至12月31日为一个会计年度，短于一个完整的会计年度的报告期间为中期。中期可以是一个月、一个季度或者半年，也可以是其他短于一个会计年度的期间。

（二）财务会计基础

在财务会计中，确认一个会计期间的收入、费用，从而确定其损益的标准，称为财务会计基础。财务会计基础分为权责发生制和收付实现制。

（1）权责发生制，是指以取得收取款项的权利或支付款项的义务为标志来确定本期收入和费用的会计核算基础。凡是当期已经实现的收入和已经发生的或应当负担的费用，不论款项是否收付，都应当作为当期的收入和费用；凡是不属于当期的收入和费用，即使款项已在当期收付，也不应当作为当期的收入和费用。

为了更加真实、公允地反映特定会计期间的财务状况和经营成果，《企业会计准则——基本准则》明确规定，企业在会计确认、计量和报告中应当以权责发生制为基础。以权责发生制确认收入与成本费用，能够准确地反映特定会计期间真实的财务状况及经营成果。

（2）收付实现制，是指以现金的实际收付为标志来确定本期收入和支出的会计核算基础。凡是当期实际收到的现金收入和发生的支出，均应作为当期的收入和支出；凡是不属于当期的现金收入和支出，均不应作为当期的收入和支出。目前，我国政府会计中的预算会计采用收付实现制。

例 1-1

M公司为提供安装修理服务的专业公司。2×24年12月，该公司发生的有关交易或事项（不考虑增值税）如下：

（1）用银行存款预付2×25年第一季度库房租金45 000元。

（2）通过银行转账支付某公司代垫的本年10月的水电费5 000元。

（3）为顾客提供设备安装服务收到现金12 000元，安装期限为三个月。截至12月31日已完成安装任务的1/3。

（4）收到甲公司上月所欠的房屋修理费13 500元。

（5）为乙公司装修房屋，应收装修费18 000元，尚未收到。

（6）用现金支付应由本月负担的职工薪酬36 000元。

（7）年末，计算本月应交燃气费4 000元，尚未支付；为丙公司装修房屋已完工（11月开工），确认装修收入为75 000元，已于11月预收；预收丁公司装修款50 000元，预定下月初开始装修。

M公司根据上述资料，分别采用权责发生制和收付实现制确定的该公司2×24年12月经营成果如下：

	权责发生制	收付实现制
收入	4 000+18 000+75 000=97 000	12 000+13 500+50 000=75 500
费用	36 000+4 000=40 000	45 000+5 000+36 000=86 000
收益	97 000−40 000=57 000	75 500−86 000=−10 500

三、财务会计信息质量要求

财务会计信息质量要求，是指财务报告提供的会计信息对使用者决策有用而应具备的基本特征。财务报告是企业向使用者传送财务信息的工具，为了使企业财务报告传送的信息发挥其应有的作用或达到其应有的效果，企业财务报告传送的信息必须具有某些质量特征。《企业会计准则——基本准则》规定的财务会计信息质量要求如图1-5所示。

由图1-5可见，信息质量要求是一组具有内在逻辑的动态性概念体系，其价值在于回答什么样的会计信息才算有用或有助于决策。我国《企业会计准则——基本准则》规定的这八项信息质量要求不是等量齐观、同等对待的，它们有主次之分，即分为首要质量要求和次要质量要求两大类。

（一）首要质量要求

会计信息的首要质量要求包括可靠性、相关性、可理解性和可比性四项。首要，顾名思义，是指摆在第一位或最重要、最基本的信息质量要求。任何一项会计信息都必须具有以上四项质量特征，缺一不可；否则，这种会计信息就是无用的，甚至是有害的。

（二）次要质量要求

会计信息的次要质量要求包括实质重于形式、重要性、谨慎性和及时性四项。它们是对可靠性、相关性、可理解性和可比性的补充和完善，尤其是在对某些特殊交易或者事项进行处理时，需要根据这些信息质量要求来把握其会计处理原则。

四、财务会计要素

财务会计要素，是对财务会计对象的基本分类，是确认、计量和报告某一会计主体财务状况，确定经营成果的基本单位，也是确定财务报表结构和内容的基础。《企业会计准则——基本准则》规定，会计要素按照其性质分为资产、负债、所有者权益、收入、费用和利润，其中，资产、负债和所有者权益是企业财务状况的静态反映，也可视为资产负债表要素；收入、费用和利润从动态方面反映企业的经营成果，也可视为利润表要素。企业利用这些会计要素，可以从静态和动态两个方面为投资者等财务报告使用者提供有价值的会计信息。

财务会计信息质量要求	首要质量要求	可靠性	企业应当以实际发生的交易或者事项为依据进行会计确认、计量和报告，如实反映符合确认和计量要求的各项会计要素及其他相关信息，保证会计信息真实可靠、内容完整。	
		相关性	企业提供的会计信息应当与财务会计报告使用者的经济决策需要相关，有助于财务会计报告使用者对企业过去、现在或者未来的情况做出评价或者预测。	
		可理解性	企业提供的会计信息应当清晰明了，便于财务会计报告使用者理解和使用。	
		可比性	企业提供的会计信息应当具有可比性。	同一企业不同时期发生的相同或者相似的交易或者事项，应当采用一致的会计政策，不得随意变更。确需变更的，应当在附注中说明。
				不同企业发生的相同或者相似的交易或者事项，应当采用规定的会计政策，确保会计信息口径一致、相互可比。
	次要质量要求	实质重于形式	企业应当按照交易或者事项的经济实质进行会计确认、计量和报告，不应仅以交易或者事项的法律形式为依据。	
		重要性	企业提供的会计信息应当反映与企业财务状况、经营成果和现金流量等有关的所有重要交易或者事项。	
		谨慎性	企业对交易或者事项进行会计确认、计量和报告应当保持应有的谨慎，不应高估资产或者收益、低估负债或者费用。	
		及时性	企业对于已经发生的交易或者事项，应当及时进行会计确认、计量和报告，不得提前或者延后。	

图 1-5　财务会计信息质量要求

（一）反映财务状况的会计要素

财务状况是指企业一定日期的资产及权益情况，是资金运动相对静止时的表现。一个企业的财务状况可通过资产、负债和所有者权益三个会计要素得以反映。

1. 资产

资产是指企业过去的交易或者事项形成的、由企业拥有或者控制的、预期会给企业带来经济利益的资源。资产可以是有形的财产物资，如存货、固定资产，也可以是企业拥有的债权和权利，如应收款项、无形资产（专利、商标权）等。

（1）资产的特征。根据资产的定义，资产具有以下几个方面的特征：

第一，资产的内涵是经济资源，而经济资源是具有产生经济利益潜力的权利。经济利益是指资产直接或者间接导致现金和现金等价物流入，或者是可以减少现金或者现金等价物的流出。潜力可以来自企业日常的生产经营活动，也可以来自非日常活动。

第二，资产是企业因过去交易或事项而控制的现时经济资源。

只有过去的交易或者事项才能产生资产，企业预期在未来发生的交易或者事项不形成资产。拥有或者控制是指企业享有某项资源的所有权，或者虽然不享有某项资源的所有权，但该资源能被企业所控制。

如果某一项目预期不能给企业带来经济利益，那么就不能将其确认为企业的资产。前期已经确认为资产的项目，如果不能再为企业带来经济利益，也不能再确认为企业的资产。

第三，资产应当能以货币来计量。如果一项资源不能用货币计量，企业就难以确认和计量它的价值。

（2）资产的确认条件。将一项资源确认为资产，需要符合资产的定义，还应同时满足两个条件：一是与该资源有关的经济利益很可能流入企业；二是该资源的成本或者价值能够可靠地计量。

（3）资产的分类。企业资产按其流动性分为流动资产和非流动资产。流动资产是指可以在一年或者超过一年的一个营业周期内变现或耗用的资产，包括现金、银行存款、交易性金融资产、应收及预付款项、存货等；非流动资产是指除流动资产以外的其他资产，包括长期债权投资、长期股权投资、固定资产和无形资产等。

2. 负债

负债是指企业过去的交易或者事项形成的、预期会导致经济利益流出企业的现时义务。

（1）负债的特征。根据负债的定义，负债具有以下几个方面的特征：

第一，负债是过去的交易或事项所形成的当前的经济义务。只有过去的交易或者事项（如赊购商品、取得银行贷款等）才能形成负债，企业将在未来发生的承诺、签订的合同等交易或者事项，不能形成负债。

第二，履行该义务预期会导致经济利益流出企业。负债要在未来某个特定时间通过交付资产或提供劳务来清偿，也可以通过承诺新的负债或将负债转化为所有者权益作为了结。总之，清偿负债必然导致经济利益流出企业。

第三，负债必须能够用货币量度进行准确的计算或估计。一般而言，债务责任产生于合同，其金额和支付时间均已由合同规定。但在某些特殊情况下，债务责任可能要取决于未来的经营活动，但其金额必须能够被合理地判断和估计，如产品质量保证负债等。

（2）负债的确认条件。将一项现时义务确认为负债，需要符合负债的定义，还需要同时满足两个条件：一是与该义务有关的经济利益很可能流出企业。企业面临的经济环境瞬息万变，而预期会导致经济利益流出企业是负债的一个本质特征，但在实务中，履行义务所需流出的经济利益带有不确定性，通常需要依赖于大量的估计和判断。如果有确凿证据表明，与现时义务有关的经济利益很可能流出企业，就应当将其作为负债予以确认；反之，不应将其作为负债予以确认。二是未来流出的经济利益的金额能够可靠地计量。

（3）负债的分类。按承担经济义务期限的长短分类，负债分为流动负债和非流动负债。流动负债是指企业将在一年或者超过一年的一个营业周期内偿还的债务，如短期借款、应付票据、应付账款、预收账款、应付职工薪酬、应付股利、应交税费、其他暂收款项和一年内到期的长期借款等；非流动负债是指偿还期在一年或者超过一年的一个营业周期以上的债务，如长期借款、应付债券、长期应付款、预计负债、递延所得税负债等。

3. 所有者权益

所有者权益是指企业资产扣除负债后由所有者享有的剩余权益，是所有者在企业资产中所享有的经济利益。所有者权益的来源包括所有者投入的资本、直接计入所有者权益的利得和损失、留存收益等。

资产、负债及所有者权益是资金这一同一体的两个方面，客观上存在着必然相等的关系，即资金的平衡关系。从数量上看，资产总额必然等于负债和所有者权益总额。

企业在正常经营过程中，无论发生什么交易或事项，都不会破坏资产、负债和所有者权益之间的平衡关系。

（二）反映经营成果的会计要素

经营成果是企业在一定时期内从事生产经营活动所取得的最终成果，是资金运动显著变动状态的主要体现。一个企业的经营成果可通过收入、费用和利润三个会计要素得以反映。

1. 收入

收入是指企业在日常活动中形成的、会导致所有者权益增加的、与所有者投入资本无关的经济利益的总流入。按照收入形成的原因不同，可将收入分为销售商品收入、提供服务收入。

2. 费用

费用是指企业在日常活动中发生的、会导致所有者权益减少的、与向所有者分配利润无关的经济利益的总流出。费用按其与收入的关系，主要分为营业成本和期间费用。

3. 利润

利润是指企业一定会计期间的经营成果。利润包括收入减去费用后的净额、直接计入当期利润的利得和损失等。

（三）会计等式

在会计要素中，资产、负债和所有者权益三个要素构成一组，形成反映企业特定日期财务状况的平衡公式，即

资产＝负债＋所有者权益　　（式 1）

这一会计等式表明了会计主体在某一特定时点所拥有的各种资源，债权人和投资者对企业资产要求权的基本情况，以及资产、负债和所有者权益之间的基本关系，它是编制资产负债表的基础。通过这一会计等式，人们运用复式记账法记录企业资金运动的来龙去脉，反映

其资产、负债和所有者权益情况，并通过编制资产负债表提供反映企业财务状况的信息。

收入、费用、利润三个要素构成另一组，形成反映企业一定期间经营成果的平衡公式，即

收入－费用＝利润 （式 2）

第三节 财务会计基本程序

为了实现财务会计目标，企业的会计活动必须遵循一定的程序，采用相应的方法。财务会计在其历史发展过程中，创造了一套独特的程序和技术，例如确认、计量、记录和报告四个环节，并形成了设置账户、复式记账、编制财务报表等会计核算方法。

一、确认

会计确认，是指确定是否将经济交易或事项作为资产、负债等会计要素加以记录和列入报表的过程。会计确认主要解决某项经济业务事项“是什么，是否应当在会计上反映”的问题。某一项目确认为会计核算范围，必须具备以下条件：所确认的项目要符合某一会计要素的定义；所确认的项目能够量化，即必须能够用货币计量；所确认项目提供的信息能够对使用者的决策产生影响；所确认的项目应该是真实的和可验证的。在具备以上四个条件的情况下，还要考虑所确认项目的成本是否小于效益、信息是否重要等因素。

会计确认的过程，一般是通过填制和审核会计凭证来实现的。任何一项经济业务发生后都必须取得或填制会计凭证，并经过会计机构、会计人员审核。只有经过审核并确认为正确无误的会计凭证，才能作为登记账簿的依据。

二、计量

会计计量，是指依据一定的计量标准和计量方法，将符合确认条件的会计要素加以衡量、计算、入账、列报，以确定其金额的处理过程。会计计量包括计量单位与计量属性。

计量单位包括实物计量单位（如米、千克、小时等）和货币计量单位，货币计量单位分为名义货币单位与稳值货币单位（不变价值货币单位）。基于币值不变的前提，现行财务会计采用的是名义货币单位，如我国为人民币元、千元、万元。

计量属性又称计量基础，是指被计量客体的特性或外在表现形式。例如桌子的长度、铁矿的重量、楼房的高度等。在财务会计中，计量属性是指对资产、负债等要素从多个方面用货币单位计量所形成的不同外在表现形式，也是会计要素金额的确定基础。

我国《企业会计准则——基本准则》规定了五种会计计量属性，即历史成本、重置成本、可变现净值、现值和公允价值。具体内容如图 1-6 所示。

会计计量需要成本计算这一专门方法。例如，某企业通过市场购进一批原材料，并以实际支付的价款作为历史成本计量。如果企业在运输材料的过程中支付了运输费，也应作为历史成本的一部分，这就需要采用相应的成本计算方法，计算确定原材料的采购成本。

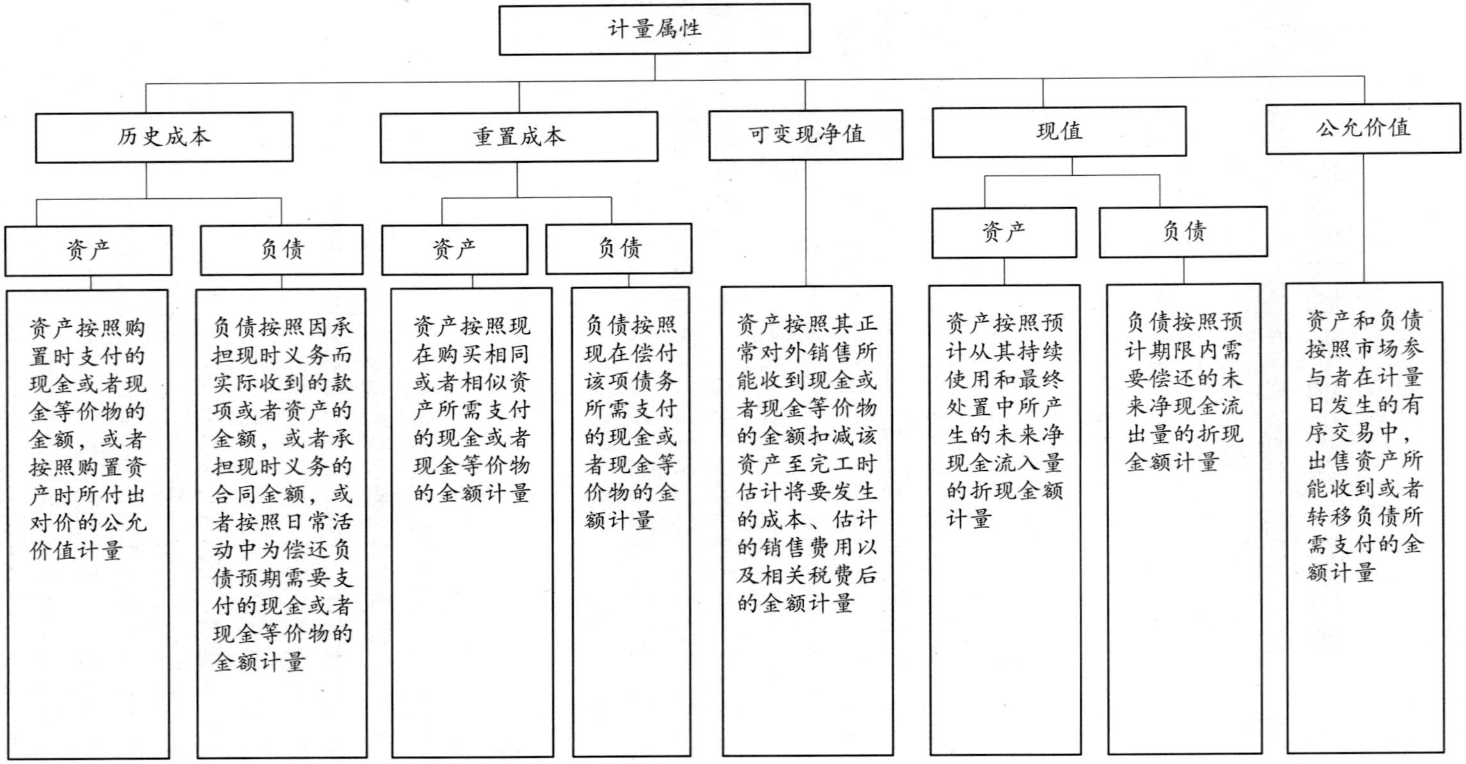
计量属性
历史成本
资产
资产按照购置时支付的现金或者现金等价物的金额，或者按照购置资产时所付出对价的公允价值计量
负债
负债按照因承担现时义务而实际收到的款项或者资产的金额，或者承担现时义务的合同金额，或者按照日常活动中为偿还负债预期需要支付的现金或者现金等价物的金额计量
重置成本
资产
资产按照现在购买相同或者相似资产所需支付的现金或者现金等价物的金额计量
负债
负债按照现在偿付该项债务所需支付的现金或者现金等价物的金额计量
可变现净值
资产按照其正常对外销售所能收到现金或者现金等价物的金额扣减该资产至完工时估计将要发生的成本、估计的销售费用以及相关税费后的金额计量
现值
资产
资产按照预计从其持续使用和最终处置中所产生的未来净现金流入量的折现金额计量
负债
负债按照预计期限内需要偿还的未来净现金流出量的折现金额计量
公允价值
资产和负债按照市场参与者在计量日发生的有序交易中，出售资产所能收到或者转移负债所需支付的金额计量

图1-6　会计计量属性

会计计量属性是财务会计的一个基本特征，它在财务会计的理论和方法中占有重要的地位。

三、记录

会计记录，是指在确认和计量基础上对经济业务事项运用会计账户进行账务处理的方法记录。记录主要解决的是某项交易或事项在会计上“如何登记”的问题。没有会计记录，企业交易或事项中的数据就会变得很分散、杂乱无章，不能转化为有序的会计信息。为了正确地理解会计记录，应主要把握以下三点：

第一，在手工记账的情况下，会计记录的载体主要是会计凭证、账簿和报表；在利用电子计算机替代手工记账的情况下，会计记录的载体可能是磁盘，也可能是打印出来的纸质载体。

第二，目前采用的会计记录方法是复式记账法——借贷记账法。

第三，会计记录的数据主要是货币金额；会计记录的文字是本国的法定文字；会计记录的手段和工具正由手工处理向电子处理过渡。

会计记录必须在确认的基础上进行，以货币为计量单位。因此，在会计实务中，确认、计量和记录是相互依存且同时进行的。会计记录时采用的方法有设置会计科目和账户、复式记账、填制和审核凭证、登记账簿等。

四、报告

延伸学习

财务会计的基本概念、特征、程序

报告是确认、计量和记录的结果，是连接企业和投资者等会计信息使用者的载体和桥梁。财务报告，是指以综合的、系统的与分类的形式，将企业财务状况、经营成果及现金流量等方面的信息，借助于一定的报告形式提供给会计信息使用者。财务报告由财务报表和附注组成。

财务会计程序与核算方法之间的关系如图1－7所示。

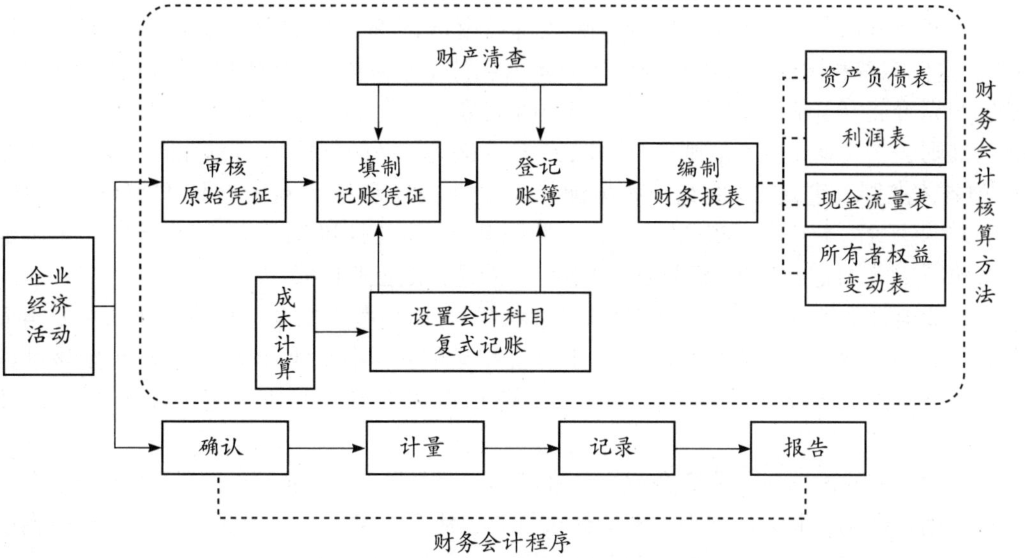

图1－7 财务会计程序与核算方法的关系

第四节 财务会计准则体系

一、企业财务会计准则的概念

企业财务会计准则，简称企业会计准则，是指企业会计人员从事会计活动所应遵循的规范，是评价、鉴定企业会计工作质量的依据和标准。

在现代商品经济条件下，企业交易双方都需要了解对方的经济状况，包括财务状况、盈利情况、现金支付能力以及诚信守约等情况。了解对方的这些情况不能仅仅依靠对方的口头介绍，而需要对方提供的财务报告以及相关资料。因此，会计信息就成为商品经济环境下交易双方相互提供企业情况的一种“商业语言”。作为一种语言进行交流，就必须对这种语言进行一定的规范。在世界经济趋同化的今天，会计准则就是对这种“商业语言”的一种规范。因此，会计准则是规范企业对外提供会计信息的内容、格式、分类，以及有关项目的确认和计量的标准，是指导编制财务报告的单位正确处理每一笔经济交易或事项，以保证投资者、债权人等与企业有利益关系各方能够获得真实、可靠和可比的会计信息的技术规范。同时，会计准则也是审计人员审核企业财务报告的依据。

二、我国企业会计准则体系

我国自 20 世纪 80 年代开始研究起草企业会计准则，依次经过了基本准则的建立、颁布和实施阶段，具体准则的建立、颁布和实施阶段以及新会计准则体系的全面建立、颁布和实施阶段。

1992 年 11 月，经国务院批准，财政部以财政部部长令的形式发布了《企业会计准则》。这标志着我国会计准则从理论研究步入会计实务阶段，为我国会计准则体系的建立、发展和完善奠定了基础。随后，财政部顺时应势，于 1997 年 5 月正式发布了第一项具体会计准则——《企业会计准则——关联方关系及其交易的披露》，之后陆续制定并颁布了 16 项具体准则。进入 21 世纪，我国加快了全面构建和推行新的会计准则体系的步伐，2006 年 2 月 15 日正式发布了 1 项基本准则和 38 项具体准则及其应用指南，并规定自 2007 年 1 月 1 日起在上市公司范围内施行，鼓励其他企业执行。

企业会计准则主要是针对大中型企业制定的，而小微企业也是我国企业的主要组成部分。为促进小微企业健康发展，2011 年财政部发布了《小企业会计准则》，规定该准则适用于我国境内依法设立的、符合《中小企业划型标准规定》所规定的小型企业标准的企业。

至此，在我国形成了两套企业会计准则体系（如图 1－8 所示）：一是适用于小企业的会计准则，即小企业会计准则。不论什么行业、什么组织形式的企业，只要属于准则中规定的小企业范畴，都应该遵循这套会计准则。二是适用于非小企业的会计准则体系，即企业会计准则。两套会计准则相得益彰，分别围绕着会计确认、计量和报告，对我国企业的会计活动进行了全面规范，并构成了我国完整的企业会计准则体系。

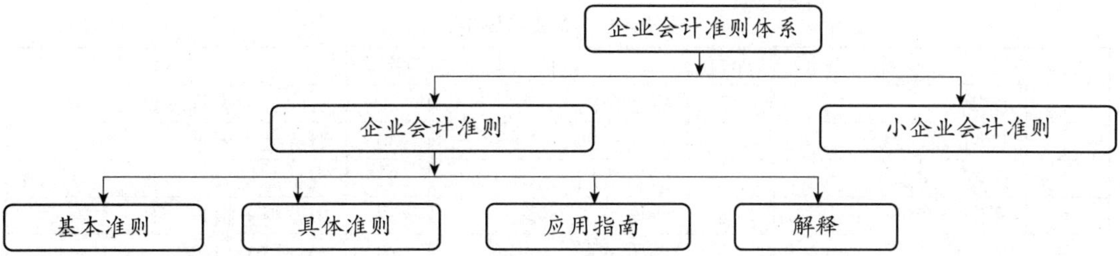

图 1-8 我国企业会计准则体系

为了保持我国企业会计准则与国际财务报告准则的持续趋同，同时顺应中央深化改革各种举措的需要，自 2014 年以来，财政部制定或修订了部分具体准则和相关的应用指南，使我国企业会计准则体系得到进一步完善。

三、企业会计准则

企业会计准则作为技术规范，有着严密的结构和层次。我国企业会计准则主要由以下内容构成。

（一）基本准则

基本准则是企业进行会计核算工作必须遵守的基本要求，是企业会计准则体系的概念基础，是制定具体准则、会计准则应用指南、会计准则解释的依据，也是解决新的会计问题的指南，在企业会计准则体系中具有重要的地位。

基本准则包括总则、会计信息质量要求、资产、负债、所有者权益、收入、费用、利润、会计计量、财务会计报告和附则共十一章五十条。

延伸学习

企业会计基本准则

基本准则的作用主要体现在以下方面：

（1）基本准则是制定具体准则的依据。具体准则涉及会计核算的具体业务，为了保证具体准则相互之间的协调，使整个会计准则形成一个严密的体系，必须有一个贯彻始终的指导原则，即基本准则，它为制定各项具体准则和指导会计实务提供重要依据。

（2）基本准则是解决新的会计问题的指南。在会计实务中，由于经济交易或事项的不断发展、创新，可能会出现一些新的在具体准则中尚未规范但又急需处理的交易或者事项，基本准则为解决这些问题提供了会计处理依据。

（二）具体准则

具体准则，即根据基本准则的要求，用以规范企业发生的具体交易或事项的会计处理准则。截至 2018 年，我国具体会计准则的内容如表 1-3 所示。

按照具体交易或事项的性质，表 1-3 中的具体准则可分为一般业务准则、特殊业务准则和报告类准则。

（1）一般业务准则是规范各类企业一般经济业务确认、计量的准则，包括存货、固定资产、无形资产、长期股权投资、收入、所得税等准则。

表 1-3　42 项具体准则

序号	名称	序号	名称	序号	名称
1	存货	15	建造合同	29	资产负债表日后事项
2	长期股权投资	16	政府补助	30	财务报表列报
3	投资性房地产	17	借款费用	31	现金流量表
4	固定资产	18	所得税	32	中期财务报告
5	生物资产	19	外币折算	33	合并财务报表
6	无形资产	20	企业合并	34	每股收益
7	非货币性资产交换	21	租赁	35	分部报告
8	资产减值	22	金融工具确认和计量	36	关联方披露
9	职工薪酬	23	金融资产转移	37	金融工具列报
10	企业年金基金	24	套期会计	38	首次执行企业会计准则
11	股份支付	25	原保险合同	39	公允价值计量
12	债务重组	26	再保险合同	40	合营安排
13	或有事项	27	石油天然气开采	41	在其他主体中权益的披露
14	收入	28	会计政策、会计估计变更和差错更正	42	持有待售的非流动资产、处置组和终止经营

（2）特殊业务准则可分为各行业共有的特殊业务准则和特殊行业的特殊业务准则。前者如外币折算、租赁、资产减值、债务重组、非货币性资产交换等准则；后者如适用于银行等金融领域的原保险合同、再保险合同准则，适用于石油企业的石油天然气开采准则，适用于农牧业的生物资产准则等。

（3）报告类准则是主要规范普遍适用于各类企业的报告类准则，如财务报表列报、现金流量表、中期财务报告、合并财务报表等准则。

（三）会计准则应用指南

会计准则应用指南，是根据基本准则、具体准则制定的，用以指导会计实务的操作性指南，是对具体准则相关条款的细化和对有关重点、难点问题提供的操作性规定，它包括会计科目、主要账务处理、财务报表及其格式等，为企业执行会计准则提供操作性规范。

（四）解释

解释是对具体准则实施过程中出现的问题、具体准则条款规定不清楚或者尚未规定的问题做出的补充说明。

四、小企业会计准则

《小企业会计准则》适用于在中华人民共和国境内依法设立的、符合《中小企业划型标准规定》所规定的小型企业标准的企业，自 2013 年 1 月 1 日起，在所有适用的小企业范围内施行。《小企业会计准则》具体内容包括资产、负债、所有者权益、收入、费用、利润及利润分配、外币业务、财务报表等会计处理及报表列报等。

应注意的是，股票或债券在市场上公开交易的小企业、金融机构或其他具有金融性质的小企业、属于企业集团内的母公司和子公司不执行《小企业会计准则》。

《小企业会计准则》的发布与实施，标志着我国涵盖所有企业的会计准则体系的建成。

思考与练习

案例

财务会计基本理论

一、思考题

1. 财务会计与管理会计的关系如何？财务会计的特征主要表现在哪些方面？

2. 财务会计的目标是什么？明确财务会计的目标有何意义？

3. 财务会计的基本假设有哪些？为什么说权责发生制是财务会计的基础？

4. 什么是财务会计的基本要素？它包括哪些具体内容？这些要素之间有何联系？

5. 会计信息的质量要求有哪些？在会计确认、计量和报告过程中，这些质量要求是如何体现的？

6. 简述我国企业财务会计准则体系的构成。

二、练习题

（一）单项选择题

1. 企业将融资租入固定资产视同自有固定资产核算，所体现的会计信息质量要求是(　　)。

A. 客观性　　B. 一贯性　　C. 可比性　　D. 实质重于形式

2. 导致运用预提、摊销等会计处理办法的基本假设是(　　)。

A. 会计主体　　B. 持续经营　　C. 会计分期　　D. 货币计量

3. 企业财务会计准则体系中，用以规范企业具体经济交易或事项的是(　　)。

A. 基本准则　　B. 具体准则

C. 会计准则解释　　D. 会计准则应用指南

4. 权责发生制与收付实现制相比，其主要优点是(　　)。

A. 会计处理手续简便　　B. 收支配比，盈亏计算正确

C. 可以进行账项调整　　D. 会计核算形式直观明了

5. 下列各项中，体现会计信息质量谨慎性要求的是(　　)。

A. 无形资产摊销　　B. 应收账款计提坏账准备

C. 存货采用历史成本计价　　D. 当期销售收入与费用配比

（二）多项选择题

1. 下列关于《企业会计准则——基本准则》的表述中，正确的有(　　)。

A. 基本准则属于部门规章

B. 基本准则是解决新的会计问题的指南

C. 基本准则是企业会计准则体系的概念基础

D. 基本准则是制定具体准则、会计准则应用指南和会计准则解释的依据

2. 下列各项中，属于反映企业经营成果的会计要素有(　　)。

A. 收入　　B. 费用　　C. 所有者权益　　D. 利润

3. 下列关于运用会计计量属性的表述中，正确的有(　　)。

A. 盘盈固定资产采用的计量属性为重置成本

B. 确认存货资产减值采用可变现净值计量属性

C. 确定非流动资产可收回金额采用现值计量属性

D. 期末确认交易性金融资产价值采用历史成本计量属性

4. 按照权责发生制的要求，下列经济业务应确认为本期收入或费用的有(　　)。

A. 预收货款，存入银行　　B. 预收财产保险费

C. 发出产品，货款已预收　　D. 确认应付短期借款利息

5. 下列关于会计主体假设的表述中，正确的有(　　)。

A. 法律主体可以作为会计主体，但会计主体不一定是法律主体

B. 明确会计主体方可划定会计所要处理的各项交易或事项的范围

C. 会计主体假设要求资产以历史成本计量

D. 会计主体假设要求采用权责发生制进行会计确认、计量和报告

素养园地

2021 年 9 月 2 日，中国证监会网站登出对某会计师事务所（特殊普通合伙）（以下简称“某所”）以及匡某、殷某某两名注册会计师处罚的文件。其主要内容是：

（1）××股份披露的 2016 年年度报告虚增营业收入 271 426 472.23 元，虚减费用 7 662 975.74 元，虚增利润总额 279 089 447.97 元，占合并利润表当期披露利润总额的 344.78%；2017 年年度报告虚增营业收入 338 220 675.31 元，虚减费用 12 090 603.80 元，虚增利润总额 350 311 279.11 元，占合并利润表当期披露利润总额的 208.13%。

（2）某所在对××股份 2016 年、2017 年年度财务报表进行审计时，未勤勉尽责，出具存在虚假记载的审计报告。

证监会责令某所改正，没收某所业务收入 1 600 000 元，并处以 3 200 000 元的罚款。

结合案例，请思考：

（1）具备了专业能力（取得了注册会计师执业资格），就意味着具有良好的职业道德吗？

（2）从哪些方面培养会计人员的职业道德？

第二章
流动资产

学习目标

本章主要介绍流动资产确认、计量和记录的理论与方法。

通过本章的学习，学生应了解现金的使用范围，掌握备用金的账务处理方法；了解银行结算账户的管理要求、银行转账结算的种类及适用范围；了解其他货币资金的内容，并掌握其账务处理方法；了解交易性金融资产的分类和计量属性，掌握交易性金融资产的账务处理；掌握应收账款的计价，以及现金折扣的会计处理；了解应收票据的分类、其他应收项目的内容，掌握带息应收票据利息的计算方法，掌握坏账损失的确认及备抵法的账务处理；了解存货内容以及自制存货、委托加工存货的成本构成，掌握外购存货成本计价、原材料、库存商品的账务处理方法，了解存货盘盈和盘亏的会计处理，掌握存货期末计价与账务处理方法。

素养目标

1. 教师通过对流动资产的讲授，使学生深刻理解企业流动资产的价值，认识加强企业资产核算的意义，懂得财务人员肩负的重担，激发学生加强专业知识学习的热情，从而使学生能够在企业发展和国家建设中发挥自己的聪明才智。

2. 结合货币资金的日常核算，培养学生认真做事、细心谨慎和独立公正的工作态度，传授“诚”的可贵性、“准”的重要性的道理。在银行转账结算方式的学习中，教师通过介绍支付宝、微信等应用现状，展现我国作为互联网应用大国的风采，让学生增强民族自豪感和文化自信。

3. 教师通过对交易性金融资产的讲解，使学生深刻理解金融是宏观经济活动的核心，认识交易性金融资产的显著特点（风险和收益并存），增强风险意识，并使学生在金融资产特点（内容晦涩、难懂）的学习中，培养勇于探索、不畏艰难的勇气和精神。

4. 结合应收款项坏账的核算，培养学生的风险意识；根据应收账款业务所导致的信用危机，引导学生弘扬诚信友善的社会主义核心价值观，彰显职业责任，塑造会计精神。

导 读

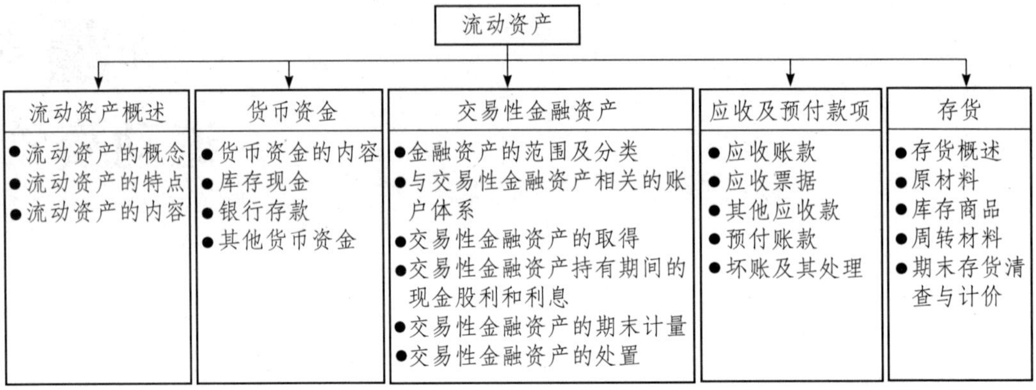

框图说明：

任何企业拥有一定数量和质量的流动资产是其从事生产经营活动的前提和基础。流动资产主要包括货币资金、交易性金融资产、应收及预付款项、存货等。除货币资金外，企业持有流动资产的目的是将其在当期转换为现金（如应收账款等）、提供服务被耗用（如办公用品等），或者变现（如存货）。概括地讲，流动资产在一年或超过一年但在一个经营周期内通过变现、出售和耗用为企业带来经济利益。

第一节 流动资产概述

一、流动资产的概念

概括地讲，流动资产是指可以在一年或者超过一年的一个营业周期内变现或耗用的资产。

根据会计准则的规定，资产满足下列条件之一的，应当归类为流动资产：

（1）预计在一个正常营业周期中变现、出售或耗用。这主要包括存货、应收账款等资产。需要指出的是，变现一般针对应收账款等而言，是指将资产变为现金；出售一般针对产品等存货而言；耗用一般是指将存货（如原材料）转变成另一种形态（如产成品）。

（2）主要为交易目的而持有，如交易性金融资产。

（3）预计在资产负债表日起一年内（含一年）变现。

（4）自资产负债表日起一年内，交换其他资产或清偿负债的能力不受限制的现金或现金等价物。

【提醒您】

正常营业周期是指企业从购买用于加工的资产起至最终实现现金止的期间。正常营业周期通常短于一年，在一年内有几个营业周期。但是，也存在正常营业周期长于一年的情况，如房地产开发企业经营开发用于出售的商品房等，从购买原材料进入生产，到制造出产品出售并收回现金的过程，往往超过一年，在这种情况下，与生产循环相关的产成品、应收账款、原材料尽管是超过一年才出售、变现或耗用，仍应作为流动资产列示。

二、流动资产的特点

流动资产是企业在生产经营活动过程中，参与企业生产经营活动的循环与周转、不断改变其形态的那部分资产。

流动资产具有如下特点：

(1) 周转期限短。各项流动资产固定保持其自身形态的时间是短暂的，一般不会超过一年。例如，最具有代表性的货币资金，由于具备了流通手段的职能，随时随地用于购置资产、支付费用。

(2) 资产价值一次性消耗或转移。这是由流动资产单位价值较低和一次性使用或耗费，并直接作为其他资产的构成要素的特性决定的。例如，生产经营活动中领用的材料、消耗品等经使用，其价值一次性转移到产品成本中。

(3) 流动资产占用数量的波动性。由于企业生产经营活动有一定的季节性，流动资产在循环中，其占用数量在不同时期不是固定不变的，它会随着生产经营活动的变化而有升有降，起伏不定，季节性波动比较明显。

三、流动资产的内容

根据《企业会计准则第 30 号——财务报表列报》的规定，资产负债表中的流动资产项目主要包括货币资金、以公允价值计量且其变动计入当期损益的金融资产、应收及预付款项、存货。

(1) 货币资金，是指企业在生产经营过程中处于货币形态的那部分资金，按其形态和用途不同分为库存现金、银行存款和其他货币资金。

(2) 以公允价值计量且其变动计入当期损益的金融资产，是指利用闲置资金、以赚取价差为目的的投资，如企业准备近期出售而从二级市场购入的股票、债券和基金等。

(3) 应收及预付款项，是指企业在生产经营活动中因商品、产品已经交付或服务已经提供，或因购买货物等而预先支付供货单位货款，从而取得的向其他单位或个人索取货款及劳务补偿的要求权。这种要求权，包括应收账款、预付账款、应收票据和其他应收款项。

(4) 存货，是指企业在生产经营过程中为销售或耗用而储存的各种有形资产，包括原材料、燃料、周转材料、委托加工材料、在产品、产成品和库存商品等。

第二节　货币资金

一、货币资金的内容

货币资金从本质上讲属于金融资产范畴，由于其会计处理的特殊性，本章单独加以阐述。

货币资金，是指企业的经营资金在周转过程中停留在货币形态的资金。企业的货币资金按其用途和存放地点不同，分为库存现金、银行存款和其他货币资金。

任何企业要进行生产经营活动都必须拥有货币资金，持有货币资金是进行生产经营活动的基本条件；同时，货币资金的增减变动构成了企业资金运动的起点和终点。

（一）库存现金

库存现金，是指存放于企业财会部门，由出纳人员经管的货币，包括库存的人民币和各种外币。

【提醒您】

在会计实务中，有些性质与库存现金相似的货币等，例如个人因某种需要而向单位临时借款出具的借条、其他单位存放在企业作为押金的现金等，不能作为库存现金。

（二）银行存款

银行存款，是指企业存入银行和其他金融机构的各种存款。

（三）其他货币资金

其他货币资金，是指存放地点和用途都与库存现金和银行存款不同的货币资金。就其性质而言，其他货币资金同库存现金和银行存款一样均属于货币资金，但其存放地点和用途不同于库存现金和银行存款，因此会计上单独对其进行核算。

货币资金不存在计量问题，其记录和报告也较为简单，但由于它是最基本的交换媒介，也是计量资产和负债的基础，加之容易藏匿和失窃，加强对其管理和内部控制具有重要意义。

二、库存现金

（一）现金的使用范围

国务院颁布的《现金管理暂行条例》规定，开户单位可在下列范围内使用现金支付：(1) 职工工资、津贴；(2) 个人劳务报酬；(3) 根据国家规定发给个人的科学技术、文化艺术、体育等各种奖金；(4) 各种劳保、福利费用以及国家规定的对个人的其他支出；(5) 向个人收购农副产品和其他物资的价款；(6) 出差人员须随身携带的差旅费；(7) 结算起点以下的零星支出；(8) 中国人民银行确定需要支付现金的其他支出。除企业可以使用现金支付的款项中的第 (5)、(6) 项外，开户单位支付给个人的款项，超过使用现金限额的部分，应当以支票或者银行本票支付；确需全额支付现金的，经开户银行审核后，予以支付现金。

（二）现金的内部控制

导入案例

北京某青少年活动中心会计郭某，1999 年至 2006 年共虚构了 12 个账户冒领工资，贪污 470 万元，获刑 15 年。

郭某利用负责制作工资明细表并核发工资的职务便利，通过在工资明细表中开设虚假个人工资账户，存入软盘交到银行冒领工资。但每次发工资，郭某只是口头告知出纳工资总额，拒绝给出纳看明细表。2006 年 5 月的付薪日，郭某因外出开会，破例将存放工资明细表的软盘交给了同事。细心的同事发现，表中赫然列有郭某哥哥的名字，其犯罪事实暴露。

该中心为财务安装了专用软件，出纳和会计的电脑可以联网，互相监督，但这个软件很快就被卸载，而且郭某拒绝重新安装。

思考： 通过本节学习并结合案例，你认为该单位在货币资金内部控制方面存在哪些问题？提出防范类似问题再度发生的具体措施。

由于现金流动性强并极容易引起舞弊，因此，加强其内部控制具有特殊的意义。

1. 现金控制的基本原则

现金控制的基本原则包括：

(1) 职能分工。将不能兼容的工作分由不同的人来从事。例如现金的收付和记录分开，出纳不管账，会计不收钱。

(2) 交易分割。即现金收支凭证的审核、款项的收付、账簿的登记等工作，不得由一人兼管，由三方经办人分工负责，以便互相验证、互相控制，达到互相牵制的目的。

(3) 内部稽核。设置内部稽核人员或单位，对现金的记录和实际余额加以突击检查，起到威慑的作用；若有舞弊发生，也可及时发现。

2. 现金控制的一般程序

(1) 现金收入的控制。企业从开户银行提取现金，应如实写明用途，由本单位财会部门负责人签字盖章，并经开户银行审查批准后予以支付。企业当日现金收入，应于当日送存开户银行，当日送存银行有困难的，由开户银行确定送存时间。

（2）现金支出的控制。企业使用现金，应严格遵守国家规定的现金使用范围，除规定可用现金支付的项目外，一切款项的收付均应通过银行转账结算。

【提醒您】

在加强现金支出控制时，要防止企业以下行为的发生：

坐支现金，即以本单位的现金收入直接支付现金支出。因特殊情况需要坐支现金的，必须报经有关部门批准并在核定的范围和限额内进行。

白条顶库，即用不符合制度规定的凭证顶替库存现金。

小金库，是指违反法律法规及其他有关规定，应列入而未列入符合规定的单位账簿的各项资金（含有价证券）及其形成的资产。

（3）库存现金限额的控制。为了促进现金流转，保证现金的安全，企业应与其开户银行共同协商确定库存现金的最高限额。这一数额由开户银行根据单位的实际需要核定。根据现行规定，日常零星开支所需库存现金的限额，一般为3～5天的日常零星开支所需库存现金的数额。边远地区和交通不便地区开户单位的库存现金限额，可按多于5天但不超过15天日常零星开支的需要确定。

案例

货币资金核算与内部控制

（三）现金的账务处理

企业通过设置“库存现金”账户核算库存现金的收支和结存情况。

企业收到现金的主要途径有：从银行提取、收取转账起点以下的小额销售款、职工交回差旅费剩余款等。企业收到现金时，借记“库存现金”账户，贷记有关账户。

企业在现金使用范围内支付现金时，借记“其他应收款”“材料采购”“管理费用”等账户，贷记“库存现金”账户。

企业应设置现金日记账，由出纳人员根据审核无误的收付款凭证，逐日逐笔登记。每日终了，应计算现金的收入合计、支出合计及现金结余数，并将结余数与实际库存现金数进行核对，保证账实相符；若发现账实不符，应及时查明原因并进行相应处理。月份终了，现金日记账的余额应与“库存现金”总账的余额核对，做到账账相符。现金日记账格式如表2-1所示。

例题

现金的账务处理

表2-1 现金日记账

2×24年		凭证		摘要	对应账户	借方	贷方	借或贷	结存
月	日	种类	号数						
5	5			承前页				借	15 000
	5	收	5	提取现金	银行存款	10 000		借	
	5	收	6	出租设备收入	其他业务收入 应交税费	1 800 234		借	
	5	收	7	销售收入	主营业务收入 应交税费	1 200 156		借	

续表

2×24年		凭证		摘要	对应账户	借方	贷方	借或贷	结存
月	日	种类	号数						
	5	付	6	报销差旅费	管理费用		200	借	
	5	付	7	支付耗材款、税款	制造费用 应交税费		900 117	借	
	5			本日合计及余额		13 390	1 217	借	27 173

（四）库存现金的清查

对库存现金应经常进行盘点清查，确保其完整及收付手续正确。清查方法为库存现金的实有数与账面余额进行核对。

在现金清查中，如果有待查明原因的现金短缺或溢余，应通过“待处理财产损溢”账户核算：属于现金短缺的，应按实际短缺的金额，借记“待处理财产损溢”账户，贷记“库存现金”账户；属于现金溢余的，按实际溢余的金额，借记“库存现金”账户，贷记“待处理财产损溢”账户。待查明原因后做如下处理：

（1）对于现金短缺，属于应由责任人赔偿的部分，借记“其他应收款”或“库存现金”等账户，贷记“待处理财产损溢”账户；属于应由保险公司赔偿的部分，借记“其他应收款”账户，贷记“待处理财产损溢”账户；属于无法查明的其他原因，根据管理权限，经批准后处理，借记“管理费用”账户，贷记“待处理财产损溢”账户。

（2）对于现金溢余，属于应支付给有关人员或单位的，应借记“待处理财产损溢”账户，贷记“其他应付款”账户；属于无法查明原因的，经批准后，借记“待处理财产损溢”账户，贷记“营业外收入”账户。

例题

库存现金的清查

三、银行存款

任何独立核算的企业都必须在当地银行开设账户。除规定可用现金直接支付的款项外，其他一切收支业务均须通过银行存款账户核算。

（一）银行账户的设置

根据《人民币银行结算账户管理办法》的规定，银行账户分为基本存款账户、一般存款账户、临时存款账户和专用存款账户。其中：

基本存款账户，是指存款人办理日常转账结算和现金收付需要开立的银行结算账户。一个企业只能开立一个基本存款账户。存款人的工资、奖金等现金的支取，只能通过本账户办理。

一般存款账户，是指存款人因借款或其他结算需要，在基本存款账户开户银行以外的银行营业机构开立的银行结算账户。一般存款账户用于办理存款人借款转存、借款归还和其他结算资金的收付。该账户可以办理现金缴存，但不得办理现金支取。

临时存款账户，是指单位因临时业务活动需要并在规定期限内使用而开立的账户，本账户可以办理转账和根据国家现金管理的规定办理现金收付。

专用存款账户，是指存款人按照法律、行政法规和规章的规定，对其特定用途资金进行专项管理和使用而开立的银行结算账户。特定用途资金的范围包括：基本建设的资金；更新改造的资金；其他特定用途、需要专户管理的资金。

（二）银行存款的账务处理

例题

银行存款的账务处理

企业通过设置"银行存款"账户核算银行存款的收支和结存情况。银行存款日记账应按开户银行和其他金融机构的名称、存款种类设置。

企业向银行或其他金融机构存入款项时，借记"银行存款"账户，贷记有关账户；从银行提取或支出款项时，借记有关账户，贷记"银行存款"账户。

（三）银行存款的清查

由于企业购销业务频繁，故银行存款的数额也随之频繁变动。企业应及时与银行核对账目，核对方法是将银行提供的对账单与企业银行存款日记账逐笔进行核对。银行对账单上的余额常与企业银行存款日记账余额不一致，其原因分为两类：一类是企业或银行记账错误，另一类是未达账项，即企业与银行之间由于双方记账时间不同而发生的一方已入账，另一方尚未入账的事项。未达账项有以下四种情况：

（1）企业已收款入账，银行未收款入账。

（2）企业已付款入账，银行未付款入账。

（3）银行已收款入账，企业未收款入账。

（4）银行已付款入账，企业未付款入账。

上述任何一种未达账项，都会使企业银行存款日记账余额与银行转来的对账单余额不符。也就是说，即使双方都没有记账错误，银行存款日记账余额与银行对账单余额也可能不一致。

企业与银行之间由于双方记账差错引起的账单余额不符，分别由双方按规定的错账更正方法予以更正；而对于未达账项，企业应编制银行存款余额调节表，揭示、调整企业与银行之间存款余额记录的差异，据以核实双方账目是否正确。银行存款余额调节表的编制方法是：将企业的银行存款账面余额与银行对账单余额都调整到正确余额，如图 2-1 所示。正确余额是指企业在银行的实际存款金额。

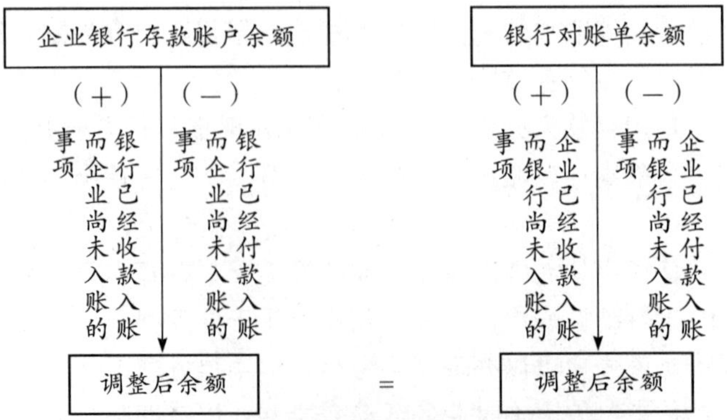

图 2-1 银行存款余额调节表的编制方法

例 2－1

2×24 年 5 月 31 日，北方公司银行存款日记账账面余额为 51 400 元，而银行对账单余额为 52 100 元，经逐笔核对，公司发现有以下未达账项（不考虑增值税）：

（1）28 日，送存银行转账支票一张，其票面金额为 15 000 元，银行尚未入账。

（2）29 日，开出现金支票一张，支付费用 3 500 元，银行尚未收到转账支票。

（3）委托银行代收款项 12 500 元，银行已收款入账，公司尚未收到银行收款通知，尚未入账。

（4）银行代公司支付本月水电费 850 元、燃气费 650 元，银行已付款入账，公司尚未收到付款通知。

（5）银行已结算本季度存款利息 1 200 元，公司尚未入账。

根据上述银行存款收付业务，编制银行存款余额调节表，如表 2－2 所示。

表 2－2　银行存款余额调节表

户名：北方公司　　　　2×24 年 5 月 31 日　　　　单位：元

项目	金额	项目	金额
银行存款日记账余额	51 400	银行对账单余额	52 100
加：银行已收、企业未收的款项		加：企业已收、银行未收的款项	
（3）银行代收销售款	12 500	（1）企业送存转账支票	15 000
（5）银行结算存款利息	1 200	减：企业已付、银行未付的款项	
减：银行已付、企业未付的款项		（2）企业开出现金支票，银行未支付	3 500
（4）银行代付　水电费	850		
燃气费	650		
调整后银行存款余额	63 600	调整后银行存款余额	63 600

【提醒您】

对于未达账项及其调整，应注意以下两点：一是未达账项不是记账错误，因此，对查出的未达账项无须做账务调整，但对长期未达账项应查明原因，并及时处理；二是表 2－2 最后一行两方相等数额，在双方记账无误的情况下，表示企业在银行的实际存款额。

（四）银行转账结算方式

转账结算，是指收付款双方通过银行以转账划拨方式进行的款项收付，也称非现金结算。转账结算分为票据结算和非票据结算。

1. 票据结算

票据结算是指使用票据结算方式进行货币给付及其资金结算的行为。我国票据结算分为支票、银行本票、银行汇票、商业汇票等结算方式。

（1）支票结算方式。支票是单位或个人签发的、委托办理支票存款业务的银行在见票时无条件支付确定的金额给收款人或者持票人的票据。

单位和个人在同一票据交换区域的各种款项结算，均可以使用支票。支票由银行统一印制，支票上印有“现金”字样的为现金支票。支票上印有“转账”字样的为转账支票，转账支票只能用于转账。未印有“现金”或“转账”字样的为普通支票，普通支票可以用于支取现金，也可以用于转账。

企业收到或开具支票做增减银行存款处理。

(2) 银行本票结算方式。银行本票是银行签发的，承诺自己在见票时无条件支付确定的金额给收款人或者持票人的票据。银行本票分为定额和不定额两种。定额银行本票面额分别为 1 000 元、5 000 元、10 000 元和 50 000 元。在票面划去“转账”字样的为现金本票。银行本票一律记名，可以背书转让，付款期为自出票日起最长不超过 2 个月。

单位或个人在同一票据交换区域支付各种款项，都可以使用银行本票。企业向银行提交“银行本票申请书”并将款项交存银行，方可取得银行本票。企业取得银行本票，可向填写的收款单位办理结算。收款单位可以根据需要在票据交换区域内背书转让银行本票。收款企业在收到银行本票时，应该在提示付款时在本票背面加盖预留银行印鉴，同时填写进账单，连同银行本票一并交开户银行转账。银行本票结算程序如图 2-2 所示。

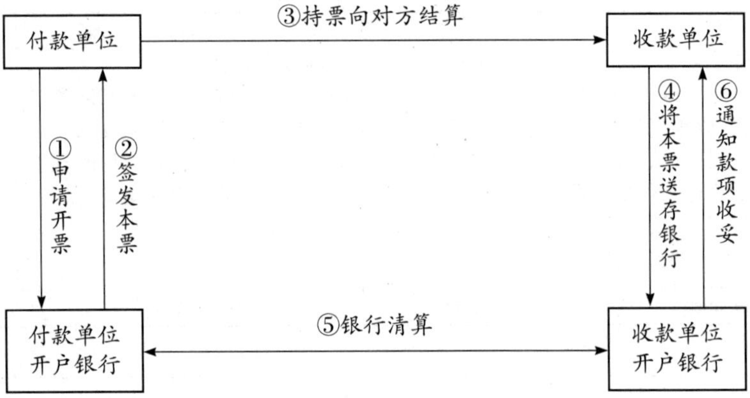

图 2-2 银行本票结算程序

企业向银行提交“银行本票申请书”并将款项交存银行，取得银行本票后，根据银行盖章退回的申请书存根联，借记“其他货币资金”账户，贷记“银行存款”账户。企业使用银行本票结算款项时，根据发票账单等有关凭证，借记“材料采购”或“原材料”、“库存商品”、“应交税费——应交增值税（进项税额）”等账户，贷记“其他货币资金”账户。

例 2-2

2×24 年 3 月 5 日，M 公司申请办理银行本票，将银行存款 20 000 元转入银行本票存款。3 月 15 日，M 公司使用银行本票从 N 公司采购商品付款 19 210 元，其中，商品价款 17 000 元，增值税 2 210 元，商品已验收入库。3 月 25 日，收到 N 公司退回的银行本票余款 790 元，存入银行。编制如下会计分录：

(1) 申请办理银行本票时：

借：其他货币资金——银行本票存款　　20 000

　贷：银行存款　　20 000

(2) 购进商品时：

借：库存商品　　17 000

应交税费——应交增值税（进项税额）　　2 210

　　贷：其他货币资金——银行本票存款　　19 210

（3）收到退回的银行本票余款时：

借：银行存款　　790

　　贷：其他货币资金——银行本票存款　　790

【提醒您】

银行本票存款实行全额结算，银行本票存款额与结算金额的差额一般采用支票或其他方式结清。对于逾期尚未办理结算的银行本票，应按规定及时转回。

（3）银行汇票结算方式。银行汇票，是汇款人将款项交存当地出票银行，由出票银行签发的，由其在见票时按照实际结算金额无条件付款给收款人或持票人的票据。

银行汇票可以用于转账，填明“现金”字样（申请人或者收款人为单位的，不得在“银行汇票申请书”上填明“现金”字样）的银行汇票也可以用于支取现金。银行汇票的提示付款期限为自出票日起 1 个月，持票人超过付款期限提示付款的，银行将不予受理。单位和个人的各种款项结算，均可使用银行汇票。银行汇票结算程序如图 2－3 所示。

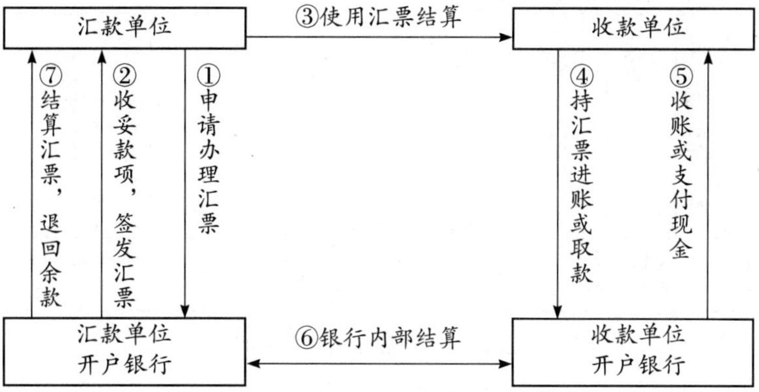

图 2－3　银行汇票结算程序

银行汇票结算方式的账务处理方法与银行本票结算方式基本相同，此处不再赘述。

（4）商业汇票结算方式。商业汇票是出票人签发的，委托付款人在指定日期无条件支付确定的金额给收款人或者持票人的票据。商业汇票按其承兑人的不同，分为商业承兑汇票和银行承兑汇票。前者是由银行以外的付款人承兑的票据；后者则是由在承兑银行开立存款账户的存款人签发的，由银行承兑的票据。商业汇票结算方式的具体内容可见本章第四节中应收票据的相关内容。

2. 非票据结算

非票据结算包括委托收款、托收承付、汇兑、信用卡和信用证等方式。

（1）委托收款结算方式。委托收款，是指收款人委托银行向付款人收取款项的结算方式。单位和个人凭已承兑商业汇票、债券、存单等付款人债务证明办理款项的结算，均可以使用委托收款结算方式。

委托收款结算方式在同城、异地均可以使用。

【提醒您】

在同城范围内，收付款双方可事先签订合同，收款单位委托银行收款时，由付款人向开户银行授权，银行从付款单位账户主动划款转入收款人账户。收款人收取公用事业费，如水、电等费用可使用同城特约委托收款。

收款单位办理委托收款，应向银行提交委托收款凭证和有关债务证明，根据银行收款通知，借记“应收账款”等账户，贷记相关账户；付款单位在收到银行转来的委托收款凭证后，根据委托收款凭证的付款通知和有关的原始凭证，借记有关账户，贷记“银行存款”等账户。

(2) 托收承付结算方式。托收承付，是指根据经济合同由收款人发货后，委托银行向异地付款人收取款项，由付款人向银行承认付款的结算方式。使用托收承付结算方式的收付款双方，必须是国有企业、供销合作社以及经营管理较好，并经开户银行审查同意的城乡集体所有制工业企业。办理托收承付结算的款项，必须是商品交易以及因商品交易而产生的服务供应的款项。代销、寄销、赊销商品的款项，不得办理托收承付结算。托收承付结算每笔金额起点为 10 000 元，新华书店系统每笔金额起点为 1 000 元。托收承付结算程序如图 2－4 所示。

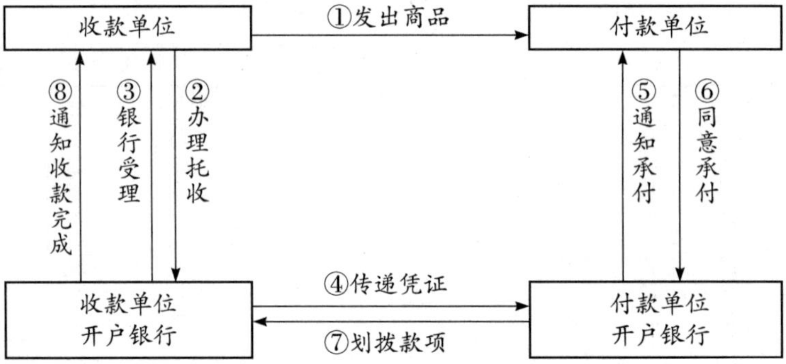

图 2－4 托收承付结算程序

收款单位对于托收款项，根据银行的收账通知和有关的原始凭证，借记“应收账款”等账户，贷记有关账户；付款单位应于承付款项时，根据托收承付结算凭证的承付支款通知和有关发票账单等原始凭证，借记有关账户，贷记“银行存款”等账户。

例 2－3

M 公司采取托收承付结算方式向 N 公司销售产品一批，开出的增值税专用发票上注明货款为 10 000 元，增值税为 1 300 元，已向银行办妥托收手续，并符合收入确认条件。编制如下会计分录：

借：应收账款	11 300	
贷：主营业务收入		10 000
应交税费——应交增值税（销项税额）		1 300

(3) 汇兑结算方式。汇兑，是指付款人委托银行将款项汇给外地收款人的结算方式。该结算方式适用于异地的单位、个体经济户和个人的各种款项的支付。

收款单位对于采用汇兑结算方式汇入的款项，应在收到银行的收账通知时，据以编制收款凭证，借记“银行存款”账户，贷记有关账户；付款单位对于汇出的款项，应在向银行办理汇款后，根据汇款回单，借记有关账户，贷记“银行存款”账户。

（4）信用卡结算方式。信用卡，是指商业银行向单位和个人发行的，凭以向特约单位购物、消费和从银行存取现金，并且具有消费信用的特制载体卡片。

信用卡按使用对象分为单位卡和个人卡。单位卡账户的资金一律从其基本存款账户转账存入，包括向信用卡账户续存的资金。不得将现金、销货收入的款项存入信用卡账户。单位卡一律不得用于10万元以上的商品交易、劳务供应款项的结算，不得支取现金。

企业应按规定填制申请表，连同支票和有关资料一并送交发卡银行，根据银行盖章退回的进账单第一联，借记“其他货币资金”账户，贷记“银行存款”账户。企业用信用卡购物或支付有关费用时，借记“管理费用”等账户，贷记“其他货币资金”账户。

例2-4

2×24年10月，北方公司发生信用卡存款收付业务如下：将银行存款30 000元存入信用卡；用信用卡支付购书款2 500元，增值税为225元；收到信用卡存款利息50元。编制如下会计分录：

（1）将资金存入信用卡时：

借：其他货币资金——信用卡存款	30 000	
贷：银行存款		30 000

（2）用信用卡支付购书款时：

借：管理费用	2 500	
应交税费——应交增值税（进项税额）	225	
贷：其他货币资金——信用卡存款		2 725

（3）收到信用卡存款的利息时：

借：其他货币资金——信用卡存款	50	
贷：财务费用		50

（5）信用证结算方式。信用证，是银行有条件地承诺付款的一种保证，即某一银行（开证行）应买方的要求或按买方（开证申请人）的指示开给卖方（受益人）的一种保证在规定的期限内以规定的单据为依据，即期或在以后某一规定的日期支付一定金额的书面文件。

信用证起源于国际贸易结算。在国际贸易中，为避免交易风险，进口商不愿先将货款付给出口商，出口商也不愿先将货物或单据交给进口商，同时双方都不愿长期占压自己的资金。在此种情况下，银行充当了进出口商之间的中间人和保证人，一面收款，一面交单，并代为融通资金，由此产生了信用证结算方式。

采用信用证结算方式，需由付款单位先开立信用证，收款单位见证后按信用证条款发运商品并填写汇票，根据信用证的要求在汇票后附上有关收款单据转给付款单位的开证行，结算货款及代垫运费。信用证结算一般程序如图2-5所示。

企业将信用证保证金交存银行时，应先填写“信用证申请书”，根据银行盖章退回的“信用证申请书”回单，借记“其他货币资金”账户，贷记“银行存款”账户；企业接到

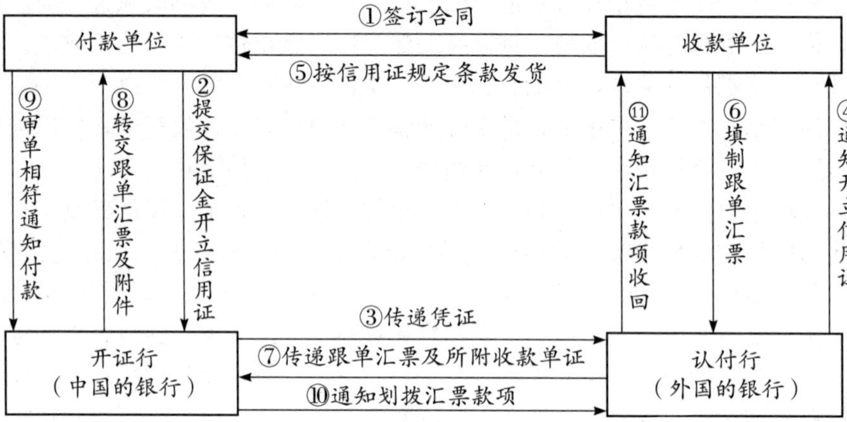

图 2-5 信用证结算一般程序

开证行通知，根据供货单位信用证结算凭证及所附发票账单，借记“材料采购”或“原材料”、“库存商品”、“应交税费——应交增值税（进项税额）”等账户，贷记“其他货币资金”账户；将未用完的信用证保证金存款余额转回开户银行时，借记“银行存款”账户，贷记“其他货币资金”账户。

例 2-5

甲企业向银行申请开具信用证 1 500 000 元，用于支付境外采购材料价款，企业已向银行缴纳保证金，并收到银行盖章退回的进账单第一联。编制如下会计分录：

借：其他货币资金——信用证保证金　　1 500 000
　　贷：银行存款　　1 500 000

甲企业收到银行转来的境外销货单位信用证结算凭证以及所附发票账单、海关进口增值税专用缴款书等有关凭证，材料价款为 1 000 000 元，增值税税额为 130 000 元。编制如下会计分录：

借：原材料　　1 000 000
　　应交税费——应交增值税（进项税额）　　130 000
　　贷：其他货币资金——信用证保证金　　1 130 000

甲企业收到银行收款通知，将销货单位开出的信用证余款 370 000 元转回企业的银行存款账户。编制如下会计分录：

借：银行存款　　370 000
　　贷：其他货币资金——信用证保证金　　370 000

四、其他货币资金

（一）其他货币资金的内容

其他货币资金主要包括银行汇票存款、银行本票存款、信用卡存款、信用证保证金存款、存出投资款、外埠存款等。其中，银行汇票存款是指企业为取得银行汇票按规定存入银行的款项；银行本票存款是指企业为取得银行本票按规定存入银行的款项；信用卡存款是指企业为取得信用卡按规定存入银行的款项；信用证保证金存款是指企业为取得信用证按规定存入银行的保证金；存出投资款是指企业已存入证券公司但尚未进行短期投资的现金；外埠存款是指企业到外地进行临时或零星采购时，汇往采购地银行开立采购专户的款项。

（二）其他货币资金的账务处理

企业通过设置“其他货币资金”账户核算其他货币资金的增减变动和结存情况。其明细账应当按照外埠存款的开户银行，银行汇票或本票、信用证的收款单位，分别设置“银行汇票存款”“银行本票存款”“信用卡存款”“信用证保证金”“存出投资款”等。

银行汇票存款、银行本票存款、信用卡存款、信用证保证金存款的账务处理已做说明，此处介绍存出投资款、外埠存款的账务处理。

1. 存出投资款

企业向证券公司划出资金时，应按实际划出的金额，借记“其他货币资金”账户，贷记“银行存款”账户；购买股票、债券等时，按实际发生的金额，借记“交易性金融资产”等账户，贷记“其他货币资金”账户。

2. 外埠存款

企业将款项委托当地银行汇往采购地开立专户时，借记“其他货币资金”账户，贷记“银行存款”账户。收到采购员交来供应单位发票账单等报销凭证时，借记“材料采购”或“原材料”、“库存商品”、“应交税费——应交增值税（进项税额）”等账户，贷记“其他货币资金”账户。将多余的外埠存款转回当地银行时，根据银行的收账通知，借记“银行存款”账户，贷记“其他货币资金”账户。

例 2-6

2×24 年 10 月 8 日，M 公司委托开户行汇往山西工商银行 10 000 元开立专户采购材料；10 月 20 日，采购员交来供货单位发票，其金额为 8 400 元，其中货款 7 434 元，增值税 966 元，材料尚未收到（材料按计划成本核算）；10 月 25 日，收到开户银行的收账通知，多余的外埠存款 1 600 元已转回开户银行。编制如下会计分录：

（1）委托银行开立采购专户时：

借：其他货币资金——外埠存款	10 000	
贷：银行存款		10 000

（2）采购商品时：

借：材料采购	7 434	
应交税费——应交增值税（进项税额）	966	
贷：其他货币资金——外埠存款		8 400

（3）收回多余的外埠存款时：

借：银行存款	1 600	
贷：其他货币资金——外埠存款		1 600

第三节 交易性金融资产

一、金融资产的范围及分类

（一）金融资产的范围

在企业全部资产中，库存现金、银行存款、应收账款、应收票据、贷款、其他应收款、应收利息、债权投资、股权投资、基金投资及衍生金融资产等统称为金融资产。它们是企业资产的重要组成部分。货币资金属于金融资产的范畴，由于其会计处理的特殊性，已在本章第二节做了介绍。

【提醒您】

预付账款不是金融资产，因其产生的未来经济利益是商品或服务，不是收取现金或其他金融资产的权利。进一步讲，它不存在业务管理模式和现金流量特征的问题。

（二）金融资产的分类

金融资产的种类繁多，可以按照不同标准进行合理分类。

《企业会计准则》将金融资产主要划分为三类：（1）以摊余成本计量的金融资产；（2）以公允价值计量且其变动计入其他综合收益的金融资产；（3）以公允价值计量且其变动计入当期损益的金融资产。将金融资产划分为上述三类的依据是企业管理金融资产的业务模式和金融资产的合同现金流量特征。其中：

第一，业务模式，是指企业如何管理其金融资产以产生现金流量。也就是说，企业的业务模式将决定现金流量是源自收取合同现金流量、出售金融资产或是两者兼有。

第二，金融资产的合同现金流量特征，是指金融资产在特定日期产生的合同现金流量仅为对本金和以未偿付本金金额为基础的利息的支付，即“本金加利息的合同现金流量特征”。

《企业会计准则》对金融资产分类的具体方法如图 2－6 所示。

下面具体说明《企业会计准则第 22 号——金融工具确认和计量》（2017）关于金融资产的三种分类：

（1）以摊余成本计量的金融资产。该类金融资产应同时符合两个条件：一是企业管理该金融资产的业务模式以收取合同现金流量为目标；二是该金融资产的合同条款规定，在特定日期产生的现金流量仅为本金和以未偿付本金金额为基础的利息。符合该条件的金融资产主要包括应收账款、应收票据、其他应收款、债权投资等。

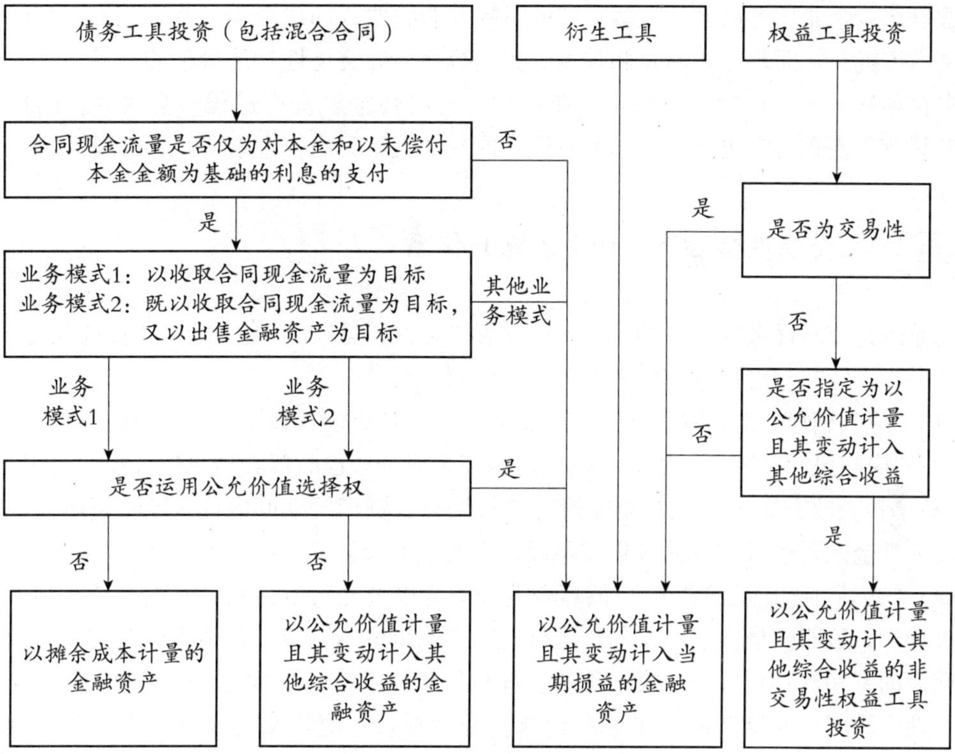

图 2-6 金融资产分类流程图

（2）以公允价值计量且其变动计入其他综合收益的金融资产。该类金融资产应同时满足两个条件：一是企业管理金融资产的业务模式既以收取合同现金流量为目标又以出售该金融资产为目标；二是该金融资产的合同条款规定，在特定日期产生的现金流量，仅为对本金和以未偿付本金为基础的利息。符合上述条件的金融资产主要包括其他债权投资和其他权益工具投资等。

音频

金融资产分类依据

（3）以公允价值计量且其变动计入当期损益的金融资产。《企业会计准则》规定，不属于上述（1）、（2）类金融资产的，应归类为以公允价值计量且其变动计入当期损益的金融资产。主要包括股票投资、基金投资及可转换债券投资等。一般通过“交易性金融资产”账户核算。

【提醒您】

（1）《企业会计准则第 22 号——金融工具确认和计量》所规范的金融资产范围，不包括长期股权投资。（2）本书结构基本是按照资产负债表、利润表项目顺序设计的，但金融资产部分并未按照会计准则所做的三种分类的顺序安排。

（三）交易性金融资产的性质

交易性金融资产，是指企业为了近期内出售而持有的金融资产。通常情况下，企业以赚取差价为目的从二级市场购入的股票、债券、基金等，应当划分为交易性金融资产。按照企业会计准则的分类，交易性金融资产属于企业以公允价值计量且其变动计入当期损益的金融资产。企业持有交易性金融资产的目的并非收取合同现金流量或者既收取合同现金流量又出售资产，而是通过活跃和频繁的买卖行为（即交易性）从价格的短期波动或买卖价差中获利并实现其目标。有时，企业在持有交易性金融资产过程中会收取合同现金流量，但其业务模式目标也并非通过既收取合同现金流量又出售金融资产来实现。

二、与交易性金融资产相关的账户体系

企业进行交易性金融资产的核算，应设置“应收利息”“应收股利”“投资收益”“交易性金融资产”“公允价值变动损益”等账户。其中：

(1)“应收利息”账户核算企业因发放贷款以及各类债权投资等应收取的利息。

(2)“应收股利”账户核算企业应收取的现金股利和应收取其他单位分配的利润。

(3)“投资收益”账户核算企业持有交易性金融资产等期间内取得的投资收益，以及出售交易性金融资产等实现的投资收益或发生的投资损失。

(4)“交易性金融资产”账户核算企业分类为以公允价值计量且其变动计入当期损益的金融资产。该账户借方登记交易性金融资产的取得成本、资产负债表日其公允价值高于账面余额的差额等；贷方登记资产负债表日其公允价值低于账面余额的差额，以及企业出售交易性金融资产时结转的成本和公允价值变动损益。应按交易性金融资产的类别和品种，分别设置“成本”“公允价值变动”等明细账户。

【提醒您】

企业持有的直接指定为以公允价值计量且其变动计入当期损益的金融资产也在“交易性金融资产”账户核算。

(5)“公允价值变动损益”账户核算企业因交易性金融资产等公允价值变动而形成的应计入当期损益的利得或损失。该账户的贷方登记资产负债表日企业持有的交易性金融资产等的公允价值高于账面余额的差额；借方登记资产负债表日企业持有的交易性金融资产等的公允价值低于账面余额的差额。

上述与交易性金融资产核算相关的账户之间的关系如图 2-7 所示。

三、交易性金融资产的取得

交易性金融资产的取得方式主要有两种：一是购入；二是重分类，即将一项以摊余成本计量的金融资产或以公允价值计量且其变动计入其他综合收益的金融资产重分类为交易性金融资产。企业取得交易性金融资产时，应当按照该金融资产取得时的公允价值作为其初始入账金额。交易性金融资产的公允价值，应当以市场交易价格为基础加以确定。

企业购入交易性金融资产，应当按照该金融资产取得时的公允价值，借记“交易性金融资产——成本”账户，如果购买价格中包括已到期但尚未领取的债券利息或已宣告但尚

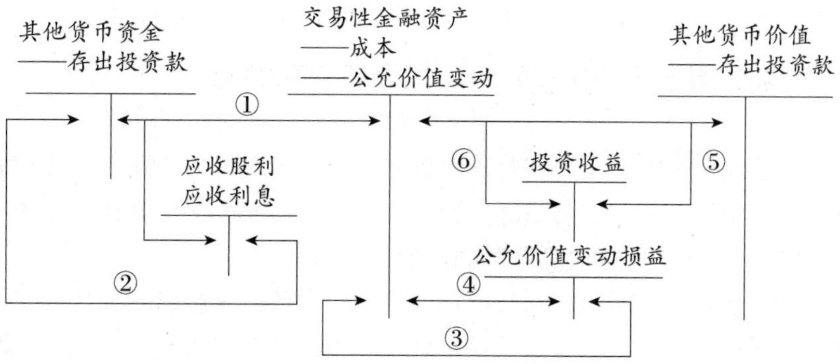

图 2-7　交易性金融资产的核算科目对应关系

注：①取得交易性金融资产（或含有已宣告但尚未发放股利或已到付息日但尚未领取的利息）；②收取应收股利或应收利息；③持有期间公允价值变动利得；④持有期间公允价值变动损失；⑤出售交易性金融资产取得投资收益；⑥出售交易性金融资产发生投资损失。

资料来源：财政部会计资格评价中心．初级会计实务．北京：经济科学出版社，2021.

未发放的现金股利，应借记“应收利息”或“应收股利”账户；支付的交易费用（如印花税、手续费、佣金等），应确认为投资费用，借记“投资收益”账户；发生交易费用取得增值税专用发票的，按其注明的增值税进项税额，借记“应交税费——应交增值税（进项税额）”账户，按照实际支付的金额，贷记“其他货币资金”等账户。

【提醒您】

交易费用是指可直接归属于购买、发行或处置金融工具的增量费用。其包括支付给代理机构、咨询公司、券商、证券交易所、政府有关部门等的手续费、佣金、相关税费以及其他必要支出，不包括债券溢价、折价、融资费用、内部管理成本和持有成本等与交易不直接相关的费用。

例 2-7

2×24 年 1 月 15 日，M公司从二级市场购入N公司发行的债券 408 000 元（含已到付息期但尚未支取的债券利息 8 000 元），另支付交易手续费 6 000 元，增值税 360 元。全部款项以存入证券公司的投资款付讫。该债券面值 400 000 元，剩余期限为 2 年，票面年利率为 4%，每半年付息一次，M公司将其划分为交易性金融资产。编制如下会计分录：

（1）购入债券时：

借：交易性金融资产——成本	400 000	
应收利息——N公司债券利息	8 000	
贷：其他货币资金——存出投资款		408 000

（2）支付相关交易费用时：

借：投资收益	6 000	
应交税费——应交增值税（进项税额）	360	
贷：其他货币资金——存出投资款		6 360

四、 交易性金融资产持有期间的现金股利和利息

企业持有交易性金融资产期间，对于收到的属于取得交易性金融资产支付价款中包含的已宣告发放的现金股利或已到期未付的利息，应直接冲减应收股利、应收利息，借记“银行存款”账户，贷记“应收股利”“应收利息”账户。

在持有交易性金融资产期间收到被投资单位宣告发放的现金股利或资产负债表日确认的分期付息债券利息，应将其作为投资收益处理，借记“应收股利”“应收利息”等账户，贷记“投资收益”账户。

例 2-8

承例 2-7，2×24 年 2 月 5 日，M 公司收到该债券 2×23 年下半年利息 8 000 元，存入银行。编制如下会计分录：

借：银行存款　　8 000

　贷：应收利息——N 公司债券利息　　8 000

五、 交易性金融资产的期末计量

资产负债表日，企业持有的交易性金融资产应按其当日的公允价值计量，公允价值与其账面余额之间的差额，计入当期损益。当交易性金融资产公允价值高于其账面价值时，应按其差额，借记“交易性金融资产——公允价值变动”账户，贷记“公允价值变动损益”账户；当交易性金融资产公允价值低于其账面余额时，应按其差额，借记“公允价值变动损益”账户，贷记“交易性金融资产——公允价值变动”账户。

例 2-9

承例 2-7，2×24 年 6 月 30 日，M 公司持有 N 公司债券的公允价值为 460 000 元，债券变动收益为 60 000 元。该日确认的债券利息为 8 000 元，于当年 7 月 10 日收讫。编制如下会计分录：

(1) 确认债券公允价值变动额时：

借：交易性金融资产——公允价值变动　　60 000

　贷：公允价值变动损益　　60 000

同时，确认债券投资收益：

借：应收利息——N 公司债券利息　　8 000

　贷：投资收益　　8 000

(2) 收到债券利息时：

借：银行存款　　8 000

　贷：应收利息——N 公司债券利息　　8 000

例 2-10

承例 2-9，2×24 年 12 月 31 日，M 公司持有债券的公允价值为 440 000 元。该日确认债券利息收益为 8 000 元，于 2×25 年 1 月 10 日收讫。编制如下会计分录：

(1) 2×24 年 12 月 31 日，确认债券公允价值变动额时：

借：公允价值变动损益	20 000	
贷：交易性金融资产——公允价值变动		20 000

(2) 2×24 年 12 月 31 日，确认债券投资收益时：

借：应收利息——N 公司债券利息	8 000	
贷：投资收益		8 000

(3) 2×25 年 1 月 10 日，收到债券利息收益时：

借：银行存款	8 000	
贷：应收利息——N 公司债券利息		8 000

六、交易性金融资产的处置

企业出售交易性金融资产，应当将该金融资产出售时的公允价值与其账面余额之间的差额确认为投资损益。

交易性金融资产出售时，企业应根据收到的价款，借记“银行存款”等账户；按交易性金融资产的账面余额，贷记“交易性金融资产——成本”账户，贷记或借记“交易性金融资产——公允价值变动”账户；根据借贷方差额，贷记或借记“投资收益”账户。

企业转让交易性金融资产，应按照卖出价扣除买入价后的余额作为销售额计算增值税，即转让金融资产将盈亏相抵后的余额作为销售额。转让金融资产当月月末，如产生转让收益，按应纳税额，借记“投资收益”等账户，贷记“应交税费——转让金融商品应交增值税”账户；若产生转让损失，其损失可结转下一纳税期与下期转让金融商品销售额互抵，按可结转下月抵扣税额，借记“应交税费——转让金融商品应交增值税”账户，贷记“投资收益”等账户。年末，如果“应交税费——转让金融商品应交增值税”账户有借方余额，说明本年度的金融商品转让损失无法弥补，且本年度的金融资产转让损失不可转入下年度继续抵减转让金融资产的收益，因此，应借记“投资收益”等账户，贷记“应交税费——转让金融商品应交增值税”账户，将“应交税费——转让金融商品应交增值税”账户的借方余额转出。

例 2-11

承例 2-7 至例 2-10，2×25 年 1 月 31 日，M 公司将债券出售，取得价款 468 000 元，存入银行。转让金融商品适用的增值税税率为 6%。编制如下会计分录：

(1) 处置交易性金融资产：

借：银行存款	468 000	
贷：交易性金融资产——成本		400 000

——公允价值变动 40 000

投资收益 28 000

(2) 确认转让金融商品应交的增值税:

转让金融商品应交增值税=(468 000−400 000)÷(1+6%)×6%= 3 849 (元)

借:投资收益 3 849

贷:应交税费——转让金融商品应交增值税 3 849

第四节 应收及预付款项

应收及预付款项,是指企业在日常生产经营活动过程中发生的各种短期债权,这种短期债权产生于企业的生产经营活动或非生产经营活动,包括应收账款、应收票据、其他应收款、预付账款、应收股利和应收利息。

一、应收账款

(一) 应收账款的确认与计价

应收账款,是指企业因销售商品、产品和提供劳务,而应向购货单位或接受劳务单位收取的款项。应收账款代表了企业未来收取现金、获得商品或劳务等各类经济利益的权利。

应收账款是随着企业的销售活动而形成的一项短期债权。其主要特点:一是形成的原因大多为销售活动,不包括应收职工欠款、应收利息、应收股利和其他应收款等;二是无条件收取合同对价的权利,无条件是指款项能否收回仅取决于时间因素,一般情况下,到期即可收回款项;三是与收入确认标准密切相关,确认收入的同时一般应确认应收账款,具体确认方法见第七章“收入”的相关内容。

严格讲,应收账款作为一种债权,应按未来可收回现金的现值入账。但由于其现值与交易日确定的金额之间差异较小,因此,应收账款一般应根据销售商品或提供服务的实际发生额(即成交价格)记账。应收账款入账价值包括销售货物或提供劳务的价款、增值税,以及代客户垫付的包装费、运杂费等。为了在商业竞争中吸引客户,企业在买卖双方达成交易时通常还附有各种折扣优惠,如商业折扣、现金折扣等。因此,在确认应收账款入账价值时还应考虑折扣因素。

1. 商业折扣

商业折扣,是指企业为促进商品销售而在商品标价上给予的价格扣除。具体来说,它是企业根据市场供需情况或针对不同的顾客,在商品标价上给予顾客的价格优惠。商业折扣通常用百分数表示,如5%、10%、15%等。为顾客提供一定的商业折扣,其目的主要是避免经常变更价目表,同时为不同购货数量的顾客提供不同的价格。

【提醒您】

商业折扣一般在交易发生时即已确定，并不构成最终成交价格的一部分，它仅仅是确定发票价格（即实际销售价格）的一种手段，不需要在买卖双方任何一方的账上反映，所以在存在商业折扣的情况下，应收账款入账金额应按扣除商业折扣以后的发票价格确认。

商业折扣可以是单一的，也可以是一系列的。例如，某种商品在价目表上的价格为 4 000 元，规定按 30%的商业折扣计价，则其售价为 2 800［4 000×(1－30%)］元。或者，假定价目表上的价格为 4 000 元，规定按 30%和 10%的商业折扣计价，则其售价为 2 520 元，其计算方法如下：

价目表上的价格		4 000
减：第一次折扣数	4 000 的 30%	1 200
第一次折扣后余额		2 800
减：第二次折扣数	2 800 的 10%	280
售价		2 520

2. 现金折扣

现金折扣，是指债权人为鼓励债务人在规定的期限内付款而向债务人提供的债务扣除。企业赊销商品时，通常给予顾客一定的还款期限，同时为了鼓励顾客提前付款，还与顾客达成协议，约定顾客在不同期限内付款可以享受不同比例的折扣，即现金折扣。现金折扣一般用符号“折扣/付款期限”表示。例如，买方在 10 天内付款，可按售价给予 3%的折扣，用符号“3/10”表示；在 20 天内付款，可按售价给予 1%的折扣，用符号“1/20”表示；在 30 天内付款，则不给予折扣，用符号“n/30”表示。可见，现金折扣使应收账款的实收数额因客户付款是否及时而发生变化。

（二）应收账款的账务处理

企业通过设置“应收账款”账户核算企业因销售商品、提供劳务等应向买方收取的款项。其明细账应按购货单位或接受劳务单位设置。

企业发生应收账款时，如果应收账款中含有现金折扣，应收账款的入账价值是按照假设没有现金折扣情况下的应收账款总额扣除估计最为可能发生的现金折扣（可变对价）后的余额记账，然后在每个期末需要对尚未发生的可变对价进行评估；如果有新的证据证明买方能够取得或者不能够取得现金折扣，应对应收账款入账金额进行调整，同时调整主营业务收入或者其他业务收入。其会计处理方法如图 2－8 所示。

附有现金折扣条件的商品销售，在确认销售收入和应收账款时，应将应收账款总额（不考虑现金折扣的总额）扣除估计最有可能发生的现金折扣后的余额记入“应收账款”账户，将不含增值税的交易总价扣除估计的现金折扣后的余额确认为主营业务收入，按照无现金折扣、不含增值税的交易总价计算的增值税额记入“应交税费——应交增值税（销项税额）”账户。

资产负债表日，重新估计可能收到的对价金额，如果实际收款时间早于或迟于估计的收款时间，客户因此丧失或享受的现金折扣额应作为可变对价，调增或调减应收账款和主营业务收入。

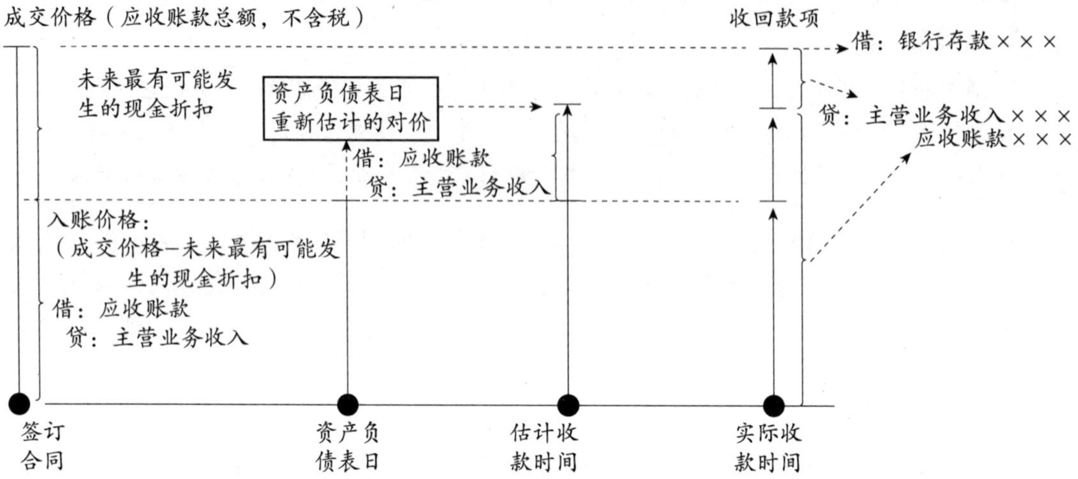

图 2-8　现金折扣的会计处理

例 2-12

2×24 年 5 月，M 企业根据发生的有关应收账款的经济业务，编制相关会计分录。

（1）5 日，与 N 企业签订赊销产品合同，合同规定 N 企业的付款期为 8 日交货物后的 30 天内，付款条件为“3/20，n/30”，现金折扣按含增值税的价款计算。当日开出增值税专用发票，发票上注明的价款为 100 000 元，增值税税额为 13 000 元，共计 113 000 元。根据 N 企业的经营状况和信用记录，估计很可能在 20 天内结清全部款项。

应交增值税为 13 000 元；很有可能获得的现金折扣为 3 390（113 000×3%）元；确认的收入金额为 96 610（100 000−3 390）元。

借：应收账款　　109 610
　贷：主营业务收入　　96 610
　　应交税费——应交增值税（销项税额）　　13 000

（2）18 日，N 企业支付了 109 610 元，存入银行。

借：银行存款　　109 610
　贷：应收账款　　109 610

（3）如果 N 企业于当月 28 日前尚未付款，应对已入账的款项进行相应的调整。

借：应收账款　　3 390
　贷：主营业务收入　　3 390

二、应收票据

（一）应收票据概述

企业间的商品交易除了用现金直接支付外，还可以用票据作为结算工具。票据是具有一定书面格式的债权、债务凭证，也就是由债务人签发的在指定日期内由持票人向出票人

（即签发人）或承兑人收回票面金额的书面证明。

【提醒您】

在我国会计实务中，支票、银行本票、银行汇票为即期票据，可以即刻收款或存入银行成为货币资金，不需要作为应收票据核算，因此，应收票据主要是指企业持有的还没有到期、尚未兑现的商业汇票。

商业汇票，是指出票人签发的，委托付款人在指定日期无条件支付确定的金额给收款人或者持票人的票据。在银行开立存款账户的法人以及其他组织之间须具有真实的交易关系或债权债务关系才能使用商业汇票。商业汇票的付款期限由交易双方商定，但最长不得超过6个月。商业汇票可以背书转让，符合条件的商业汇票可向银行申请贴现。

商业汇票按其承兑人的不同，分为商业承兑汇票和银行承兑汇票。前者是由银行以外的付款人承兑的票据；后者则是由在承兑银行开立存款账户的存款人签发的，由银行承兑的票据。按是否计息，商业汇票可分为不带息商业汇票和带息商业汇票。不带息商业汇票是指商业汇票到期时，承兑人只按票面金额（即面值）向收款人或被背书人支付票款的票据。带息商业汇票是指商业汇票到期时，承兑人必须按票面金额加上应计利息向收款人或被背书人支付票款的票据。

在我国，商业汇票的期限较短，一般按其面值计价。即企业收到应收票据时，按照票据的面值入账。

1. 商业承兑汇票

商业承兑汇票可由交易双方签发，但由购货企业承兑。承兑时，购货企业应在汇票正面记载“承兑”字样、承兑日期并签章。汇票到期时，购货企业的开户银行凭票将票款划给销货企业或贴现银行。销货企业应在提示付款期限内通过开户银行委托收款或直接向付款人提示付款。汇票到期，如果购货企业无力支付票款，开户银行应将汇票退还销货企业，由购销双方自行处理。商业承兑汇票结算程序如图2-9所示。

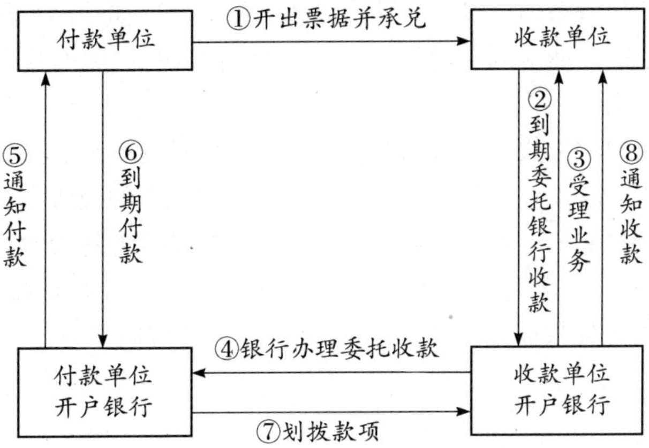

图2-9 商业承兑汇票结算程序

收款单位将要到期的商业承兑汇票连同填制的邮划或电划委托收款凭证，一并送交银行办理转账，根据银行盖章退回的收账通知，据以编制收款凭证，借记“银行存款”账户，贷记“应收票据”账户；付款单位在收到银行的付款通知时，据以编制付款凭证，借记“应付票据”账户，贷记“银行存款”账户。

2. 银行承兑汇票

企业取得银行承兑汇票，须向银行支付手续费。为满足承兑银行于汇票到期及时支付票款的需要，购货企业应于汇票到期前将票款足额交存其开户银行，销货企业应在汇票到期时将汇票连同进账单送交开户银行以便转账收款。汇票到期，出票人未能足额交存票款，承兑银行除凭票向持票人无条件付款外，对出票人尚未支付的汇票金额计收罚息。银行承兑汇票结算程序如图 2-10 所示。

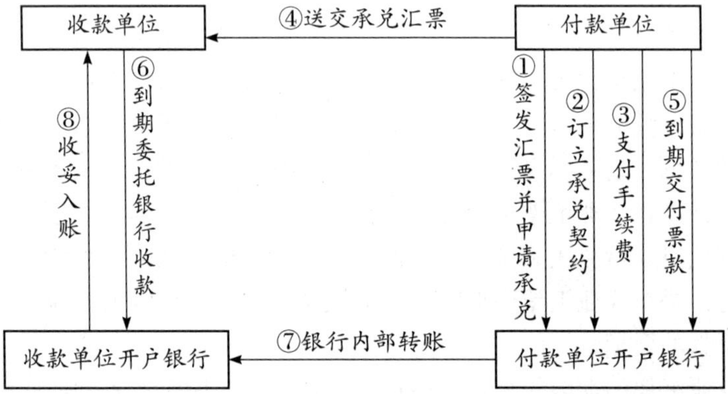

图 2-10 银行承兑汇票结算程序

采用银行承兑汇票方式，收款单位将要到期的银行承兑汇票连同填制的邮划或电划委托收款凭证，一并送交银行办理转账，根据银行的收账通知，借记“银行存款”账户，贷记有关账户；付款单位在收到银行的付款通知时，借记有关账户，贷记“银行存款”账户。

（二）票据取得

企业通过设置“应收票据”账户核算应收票据的增减变动情况。该账户的明细账应按商业汇票的种类设置。企业应同时设置“应收票据备查簿”，逐笔登记每笔应收票据从取得至退出企业的详细情况。

企业取得商业汇票的方式一般有两种：一是企业因销售商品、提供服务等而收到买方开出、承兑的商业汇票；二是因债务人抵偿前欠货款而取得的应收票据。应收票据取得方式不同，其账务处理也有所区别。企业因销售商品、提供劳务等而收到商业汇票时，借记“应收票据”账户，贷记“主营业务收入”“应交税费——应交增值税（销项税额）”等账户；因债务人抵偿前欠货款而取得应收票据时，借记“应收票据”账户，贷记“应收账款”账户。

例 2-13

2×24 年 10 月 15 日，M 公司销售一批产品给 N 公司，货已发出，发票上注明的产品价款为 200 000 元，增值税税额为 26 000 元。收到 N 公司开出的商业承兑汇票一张，期限为 6 个月，票面年利率为 14%。编制如下会计分录：

借：应收票据——N公司　226 000
　贷：主营业务收入　200 000
　　　应交税费——应交增值税（销项税额）　26 000

（三）票据利息的计算

企业持有的商业汇票如为带息票据，应于会计中期期末和年度终了，按规定计算票据利息，编制借记“应收票据”账户，贷记“财务费用”账户的会计分录。应收票据利息的计算公式如下：

应收票据利息＝应收票据票面金额×利率×期限

上式中，利率一般以年利率表示；期限是指签发日至到期日的时间间隔（有效期），一般用月或日表示。

如果票据期限按日表示，计算利息时必须采用精确的日数，计算利息使用的利率要换算成日利率。例如，4月7日签发的90天票据一张，面值为50 000元，利率为4%。票据利息为50 000×4%÷360×90＝500（元）；期限按月表示时，计算利息使用的利率要换算成月利率，如该票据期限为3个月，其他资料不变，票据利息为50 000×4%÷12×3＝500（元）。

如果利息数额不多，根据重要性原则可以不计提利息。

（四）票款到期收回

1. 到期日的计算

对于按日表示期限的票据，其到期日从出票日起按实际经历天数计算。通常，出票日和到期日只能计算其中的一天，即“算头不算尾”或“算尾不算头”。上例中，该票据到期日为7月6日（90天－4月份剩余天数23天－5月份实有天数31天－6月份实有天数30天）。

期限按月表示时，应以到期月份中与出票日相同的那一天为到期日。如4月15日签发的一个月期票据，到期日应为5月15日。月末签发的票据，不论月份大小，以到期月份的月末那一天为到期日。

2. 到期值的计算

不带息票据的到期值等于应收票据面值；带息票据的到期值等于应收票据面值加上按票据载明的利率计算的票据全部期间的利息。其计算公式为：

带息票据到期值＝应收票据面值＋应收票据面值×利率×期限
　　　　　　　＝应收票据面值×（1＋利率×期限）

应收票据到期收回时，按实际收到的金额，借记“银行存款”账户，按应收票据的账面余额，贷记“应收票据”账户，按借贷方差额，贷记“财务费用”账户（未计提利息部分）。

商业承兑汇票到期，如果承兑人违约拒付或无力支付票款，企业收到银行退回的商业承兑汇票、委托收款凭证、未付票款通知书或拒绝付款证明等时，借记“应收账款”账户，贷记“应收票据”账户。

（五）票据贴现

应收票据贴现，是指企业将未到期的商业汇票经过背书交给银行，银行受理后，从票据到期值中扣除按银行的贴现率计算确定的贴现息后，将余额付给贴现企业的一种融通资金行为。票据贴现息及贴现所得的计算公式如下：

贴现息＝票据到期值×贴现率×贴现期

贴现所得＝票据到期值－贴现息

其中：贴现息为银行向企业收取的利息，票据到期值按照前面介绍的方法确定；银行向企业收取的利息所用的利率称为贴现率；贴现期为贴现日至票据到期日实际天数减 1；票据到期值与贴现息之差称为贴现所得。

企业持未到期的应收票据向银行贴现，应按扣除其贴现息后的净额，借记“银行存款”账户，按贴现息部分，借记“财务费用”账户，按应收票据的票面价值，贷记“应收票据”账户；如为带息应收票据，按实际收到的金额，借记“银行存款”账户，按应收票据的账面价值，贷记“应收票据”账户，按借贷方差额，借记或贷记“财务费用”账户。

例 2－14

安信公司销售商品一批，收到票面额为 50 000 元、期限为 90 天、签发日为 2×24 年 6 月 17 日的商业汇票一张。当年 7 月 5 日，该公司持票向银行贴现，贴现率为 5%。

（1）票据为不带息票据。票据到期日为 9 月 15 日；贴现天数为 72 天（7 月 5 日至 9 月 15 日实际天数－1）；票据到期值为 50 000 元。贴现息和贴现所得计算结果如下：

贴现息＝50 000×5%÷360×72＝500（元）

贴现所得＝50 000－500＝49 500（元）

根据计算结果编制如下会计分录：

借：银行存款	49 500	
财务费用	500	
贷：应收票据——某公司		50 000

（2）票据为带息票据，利率为 6%。

票据到期值＝50 000×（1＋6%÷360×90）＝50 750（元）

贴现息＝50 750×5%÷360×72＝508（元）

贴现所得＝50 750－508＝50 242（元）

根据计算结果编制如下会计分录：

借：银行存款	50 242	
贷：应收票据——某公司		50 000
财务费用		242

三、应收股利和应收利息

（一）应收股利

应收股利，是指企业应收取的现金股利和应收取其他单位分配的利润。应收股利形成的主要原因：一是取得股权投资时，所支付的价款中包含已宣告但尚未发放的现金股利；二是持有股权投资期间，被投资单位宣告发放现金股利或利润的，投资单位按应享有的份额，确认的应收股利或利润。

企业通过设置“应收股利”账户核算应收股利的增减变动及结存情况。

企业在持有以公允价值计量且其变动计入当期损益的金融资产（交易性金融资产）期间，被投资单位宣告发放现金股利，按应享有的份额，确认为当期投资收益，借记“应收股利”账户，贷记“投资收益”账户。企业在持有长期股权投资期间，被投资单位宣告发放现金股利或利润，按应享有的份额，借记“应收股利”账户，贷记账户应区分两种情况：对于采用成本法核算的长期股权投资，贷记“投资收益”账户；对于采用权益法核算的长期股权投资，贷记“长期股权投资——损益调整”账户。

需要说明的是，企业收到被投资单位分配的现金股利或利润，应贷记“应收股利”账户，借记账户应区分两种情况：一是对于企业通过证券公司购入上市公司股票所形成的股权投资取得的现金股利，借记“其他货币资金——存出投资款”账户；二是对于企业持有的其他股权投资取得的现金股利或利润，借记“银行存款”账户。

（二）应收利息

应收利息，是指企业根据合同或协议规定应向债务人收取的利息。应收利息形成的主要原因：一是取得债权投资时，所支付的价款中所包含的已到付息期但尚未支付的利息；二是持有债权投资期间，在资产负债表日按投资面值、票面利率计算确认的应收债权投资利息（不含到期一次还本付息的长期债权投资持有期间的利息）。

企业通过设置“应收利息”账户核算应收利息的增减变动及结存情况。

企业根据合同或协议规定应向债务人收取利息时，借记“应收利息”账户，贷记“投资收益”账户；实际收到应收利息时，按照收到的金额，借记“银行存款”等账户，贷记“应收利息”账户。

四、其他应收款

（一）其他应收款的内容

其他应收款，是指企业除存出保证金、应收票据、应收账款、预付账款、应收股利、应收利息、长期应收款等经营活动以外的其他各种应收、暂付的款项等。主要内容有：应收的各种赔款、罚款；应收出租包装物租金；应向职工收取的各种垫付款项；备用金（向企业各职能科室、车间等拨出的备用金）；存出保证金，如租入包装物支付的押金；预付账款转入；其他各种应收、暂付款项。

企业通过设置“其他应收款”账户核算其他应收款的增减变动和结存情况。该账户的明细账应按其他应收款的项目和不同的债务人设置。

（二）其他应收款的账务处理

企业确认其他应收款时，借记“其他应收款”账户，贷记有关账户；收回其他应收款时，借记有关账户，贷记“其他应收款”账户。

例 2-15

2×24 年 5 月，某企业根据发生的其他应收款业务，编制相关的会计分录。

(1) 某职工因工作疏忽，导致一批价值为 3 000 元的商品变为废品。根据规定，该职工应按损失金额的 40%赔偿。该批废品回收的材料价值为 1 500 元，其余部分计入管理费用。

借：其他应收款——某职工 1 200
　　原材料 1 500
　　管理费用 300
　贷：库存商品 3 000

(2) 从 N 公司租入包装物一批，以银行存款向出租方支付押金 20 000 元。

借：其他应收款——存出保证金 20 000
　贷：银行存款 20 000

(3) 收到某职工赔偿商品损失款 1 200 元现金。

借：库存现金 1 200
　贷：其他应收款——某职工 1 200

有时，企业内部相关部门因经营业务的原因，需要存放一定的备用金。备用金是指企业财会部门为了满足日常零星开支的需要而预付给企业某些部门或职工备用的款项。其特点是先领后用，用后报销。备用金一般要指定用途和使用范围。

备用金的管理，有定额备用金制度和非定额备用金制度两种。定额备用金制度，是根据使用部门工作的实际需要，先核定其备用金定额并依此拨付备用金，使用后再拨付现金补足其定额的制度。非定额备用金制度，是为了满足临时性需要而暂付给有关部门和个人现金，使用后实报实销的制度。

企业的备用金一般通过设置“其他应收款”账户核算，也可以单独设立“备用金”账户予以登记。

例 2-16

某企业对总务部门实行定额备用金制度。2×24 年 10 月 5 日，按核定额5 000元拨付现金；11 月 10 日，总务部门使用备用金后，持单据向财会部门报销零星费用3 500元；12 月 10 日，因业务需要增加备用金定额 1 000 元，以现金付讫；年末结算收回总务部门的定额备用金 6 000 元。编制如下会计分录：

(1) 按核定备用金定额拨付现金时：

借：其他应收款——备用金——总务部门 5 000
　贷：库存现金 5 000

(2) 总务部门持单据向财会部门报销零星费用时：

借：管理费用 3 500
　贷：库存现金 3 500

(3) 增加定额备用金，与建立备用金的会计分录相同，此处略。

如果企业认为该部门的备用金没有继续设置的必要而予以取消，该部门应在报销的同时交回剩余的备用金。编制的会计分录为：借记“库存现金”或“银行存款”、“管理费用”账户，贷记“其他应收款”账户。

(4) 年末核销定额备用金时：

借：库存现金　　6 000

　贷：其他应收款——备用金——总务部门　　6 000

五、预付账款

预付账款，是指企业按照购货合同的规定预付给供应单位的款项。企业按照购货合同预付给供货方一定款项，主要目的是控制存货的货源，掌握服务供应的渠道，以避免未来价格变动风险。

【提醒您】

应收账款与预付账款同为企业待结算的短期债权，但两者产生的原因不同、反映的债权地位也不同。应收账款是销货或提供服务产生的，是应向购货方收取的款项，而预付账款则是购货或接受服务引起的，是预先付给供货方的款项；应收账款反映企业作为供应方时的债权地位，而预付账款则反映企业作为购买方时的债权地位。

预付款项较多的企业，可单独设置“预付账款”账户核算预付账款的增减变动情况。该账户的借方登记企业向供应方预付的货款；贷方登记企业收到所购商品（或劳务结算）时应结转的预付账款。期末如为借方余额，反映企业预付的款项；期末如为贷方余额，反映企业尚未补付的款项。该账户的明细账应按供货企业的名称设置。

企业因购货而预付款项时，借记“预付账款”账户，贷记“银行存款”账户。收到所购物资时，根据发票账单等列明应计入购入物资成本的金额，借记“材料采购”或“原材料”、“库存商品”等账户，按专用发票上注明的增值税税额，借记“应交税费——应交增值税（进项税额）”账户，按应付金额，贷记“预付账款”账户。按补付的款项，借记“预付账款”账户，贷记“银行存款”账户；按退回多付的款项，借记“银行存款”账户，贷记“预付账款”账户。

【提醒您】

预付款项情况不多的企业可不设置“预付账款”账户，而将预付的款项直接记入“应付账款”账户的借方。但在编制会计报表时，仍然要将“预付账款”和“应付账款”的金额分开报告。

例 2-17

2×24 年 10 月，M 公司从 N 公司订购一批生产用原材料，增值税进项税额为 6 500

元。按订货合同的规定，应先向供货单位预付货款20 000元，交货后再补足余款。编制如下会计分录：

	设置“预付账款”账户	不设置“预付账款”账户
（1）预付货款：	借：预付账款——N公司 20 000 贷：银行存款 20 000	借：应付账款——N公司 20 000 贷：银行存款 20 000
（2）收到订购的材料：	借：原材料 50 000 应交税费——应交增值税（进项税额） 6 500 贷：预付账款——N公司 56 500	借：原材料 50 000 应交税费——应交增值税（进项税额） 6 500 贷：应付账款——N公司 56 500
（3）补付余款：	借：预付账款——N公司 36 500 贷：银行存款 36 500	借：应付账款——N公司 36 500 贷：银行存款 36 500

六、坏账及其处理

（一）坏账的确认

企业的各种应收款项，可能因债务人拒付、破产、死亡等原因不能如数收回或根本无法收回而使企业蒙受损失。这种无法收回的应收款项就是坏账，企业因坏账而遭受的损失称为坏账损失。一般符合下列条件之一，可认为应收款项发生了坏账：

（1）债务人被依法宣告破产、撤销，其剩余财产确实不足清偿的应收账款；

（2）债务人死亡或被依法宣告死亡、失踪，其财产或遗产确实不足清偿的应收账款；

（3）债务人遭受重大自然灾害或意外事故，损失巨大，以其财产（包括保险赔款等）确实无法清偿的应收账款；

（4）债务人逾期未履行偿债义务，经法院裁决，确实无法清偿的应收账款；

（5）逾期3年以上仍未收回的应收账款；

（6）法定机构批准核销的应收款项。

企业确认坏账损失，可以在坏账发生的当期将其列作该期间的费用，也可以在应收账款形成后，按一定方法对坏账先行估计入账。因此，坏账的核算方法有直接转销法和备抵法。

（二）坏账核算的直接转销法

直接转销法，是指当应收款项确实无法收回时，将坏账损失直接计入信用减值损失，同时冲销应收款项，即借记“信用减值损失”账户，贷记“应收账款”等账户。

例2-18

2×24年年末，某企业将无法收回的应收账款30 000元确认为坏账。编制如下会计分录：

借：信用减值损失——坏账损失 30 000

　贷：应收账款 30 000

这种方法的优点是账务处理简单、实用，坏账损失的确认以实际发生额为依据，核算结果真实客观，避免了估计坏账损失的局限性。但采用这种方法，只有坏账实际发生时，才将其确认为当期费用，导致资产和各期损益不实；另外，在资产负债表上，应收账款是按账面余额而不是按账面价值反映，一定程度上歪曲了企业期末的财务状况。所以，除非企业发生的坏账极小，一般不采用直接转销法核算坏账。

（三）坏账核算的备抵法

1. 备抵法的概念

备抵法，是指企业按期估计可能产生的坏账损失，并将其列入信用减值损失，形成损失准备，实际发生坏账时冲销损失准备和应收款项的一种方法。这种方法将预计坏账损失在确认收入的期间予以反映，体现了收支配比原则的要求，避免了企业虚增利润；同时，在资产负债表上列示应收款项净额，如实反映企业的财务状况和经营成果，为客观评价和科学预测企业的未来现金流量提供依据。

2. 预期信用损失法

采用备抵法核算坏账，需要采用一定的程序和方法对预期信用损失进行复杂的评估和判断，以确定资产负债日应收款项的信用减值损失、计提的损失准备及其账面价值。这种方法称为“预期信用损失法”。在预期信用损失法下，损失准备的计提不以减值的实际发生为前提，而是以未来可能的违约事件造成的损失的期望值来计量当前（资产负债表日）应当确认的损失准备。

其中：预期信用损失是指以发生违约的风险为权重的金融工具信用损失的加权平均值；信用损失是指企业按照实际利率折现的、根据合同应收的所有合同现金流量与预期收取的所有现金流量之间的差额。

如何准确计量预期信用损失是正确应用预期信用损失法的关键。出于简化会计处理的考虑，《企业会计准则》规定，对于《企业会计准则第 14 号——收入》所规定的、不含重大融资成分的应收票据、应收账款和合同资产等金融资产，始终按照相当于整个存续期内（生命周期）预期信用损失的金额计量其损失准备。通常按照应收款项的账面余额和预计可收回金额的差额确定预计信用减值损失。具体来说，按照应收款项初始确认时所确定的预计存续期内的违约概率与该应收款项在资产负债表日所确定的预计存续期内的违约概率，来判定应收款项信用风险是否显著增加，决定整个存续期内预期信用损失以及计提的损失准备。

【提醒您】

这里的违约概率，是指在某一时点上所确定的未来期间发生违约的概率，而不是在该时点发生违约的概率。

企业计算预期信用损失可以按照单项应收款项计算，也可以按照组合的金融资产计算。其中：（1）单项预期信用损失的核算是企业对某项应收款项按照整个存续期预期信用损失的金额确认和计量其损失准备；（2）如果对单项应收账款无法以合理成本评估预期信用损失，企业应当对客户群体进行恰当的分组，在分组的基础上计算其预期信用损失。资产分组标准有企业或客户类型（如批发和零售客户）、地理区域、产品类型、客户评级、担保物等。在对客户群体进行恰当分组的基础上，建立应收账款逾期天数（或账龄）与预期信用损失率的减值矩阵。计算组合应收款项预期损失率，根据资产负债表日该组合的账龄分布，即可计算出该组合损失准备金额。

例 2-19

2×22 年 M 公司确认应收 N 企业销售款 1 000 000 元，应收账款入账时，M 公司通过对 N 企业具有相似信用风险应收款项的分析，以及未来存续期经济前景的预期，预计该笔应收款在整个存续期内的违约率为 2.5%（即不发生拖欠或逾期的概率为 97.5%）。在报告日（该款项还款到期之前），M 公司认为自初始确认后至合同到期前违约率不会发生显著变化，如果未来期间应收款项违约，则会导致账面总额损失 25%（即违约损失率为 25%）。在未来存续期间，M 公司对应收账款以 2.5%计量预期信用损失准备。期初“坏账准备”账户无余额。报告日，M 公司预期信用损失准备的计算如下：

预期信用损失＝1 000 000×2.5%×25%＝6 250（元）

企业应设置“坏账准备”账户，核算应收款项的损失准备计提、转销等情况。该账户的贷方登记当期计提的损失准备金额，借方登记实际发生的信用损失和冲减的损失准备金额，期末余额一般在贷方，反映企业已计提但尚未转销的损失准备。

当期应计提的损失准备可按以下公式计算：

当期应计提的损失准备＝当期按应收款项计算的损失准备金额－（或＋）“坏账准备”账户的贷方（或借方）余额

（1）计提损失准备。企业应当在资产负债表日计算应收款项预期信用损失。如果预期信用损失大于其当前损失准备的账面金额，企业应当将其差额确认为减值损失，借记“信用减值损失”账户，贷记“坏账准备”账户；如果资产负债表日计算的预期信用损失小于其当前损失准备的账面金额，应编制相反的会计分录。

例 2-20

承例 2-19，2×22 年年末，M 公司根据预计的信用减值损失 6 250 元，编制如下会计分录：

借：信用减值损失	6 250	
贷：坏账准备		6 250

（2）转销坏账。企业认定相关应收款项无法收回，按管理权限批准确认为坏账时，应当根据批准的核销金额，借记“坏账准备”账户，贷记“应收账款”“应收票据”“预付账款”“其他应收款”等账户。

例 2-21

承例 2-19，2×23 年年初，M 公司应收 N 公司销售款发生损失 5 000 元。按管理权限批准确认为坏账时，应进行如下处理：

计提损失准备前，“坏账准备”账户贷方实际余额为 6 250 元，应按实际损失 5 000 元转销损失准备，编制如下会计分录：

借：坏账准备　　5 000
　贷：应收账款——N 公司　　5 000

假定 M 公司 2×23 年 12 月 31 日应收 N 公司的账款余额为 1 500 000 元，M 公司综合考虑各种信用减值损失风险因素，确定本期应计提损失准备 12 000 元。计提前，“坏账准备”账户贷方余额为 1 250（6 250－5 000）元。2×23 年年末，M 公司应计提损失准备 10 750（12 000－1 250）元。编制如下会计分录：

借：信用减值损失　　10 750
　贷：坏账准备　　10 750

（3）已确认为坏账但又收回的应收款项。当企业已经确认的坏账又收回时，应根据收回数额，借记“应收账款”“应收票据”“预付账款”“其他应收款”等账户，贷记“坏账准备”账户；同时，借记“银行存款”等账户，贷记“应收账款”“应收票据”“预付账款”“其他应收款”账户。

例 2-22

承例 2-19 至例 2-21，假定 2×24 年 3 月 M 公司收回已作为坏账转销的应收账款 3 000 元，存入银行。编制如下会计分录：

借：应收账款——N 公司　　3 000
　贷：坏账准备　　3 000
借：银行存款　　3 000
　贷：应收账款——N 公司　　3 000

需要说明的是，收回已核销的应收账款需要编制两组会计分录，其原因是通过借记和贷记应收款项账户，提供分析债务人财务状况的信息，决定将来是否与债务人进行财务往来，并能反映出债务人企图重新建立其信誉的愿望；收回已作为信用损失核销的应收账款时，不直接冲减“信用减值损失”账户而贷记“坏账准备”账户，目的是使“信用减值损失”账户仅反映企业提取或冲回多提的信用损失准备，而“坏账准备”账户则集中反映信用损失准备的提取、信用损失的核销、收回已核销的应收账款情况，有助于对信用损失准备的提取、核销、收回、结余等信息的分析和利用。

延伸学习

坏账核算的备抵法

【提醒您】

我国《企业会计准则》规定，确定应收款项的减值只能采用备抵法，不得采用直接转销法。一旦计提坏账准备，应收账款的账面价值和账面余额的内涵有所不同。其账面价值是应收账款账面余额减去相应的坏账准备后的净额；而账面余额是指应收账款账面实际余额。

第五节 存 货

一、存货概述

（一）存货的概念和特点

存货，是指企业在日常活动中持有以备出售的产成品或商品、处在生产过程中的在产品、在生产过程或提供劳务过程中耗用的材料和物料等。存货包括原材料、在产品、库存商品、包装物、低值易耗品和委托代销商品等。

存货是企业经营活动中最活跃的因素，它不停地被购进或被生产出来，又不停地被销售出去，是企业未来经营现金流量的主要来源。它具有以下特点：

（1）存货属于流动资产，具有较强的变现能力和明显的流动性。

（2）存货是有形资产，有别于专利权、商标权等无形资产。

（3）存货在正常的业务活动中，不断地处于销售和重置、耗用和重置之中，在一年内能够有规律地转换为货币资金或其他资产。

（4）企业持有存货的最终目的是出售（不论是可供直接出售，还是需经过进一步加工后才能出售），而不是自用或消耗。这是存货最基本的特征。

（二）存货的确认

存货是根据各个企业不同的经营业务确定的，同样的资产在有些企业是供销售的，可以作为存货，但在有些企业可能是其他资产。例如在使用汽车的公司，汽车为固定资产，而在生产或销售汽车的公司，汽车则为存货。

某一资产项目作为存货在资产负债表中确认，必须具备以下条件：

（1）该项目必须符合存货的定义。

（2）存货有关的经济利益很可能流入企业。

（3）存货的成本能够可靠地计量。

（三）存货的分类

依据企业的性质、经营范围并结合存货的用途，可将存货分为下述三类。

1. 制造业存货

制造业存货的特点是在出售前需要经过生产加工，改变其原有的实物形态或使用功能。制造业存货可分为：

（1）原材料，是指企业通过采购或其他方式取得的用于制造产品并构成产品实体的物品，以及取得的供生产耗用但不构成产品实体的辅助材料、修理用备件、燃料以及外购半成品。

（2）委托加工材料，是指企业因技术和经济原因而委托外单位代为加工的各种材料。

（3）周转材料，是指企业能够多次使用，逐渐转移其价值但仍然保持其原有形态、不确认为固定资产的材料，如包装物和低值易耗品等。

（4）在产品及自制半成品，是指已经过一定生产过程，但尚未全部完工，在销售以前还要进一步加工的中间产品或正在加工中的产品。

（5）产成品，是指企业加工生产并已完成全部生产过程，可以对外销售的制成产品。

2. 商品流通企业存货

在商品流通企业，存货主要分为商品、材料物资、低值易耗品、包装物等。其中，商品是商业企业存货的主要组成部分，该类存货在企业正常的经营过程中处于待销状态。

3. 其他行业存货

在服务业企业，如旅行社、饭店、宾馆、游乐场所、美容美发店、照相馆、修理店、中介机构等，既不生产产品，也不经销产品。这些单位一般存有各种少量物料用品、办公用品、家具用具等，供业务活动使用，这些货品也作为存货处理。

（四）存货取得的计价

企业取得存货时应按照实际成本计价。存货的取得成本包括采购成本、加工成本和其他成本。

1. 存货的采购成本

存货的采购成本包括购买价款、相关税费、运输费、装卸费、保险费以及其他可直接归属于存货采购成本的费用。

（1）购买价款，是指企业购入的材料或商品的发票账单上列明的价款，但不包括按规定可以抵扣的增值税税额。

（2）相关税费，是指企业购买、自制或委托加工存货发生的消费税、资源税和不能从销项税额中抵扣的增值税进项税额等。

（3）其他可直接归属于存货采购成本的费用，即采购成本中除上述各项以外的可直接归属于存货采购成本的费用，如在存货采购过程中发生的仓储费、包装费、运输途中的合理损耗、入库前的挑选整理费用等。

【提醒您】

存货的采购费用能分清负担对象的，应直接计入存货的采购成本；不能分清负担对象的，应选择合理的分配方法，分别计入有关存货的采购成本。分配方法通常包括按所购存货的重量或采购价格比例进行分配。

存货储存保管费一般列作期间费用，不计入存货成本。

2. 存货的加工成本

存货的加工成本，包括直接人工以及按照一定方法分配的制造费用。

（1）直接人工，是指企业在生产产品过程中，直接从事产品生产的工人工资和福利费。

（2）制造费用，是指企业为生产产品和提供劳务而发生的各项间接费用，包括工资、职工薪酬、折旧费用、修理费、办公费、水电费、机物料消耗、劳动保护费等。

直接人工以及制造费用是企业在加工存货的过程中发生的追加费用，两者都需要按照受益对象进行归集。如果能够直接计入有关的成本核算对象，则应直接计入；否则，应按照一定方法分配计入有关成本核算对象。

3. 存货的其他成本

存货的其他成本，是指除采购成本、加工成本以外的，使存货达到目前场所和状态所发生的其他支出，如为特定客户设计产品所发生的设计费用等。

（五）存货发出的计价

在一个持续经营的企业中，原材料始终处于流动状态。库存原材料不断流出，新的原材料又不断流入。当企业发出原材料时，就必须采用一定的方法确定其发出成本。

《企业会计准则第 1 号——存货》规定，企业应当采用个别计价法、加权平均法或者先进先出法确定发出存货的实际成本。

1. 个别计价法

个别计价法是指对原材料逐一辨认，分别按各自购入或取得时的成本计价，以确定发出和结存原材料的实际成本。其特征是注重所发出原材料具体项目的实物流转与成本流转之间的联系，逐一辨认各批发出和期末结存原材料所属的购进批别或生产批别，分别按其购入或生产时所确定的单位成本计算各批发出和期末结存原材料的成本。

例 2-23

2×24 年 3 月，M 公司甲材料的收入、发出及购进单价如表 2-3 所示。

表 2-3 甲材料收发资料 单位：元

日期	收入			发出			库存		
	数量（件）	单价	总额	数量（件）	单价	总额	数量（件）	单价	总额
3 月 1 日							200	10	2 000
3 月 8 日	600	9.50	5 700				800		
3 月 12 日				400			400		
3 月 16 日	300	10.50	3 150				700		
3 月 27 日				200			500		
3 月 31 日				240			260		
合计	900	—	8 850	840	—	—	260	—	—

该公司 3 月 12 日发出的 400 件甲材料，有 100 件是上期结转的，有 300 件为 8 日购进的；27 日发出的 200 件为 8 日购进的；3 月 31 日发出的 240 件为 16 日购进的。采用个别计价法核算发出和结存材料成本，计算方法如下：

发出材料成本＝100×10＋300×9.5＋200×9.5＋240×10.5＝8 270（元）

期末结存材料成本＝100×10＋100×9.5＋60×10.5＝2 580（元）

根据计算结果编制领用甲材料的会计分录（假定全部用于产品生产）：

借：生产成本 8 270

　贷：原材料——甲材料 8 270

个别计价法是一种合理且准确的原材料计价方法。但采用这种方法的前提是需要对发出原材料和结存原材料的批次进行具体认定，以辨别其所属的收入批次，所以计算工作量较大。

2. 月末一次加权平均法

月末一次加权平均法，是指以月初库存原材料数量加上当月全部进货数量作为权数，去除当月全部进货成本加上月初库存原材料成本，计算出原材料的加权平均单位成本，以此为基础计算当月发出原材料的成本和期末原材料成本的一种方法。其计算公式如下：

$$原材料加权平均单位成本=\frac{月初库存原材料的实际成本+本月各批进货成本之和}{月初库存原材料数量+本月各批进货数量之和}$$

本月发出原材料成本=本月发出原材料的数量×原材料加权平均单位成本

月末库存原材料成本=月末库存原材料的数量×原材料加权平均单位成本

或

月末库存原材料成本=(月初库存原材料的实际成本+本月各批进货成本之和)－本月发出原材料成本

根据表 2-3 中的资料，采用月末一次加权平均法，有关指标计算结果如下：

材料加权平均单位成本＝（2 000＋5 700＋3 150）÷（200＋600＋300）＝9.86（元）

本月发出材料的成本＝840×9.86＝8 282.40（元）

月末库存材料成本＝（2 000＋5 700＋3 150）－8 282.40＝2 567.60（元）

采用月末一次加权平均法，只在月末计算当月发出存货和结存存货的成本，大大简化了存货核算工作，但平时不能确定发出存货成本和结存存货金额，当市场价格上涨时，加权平均成本会小于现行成本。

3. 移动加权平均法

移动加权平均法，是指每次收到原材料后，立即根据库存原材料总成本和总数量，计算出新的加权平均单位成本，作为下次进货前计算各次发出原材料单位成本的依据。其特点是如果月份内收入原材料的单价变动一次，就得重新计算一次加权平均单位成本，发出原材料时，按照变动后的单价确定原材料发出成本。计算原材料加权平均单位成本的公式如下：

$$原材料加权平均单位成本=\frac{原有库存原材料的实际成本+本次进货的实际成本}{原有库存原材料的数量+本次进货数量}$$

$$\begin{matrix}本次发出\\原材料的成本\end{matrix}=\begin{matrix}本次发出\\原材料的数量\end{matrix}\times\begin{matrix}本次发出原材料前\\原材料的加权平均单位成本\end{matrix}$$

月末库存原材料成本=月末库存原材料的数量×月末原材料加权平均单位成本

根据表 2-3 中的资料，采用移动加权平均法计算发出原材料的成本和库存原材料成本的结果见表 2-4。

表 2-4 甲材料明细账（简式）

（按移动加权平均法计算） 单位：元

日期	收入			发出			库存		
	数量（件）	单价	总额	数量（件）	单价	总额	数量（件）	单价	总额
3月1日							200	10	2 000
3月8日	600	9.50	5 700				800	9.625	7 700
3月12日				400	9.625	3 850	400	9.625	3 850

续表

日期	收入			发出			库存		
	数量（件）	单价	总额	数量（件）	单价	总额	数量（件）	单价	总额
3月16日	300	10.50	3 150				700	10	7 000
3月27日				200	10	2 000	500	10	5 000
3月31日				240	10	2 400	260	10	2 600
合计	900	—	8 850	840	—	8 250	260	—	2 600

第一次购货后原材料加权平均单位成本＝（2 000＋5 700）÷（200＋600）＝9.625（元）

第一次发出原材料的成本＝400×9.625＝3 850（元）

第二次购货后原材料加权平均单位成本＝（3 850＋3 150）÷（400＋300）＝10（元）

本月发出原材料成本＝3 850＋2 000＋2 400＝8 250（元）

月末库存原材料成本＝260×10＝2 600（元）

采用移动加权平均法，在每次发出原材料前即可求出移动加权平均单价，随时确定发出原材料和库存原材料的实际成本。弥补了月末一次加权平均法的不足，但如果月份内购进次数多、每次购进单价变化小，采用这种方法的工作量较大。

4. 先进先出法

先进先出法，是指按库存中最早取得原材料的成本对发出原材料计价的一种方法。在发出原材料的数量超过库存中最早进货的数量时，超过部分要依次按后一批购进的原材料单价计算。这种方法是以实物流动假设为前提，先收到的原材料应先发出并根据这种假设的成本流转顺序对发出原材料和期末库存原材料进行计价，本期发出原材料的成本是按原材料中早期进货的价格计算，而期末结存的原材料则按库存中近期进货的价格计算。

采用这种方法，要依次查明有关各批次的实际单位成本，核算手续较为烦琐，适用于收发原材料业务次数不多的企业。

根据表2-3中的资料，按先进先出法计算发出材料成本和库存材料成本的结果见表2-5。

表2-5 甲材料明细账（简式）

（按先进先出法计算） 单位：元

日期	收入			发出			库存		
	数量（件）	单价	总额	数量（件）	单价	总额	数量（件）	单价	总额
3月1日							200	10	2 000
3月8日	600	9.5	5 700				200 600	10 9.5	7 700
3月12日				200 200	10 9.5	3 900	400	9.5	3 800
3月16日	300	10.5	3 150				400 300	9.5 10.5	6 950
3月27日				200	9.5	1 900	200 300	9.5 10.5	5 050
3月31日				200 40	9.5 10.5	2 320	260	10.5	2 730
合计	900	—	8 850	840	—	8 120	260	—	2 730

采用先进先出法，企业不能随意调整原材料计价以调整当期利润，但其工作量比较大，特别是对于原材料进出比较频繁的企业更是如此。而且当物价上涨时，会高估企业当期利润和库存原材料价值；反之，会低估企业当期利润和库存原材料价值。

二、原材料

（一）原材料的内容

（1）原料及主要材料，是指经过加工后能够构成产品主要实体的各种原材料和材料。

（2）辅助材料，是指直接用于生产、有助于产品形成或便于生产进行，但不构成产品主要实体的各种材料。

（3）外购半成品，是指企业从外部购进的经过本企业进一步加工或装配，构成本企业产品组成部分的半成品或部件。

（4）燃料，是指在生产过程中用来燃烧发热，或为创造正常劳动条件用的各种燃料，包括固体燃料、气体燃料和液体燃料。

（5）修理用备件，是指用于修理本企业机器设备和运输设备等所专用的各种零件和备件，如轴承、齿轮等。修理用一般零件可以归为辅助材料一类。

（二）原材料收发按实际成本计价

原材料收发按实际成本计价，是指原材料的收入、发出和结存的总分类核算及明细分类核算均按照实际成本计价。

企业应设置“在途物资”“原材料”账户核算企业原材料的增减变动和结存情况。

“在途物资”账户，核算企业采用实际成本（或进价）进行材料（或商品）日常核算，货款已付但尚未验收入库的购入材料或商品的采购成本。该账户的明细账按供应单位设置。

“原材料”账户，核算企业库存的各种材料的实际成本。该账户的明细账应按材料的保管地点（仓库）以及材料的类别、品种和规格设置。

企业外购材料，由于结算方式和采购地点不同，材料入库和货款支付在时间上不一定完全同步，因此，其账务处理也有所不同。

1. 材料验收入库，货款同时支付

企业根据发票账单支付物资价款和运杂费时，按应计入物资采购成本的金额，借记“原材料”账户，按增值税专用发票上注明的增值税税额，借记“应交税费——应交增值税（进项税额）”账户，按实际支付的价款，贷记“银行存款”“库存现金”“其他货币资金”等账户。

例 2-24

甲公司为增值税一般纳税人。2×24 年 5 月 18 日，甲公司从乙公司购入原材料一批，增值税专用发票上注明的原材料价款为 20 000 元，增值税税额为 2 600 元，发票等结算凭证已经收到，货款已通过银行转账支付。编制如下会计分录：

借：原材料　　　　20 000

应交税费——应交增值税（进项税额） 2 600
贷：银行存款 22 600

2. 货款已经支付，材料尚未验收入库

企业对于已经付款或已开出、承兑商业汇票，但材料尚未到达或尚未验收入库的采购业务，应根据发票账单等结算凭证，按应计入材料采购成本的金额，借记“在途物资”账户，按增值税专用发票上注明的增值税税额，借记“应交税费——应交增值税（进项税额）”账户，按实际支付或应支付的金额，贷记“应付账款”“应付票据”等账户；材料运达企业并验收入库，借记“原材料”账户，贷记“在途物资”账户。

例 2-25

M 企业为增值税一般纳税人，2×24 年 3 月 10 日从 N 公司购进原材料一批，价款为 24 000 元，对方代垫运费 1 000 元，材料和运费的增值税税额共计 3 210 元。发票账单等结算凭证已到，货款、运费及税款已付，但材料尚在途中，编制如下会计分录：

（1）付款时：

借：在途物资——N 公司 25 000
应交税费——应交增值税（进项税额） 3 210
贷：银行存款 28 210

（2）收料时：

借：原材料——原料及主要材料 25 000
贷：在途物资——N 公司 25 000

【提醒您】

在实际工作中，如果收料和付款间隔时间不长，为简化核算手续，付款后，材料到达前，可不进行账务处理，待收料后，再按照收料与付款在同一时间方式进行核算。

3. 材料已经验收入库，货款尚未支付

企业对于材料已经验收入库，货款尚未支付的情况，平时可在付款时进行账务处理，但月末应区别以下情况：

（1）材料已经验收入库，发票、运费单据等凭证也已到，但月末仍未付款。因双方的购销关系已经确定，企业购入材料自然要承担偿还货款的债务责任，因此，应按入库物资的实际成本，借记“原材料”账户，按增值税专用票上注明的增值税税额，借记“应交税费——应交增值税（进项税额）”账户，按应付的全部款项，贷记“应付账款”账户。付款时，借记“应付账款”账户，贷记“银行存款”等账户。

（2）如果月末收到的材料既未付款，发票、运费等单据也未收到，为了使资产负债表能如实反映企业月末资产及负债情况，对已收到的材料，应按计划成本暂估入账，借记“原材料”账户，贷记“应付账款——暂估应付账款”账户，下期期初编制相反分录予以冲回，目的是待下月付款或开出、承兑商业汇票时，可按材料已经入库、货款也已支付进行账务处理。

例 2-26

2×24 年 10 月 20 日，H 公司从南方公司购入材料一批，材料已验收入库，10 月 31 日结算凭证仍未到达，按合同价格 16 000 元暂估入账。编制如下会计分录：

（1）月末对已入库材料暂估入账：

借：原材料——原料及主要材料　　16 000

　贷：应付账款——暂估应付账款　　16 000

（2）次月初用红字编制相同分录予以冲回：

借：原材料——原料及主要材料　　16 000（红字）

　贷：应付账款——暂估应付账款　　16 000（红字）

11 月 8 日，收到上述购入原材料结算凭证，金额共计 17 639 元，其中货物价款 15 000元，增值税税额 1 950 元；支付保险费 650 元，增值税税额 39 元，全部款项予以承付。编制如下会计分录：

借：原材料——原料及主要材料　　15 650

　　应交税费——应交增值税（进项税额）　　1 989

　贷：银行存款　　17 639

4. 外购原材料短缺或毁损

原材料在采购过程中发生短缺和毁损，应根据造成短缺或毁损的原因分别处理：

（1）属于定额内合理的损耗，计入存货的采购成本，视同提高入库原材料的单位成本。

（2）能确定索赔对象，并向有关单位或责任人索赔时，记入“其他应收款”等账户。

（3）凡尚待查明原因和需要报经批准才能转销处理的损失，应将损失从“在途物资”等账户转入“待处理财产损溢”账户，待查明原因后再分别处理：属于应由供货单位、运输单位、保险公司或其他过失人负责赔偿的，借记“应付账款”或“其他应收款”账户，贷记“待处理财产损溢”账户；属于自然灾害造成的损失，应按扣除残料价值和保险公司赔偿后的净损失，借记“营业外支出”账户，贷记“待处理财产损溢”账户；属于无法收回的其他损失，报经批准后，借记“管理费用”账户，贷记“待处理财产损溢”账户。

【提醒您】

企业购进货物发生非正常损失（是指因管理不善造成货物被盗、丢失、霉烂变质，以及因违反法律法规造成货物或者不动产被依法没收、销毁、拆除的情形），若是企业自身原因造成的，货物损失应由企业承担，进项税额不能抵扣而需要转出，与损失的货物成本一并处理，借记“待处理财产损溢”等账户，贷记“在途物资”“原材料”“应交税费——应交增值税（进项税额转出）”账户。

例 2-27

2×24 年 6 月 1 日，M 公司从外埠购进材料一批，增值税专用发票注明的数量为 200

千克，单价 2 000 元，增值税税额为 52 000 元。另付运费 20 000 元、保险费 2 000 元，相关的增值税 1 920 元。上述款项均以银行存款支付。6 月 15 日，材料运达公司，验收时发现材料残损 4 千克、短少 6 千克，其残损、短少原因待查。编制如下会计分录：

（1）支付款项时：

原材料实际成本＝200×2 000＋20 000＋2 000＝422 000（元）

购进原材料进项税额＝52 000＋1 920＝53 920（元）

借：在途物资　　422 000

　　应交税费——应交增值税（进项税额）　　53 920

　贷：银行存款　　475 920

（2）材料验收入库时：

原材料单位实际成本＝422 000÷200＝2 110（元）

原材料单位税额＝53 920÷200＝269.6（元）

原材料入库成本＝190×2 110＝400 900（元）

原材料短缺成本＝10×2 110＝21 100（元）

短缺原材料进项税额＝10×269.6＝2 696（元）

借：原材料　　400 900

　　待处理财产损溢　　23 796

　贷：在途物资　　422 000

　　　应交税费——应交增值税（进项税额转出）　　2 696

材料残损、短少原因已查明：残损 4 千克系运输部门责任，已向其索赔；短少 6 千克为入库前管理不善被盗所致。根据相关规定，保险公司同意赔付 5 000 元。全部款项尚未收到。

借：其他应收款——运输部门　　9 518.4 [4×(2 110＋269.6)]

　　　　　　　——保险公司　　5 000

　　管理费用　　9 277.6

　贷：待处理财产损溢　　23 796

5. 原材料发出

企业发出材料时，应根据材料的具体用途，借记“生产成本”“制造费用”“销售费用”“管理费用”等账户，贷记“原材料”账户。

例 2－28

2×24 年 5 月，M 公司领用原材料情况如表 2－6 所示。

表 2－6　发料凭证汇总表　　单位：元

账户	材料				合计
	原料及主要材料	辅助材料	修理用备件	燃料	
生产成本					
——基本生产成本	16 250	800	450		17 500
——辅助生产成本	2 000	400	100	1 500	4 000

续表

账户	材料				合计
	原料及主要材料	辅助材料	修理用备件	燃料	
制造费用	750	200	100		1 050
管理费用	260	90		150	500
在建工程	1 000				1 000
合计	20 260	1 490	650	1 650	24 050

根据表2-6，编制如下会计分录：

借：生产成本——基本生产成本　　17 500
　　　　　——辅助生产成本　　4 000
　　制造费用　　1 050
　　管理费用　　500
　　在建工程　　1 000
　贷：原材料——原料及辅助材料　　24 050

6. 材料明细分类核算

企业可采用以下方式进行材料的明细分类核算：

(1) 设置两套材料明细账，仓库设置材料卡片，进行材料收发结存的数量核算，财会部门设置材料明细账，进行材料的数量和金额核算。

(2) 设置一套材料明细账，把材料卡片和材料明细账合并为一套有数量和金额的明细账，由仓库负责登记数量，财会人员定期到仓库稽核收料单，并在材料收发凭证上标价，登记金额。

(三) 原材料收发按计划成本计价

原材料收发按计划成本计价的特点是：材料的入库、发出和结存都按企业制定的计划成本计算，材料的实际成本与计划成本之间的差额，记入“材料成本差异”账户，期末将发出与结存材料的计划成本调整为实际成本。

原材料收发按计划成本计价的前提是一般先由企业采购部门与会计等部门共同制定每种材料的计划成本，原材料计划成本的组成内容与其实际成本构成一致。原材料收发按计划成本计价，企业除设置“原材料”账户外，还需设置“材料采购”“材料成本差异”账户。

原材料按计划成本计价，各主要材料账户核算内容及对应关系如图2-11所示。

1. 账户体系

“材料采购”账户用来核算采购材料的实际成本。该账户的借方登记采购材料的实际成本，贷方登记入库材料的计划成本。借方金额大于贷方为超支，其差额转入“材料成本差异”账户的借方；贷方金额大于借方为节约，其差额转入“材料成本差异”账户的贷方；期末为借方余额，反映企业未入库材料的实际成本。该账户的明细账应按材料类别设置。

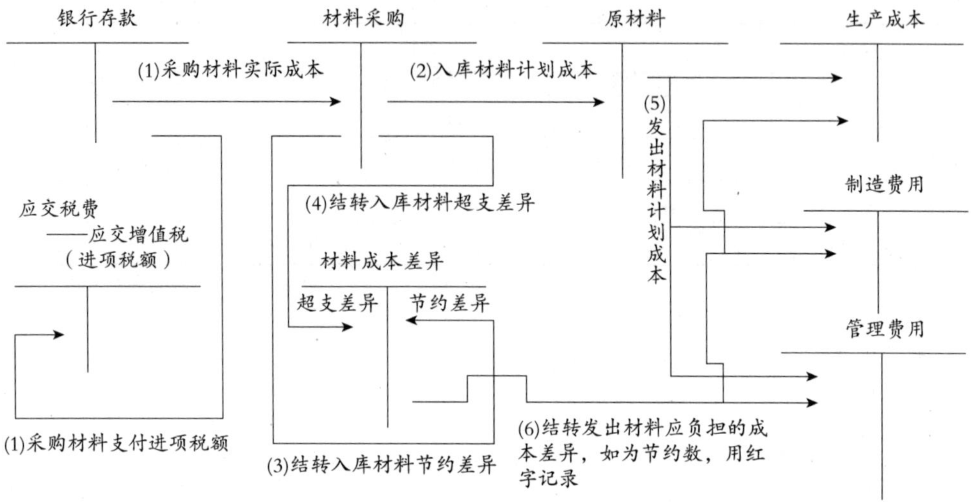

图 2-11 原材料按计划成本核算各账户对应关系

【提醒您】

“在途物资”和“材料采购”账户是企业采用不同计价方法对材料进行日常核算时所使用的账户。“在途物资”账户用来核算企业采用实际成本计价、尚未到达或尚未验收入库的各种物资的实际采购成本。“材料采购”账户用来核算企业采用计划成本计价购入材料的采购成本。

“材料成本差异”账户用来核算材料实际成本与计划成本之间的差额。该账户的借方登记入库材料实际成本大于计划成本的超支差异额；贷方登记入库材料实际成本小于计划成本的节约差异额及月末分配转出的发出材料应负担的差异额（超支额用蓝字，节约额用红字）；期末如为借方余额，反映企业库存原材料的超支差异，贷方余额反映企业库存原材料的节约差异。该账户的明细账应按材料类别设置。

2. 原材料购入

企业购入并已验收入库的原材料，应按计划成本，借记“原材料”账户，贷记“材料采购”账户。同时，结转材料成本差异，按实际成本大于计划成本的差异，借记“材料成本差异”账户，贷记“材料采购”账户；若实际成本小于计划成本，则做相反会计分录。

例 2-29

M 公司原材料按计划成本核算。2×24 年 3 月 31 日，从 N 公司购进材料一批，实际成本为 69 600 元，增值税进项税额为 9 048 元，材料已验收入库；发票账单已收到，货款通过银行付讫。该批材料的计划成本为 66 800 元。编制如下会计分录：

(1) 支付货款及增值税时：

借：材料采购——N 公司	69 600	
应交税费——应交增值税（进项税额）	9 048	
贷：银行存款		78 648

(2) 材料验收入库，按计划成本入账时：

借：原材料 66 800

　　贷：材料采购——N公司 66 800

(3) 结转外购材料超支差异：

借：材料成本差异 2 800

　　贷：材料采购——N公司 2 800

若为节约差异，编制相反会计分录。在实际工作中，为了简化核算，通常是在月末集中结转外购材料成本差异额。

3. 原材料发出

(1) 结转发出材料的计划成本。月末，根据领料单等凭证编制发料凭证汇总表，按发出材料的计划成本以及领用材料的部门、用途，编制借记有关账户，贷记“原材料”账户的会计分录。

例 2-30

2×24 年 3 月，M 公司原材料领用情况如表 2-7 所示。

表 2-7 发料凭证汇总表 单位：元

账户	材料计划成本			差异额（差异率 2%）	合计
	原料及主要材料	辅助材料	合计		
生产成本——基本生产成本	35 000	15 000	50 000	1 000	51 000
制造费用	8 000	2 000	10 000	200	10 200
管理费用	2 000		2 000	40	2 040
销售费用	5 000		5 000	100	5 100
在建工程	10 000	3 000	13 000	260	13 260
合计	60 000	20 000	80 000	1 600	81 600

根据发料凭证汇总表，编制如下会计分录：

借：生产成本——基本生产成本 50 000

　　制造费用 10 000

　　管理费用 2 000

　　销售费用 5 000

　　在建工程 13 000

　　贷：原材料 80 000

(2) 结转发出材料应负担的成本差异。材料成本差异随材料入库而形成，同时随材料的发出而转出。材料成本差异总额应在当期发出材料和期末库存材料之间进行分配，属于发出材料应负担的成本差异，应从“材料成本差异”账户转入有关账户，计算公式如下：

发出材料实际成本＝发出材料计划成本±发出材料应分摊的成本差异额

发出材料应分摊的成本差异额＝发出材料计划成本×材料成本差异率

材料成本差异率是材料成本差异与材料计划成本之比。该指标不仅是将发出材料的计划成本调整为实际成本的依据，同时反映了材料实际成本脱离计划成本的程度。计算公式为：

本月材料成本差异率=(月初结存材料成本差异+本月收入材料成本差异)÷(月初结存材料计划成本+本月收入材料计划成本)×100%

上式中的“月初结存材料成本差异”“本月收入材料成本差异”若为超支差异，用“+”号表示；若为节约差异，用“-”号表示。

如果企业各期间的材料成本差异率较为均衡，也可以采用期初材料成本差异率分摊本期材料成本差异。年终，再对其核实调整。

发出材料应负担的材料成本差异必须按月分摊，不得在季末或年末一次分摊。

发出材料应负担的成本差异分摊完毕，属于期末库存材料应负担的成本差异，应仍留在“材料成本差异”账户，作为原材料的调整项目，以库存材料的计划成本加或减其成本差异，即期末库存材料的实际成本。

库存材料实际成本=库存材料计划成本±库存材料应分摊的成本差异额

例 2-31

承例 2-29、例 2-30，2×24 年 3 月，M 公司收入、发出材料计划成本及差异情况如表 2-8 所示。

表 2-8　材料成本差异明细账

明细账户：材料及主要材料　　　　单位：元

月	日	凭证字号（略）	摘要	收入材料计划成本	发出材料计划成本	差异分配率	借方金额（超支）	贷方金额（节约）
2	28		余额	20 400				400
3	31		外购	69 600			2 800	
	31		自制	10 000				400
	31		本月发料		80 000	2%		1 600
	31		月末余额	20 000			400	

材料成本差异率=(-400+2 800-400)÷(20 400+69 600+10 000)×100%
=+2%

M 公司编制结转发出材料成本差异的会计分录为：

借：生产成本——基本生产成本　1 000
　　制造费用　200
　　管理费用　40
　　销售费用　100
　　在建工程　260
　贷：材料成本差异　1 600

采用计划成本进行材料的日常核算，克服了按实际成本计价工作较繁重的缺陷，可以简化会计处理工作；通过将材料实际采购成本与计划成本对比，也有利于考核采购部门的业绩。

三、库存商品

（一）库存商品的内容

库存商品，是指企业在正常的经营过程中处于待销状态的各种物品，如制造业库存产成品，商品流通企业库存商品等。具体包括库存产成品、外购商品、存放在门市部准备出售的商品、发出展览的商品、寄存在外的商品、接受来料加工制造的代制品和为外单位加工修理的代修品等。

【提醒您】

企业已完成销售手续、但购买单位未提取的产品，不作为库存商品，而应作为代管商品处理，单独设置代管商品备查簿进行登记。

企业应设置“库存商品”账户核算企业库存的各种商品的实际成本（或进价）或计划成本（或售价）的增减变化及结存情况。该账户的借方登记验收入库的库存商品成本；贷方登记发出的库存商品成本；期末余额在借方，反映各种库存商品的实际成本。

需要说明以下两点：

第一，制造业库存商品可以按实际成本或计划成本计价，因此，“库存商品”账户借方、贷方和余额可以按实际成本登记，也可以按计划成本登记。

第二，商品流通企业库存商品可以采用数量进价金额核算，也可以采用进价金额或售价金额核算，“库存商品”账户的借方、贷方和余额可以按进价金额登记，也可以按售价金额登记。

（二）制造业库存商品

制造业库存商品即产成品，是指企业已经完成全部生产过程并已验收入库合乎标准规格和技术条件，可以按照合同规定的条件送交订货单位，或者可以作为商品对外销售的产品。企业接受外来原材料加工制造的代制品和为外单位加工修理的代修品，制造和修理完成验收入库后，也视同企业的产成品。

制造业企业生产的产成品一般应按实际成本核算，产成品的入库和出库，平时只记数量不记金额，期（月）末计算入库产成品的实际成本。

车间生产完工并验收入库时，根据产成品计算单或产品成本汇总表等凭证所确定的产成品实际成本，借记“库存商品”账户，贷记“生产成本”账户。

发出产成品时，应根据产成品具体用途并分别按实际成本，借记“主营业务成本”“在建工程”“其他业务成本”“管理费用”“应付职工薪酬”等账户，贷记“库存商品”账户。

由于期初产成品的成本水平（单位产品成本）与本月完工入库产成品的成本水平可能不相一致，对发出和销售产成品的成本，可采用加权平均法、先进先出法或个别计价法等方法，计算并结转本月发出和销售产成品的实际成本。

例 2-32

2×24 年 12 月，M 公司根据产品成本计算单及产成品入库单编制产成品收入汇总表，如表 2-9 所示。

表 2-9　产成品收入汇总表

2×24 年 12 月　　单位：元

产品名称	单位	数量	单位成本	总成本
甲产品	件	100	600	60 000
乙产品	件	80	500	40 000
丙产品	件	150	800	120 000
合计	—	—	—	220 000

根据上述汇总表，编制如下会计分录：

借：库存商品——甲产品　60 000
　　　　　——乙产品　40 000
　　　　　——丙产品　120 000
　贷：生产成本——甲产品　60 000
　　　　　——乙产品　40 000
　　　　　——丙产品　120 000

例 2-33

2×25 年 1 月，M 公司销售乙产品 20 件、丙产品 50 件，乙、丙产品单位生产成本如表 2-9 所示。编制如下结转产品销售成本的会计分录：

借：主营业务成本　50 000
　贷：库存商品——乙产品　10 000
　　　　　——丙产品　40 000

（三）商品流通企业库存商品

导入案例

2×24 年 12 月末，某商品流通企业组织库存管理部门、财务部门和内部审计部门进行年终财产清查工作。该企业与库存商品相关的资料如下：年初库存商品余额为 550 000 元，全年购进商品成本总额为 2 250 000 元，全年取得商品销售收入为 3 000 000 元。2×24 年 12 月 31 日通过实地盘点，确定库存商品成本总额为 600 000 元。该企业近年的销售毛利率稳定在 30%的水平。将库存商品清查报告交给总经理时，总经理看完报告问各部门负责人：“你们认为报告中期末库存商品成本总额 600 000 元有无问题？我对这个数字持怀疑态度，你们再核实一下！”

思考：学习下列采用毛利率法计算确定期末库存商品的方法，请你计算 2×24 年 12 月 31 日该企业库存商品成本总额，并说明总经理的判断是否正确。

商品流通企业库存商品，是指商品流通企业外购或委托加工收回入库用于销售的各种商品。商品流通企业一般分为批发企业和零售企业。就会计核算而言，批发企业库存商品一般采用数量进价金额核算法，而零售企业的库存商品一般采用售价金额核算法或进价金额核算法。

1. 数量进价金额核算法

数量进价金额核算法，是指按商品的进价和数量核算库存商品进、销、存情况的一种方法。这种核算方法的主要特点是：会计部门对库存商品总账和明细账按商品进价登记；库存商品明细账按商品的品名、规格、等级和编号分别进行明细核算，既登记金额又登记数量；经营品种繁多的企业要设置库存商品类目账，以核算大类商品的进、销、存情况并控制其所属明细账；逐日或定期结转已销商品的进价成本，计算已销商品进价成本的方法有个别计价法、先进先出法、移动加权平均法、全月一次加权平均法和毛利率法等。数量进价金额核算法一般适用于批发企业，其账务处理原理与原材料按实际成本计价相同。

计算已销商品销售成本的个别计价法、先进先出法、加权平均法前已述及，下面重点讲述毛利率法。

毛利率法，是指根据本月实际商品销售收入和本季度计划毛利率（或上季度实际毛利率）匡算本月商品销售毛利并计算本月商品销售成本的方法。其计算公式如下：

本月商品销售毛利＝本月商品销售收入净额×上季度实际毛利率（或本季度计划毛利率）

本月商品销售成本＝本月商品销售收入净额－本月商品销售毛利

或

本月商品销售成本＝本月商品销售收入净额×[1－上季度实际毛利率（或本季度计划毛利率）]

毛利率法的核算程序如图 2－12 所示。

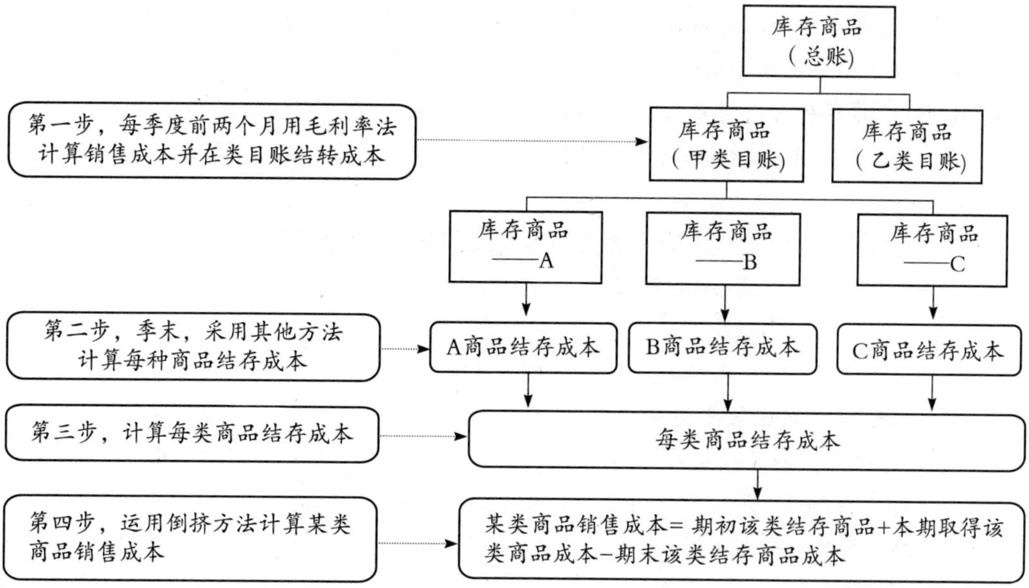

图 2－12　毛利率法的核算程序

采用毛利率法，在每季度的前两个月采用该方法，在季末，仍需用前述几种方法之一核算该季度的商品销售成本，用该季度的商品销售成本减去前两个月已结转的商品销售成本，即第三个月的商品销售成本。这样，调整了前两个月计算结转销售成本的误差，保证全季度商品销售成本计算得比较准确。

例 2-34

W 公司每季度前两个月采用上季度实际毛利率计算商品销售成本，第三个月采用加权平均法计算调整。2×24 年第四季度商品销售额（服装类）依次为：10 月 55 000 元，11 月 67 500 元，12 月 122 500 元。经查，上季度实际毛利率为 20%。

（1）10 月至 11 月商品销售成本计算方法及会计处理如下：

10 月服装类商品销售成本＝55 000×(1－20%)＝44 000（元）

在类目账上结转 10 月商品销售成本：

借：主营业务成本　　44 000

　贷：库存商品——服装类　　44 000

11 月服装类商品销售成本＝67 500×(1－20%)＝54 000（元）

在类目账上结转 11 月商品销售成本：

借：主营业务成本　　54 000

　贷：库存商品——服装类　　54 000

【提醒您】

采用这种方法，库存商品明细账平时只登记商品减少的数量。

(2)12 月用加权平均法计算第四季度服装类商品销售成本，其计算过程如下：

第一步，计算每种商品的加权平均单价。经过计算，男式上衣加权平均单价为 87.2 元；女式上衣加权平均单价为 46.33 元。

第二步，计算每种和大类库存商品的期末结存金额。经过计算，男式上衣季末结存金额为 87 200 元；女式上衣季末结存金额为 11 350.85 元；服装类商品季末结存金额为 98 550.85 元。

第三步，根据类目账资料倒挤该类商品本季度销售成本(有关数据见表 2-10)：

本季度服装类商品销售成本＝43 750＋53 250＋98 250＋103 850－257－98 550.85

＝200 292.15(元)

第四步，计算 12 月服装类商品应结转的销售成本：

12 月服装类商品销售成本＝200 292.15－44 000－54 000＝102 292.15(元)

在类目账上结转 12 月服装类商品销售成本，编制会计分录如下：

借：主营业务成本　　102 292.15

　贷：库存商品——服装类　　102 292.15

服装类目账的登记如表 2-10 所示。

表 2-10 库存商品类目账

类别：服装类

单位：元

2×24年		凭证号数(略)	摘要	借方	贷方	借或贷	结存
月	日						
10	1		上期结转			借	43 750
10	8		购进	53 250		借	97 000
10	31		结转销售成本		44 000	借	53 000
11	10		购进	98 250		借	151 250
11	30		结转销售成本		540 00	借	97 250
12	15		购进	103 850		借	201 100
12	30		盘亏		257	借	200 843
12	31		结转销售成本		102 292.15	借	98 550.85

2. 售价金额核算法

售价金额核算法，是指按售价核算商品进、销、存情况的一种方法。其特点如下：

(1)“库存商品”账户按商品销售价格（简称售价）记账，商品售价与其购进成本之间的差额记入“商品进销差价”账户。这里的售价包括销售价格和销售增值税；商品进销差价实际上是商品含税售价与商品购进成本的差额。

(2) 购入商品时，按入库商品的售价，借记“库存商品”账户，按商品购进成本，贷记“商品采购”等账户，同时按入库商品零售价与入库商品成本的差额，贷记（或借记）“商品进销差价”账户；商品销售后，按含税销售价格，借记“银行存款”等账户，贷记“主营业务收入”账户，并按含税销售价注销已售商品，借记“主营业务成本”账户，贷记“库存商品”账户。

(3) 月末计算出已销商品的增值税后，冲减主营业务收入，并反映企业当月实现的销项税，借记“主营业务收入”账户，贷记“应交税费”账户。

(4) 月末按一定方法计算已销的含税进销差价后，冲减按含税售价记录的“主营业务成本”账户，将其调整为已销商品的成本，使得“商品进销差价”账户的月末余额反映企业库存未售的商品含税售价所负担的含税进销差价，即借记“商品进销差价”账户，贷记“主营业务成本”账户（或以红字借记“主营业务成本”账户，贷记“商品进销差价”账户）。

商品进销差价率的计算公式如下：

商品进销差价率＝(期初库存商品进销差价＋当期发生商品进销差价)÷(期初库存商品售价＋当期发生的商品售价)×100%

本期已销售商品应分摊的进销差价＝本期商品销售收入×商品进销差价率

期末库存商品应保留的进销差价＝期末分摊前库存商品进销差价－本期销售商品应分摊的进销差价

例 2-35

2×24 年 12 月初，某零售商场库存商品余额（含税）为 1 356 000 元，商品进销差价（含税）为 356 000 元；12 月购进商品成本共计 2 000 000 元，支付增值税 260 000 元，商品的含税售价总额为 2 712 000 元；当月销售商品收取含税销货款 1 627 200 元，全部商品款已存入银行。平时商品购进、销售的会计处理略，期末会计处理如下：

(1) 确认本月应交增值税销项税额：

本月销项税额=[1 627 200÷(1+13%)]×13%=187 200（元）

借：主营业务收入　　187 200

　贷：应交税费——应交增值税（销项税额）　　187 200

(2) 月末，计算本期进销差价率和已销售商品应分摊的进销差价：

商品进销差价率=[(356 000+712 000)÷(1 356 000+2 712 000)]×100%=26.25%

本月已销售商品应分摊的进销差价=1 627 200×26.25%=427 140（元）

借：商品进销差价　　427 140

　贷：主营业务成本　　427 140

本月销售商品实际成本=1 627 200−427 140=1 200 060（元）

结存商品售价=1 356 000+2 712 000−1 627 200=2 440 800（元）

结存商品进销差价=2 440 800×26.25%=640 710（元）

结存商品进价成本=2 440 800×(1−26.25%)=1 800 090（元）

（四）委托加工物资

1. 委托加工物资的性质

有时，企业从外部购入的原材料，其性能不一定完全满足生产的需要，需要送往外部委托其他单位进行加工，制成另一种材料（如纸张加工成商标纸，木材加工成木箱，钢材加工成专用工具等）。委托加工材料发出后，虽然材料的保管地点发生位移，但仍属于企业存货。材料经过加工，不仅实物形态、性能和使用价值发生变化，而且在其加工过程中要消耗原材料，发生各种费用支出等，也使材料价值相应增加。

2. 委托加工物资的账务处理

为了核算委托外单位加工的各种物资的实际成本，企业应设置“委托加工物资”账户。该账户的明细账按加工合同、受托加工单位设置。

企业委托外单位加工物资的一般程序如下：

(1) 发出材料。企业向外单位发出加工的物资时，按实际成本，借记“委托加工物资”账户，贷记“原材料”等账户。

(2) 支付加工费用。企业支付加工费用、应负担的运杂费等，借记“委托加工物资”“应交税费——应交增值税（进项税额）”等账户，贷记“银行存款”等账户。需要缴纳消费税的委托加工物资，其由受托方代收代缴的消费税，分别以下情况处理：

第一种情况，收回后直接用于销售的，应将受托方代收代缴的消费税计入委托加工物资成本，借记“委托加工物资”账户，贷记“应付账款”“银行存款”等账户；

第二种情况，收回后用于连续生产，按规定准予抵扣的，按受托方代收代缴的消费税，借记“应交税费——应交消费税”账户，贷记“应付账款”“银行存款”等账户。

【提醒您】

需要缴纳消费税的委托加工物资，一般由受托方代扣代缴税款。应纳税额按委托方同类消费品的销售价格计算；没有同类消费品价格的，按照组成计税价格计算。组成计税价格的计算公式如下：

组成计税价格＝（材料成本＋加工费）÷(1－消费税税率)

委托加工或翻新改制金银首饰，按照规定由受托方缴纳消费税。

（3）加工完毕收回物资。加工完成验收入库的物资和剩余的物资，按加工收回物资的实际成本和剩余物资的实际成本，借记“原材料”“库存商品”等账户，贷记“委托加工物资”账户。

例 2-36

2×24 年 10 月，甲企业委托乙企业加工材料一批（属于应税消费品，乙企业没有同类消费品销售价格的材料）。发出原材料成本为 50 000 元，支付的加工费为40 000元（不含增值税），消费税税率为 10%，材料加工完成验收入库，加工费用等已经支付。双方适用的增值税税率为 13%。甲企业的原材料按实际成本计价。

消费税组成计税价格＝(50 000＋40 000)÷(1－10%)＝100 000（元）

受托方代收代缴的消费税＝100 000×10%＝10 000（元）

应纳增值税＝40 000×13%＝5 200（元）

根据加工材料收回的不同用途，分别进行如下会计处理：

	材料用于连续生产		材料直接用于销售	
（1）发出委托加工材料：	借：委托加工物资	50 000	同左	
	贷：原材料	50 000		
（2）支付加工费用及消费税：	借：委托加工物资	40 000	借：委托加工物资	50 000
	应交税费——应交增值税（进项税额）	5 200	应交税费——应交增值税（进项税额）	5 200
	——应交消费税	10 000	贷：银行存款	55 200
	贷：银行存款	55 200		
（3）加工完成收回委托加工材料：	借：原材料	90 000	借：原材料	100 000
	贷：委托加工物资	90 000	贷：委托加工物资	100 000

四、周转材料

（一）周转材料概述

周转材料，是指企业能够多次使用、逐渐转移其价值但仍然保持其原有形态、不确认为固定资产的材料，如包装物和低值易耗品等。其中：包装物是指为包装本企业商品而储备的各种容器，如桶、箱、瓶、坛、袋等。会计上作为包装物核算的包装容器有：生产过程中用于包装产品、作为产品组成部分的包装物；随同产品出售不单独计价的包装物；随同产品出售单独计价的包装物；出租或出借给购买单位使用的包装物。

【提醒您】

企业用于储存或保管商品、材料而不对外出售的包装物，应按其价值大小和使用期限长短，分别归入固定资产或低值易耗品核算；对于包装材料，如纸、绳、铁丝、铁皮等，应列作原材料；单独列为企业商品或产品的自制包装物，应作为库存商品处理。

低值易耗品是指不能作为固定资产核算的各种用具、物品。如工具、管理用具、玻璃器皿、劳动保护用品，以及在经营过程中周转使用的容器等。其特点是单位价值较低，或使用期限相对于固定资产较短，在使用过程中其原有实物形态基本不变。

企业应当设置“周转材料”账户反映和监督周转材料的增减变化及结存等情况。该账户可按周转材料的种类，分别“在库”、“在用”和“摊销”进行明细核算。

（二）周转材料的取得

企业购入、自制、委托外单位加工完成并已验收入库的周转材料等，比照原材料取得的核算。

（三）周转材料的摊销

周转材料在生产经营过程中可以多次周转使用而不改变其原有的实物形态，但其价值会逐渐转移到有关的成本费用中。将周转材料价值在其使用期间内进行合理、系统的分摊，称为周转材料摊销。周转材料摊销方法一般有一次摊销法、分次摊销法和五五摊销法等。其实，五五摊销法也属于分次摊销法，不过摊销的次数仅为两次。

一次摊销法，是指在周转材料领用时将其全部成本一次摊入当期成本费用的方法。采用一次摊销法，领用周转材料时，应按其账面价值，借记“管理费用”“生产成本”“销售费用”等账户，贷记“周转材料”账户；周转材料报废时，应按其报废的残料价值，借记“原材料”等账户，贷记“管理费用”“生产成本”“销售费用”等账户。

分次摊销法，是指根据周转材料的取得成本和预计使用期限，将其全部成本分期（次）摊入成本费用的方法。

采用分次摊销法摊销周转材料的账务处理如图 2－13 所示。

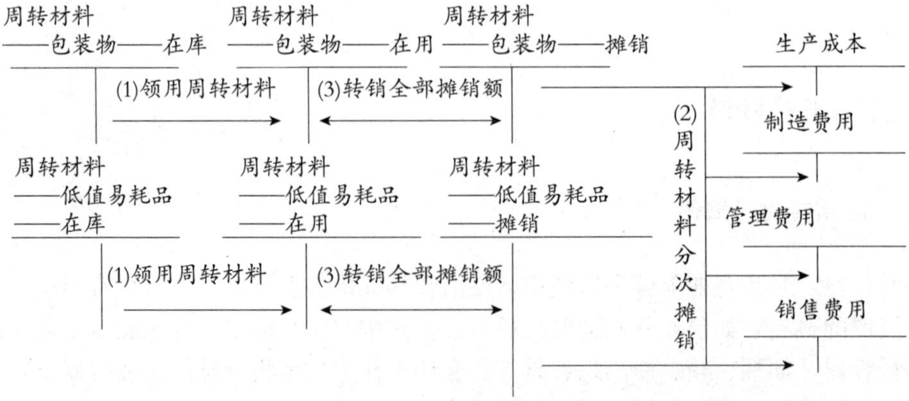

图 2－13　周转材料分次摊销的账务处理

五五摊销法，是指在周转材料的领用和报废时各摊销其全部成本的50%。

【提醒您】

周转材料采用计划成本进行日常核算的，领用等发出周转材料时，还应同时结转应分摊的成本差异。

例 2-37

2×24年6月30日，M企业购进一批专用工具作为周转材料，增值税专用发票注明的价款为50 000元，增值税税额为6 500元，全部款项以银行存款支付，该专用工具的估计使用次数为三次。7月5日，企业基本生产车间领用专用工具一批，实际成本为30 000元，采用分次摊销法摊销。该企业编制如下会计分录：

(1) 购进专用工具：

借：周转材料——低值易耗品——在库	50 000	
应交税费——应交增值税（进项税额）	6 500	
贷：银行存款		56 500

(2) 领用专用工具：

借：周转材料——低值易耗品——在用	30 000	
贷：周转材料——低值易耗品——在库		30 000

(3) 第一次领用摊销其价值：

借：制造费用	10 000	
贷：周转材料——低值易耗品——摊销		10 000

(4) 第二次领用摊销其价值的会计分录同 (3)。

(5) 第三次领用摊销其价值：

借：制造费用	10 000	
贷：周转材料——低值易耗品——摊销		10 000

同时：

借：周转材料——低值易耗品——摊销	30 000	
贷：周转材料——低值易耗品——在用		30 000

（四）包装物的出租、出借和出售

1. 包装物出租

有时，企业将闲置的包装物出租给其他企业或个人，满足对方需要，提高周转材料的使用效益。

出租包装物一般要收取一定的押金，以保证包装物及时收回，降低包装物出租损失。在包装物出租期间，企业按租约规定收取租金，并计入其他业务收入。出租期间，包装物损耗的价值以及由企业负担的相关维护费用等支出，计入其他业务成本。

2. 包装物出借

包装物出借，是指企业在产品或商品销售时，将包装物无偿提供给客户暂时使用，使用完毕退回包装物。出借包装物也要收取一定的押金，计入其他应付款；退还押金时转销其他应付款。

3. 包装物出售

企业出售包装物有单独出售和随货出售两种方式。企业单独出售包装物取得的收入，确认为其他业务收入，结转包装物销售成本，确认为其他业务成本。

包装物随货出售有单独计价和不单独计价两种方式。单独计价方式下，应将包装物出售收入确认为其他业务收入，结转的出售包装物成本，应确认为其他业务成本；在不单独计价方式下，发出包装物不确认收入，应将发出包装物的实际成本确认为销售费用。包装物出售的账务处理方法如图 2－14 所示。

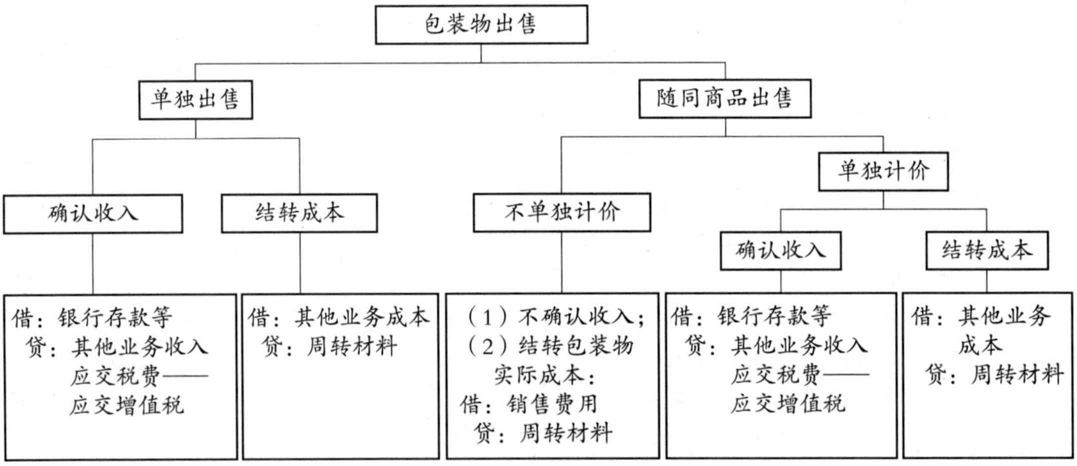

图 2－14　包装物出售的账务处理

例 2－38

2×24 年 12 月 1 日，安信公司销售商品领用单独计价的包装物一批，其销售收入为 200 000 元，增值税税额为 26 000 元，款项已存入银行。该包装物实际成本为 160 000 元。编制如下会计分录：

（1）出售单独计价包装物时：

借：银行存款	226 000	
贷：其他业务收入		200 000
应交税费——应交增值税（销项税额）		26 000

（2）结转包装物成本时：

借：其他业务成本	160 000	
贷：周转材料——包装物		160 000

五、期末存货清查与计价

（一）期末存货清查

1. 存货清查的目的

企业应定期或不定期地对存货进行盘点清查，保证库存存货的完整，做到账实相符。

存货清查一般采用实地盘点的方法，对于实际盘存数与账面结存数不相符的存货，应查明原因，并编制存货盘点报告，报请有关部门审批。

2. 存货盘盈或盘亏、毁损的账务处理

存货盘盈或盘亏、毁损的账务处理应分两步进行：

(1) 在有关部门审批前，将盘盈或盘亏、毁损的存货作为待处理财产损溢处理，然后根据存货盘盈或盘亏、毁损的不同情况分别处理：

对于盘盈的存货，按同类物资的市场价格，借记“原材料”“库存商品”等账户，贷记“待处理财产损溢——待处理流动资产损溢”账户。

因管理不善造成存货盘亏或毁损，其进项税额不得抵扣销项税额，因此进行账务处理时，按存货的实际成本和增值税税额，借记“待处理财产损溢——待处理流动资产损溢”账户；按存货的实际成本，贷记“原材料”“库存商品”等账户；按存货的进项税额，贷记“应交税费——应交增值税（进项税额转出）”账户。

(2) 经有关部门审批后，将“待处理财产损溢——待处理流动资产损溢”账户转入其他有关账户。

对由于计量或核算上的误差造成盘盈的存货，借记“待处理财产损溢——待处理流动资产损溢”账户，贷记“管理费用”账户。对于盘亏、毁损的存货，按残料价值和应收赔偿款，借记“原材料”“其他应收款”账户，属于非常损失的，借记“营业外支出——非常损失”账户，属于一般经营损失的，借记“管理费用”账户；贷记“待处理财产损溢——待处理流动资产损溢”账户。

例 2-39

2×24 年 12 月 31 日，M 公司在财产清查中盘盈库存商品 100 件，实际单位成本为 120 元，经查，属于商品收发计量方面的错误。编制如下会计分录：

(1) 盘盈商品批准处理前：

借：库存商品	12 000	
贷：待处理财产损溢——待处理流动资产损溢		12 000

(2) 盘盈商品批准处理后：

借：待处理财产损溢——待处理流动资产损溢	12 000	
贷：管理费用		12 000

例 2-40

2×24 年 8 月，某企业因管理原因造成 N 公司的一批库存材料被盗，实际成本为 35 000 元，其增值税进项税额为 4 550 元。被盗材料损失处理如下：保险公司同意赔偿 25 000 元（尚未收到赔款）；相关人员赔款 2 000 元，已收到现金；其余部分确认为营业外支出。编制如下会计分录：

(1) 被盗材料批准处理前：

借：待处理财产损溢——待处理流动资产损溢	39 550	
贷：原材料		35 000

　　　　应交税费——应交增值税（进项税额转出）　　　　4 550

（2）被盗材料批准处理后：

借：其他应收款　　25 000

　　库存现金　　2 000

　　营业外支出——盘亏毁损损失　　12 550

　贷：待处理财产损溢——待处理流动资产损溢　　39 550

（二）期末存货计价

期末存货计价，是指企业在会计期末编制资产负债表时，以何种价值在资产负债表上列示存货项目，实际上是对存货价值的重新计量。

企业取得存货的初始计量虽然以成本入账，但存货进入企业可能发生毁损、陈旧或价格降低等情况，为此，会计期末的存货价值不一定按成本计价。根据《企业会计准则第1号——存货》的规定，存货应当按照成本与可变现净值孰低法计量。

1. 成本与可变现净值孰低法的基本内容

成本与可变现净值孰低法，是指对期末存货按照成本与可变现净值两者之中较低者计价的一种方法。其中，成本是指期末存货的实际成本，即采用先进先出法、加权平均法等存货计价方法，对发出存货（或期末存货）进行计量所确定的期末存货账面成本。如果存货日常核算采用计划成本法、售价金额核算法等简化核算方法，期末存货的实际成本是指通过对差异进行调整后的实际成本。可变现净值是指企业在正常生产经营过程中，以存货的估计售价减去至完工估计将要发生的成本、销售费用以及相关税金后的金额。

资产负债表日，包括年报期末、中期期末，不论是否存在减值迹象，企业都应当重新确定存货的可变现净值。当存货成本低于可变现净值时，存货按成本计价；当可变现净值低于存货成本时，存货按可变现净值计价，如图2-15所示。

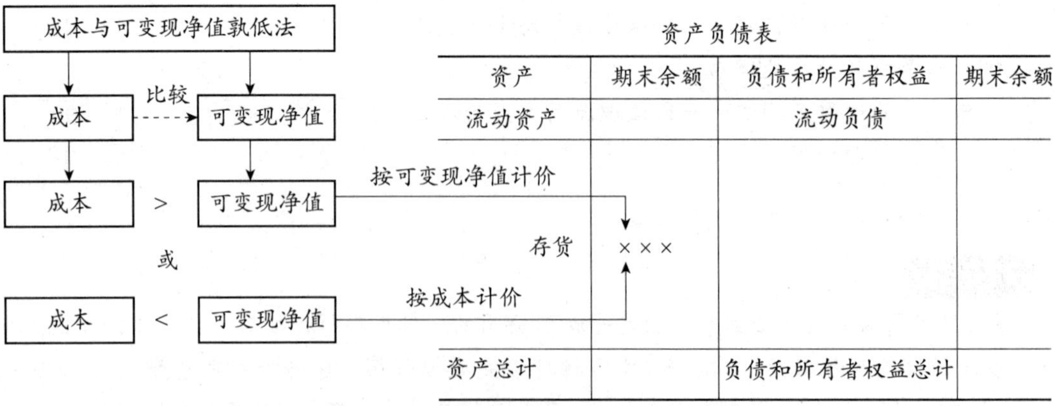

图2-15　成本与可变现净值孰低法

期末对存货采用成本与可变现净值孰低法计量，主要是使存货符合资产的定义。当存货的可变现净值下跌至成本以下时，由此所形成的损失已不符合资产的定义，因而应将这部分损失从存货价值中扣除，计入当期损益。否则，当存货的可变现净值低于其成本价值时，如果仍然以其历史成本计价，就会出现虚夸资产的现象，导致会计信息失真。

2. 存货可变现净值的确定

企业持有存货的目的不同，其可变现净值的确定方法也不同。

(1) 直接用于出售的存货可变现净值。

直接用于出售的存货，包括产成品、商品、材料等，它们不需要继续生产和加工，也就是没有生产环节的资源投入，其可变现净值计算方法如下：

可变现净值＝估计售价－估计销售费用－估计发生的相关税费

直接用于出售的存货可分为有销售合同的存货和无销售合同的存货两类。没有销售合同约定的存货，可变现净值的计算方法如下：

可变现净值＝市场销售价格－估计销售费用－估计发生的相关税费

【提醒您】

(1) 确定存货的可变现净值的前提是企业处在正常的生产经营活动过程中，否则，如企业处在清算过程，不能按上述方法确定可变现净值；(2) 可变现净值表现为存货的预计未来净现金流量，而不是存货的售价或合同价；(3) 资产负债表日，同一项存货中一部分有合同价格约定、其他部分不存在合同价格的，应当分别确定其可变现净值，并与其相对应的成本进行比较，分别确定存货跌价准备的计提或转回金额，由此计提的存货跌价准备不得相互抵销。

(2) 直接用于生产的存货可变现净值。

为直接生产而持有存货的可变现净值，如原材料、在产品、委托加工材料等，它们的价值将体现在用其生产的产成品上，因此，在确定这些存货的可变现净值时，需要采用一定方法折算为可供直接出售的存货数量及售价，再扣除继续加工的成本和相关税费确定其可变现净值。计算方法如下：

可变现净值＝估计售价－继续加工成本－估计销售费用－估计发生的相关税费

3. 成本与可变现净值比较方法

成本与可变现净值比较方法有单项比较法、分类比较法和总额比较法三种，其中：

单项比较法，是指库存中对每一种存货的成本与可变现净值逐项进行比较，每项存货都取较低数字确定其期末价值。

分类比较法，是指按存货类别的成本与相同类别的可变现净值进行比较，每类存货取其较低数确定其期末价值。

总额比较法，是指按全部存货的总成本与全部存货的可变现净值总额进行比较，以较低数作为期末全部存货的价值。

4. 成本与可变现净值孰低法的账务处理

期末存货采用成本与可变现净值孰低法计价时，如果成本低于可变现净值，则不计提跌价准备；如果可变现净值低于成本，应将成本降低至可变现净值，同时对可变现净值低于成本的损失，采用备抵法予以确认。

备抵法，是指存货可变现净值低于成本的损失不直接冲减有关存货账户，而是在确认损失的同时，登记“存货跌价准备”账户，通过该账户，可以反映将存货调减至可变现净值时导致的损失数额。

企业于每一个会计期末计提存货跌价准备时，首先比较成本与可变现净值并计算应计提的存货跌价准备，然后与“存货跌价准备”账户的余额进行比较：若应提数大于已提数，应予以补提；反之，应冲销部分已提数。提取和补提存货跌价准备时，借记“资产减值损失”账户，贷记“存货跌价准备”账户；冲回或转销存货跌价损失，做相反会计分录。企业结转存货销售成本时，对于已计提存货跌价准备的，借记“存货跌价准备”账户，贷记“主营业务成本”“其他业务成本”等账户。期末在资产负债表中，将“存货跌价准备”项目列为存货项目的减项。

例 2-41

2×23 年 12 月 31 日，H 公司甲材料的账面金额为 100 000 元，由于市场价格下跌，该材料预计可变现净值为 80 000 元；2×24 年 3 月 31 日，甲材料市场价格上升，其预计可变现净值为 95 000 元；2×24 年 6 月 30 日，甲材料市场价格进一步上升，其预计可变现净值为 103 000 元。H 公司每期期末对存货跌价准备的账务处理如下：

(1) 2×23 年 12 月 31 日，计提存货跌价准备时：

借：资产减值损失——计提的存货减值损失	20 000	
贷：存货跌价准备		20 000

(2) 2×24 年 3 月 31 日，冲回存货跌价准备时：

借：存货跌价准备	15 000	
贷：资产减值损失——计提的存货减值损失		15 000

(3) 2×24 年 6 月 30 日，冲回存货跌价准备时：

借：存货跌价准备	5 000	
贷：资产减值损失——计提的存货减值损失		5 000

例 2-41 的业务（2）（3）解释如下：在符合条件的情况下，企业已经计提的存货跌价准备可以转回，转回的条件是以前减记存货价值的影响因素已经消失。需要注意的是，存货跌价准备转回时，应在对该项存货、该类存货或该合并存货已计提的存货跌价准备的金额内转回，同时转回的金额以将存货跌价准备的余额冲减至零为限。

【提醒您】

如果按存货类别计提存货跌价准备，也应按比例结转相应的存货跌价准备。应结转的存货跌价准备金额可按照以下公式进行计算：

$$\text{因销售等应结转的存货跌价准备} = \text{上期末该类存货计提的存货跌价准备账面余额} \div \text{上期末该类存货的账面余额} \times \text{因销售等而转出的存货账面余额}$$

例 2-42

2×23 年，M 公司库存甲机器 5 台，每台成本为 6 000 元。该存货已经计提的存货跌价准备为 7 000 元。2×24 年，M 公司将库存的 5 台甲机器以每台 7 500 元的价格全部售出，假定不考虑可能发生的销售费用及税金的影响，M 公司应将 5 台甲机器已经计提的跌价准备在结转其销售成本时全部结转。编制如下会计分录：

借：主营业务成本　　16 000

存货跌价准备　　7 000
贷：库存商品——甲机器　　23 000

思考与练习

一、思考题

1. 企业如何对货币资金实施管理与控制？我国有关部门对现金的使用范围是如何规定的？

2. 什么是未达账项？未达账项有几种情况？企业如何编制银行存款余额调节表？

3. 交易性金融资产的初始计量原则是什么？期末，交易性金融资产应如何计量？处置交易性金融资产时，应如何进行账务处理？

4. 什么是应收票据？应收票据取得及到期时如何进行账务处理？应收票据贴现时，如何计算贴现息及如何进行账务处理？

5. 什么是商业折扣和现金折扣？在有商业折扣和现金折扣的情况下，如何对应收账款进行计价？

6. 什么是坏账损失？对坏账损失的处理有哪几种方法？如何进行账务处理？

7. 存货是如何分类的？如何确定存货的入账价值？

8. 原材料按计划成本计价有哪些优缺点？其适用范围是什么？

9. 什么是成本与可变现净值孰低法？如何运用该方法？

二、练习题

（一）单项选择题

1. 甲工业企业为增值税一般纳税人。2×24 年 5 月，购进原材料 200 千克，货款为 6 000 元，增值税为 780 元；发生的保险费为 350 元，入库前的挑选整理费用为 130 元；验收入库时发现数量短缺 10%，经查，属于运输途中合理损耗。甲工业企业的该批原材料实际单位成本为（　　）元。

A. 32.4　　B. 33.33　　C. 35.28　　D. 36

2. 下列与原材料相关的损失项目中，应计入营业外支出的是（　　）。

A. 计量差错引起的原材料盘亏　　B. 自然灾害造成的原材料损失

C. 原材料运输途中发生的合理损耗　　D. 人为责任造成的原材料损失

3. 某股份有限公司对期末存货采用成本与可变现净值孰低法计价。2×24 年 12 月 31 日，库存自制半成品的实际成本为 400 000 元，预计进一步加工所需费用为 160 000 元，预计销售费用及税金为 80 000 元，该半成品加工完成后的产品预计销售价格为 600 000 元。假定该公司以前年度未计提存货跌价准备。2×24 年 12 月 31 日，该项存货应计提的跌价准备为（　　）元。

A. 0　　B. 40 000　　C. 160 000　　D. 200 000

4. 甲企业委托乙企业加工一批材料（属于应税消费品但非金银首饰），该批材料发出时的实际成本为 15 万元，支付的加工费为 12 万元（不含增值税），消费税组成计税价格为 30 万元，消费税税率为 10%。甲、乙企业为增值税一般纳税人，双方适用的增值税税率均为13%。该批委托加工材料收回后直接用于销售。甲企业应计入收回委托加工材料成本的金额为(　　)万元。

A. 27　　B. 29.04　　C. 30　　D. 32.04

5. 甲公司将其持有的交易性金融资产全部出售，售价为3 000万元；出售前该金融资产的账面价值为2 800万元（其中成本为2 500万元，公允价值变动为300万元）。假定不考虑其他因素，甲公司对该交易应确认的投资收益为(　　)万元（不考虑增值税）。

A. 200　　B. −200　　C. 500　　D. −500

（二）多项选择题

1. 下列各项中，属于其他货币资金的有(　　)。

A. 信用卡存款　　B. 银行汇票存款

C. 商业汇票存款　　D. 信用证保证金存款

2. 下列各项与存货相关的费用中，应计入存货成本的有(　　)。

A. 材料采购过程中发生的保险费　　B. 材料入库前发生的挑选整理费

C. 材料入库后发生的储存费用　　D. 材料采购过程中发生的装卸费用

3. 存货计价对企业损益的计算有直接影响，主要表现在(　　)。

A. 期末存货如果计价过低，当期的收益可能因此而减少

B. 期末存货如果计价过高，当期的收益可能因此而增加

C. 期初存货如果计价过低，当期的收益可能因此而增加

D. 期初存货如果计价过高，当期的收益可能因此而减少

4. 下列各项中，会引起应收账款账面价值发生变化的有(　　)。

A. 计提坏账准备　　B. 收回应收账款

C. 转销坏账准备　　D. 收回已转销的坏账

5. 下列各项中，会引起企业期末存货账面价值变动的是(　　)。

A. 已发出商品但尚未确认销售收入　　B. 已确认销售收入但尚未发出商品

C. 已收到材料但尚未收到发票账单　　D. 已收到发票账单并付款但尚未收到材料

（三）计算分析题

1. 2×24年3月至5月，甲上市公司发生的交易性金融资产业务如下：

（1）3月1日，向D证券公司划出投资款10 000 000元，款项已通过开户行转入D证券公司银行账户。

（2）3月2日，委托D证券公司购入A上市公司股票100万股，每股8元，另发生相关交易费用20 000元，并将该股票划分为交易性金融资产。

（3）3月31日，该股票在证券交易所的收盘价格为每股7.70元。

（4）4月30日，该股票在证券交易所的收盘价格为每股8.10元。

（5）5月10日，将所持有的该股票全部出售，所得价款8 250 000元已存入银行。假定不考虑相关税费。

要求：逐笔编制甲上市公司上述业务的会计分录。

2. 2×24年6月20日，M公司销售商品一批，开出的增值税专用发票注明的价款为44 248元，增值税5 752元，收到客户交来面额为50 000元、期限90天、签发日为2×24

年6月17日的商业汇票一张。7月5日，M公司持票向银行贴现，贴现率为5%。

要求：(1) 编制取得商业汇票的会计分录。

(2) 分别编制带息（利息率为6%）和不带息票据贴现的会计分录。

3. 甲企业为增值税一般纳税人，适用的增值税税率为13%。原材料采用实际成本核算，原材料发出采用月末一次加权平均法计价。不考虑运输费涉及的增值税。2×24年4月，与甲企业A材料相关的资料如下：

(1) 1日，“原材料——A材料”账户余额为20 000元（共2 000千克，其中含3月末验收入库但因发票账单未到而以2 000元暂估入账的A材料200千克）。

(2) 5日，收到3月末以暂估价入库A材料的发票账单，货款1 800元，增值税234元，对方代垫运输费400元（不考虑增值税），全部款项已用转账支票付讫。

(3) 8日，以汇兑结算方式购入A材料3 000千克，发票账单已收到，货款36 000元，增值税4 680元，运输费1 000元（不考虑增值税）。材料尚未到达，款项已由银行存款支付。

(4) 11日，收到8日采购的A材料，验收时发现只有2 950千克。经检查，短缺的50千克确定为运输途中的合理损耗，A材料已验收入库。

(5) 18日，持银行汇票80 000元购入A材料5 000千克，增值税专用发票上注明的货款为49 500元，增值税为6 435元，另支付运输费2 000元（不考虑增值税）。材料已验收入库，剩余票款退回并存入银行。

(6) 21日，基本生产车间自制A材料50千克验收入库，总成本为600元。

(7) 30日，根据发料凭证汇总表的记录，4月，基本生产车间为生产产品领用A材料6 000千克，车间管理部门领用A材料1 000千克，企业管理部门领用A材料1 000千克。

要求：(1) 计算甲企业4月发出A材料的单位成本。

(2) 根据上述资料，编制甲企业4月与A材料有关的会计分录。

4. 甲企业采用应收款项余额百分比法核算坏账损失，坏账准备计提比例为5‰。2×24年1月1日，“应收账款”账户的余额为1 000 000元；2×24年12月31日，“应收账款”账户的余额为800 000元。2×24年度发生如下相关业务：

(1) 5月8日，收回2×23年度核销的坏账4 000元，存入银行。

(2) 11月9日，因一客户破产，有应收账款2 500元不能收回，经批准确认为坏账。

要求：(1) 编制甲企业收回已核销坏账的会计分录。

(2) 编制甲企业确认坏账的会计分录。

(3) 计算甲企业2×24年年末应计提的坏账准备，并编制计提坏账准备的会计分录。

5. 某企业为增值税一般纳税人，2×24年10月初，“材料采购——甲材料”账户借方余额为2 180元，“原材料——甲材料”账户借方余额为9 800元，“材料成本差异——甲材料”账户贷方余额为230元。甲材料的计划单位成本为每千克50元。该企业本月甲材料采购和收发业务如下：

(1) 5日，采购甲材料100千克，已验收入库，增值税专用发票上注明的价款为5 050元，增值税为656.5元。

(2) 10日，月初的在途材料全部到达，验收入库，共44千克。

(3) 15日，采购甲材料一批，增值税专用发票上注明的价款为2 950元，增值税为

383.5 元，签发并承兑一张相同金额的商业汇票，材料尚未到达。

（4）20 日，购入甲材料 60 千克，验收入库。用支票支付材料货款 3 000 元、增值税 390 元。

（5）31 日，根据甲材料发料汇总表计算得出：基本生产车间产品生产耗用 200 千克；车间一般耗用 80 千克；厂部行政管理部门耗用 40 千克。

要求：（1）根据上列资料，编制业务（1）至（4）的会计分录。

（2）计算本月材料成本差异率，编制分摊材料成本差异的会计分录。

6. 某公司属于商品流通企业，只经营甲类商品并采用毛利率法对发出商品计价，季度内各月的毛利率根据上季度实际毛利率确定。该公司 2×24 年第一季度、第二季度甲类商品有关的资料如下：

（1）2×24 年第一季度累计销售收入为 600 万元、销售成本为 510 万元，3 月末库存商品实际成本为 400 万元。

（2）2×24 年第二季度购进甲类商品成本为 880 万元。

（3）2×24 年 4 月实现商品销售收入 300 万元。

（4）2×24 年 5 月实现商品销售收入 500 万元。

（5）假定 2×24 年 6 月末按一定方法计算的库存商品实际成本为 420 万元。

要求：根据上述资料计算下列指标，并编制 2×24 年 6 月结转商品销售成本的会计分录。

（1）该公司甲类商品 2×24 年第一季度的实际毛利率。

（2）该公司甲类商品 2×24 年 4 月、5 月、6 月的商品销售成本。

素养园地

王某原为铁路局某枢纽工程建设指挥部的一名出纳员，手里保管着单位的财务章和法人章，并负责经办、管理单位银行资金、现金收支等工作。王某痴迷赌博，在将全部工资输光后向同事等借钱无果的情况下，他盯上了单位银行账户里的公款。起初，王某以支付劳务费的名义，利用工作便利条件，从单位银行账户里取出 30 万元，随后全部输光了。王某的行为未被发现，其胆子也变大，再次取出 20 万元。此后的一段时间，每当钱输得精光，王某就从单位银行账户里取款。为掩盖取款记录，单位每月对账时，王某谎称银行对账单尚未打印。截至当年 8 月 25 日，王某先后 15 次从单位银行账户取出 344 万元。直到王某最后一次从单位银行账户里取出 60 万元，才引起计财部长的警觉。计财部长要求王某立即回单位核对账目，王某口头答应马上回来，实际却携钱款潜逃了。不久，潜逃到外地的王某被当地公安机关抓获。

2016 年 6 月 5 日，法院公布判决书，王某身为国家工作人员，利用职务便利，多次挪用公款，累计数额高达 298 万余元。法院依法数罪并罚，决定对其判处有期徒刑 18 年。

资料来源：潘琰．内部控制．北京：高等教育出版社，2018.

结合上述案例，站在财务人员角度，谈谈你对王某身为财务人员被判刑的认识。针对王某的舞弊行为，你认为该单位应采取哪些措施以防范和化解类似风险？

第三章 非流动资产

学习目标

本章主要介绍长期债权投资、长期股权投资、固定资产、无形资产、投资性房地产等非流动资产确认、计量和记录的理论与方法。

通过本章的学习，学生应了解非流动资产的内容，掌握长期债权投资的账务处理，掌握长期股权投资账务处理的成本法与权益法；了解固定资产的特点、分类与计价，掌握固定资产增加的账务处理、折旧的计算、固定资产后续支出的账务处理，以及固定资产处置的账务处理；了解无形资产的内容与特点，掌握无形资产取得、摊销、处置的账务处理；了解投资性房地产和长期待摊费用的内容，掌握其账务处理方法；掌握非流动资产减值的概念、确认标准与计价程序、账务处理以及对减值资产折旧额或推销额的调整。

素养目标

1. 教师讲解长期投资的知识，使学生在掌握其账务处理的基础上，深刻理解长期股权投资所面临的多重风险，培养他们具备一定的风险意识，提高分析和识别风险的技能，立足岗位，协助管理层有效地利用财务会计信息回避、降低各类风险。

2. 教师在固定资产的讲授过程中，要融入马克思在《资本论》中关于折旧的精辟论述，弘扬马克思主义精神，培养学生运用马克思主义的科学立场、方法解决各类理论及实践问题。

3. 创新是一个民族的灵魂，是一个国家兴旺发达的不竭动力。学习无形资产，要以习近平总书记关于加强知识产权保护工作指示为依据，深刻理解无形资产对企业创新所发挥的重要作用，将创新精神融入无形资产账务处理的学习过程之中。教师以我国会计学者对世界会计界产生的影响为案例，结合华为创新精神，向学生灌输爱国情怀，加强对无形资产核算重要性的认识，增强国家的荣誉感和民族自信力，鼓励学生刻苦学习、努力奋斗。

4. 教师在投资性房地产的讲授过程，应结合中国房地产市场发展状况，引导学生关心国家大事，培养家国情怀、天下为公的意识。

5. 教师讲解长期资产减值的知识，使学生认识到企业持有的长期资产可能会发生减值。基于谨慎性（或稳健性）的考虑，会计要计提资产减值准备。计提资产减值准备，对企业财务状况和经营成果会产生重要影响。对此，要求学生具有风险意识，坚持诚信原则，不能通过过度计提或滥用资产减值准备来操纵盈余以达到某种目的。

导 读

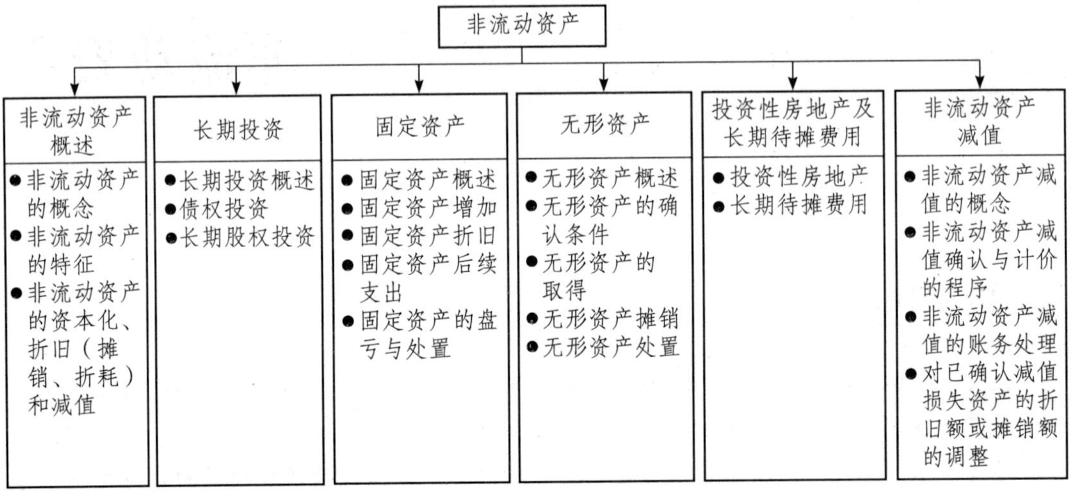

框图说明：

企业全部资产扣除流动资产的余额为非流动资产，包括可长期债权投资、其他长期债权投资、长期应收款、长期股权投资、投资性房地产、固定资产、生产性生物资产、无形资产、长期待摊费用等。这些资产的预期经济寿命一般超过一年，并且将来能够为企业带来经济利益。

第一节 非流动资产概述

一、非流动资产的概念

非流动资产，是指企业全部资产扣除流动资产后的余额，包括债权投资、其他债权投资、长期应收款、长期股权投资、投资性房地产、固定资产、在建工程、生产性生物资产、使用权资产、无形资产、商誉、长期待摊费用等。这些资产的预期经济寿命一般会超过一年，并在较长时期内为企业带来经济利益，如企业持有长期投资，可以满足积累整笔资金清偿长期债务、更新厂房或设备的需要，还可以实现影响或控制被投资单位的目的；拥有一定规模的建筑物、先进的设备和专利权等资产，可以在未来期间有助于企业提供优质的产品或服务；持有经济林、薪炭林、产畜和役畜等生产性生物资产，通过生产经营的中长期、反复使用，不断产出农产品或者被长期使用。不仅对于企业，非流动资产对于企业其他利益相关者也具有特殊的意义，如对于债权人来说，非流动资产是其重要的担保物；对于投资者和管理者来说，非流动资产也是为其带来投资回报以及创造现金流量的基础和条件。

与流动资产相比，非流动资产具有占用资金较多、周转速度较慢、变现能力较差等特点。因此，其管理和会计核算也有特殊的要求。

需要说明两点：一是企业通常不会出售非流动资产，但重置或重组这些资产却是企业经营成功的组成部分；二是一项资产在某一个企业属于非流动资产，而在另一个企业可能属于流动资产。例如，运输车辆一般属于企业的非流动资产，但对于车辆的经销商来说，就是该企业的一项存货。

二、非流动资产的特征

非流动资产的特征包括：

第一，种类繁多。非流动资产可以是货币性资产，如长期债权投资，也可以是非货币性资产，如固定资产、长期股权投资；可以是有形资产，如机器设备，也可以是无形资产，如专利权。

第二，在资产负债表中，有些非流动资产的成本应该予以资本化，并按期分摊，将摊销费用列入受益期间利润表。

第三，性质各异。在非流动资产中，有些是通过成本分配逐渐费用化的资本化资产，如固定资产、无形资产；有些是投资性资产，包括取得的债权性投资（如购买公司债券）、为获取另一个企业的权益或净资产所做的权益性投资（对另一个企业的普通股投资）；有些能够在生产经营中被长期、反复使用，如不断产出农产品或者是长期役用的经济林、薪炭林、产畜和役畜等。

三、非流动资产的资本化、折旧（摊销、折耗）和减值

非流动资产的会计处理过程主要包含资本化、折旧（摊销、折耗）和减值三个方面，如图 3-1 所示。

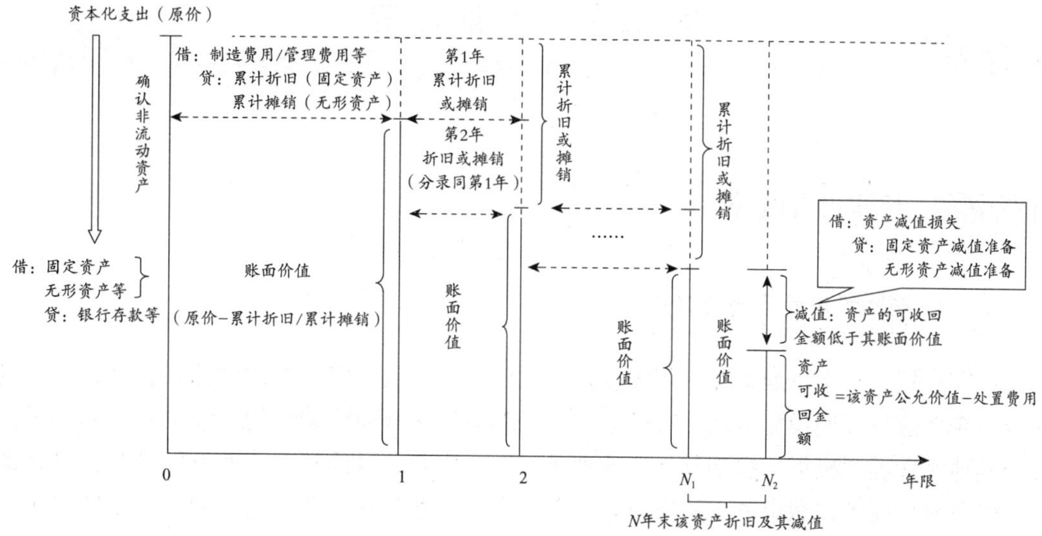

图 3-1 非流动资产的资本化、折旧（摊销、折耗）和减值关系

图 3-1 中 N_1、N_2 为同一资产在资产负债表日折旧、减值的表现形式。N_1 为该资产未发生减值，N_2 为该资产发生了减值。

（一）资本化

资本化是指将符合条件的相关费用支出计入相关资产成本，并作为资产负债表的资产类项目予以列示。具有资本化性质的资产是通过资本化过程确认的。这个过程是将相关费用支出确认为资产并列入资产负债表，而不是在费用支出时确认为费用并列入利润表。

一项与非流动资产有关的支出是应该资本化，还是在发生时确认为费用，通常根据资产的确认条件确定。资本化支出能够形成新的非流动资产，或者提高生产能力、效率或现有长期资产的使用寿命。

（二）折旧（摊销、折耗）

多数非流动资产（长期投资除外）因受有形损坏和无形损耗的影响，其价值逐渐减少，资产资本化部分价值转移（分摊）至产品成本或期间费用。会计实务和理论中，人们通过不同的词汇反映这一期间非流动资产的价值转移过程，如建筑物、机器和设备等固定资产成本的分摊称为折旧；专利权、著作权等无形资产成本的分摊称为摊销；而对自然资源成本的分摊则称为折耗。

（三）减值

作为名词，减值是指资产可收回金额低于其账面价值；作为动词，减值是指资产的预期现金流量已经不足以弥补其在资产负债表上列报的剩余成本，减记其账面价值的过程。

资产可收回金额，是指资产负债表日资产公允价值减去处置费用后的净额；账面价值，是指资产的原价减去已计提的减值准备、累计折旧或累计摊销的余额。

第二节　长期投资

一、长期投资概述

（一）长期投资的目的与特点

长期投资，是指不准备在一年内变现的投资，如非流动资产性质的债权投资、股权投资等。企业进行长期投资活动，有的是为了积累整笔资金而供特定用途需要；有的是通过参与其他企业经营决策、控制其他企业业务活动以配合自身的经营；而有的则是为了将来扩展经营规模而预先做出准备。所以，长期投资并不意味着企业利用正常经营中暂时闲置的资金以谋求一定的投资收益，也不是作为调节工具，在面临营运资金需要时成为随时补充的资金来源，而是企业在财务上合理调度和筹划资金，参与并控制其他企业经营决策，实现某些经营目标的重要手段。长期投资具有以下特点：

(1) 长期投资既可以是货币性投资，也可以是非货币性投资。如以货币资金从证券交易市场购买股票并准备长期持有，该投资为货币性投资。而企业出租土地使用权或房产以赚取租金或资本增值，该投资为非货币性投资。

(2) 长期投资可以是债权性投资，也可是股权性投资。1) 债权性投资是为取得债权所进行的投资，如购买国债或其他企业的债券等。有固定的投资回收期和利息收入是债权投资的显著特点。2) 股权性投资是为获取另一企业的股权或净资产所做的投资，如对另一个企业的股票投资，属于股权投资。这种投资的目的是获得另一个企业的控制权，或实现对另一个企业的重大影响等。

(3) 长期投资可以是金融资产，如股票投资、债券投资，也可以是非金融资产，如固定资产实物投资、专利权等无形资产投资。

(4) 长期投资的时间在一年以上。基于投资目的，长期投资不可能或不准备随时兑现并抽回，其投资时间在一年以上。

(5) 长期投资预期给企业带来的经济利益是多方面的。长期投资预期给企业带来的经济利益可能是股利、股息、良好的供求关系或附属企业的发展，也可能是对另一企业的控制权等。

(二) 长期投资的分类

根据资产负债表列示投资项目的性质不同，长期投资分为债权投资、其他债权投资、长期股权投资、其他权益工具投资，前两类为债权性投资，后两类为股权性投资。

1. 债权投资

债权投资，是指资产负债表日企业以摊余成本计量的长期债权投资。

2. 其他债权投资

其他债权投资，是指资产负债表日企业分类为以公允价值计量且其变动计入其他综合收益的长期债权投资。

3. 长期股权投资

长期股权投资，是指投资方对被投资单位实施控制、重大影响的权益性投资，以及对其合营企业的权益性投资。

4. 其他权益工具投资

其他权益工具投资，是指资产负债表日企业指定为以公允价值计量且其变动计入其他综合收益的非交易性权益工具投资。

二、债权投资

音频

金融资产具体分类

债权投资分为以摊余成本计量的债权投资和以公允价值计量且其变动计入其他综合收益的债权投资。为便于区分，将前者称为一般债权投资，后者则称为其他债权投资。债权投资的内容一般包括企业持有的、在活跃市场上有公开报价的国债、企业债券、金融债券等。这些投资具有到期日固定、回收金额固定或可确定、企业有明确意图和能力持有至到期的特点，且其按付息情况可以分为分期付息与到期一次付息债券。

（一）一般债权投资

1. 一般债权投资的特征

一般债权投资旨在通过拥有足够的财力资源，在不受外部因素的影响下，将取得的金融资产（即债券）持有至到期，并在投资存续期内收取合同现金流量（即到期日金融资产本金和以未偿付本金金额为基础的利息），不准备通过持有并随时出售获得整体的投资回报。根据业务模式和现金流量特征，一般债权投资划分为以摊余成本计量的金融资产。

2. 一般债权投资的取得方式及债券溢折价的实质

通常情况下，一般债权投资的对象主要是国债、企业债券等。因受债券票面利率、市场利率和债券兑付期的影响，购入债券支付的价款与其票面价值不一定相同，如表 3-1 所示。

表 3-1 债券取得方式与溢价或折价

票面利率与市场利率的关系	价格		溢价或折价的实质	
	债券发行方	债券购买方	溢价或折价，是为了平衡债券投资者的利息收入和债券发行方的利息费用，据以保障双方利益而事先对利息收支做出的调整	
票面利率＝市场利率	按面值发行	按面值购入	无溢价或折价	
票面利率＞市场利率	溢价发行	溢价购入	发行方	溢价是因以后每期多付利息而事先得到的补偿
			购买方	溢价是因以后每期多取得利息而事先付出的代价
票面利率＜市场利率	折价发行	折价购入	发行方	折价是因以后每期少付利息而事先付出的代价
			购买方	折价是因以后每期少取得利息而事先得到的补偿

3. 一般债权投资取得的账务处理

为了反映和监督一般债权投资的取得、收取利息和出售等情况，企业应当设置“债权投资”账户。该账户核算企业以摊余成本计量的债权投资的账面余额。其借方登记债权投资的取得成本、一次还本付息债券投资在资产负债表日按照票面利率计算确定的应收未收利息等；贷方登记企业出售长期债权投资时结转的成本等。企业可以按照长期债权投资的类别和品种，分别设置“成本”“应计利息”“利息调整”等明细账户进行核算。其中：

“债权投资——成本”账户，它反映了债券到期时企业需要偿还给债券投资者的本金。

“债权投资——应计利息”账户，它反映的是一次还本付息债券的利息。

“债权投资——利息调整”账户，它反映了长期债权投资的初始投资成本扣除债券面值、应计利息后的差额。

(1) 企业取得未包含债权的一般债权投资。

企业购入债券实际支付的价款中若不包含利息，应按该投资的面值，借记“债权投资——成本”账户，按实际支付的金额，贷记“银行存款”等账户，按可以抵扣的增值税进项税额，借记“应交税费——应交增值税（进项税额）”账户，按借贷方差额，借记或贷记“债权投资——利息调整”账户。

例 3-1

2×24 年 1 月 5 日，北方公司从活跃市场上购入通达公司同日发行的三年期债券，面值为 2 000 000 元，准备将其持有至到期日。债券年利率为 6%，采取到期一次还本付息方式支付利息。公司实际支付价款 2 005 300 元，其中相关交易费用为 5 000 元，可以抵扣的增值税税额为 300 元。编制如下会计分录：

借：债权投资——成本	2 000 000	
——利息调整	5 000	
应交税费——应交增值税（进项税额）	300	
贷：银行存款		2 005 300

（2）企业取得一般债权投资的同时确认一项债权。

企业如果是在债券发行之后或者中途认购的，购买债券所支付的款项中往往含有截至购买日止的利息，该利息应该归属于买方享有。这部分利息的账务处理应分别不同情况进行处理：购入到期还本付息的债券，其利息不能在一年内收回，需要单独通过“债权投资——应计利息”账户核算，并将利息确认为投资成本；购入分期付息、到期还本的债券，其利息一般在一年以内能够收回，其性质属于短期债权，应记入“应收利息”账户，以便明了整个付息期的利息，并使投资账户切实反映购入债券的实际成本。收到债券利息时，核销应收利息。

例 3-2

2×19 年 4 月 1 日，M 公司以银行存款 183 600 元购入 N 公司当年 1 月 1 日发行、期限为 3 年、面值为 180 000 元、票面利率为 8%的公司债券。该债券于每年 6 月 30 日及 12 月 31 日付息一次。M 公司另支付购买债券发生的交易费用 4 435 元、可以抵扣的增值税税额 266 元。M 公司的账务处理为：

应确认的应收利息＝180 000×8%÷12×3＝3 600（元）

长期债权投资入账价值＝183 600＋4 435－3 600＝184 435（元）

应确认的利息调整借差＝184 435－180 000＝4 435（元）

借：债权投资——成本	180 000	
——利息调整	4 435	
应收利息——N 公司债券利息	3 600	
应交税费——应交增值税（进项税额）	266	
贷：银行存款		188 301

例 3-3

2×19 年 4 月 1 日，M 公司以银行存款 179 000 元购入 N 公司当年 1 月 1 日发行、期限为 3 年、面值为 180 000 元、票面利率为 8%的公司债券，并确认为债权投资。该债券于每年6月30日及12月31日付息。M公司另支付购买债券发生的交易费用296元、可以抵扣的增值税税额18元。M公司的账务处理为：

应确认的应收利息＝180 000×8%÷12×3＝3 600（元）

长期债权投资入账价值＝179 000＋296－3 600＝175 696（元）

应确认的利息调整贷差＝180 000－175 696＝4 304（元）

借：债权投资——成本	180 000	
应收利息——N公司债券利息	3 600	
应交税费——应交增值税（进项税额）	18	
贷：银行存款		179 314
债权投资——利息调整		4 304

4. 一般债权投资的利息调整与投资收益的确定

（1）利息调整借差与利息调整贷差。

企业取得一般债权投资支付的全部价款扣除一次付息债券应计利息后的金额大于债券面值的差额称为利息调整借差，其数额为债券溢价金额（不含一次付息债券应计利息）与初始直接费用之和。利息调整借差是债券投资者为以后逐期多得利息收入而预先付出的代价。

企业取得长期债权投资支付的全部价款扣除一次付息债券应计利息后的金额小于债券面值的差额称为利息调整贷差，其数额为债券折价金额（不含一次付息债券应计利息）减去初始直接费用的差额。依照债券利息调整借差的原理推断，利息调整贷差是债券投资者为以后逐期少计利息收入而预先得到的补偿。

【提醒您】

无论是利息调整借差还是利息调整贷差，其内容包括两个部分：一是债券的折价或溢价；二是购入债券支付的直接费用。假定购入债券未发生直接费用，利息调整借差表现为债券溢价，利息调整贷差则表现为债券折价。

利息调整中的初始直接费用并不是支付给债券提供者，而是支付给提供与债券投资相关服务的中介机构，这部分费用是投资方获取利息收入的抵减。

（2）利息调整差额的摊销。

对投资企业来说，利息调整借差相当于为以后每期多得利息而事先付出的代价。这部分预付的代价，应在债券存续期内分期从利息收入中扣回，这个过程被称作利息调整借差摊销。

对投资企业来讲，利息调整贷差相当于以后每期少得利息而事先得到的补偿。这部分预先得到的补偿，应在债券整个存续期间逐期转为投资收益。将利息调整贷差逐期转为投资收益的过程称为利息调整贷差摊销。

总之，对于投资企业来说，利息调整借差或利息调整贷差的摊销是对票面利息的调整，以此来确定投资收益。其实质是为了平衡债券投资者的利息收入，据以保障其利益而事先对利息收入所做出的调整。

需要说明的是，购入债券确认的初始直接费用（已计入利息调整）也应与债券溢价、折价一同予以摊销。

利息调整摊销的过程，也是企业确定长期债权投资摊余成本和投资收益的过程。对于债权投资而言，摊余成本是指以其投资初始确认的金额扣除已偿还的本金、加上或减去采用实际利率法将利息调整进行摊销形成的累计摊销额，如果投资发生了减值，则再扣除累计计提的损失准备。可见，若投资未发生减值，其摊余成本即投资的账面价值。

利息调整借差摊销原理如图 3-2 所示。

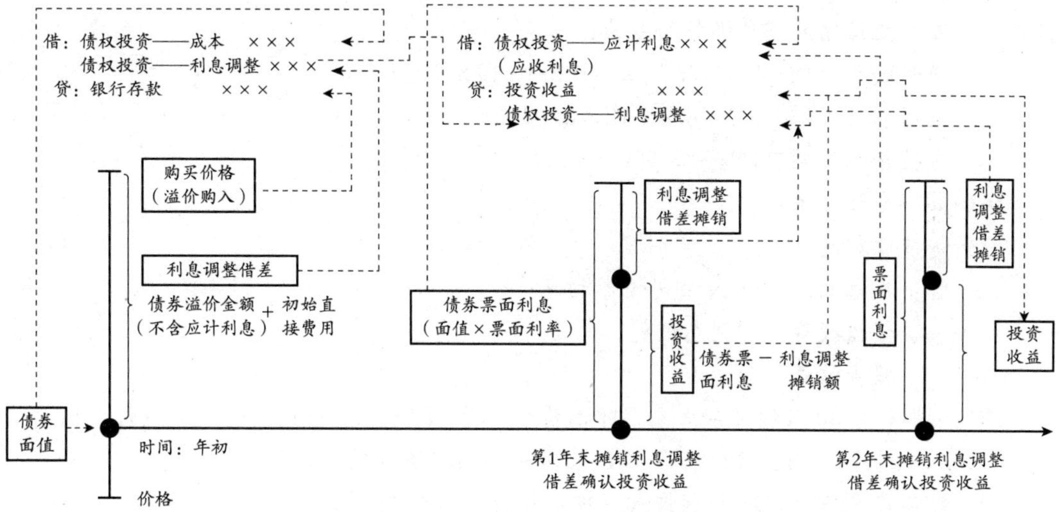

图 3-2 利息调整借差摊销原理

债权投资摊余成本确定的方法有直线法和实际利率法两种。其中，直线法就是将债权投资的初始利息调整总额在债券的存续期内平均分摊到各个会计期间，据以确定债权投资的摊余成本。

根据我国《企业会计准则》的规定，债权投资以摊余成本进行后续计量并采用实际利率法确定摊余成本。

实际利率法是指按照金融资产或金融负债的实际利率计算其摊余成本及各期利息收入或利息费用的方法。[①] 采用实际利率法，按照均衡确认利息收益的原则，首先应确定长期债权投资购入时的实际利率，然后将实际利率乘以每期期初持有至到期投资账面价值（或摊余成本）以确定当期实际利息收益，再将按照实际利率计算的各期利息收益与该期票面利息收入相抵，其差额的绝对值即各期利息调整摊销的数额。其计算程序为：

第一，计算债券票面利息：

债券票面利息＝面值×票面利率×时期 （式 1）

第二，计算债券投资收益：

投资收益＝每期期初债权投资摊余成本×实际利率 （式 2）

第三，计算利息调整借差或贷差的摊销额：

利息调整借差或贷差摊销额＝式 1 与式 2 差额的绝对值

① 实际利率是指将金融资产或金融负债在预计存续期的估计未来现金流量，折现为该金融资产账面余额或金融负债摊余成本所使用的利率。通常采用插值法查复利现值表及年金现值表确定债券的实际利率。

采用实际利率法摊销的结果是：各期利息调整差额的摊销额不等，每期实际利息收益随着持有至到期投资账面价值（摊余成本）的变动而变动。

例 3-4

承例 3-2，经过插值计算（计算过程略），M 公司实际年利率为 7%。其采用实际利率法摊销的过程如下：

M 公司 2×19 年 4 月 1 日至 6 月 30 日，该债券的票面利息、按实际利率计算的债券投资收益以及应摊销的利息调整借差为：

投资收益＝184 435×3.5%×1÷2＝3 228（元）

票面利息＝180 000×8%÷12×3＝3 600（元）

应摊销利息调整借差＝3 600－3 228＝372（元）

编制如下会计分录：

借：应收利息　　7 200

　贷：应收利息——N 公司债券利息　　3 600

　　债权投资——利息调整　　372

　　投资收益　　3 228

2×19 年 6 月 30 日的摊余成本（账面价值）为 184 063（184 435－372）元。

2×19 年 6 月 30 日至 12 月 31 日，采用实际利率法摊销过程如下：

按实际利率计算的利息收入（投资收益）＝184 063×7%×1÷2＝6 442（元）

票面利息＝180 000×8%×1÷2＝7 200（元）

应摊销利息调整借差＝7 200－6 442＝758（元）

编制如下会计分录：

借：应收利息　　7 200

　贷：债权投资——利息调整　　758

　　投资收益　　6 442

采用实际利率法，各期利息调整借差摊销和会计分录如表 3-2 所示。

表 3-2　债权投资利息调整借差摊销表

（实际利率法）

单位：元

日期	借：应收利息	贷：投资收益	贷：债权投资——利息调整	债权投资摊余成本（账面价值）
	(1) ＝面值×票面利率×时期	(2) ＝实际利率×上期 (4)	(3) ＝本期 (1) －本期 (2)	(4) ＝上期 (4) －本期 (3)
2×19.4.1				184 435
2×19.6.30	3 600	3 228	372	184 063
2×19.12.31	7 200	6 442	758	183 305
2×20.6.30	7 200	6 416	784	182 521
2×20.12.31	7 200	6 388	812	181 709
2×21.6.30	7 200	6 360	840	180 869
2×21.12.31	7 200	6 330	869*	180 000
合计	39 600	35 164	4 435	—

注：标注“*”的为尾数调整。

由表 3-2 可以看出，通过利息调整借差摊销，利息调整借差作为每期利息收入的扣除数摊入各个付息期，调整了当期投资收益，并使投资的摊余成本（投资账面价值）逐期减少，直至其票面价值。

例 3-5

承例 3-3，经过插值计算（计算过程略），M 公司实际年利率为 9%。采用实际利率法摊销过程如下：

M 公司 2×19 年 4 月 1 日至 6 月 30 日按实际利率计算的利息收入（即投资收益）为：

利息收入（投资收益）=175 696×4.5%×1÷2=3 953（元）

票面利息=180 000×8%÷12×3=3 600（元）

应摊销利息调整贷差=3 953−3 600=353（元）

编制如下会计分录：

借：应收利息——N 公司债券利息　　7 200

　　债权投资——利息调整　　353

　贷：应收利息——N 公司债券利息　　3 600

　　　投资收益　　3 953

2×19 年 6 月 30 日的摊余成本（账面价值）为 176 049（175 696+353）元。

2×19 年 6 月 30 日至 12 月 31 日，采用实际利率法摊销过程如下：

按实际利率计算的利息收入（投资收益）=176 049×9%×1÷2=7 922（元）

票面利息=180 000×8%×1÷2=7 200（元）

应摊销利息调整贷差=7 922−7 200=722（元）

编制如下会计分录：

借：应收利息　　7 200

　　债权投资——利息调整　　722

　贷：投资收益　　7 922

采用实际利率法，各期利息调整贷差摊销和会计分录如表 3-3 所示。

表 3-3　债权利息调整贷差摊销表

（实际利率法）　　单位：元

日期	借：应收利息	贷：投资收益	借：债权投资——利息调整	债权投资摊余成本（账面价值）
	(1) =面值×票面利率×时期	(2) =实际利率×上期 (4)	(3) =本期 (2) −本期 (1)	(4) =上期 (4) +本期 (3)
2×19.4.1				175 696
2×19.6.30	3 600	3 953	353	176 049
2×19.12.31	7 200	7 922	722	176 771
2×20.6.30	7 200	7 955	755	177 526
2×20.12.31	7 200	7 989	789	178 315
2×21.6.30	7 200	8 024	824	179 139
2×21.12.31	7 200	8 061	861	180 000
合计	39 600	43 904	4 304	—

由表 3-3 可以看出，摊销利息调整贷差，其结果是在债券存续期内，将债券利息调整贷差作为各期利息收入的追加数，调整投资收益；同时，使企业债券摊余成本（投资账面余额）逐期上升，直至债券票面价值。

5. 一般债权投资的收回

债券投资收回包括债券的转让出售和到期兑付收回本息。

当投资企业因急需资金或继续存有某种债券不能给企业带来经济利益时，会将持有的债券通过证券市场转让出去，以取得所需资金。出售长期债权投资，应按实际收到的金额，借记“银行存款”等账户，按其账面余额，贷记“债权投资——成本、利息调整、应计利息”账户，按借贷方差额，贷记或借记“投资收益”账户。已计提减值准备的，还应同时结转减值准备。

一般来说，在债券投资到期时，利息调整金额已经摊销完毕，不论是按面值购入还是溢价或折价购入，投资企业应根据债券发行单位支付利息方式采取以下两种账务处理方法，结算收回债券本金和应收利息：

（1）在分期（如每半年一次）支付利息方式下，由于利息已于每期收讫并销账，投资企业只收到偿还债券本金（指债券的票面金额），故仅核销“债权投资——成本”账户即可。

（2）在到期一次支付利息方式下，投资企业在债券到期时将收到本金与全部利息，故除核销“债权投资——成本”账户外，同时将“债权投资——应计利息”账户一并予以核销。

例 3-6

承例 3-3，2×21 年 12 月 31 日，M 公司持有 N 公司三年期债券到期，收回本金 180 000 元及最后一期票面利息 7 200 元。编制如下会计分录：

借：银行存款	187 200	
贷：债权投资——成本		180 000
应收利息		7 200

6. 债权投资减值

企业应当在资产负债表日计算债权投资预期信用损失。如果该预期信用损失大于该投资当前减值准备的账面金额，企业应当将其差额确认为减值损失，借记“信用减值损失”账户，贷记“债权投资减值准备”账户；如果资产负债表日计算的预期信用损失小于该投资当前减值准备的账面金额（例如，从按照整个存续期预期信用损失计量损失准备转为按照未来 12 个月预期信用损失计量损失准备时，可能出现这一情况），则应当将差额确认为减值利得，编制相反的会计分录。

（二）其他债权投资

1. 其他债权投资的特点

其他债权投资是指既可能持有至到期收取合同现金流量，也可能在到期之前出售的债权投资。例如 2×24 年 1 月 1 日，M 公司购入 N 公司当天发行的三年期分期付息债券，M 公司既可能将其持有至到期，也可能提前出售。可见，M 公司为实现其管理目标，将购入债券收取合同现金流量和出售债券都视为不可或缺的，该公司应将购入的债券确认为其他债权投资。

与一般债权投资业务模式相比，其他债权投资采取以收取合同现金流量和出售金融资产为目标的业务模式，将收取合同现金流量和出售金融资产放到同等地位（通常出售频率更高、金额更大），以实现满足日常流动性的需求和维持特定收益率的管理目标。企业取得其他债权投资，应划分为以公允价值计量且其变动计入其他综合收益的金融资产。

2. 其他债权投资的账务处理

为了反映其他债权投资的取得、处置、公允价值变动等情况，企业应当设置“其他债权投资”账户，并设置“债券面值”“利息调整”“应计利息”“公允价值变动”明细账户。

企业取得债券并划分为其他债权投资，应按该债券的公允价值和相关交易费用（不含可以抵扣的增值税进项税额）之和作为该金融资产的入账价值，分别借记“其他债权投资——债券面值”“其他债权投资——应计利息”“应收利息”“应交税费——应交增值税（进项税额）”账户，借记或贷记“其他债权投资——利息调整”账户；按照实际支付的价款，贷记“银行存款”等账户。

企业持有其他债权投资期间，应定期按照债券的摊余成本和初始确认的实际利率确定投资收益，计入当期损益。根据应收的票面利息，借记“其他债权投资——应计利息”或“应收利息”等账户；根据以实际利率计算的实际利息收入，贷记“投资收益”账户；根据两者的差额，借记或贷记“其他债权投资——利息调整”账户。

资产负债表日，其他债权投资应当按照公允价值计量。公允价值与其账面价值的差额，计入其他综合收益（确认为所有者权益变动而非投资收益），应借记或贷记“其他债权投资——公允价值变动”账户，贷记或借记“其他综合收益——金融资产公允价值变动”账户。

企业出售其他债权投资，根据实际收到的价款，借记“银行存款”等账户；按其账面价值，贷记“其他债权投资”账户；两者间的差额，贷记或借记“投资收益”账户。同时，借记或贷记“其他综合收益——金融资产公允价值变动”账户，贷记或借记“投资收益”账户，将原累计计入其他综合收益的公允价值变动转为投资收益。

企业持有其他债权投资的公允价值预期发生信用损失，应当确认为减值损失，计入当期损益，并在其他综合收益中确认其减值准备，即确认其他债权投资预期发生信用损失时，借记“信用减值损失”账户，贷记“其他综合收益——金融资产减值准备”账户；如果该金融资产的减值恢复，编制相反的会计分录。可见，确认其他债权投资减值损失不调整该投资的账面价值。

（三）其他权益工具投资

1. 其他权益工具投资的特点

其他权益工具投资，是指企业指定为以公允价值计量且其变动计入其他综合收益的非交易性权益工具投资。主要包括非交易性股票以及不具有控制、共同控制和重大影响的，且没有公允价值的股权等。例如，企业持有的上市公司限售股尽管在活跃市场上有报价，但由于出售受到限制，不能随时出售，可指定为其他权益工具投资。

其他权益工具投资的主要特点：

（1）此处的“权益工具”，是指对于工具发行方来说，满足企业会计准则中权益工具定义的工具。例如，普通股对于发行方而言，满足权益工具定义，对于投资方而言，属于权益工具投资。可见，权益工具投资一般不符合本金加利息的合同现金流量特征。

（2）投资的目的“非交易性”。也就是取得金融资产（即投资）的主要目的，不是为了近期出售或回购；即使在初始确认时属于集中管理的可辨认金融工具组合的一部分，但未有客观证据表明近期实际存在短期获利模式。

（3）其他权益工具投资，一般应指定为（非必须指定）以公允价值计量且其变动计入其他综合收益的金融资产。其他权益工具投资的公允价值变动应计入其他综合收益；终止确认时，之前计入其他综合收益的累计利得或损失应当从其他综合收益中转出，计入留存收益。其他权益工具投资不需要计提减值准备。

2. 其他权益工具投资的账务处理

为了反映其他权益工具投资的取得、处置、公允价值变动等情况，企业应当设置“其他权益工具投资”账户，并设置“成本”和“公允价值变动”明细账户。

企业取得的股权如果划分为其他权益工具投资，应按该股权的公允价值和相关交易费用（不含可以抵扣的增值税进项税额）之和作为初始投资成本，借记“其他权益工具投资——成本”账户；按照可以抵扣的增值税进项税额，借记“应交税费——应交增值税（进项税额）”账户，贷记“银行存款”等账户。

企业持有其他权益工具投资期间被投资单位宣告发放的现金股利，应将其确认为投资收益，在宣告日应借记“应收股利”账户，贷记“投资收益”账户；收到现金股利时，应借记“银行存款”等账户，贷记“应收股利”账户。

资产负债表日，其他权益工具投资应当按照公允价值计量。按照企业会计准则的规定，其他权益工具投资的公允价值与账面价值的差额，即公允价值的变动，作为所有者权益变动，计入其他综合收益，借记或贷记“其他权益工具投资——公允价值变动”账户，贷记或借记“其他综合收益——金融资产公允价值变动”账户。

企业出售其他权益工具投资，按照实际收到的出售价款，借记“银行存款”等账户；根据其账面价值，贷记“其他权益工具投资”账户；两者之间的差额，贷记或借记“其他综合收益——金融资产公允价值变动”账户。同时，根据原已计入其他综合收益的累计公允价值变动额，借记或贷记“其他综合收益——金融资产公允价值变动”账户，贷记或借记“利润分配——未分配利润”账户。

三、长期股权投资

（一）长期股权投资的类型

长期股权投资，是指投资方对被投资单位实施控制、具有重大影响的权益性投资，以及对其合营企业的权益性投资。

长期股权投资包括投资方持有的对联营企业、合营企业以及子公司的投资。

1. 对子公司投资

对子公司投资是指投资方能够对被投资单位实施控制的权益性投资。其中，控制，是指投资方拥有对被投资单位的权力，通过参与被投资单位的相关活动而享有可变回报，并且有能力运用对被投资单位的权力影响其回报金额。

2. 对合营企业投资

对合营企业投资是指投资方与其他合营方一同对被投资单位实施共同控制且对被投资单位净资产享有权利的权益性投资。其中，共同控制，是指按照相关约定对某项安排所共有的控制，并且该安排的相关活动必须经过分享控制权的参与方一致同意后才能决策。

3. 对联营企业投资

对联营企业投资是指投资方对被投资单位具有重大影响的权益性投资。其中，重大影响，是指对一个企业的财务和经营政策有参与决策的权力，但并不能够控制或者与其他方一起共同控制这些政策的制定。

重大影响的体现方式有：在被投资单位的董事会或类似权力机构中派有代表，通过在被投资单位财务和经营决策制定过程中的发言权实施重大影响；投资方直接或通过子公司间接持有被投资单位20%以上但低于50%的表决权时，一般认为对被投资单位具有重大影响。

（二）初始投资成本的确定

企业为获得一项长期股权投资而付出的代价，称为长期股权投资的初始投资成本。长期股权投资初始投资成本的确定方法与投资形成方式密切相关，长期股权投资有因企业合并而形成的，也有因非企业合并而形成的。

除企业合并外，企业还可以通过其他方式形成长期股权投资，并按照一定方法确定其初始投资成本。

企业以支付现金方式取得的长期股权投资，应当按照实际支付的相关费用、税金及其他必要支出等计入长期股权投资成本，实际支付的价款中包含的已宣告但尚未领取的现金股利，作为应收项目单独核算，不计入长期股权投资成本。其原因为该现金股利属于投资前被投资单位实现盈余的分配额，而非投资成本。

企业应设置“长期股权投资”账户核算长期股权投资的增减变动情况。该账户的借方登记长期股权投资的增加数；贷方登记长期股权投资的收回、冲减数；期末借方余额，反映企业持有的对外投资成本。

“长期股权投资”账户一般应当按照被投资单位进行明细核算。如果长期股权投资采用权益法核算，还应当分别设置“投资成本”“损益调整”“其他综合收益”“其他权益变动”等明细账进行明细核算，见图3-3。

【提醒您】

“长期股权投资——投资成本”账户仅记录取得成本，以后投资变动（除处置投资外）不登记此账户。

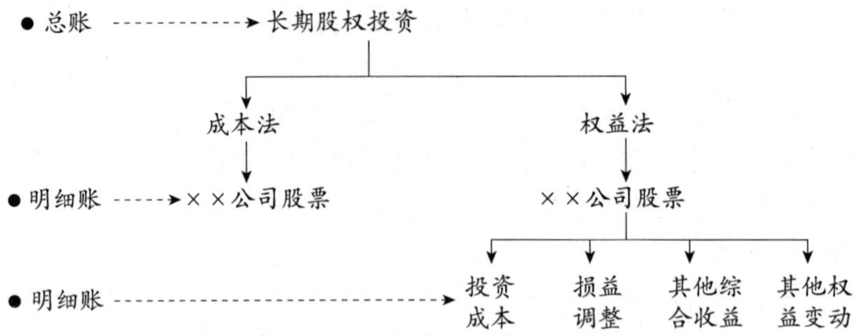

图 3-3 “长期股权投资”账户的设置

以支付现金方式取得的长期股权投资，企业应当按照上述规定确定的长期股权投资初始投资成本，借记“长期股权投资”账户，如果实际支付的价款中包含已宣告但尚未发放的现金股利或利润，应借记“应收股利”账户，根据可抵扣的增值税，借记“应交税费——应交增值税（进项税额）”账户，按照实际支付的全部款项，贷记“银行存款”账户。

例 3-7

2×24 年 1 月 5 日，甲公司从公开市场买入乙公司 20%的股份，实际支付价款 20 000 000 元。另外，在购买过程中支付手续费等相关费用 60 000 元、可抵扣的增值税 3 600 元。上述款项均以银行存款付讫。甲公司取得股权后，能够对乙公司的生产经营决策施加重大影响。甲公司应编制如下会计分录：

借：长期股权投资——成本	20 060 000	
应交税费——应交增值税（进项税额）	3 600	
贷：银行存款		20 063 600

（三）长期股权投资损益的确认与计量

长期股权投资的核算方法有成本法和权益法两种。企业能够对被投资单位实施控制的长期股权投资，即企业对子公司的长期股权投资，应当采用成本法核算；企业对被投资单位具有共同控制（即对合营企业的投资）以及对被投资单位具有重大影响（即对联营企业的投资）时，应当采用权益法核算长期股权投资。长期股权投资核算方法不同，其损益的确认与计量方法也不同。

1. 确认长期股权投资损益的成本法

所谓成本法，就是长期股权投资以取得时的成本计价，除投资企业追加投资、收回投资等外，长期股权投资的账面价值一般保持不变。被投资单位宣告分派利润或现金股利，投资企业按应享有的份额确认当期投资收益。

当投资企业能够对被投资单位实施控制时，长期股权投资应当采用成本法核算。

例 3-8

2×23 年 1 月 5 日，华远公司购入乙公司股份 100 000 股，每股价格为 12 元，另支付交易费用（不含可抵扣的增值税）33 000 元、可抵扣的增值税 2 000 元，取得乙公司 5%的股权，并准备长期持有。2×23 年 2 月 1 日，华远公司又购入乙公司股份 50 000 股，每股价格为13元，另支付交易费用（不含可抵扣的增值税）3 500元、可抵扣的增值税210元，取得乙公司3%的股权。华远公司对乙公司的生产经营活动不具有共同控制或重大影响，并且该投资在活跃市场中没有报价、公允价值不能可靠计量。2×24年4月，乙公司宣告分派现金股利每股0.30元。华远公司编制如下会计分录：

（1）2×23年1月5日，取得乙公司股份时：

借：长期股权投资——乙公司股票	1 233 000	
应交税费——应交增值税（进项税额）	2 000	
贷：银行存款		1 235 000

（2）2×24年2月1日，取得乙公司股份时：

借：长期股权投资——乙公司股票	653 500	
应交税费——应交增值税（进项税额）	210	
贷：银行存款		653 710

（3）2×24年4月，乙公司宣告分派股利时：

借：应收股利——乙公司	45 000（150 000×0.30）	
贷：投资收益		45 000

2. 确认长期股权投资损益的权益法

所谓权益法，是指长期股权投资按照实际成本入账后，根据被投资单位经营损益，按其持有被投资单位股份的比例以及股利的分配做出相应调整的方法。被投资单位当期发生收益，投资企业按比例相应调增“长期股权投资”账户；被投资单位当期发生亏损，投资企业则按比例相应调减“长期股权投资”账户；收到发放的股利，也要调减“长期股权投资”账户。在权益法下，“长期股权投资”账户的账面价值已不是长期股权投资的原始成本，而是投资者在被投资企业中应享有的相应份额。

通常情况下，投资企业对被投资单位具有共同控制或重大影响的长期股权投资，应当采用权益法核算。

采用权益法核算长期股权投资包括以下主要内容：

（1）初始投资成本的调整。

权益法的核心是长期股权投资账面价值反映了投资企业在被投资单位所有者权益中享有的份额。因此，该投资的初始投资成本以及按照持股比例对投资的后续计量，应与享有被投资单位可辨认净资产公允价值的份额相一致。其中，可辨认净资产的公允价值，是指被投资单位可辨认资产的公允价值减去负债及或有负债公允价值后的余额。

当长期股权投资的初始投资成本与投资时应享有被投资单位可辨认净资产公允价值份额不一致时，应根据其差额性质分别处理：长期股权投资的初始投资成本大于投资时应享有被投资单位可辨认净资产公允价值份额的，不调整长期股权投资的初始投资成本；长期股权投资的初始投资成本小于投资时应享有被投资单位可辨认净资产公允价值份额的，应按两者差额，借记“长期股权投资——成本”账户，贷记“营业外收入”账户。

例3-9

2×24年1月5日，甲公司以银行存款17 000 000元取得联营企业乙公司25%的股权，能够对乙公司的财务和经营政策施加重大影响，另支付交易费用（不含可抵扣的增值税）85 000 元、可抵扣的增值税 5 100 元。购买日，乙公司所有者权益均为可辨认净资产，其账面价值为 60 000 000 元，公允价值为 80 000 000 元。根据上述资料，甲公司编制取得长期股权投资、调整初始投资成本的会计分录如下：

借：长期股权投资——成本（乙公司） 17 085 000
　　应交税费——应交增值税（进项税额） 5 100
　贷：银行存款 17 090 100

同时：

甲公司享有乙公司可辨认净资产公允价值份额＝80 000 000×25%＝20 000 000（元）

甲公司调增长期股权投资成本＝20 000 000－17 000 000＝3 000 000（元）

借：长期股权投资——成本（乙公司） 3 000 000
　贷：营业外收入 3 000 000

或者：

借：长期股权投资——成本（乙公司） 20 000 000
　贷：营业外收入 3 000 000
　　　银行存款 17 000 000

（2）被投资单位实现净利润或发生亏损的处理。

在权益法下，被投资单位当年实现的净利润或发生的净亏损均影响所有者权益变动，因此，长期股权投资的账面价值也需要做相应的调整。属于因被投资单位当年实现的净利润而影响的所有者权益的变动，投资企业应根据被投资单位实现的净利润或经调整的净利润计算应享有的份额，借记“长期股权投资——损益调整”账户，贷记“投资收益”账户；属于因被投资单位当年发生的净亏损而影响的所有者权益的变动，投资企业应当根据被投资单位发生的净亏损或经调整的净亏损计算应享有的份额，借记“投资收益”账户，贷记“长期股权投资——损益调整”账户。

投资企业确认被投资单位发生的净亏损或被投资单位其他综合收益减少净额，应当以长期股权投资的账面价值以及其他实质上构成对被投资单位净投资的长期权益减记至零为限（投资企业负有承担额外损失的情况除外），以反映其承担有限责任的性质。这里所讲的“其他实质上构成对被投资单位净投资的长期权益”，通常是指长期性的应收项目。比如，企业对被投资单位的长期债权，该债权没有明确的清理回收计划，并且在可预见的未来期间不准备收回，实质上构成对被投资单位的净投资。可见，投资企业在确认应分担被投资单位发生的亏损或被投资单位其他综合收益减少净额时，应当按照以下顺序进行处理：

首先，冲减长期股权投资的账面价值。

其次，如果长期股权投资的账面价值不足以冲减，应当以其他实质上构成对被投资单位净投资的长期权益账面价值为限继续确认投资损失，冲减长期应收项目等的账面价值。

最后，经过上述处理，按照投资合同或协议的约定投资企业仍须承担额外义务的，应按预计承担的义务确认预计负债，计入当期投资损失。

被投资单位在以后期间实现净利润或其他综合收益增加净额时，投资企业应当按照以前确认或登记有关投资净损失时的相反顺序进行会计处理，即依次减记未确认投资净损失金额、恢复其他长期权益和恢复长期股权投资的账面价值；同时，投资企业还应当重新复核预计负债的账面价值。

(3) 被投资单位宣告分派利润或现金股利的处理。

在权益法下，当被投资单位宣告分派利润或现金股利时，由于投资企业的长期股权投资已包含应享有被投资单位净资产的份额，而被投资单位分派利润或现金股利必然使净资产减少，因此，投资企业按持股比例计算应分得的利润或现金股利时，借记“应收股利”账户，贷记“长期股权投资——损益调整”账户。

收到被投资单位宣告发放的股票股利时，不进行账务处理，但应在备查簿中登记。

例 3-10

华远公司于2×22年1月1日以银行存款购入天龙公司股票100 000股，每股面值8元，市价9.20元。不考虑相关税费。华远公司的投资占天龙公司有表决权资本的35%，其投资成本与应享有天龙公司所有者权益份额相等，采用权益法核算长期股权投资。2×22年，天龙公司全年实现净利润800 000元，该年宣告分派现金股利。2×23年3月，天龙公司宣告分派现金股利1 000 000元，2×23年该公司全年发生亏损4 000 000元，截至2×23年年末，华远公司拥有天龙公司长期应收款450 000元，属于实质上构成对天龙公司净投资的长期权益。2×24年，天龙公司全年实现净利润380 000元。天龙公司确认上述净利润或净亏损额是以其可辨认净资产公允价值为基础的。华远公司编制如下会计分录：

(1) 2×22年1月1日，投资时：

借：长期股权投资——成本（天龙公司股票）　　920 000

　贷：银行存款　　920 000

(2) 2×22年12月31日，确认投资收益时：

借：长期股权投资——损益调整（天龙公司股票）　　280 000（800 000×35%）

　贷：投资收益　　280 000

(3) 2×22年年末，“长期股权投资”账户的账面余额=920 000+280 000=1 200 000（元）。

(4) 2×23年，天龙公司宣告分派股利时：

借：应收股利——天龙公司　　350 000（1 000 000×35%）

　贷：长期股权投资——损益调整（天龙公司股票）　　350 000

宣告分派股利后“长期股权投资”账户的账面余额=1 200 000−350 000=850 000（元）

(5) 2×23年年末，相关会计处理为：

应承担的投资损失=4 000 000×35%=1 400 000（元）

以股权投资账面价值和长期权益为限确认投资损失=850 000+450 000=1 300 000（元）

根据投资合同的约定，华远公司应对未确认的亏损100 000（1 400 000−1 300 000）元继续承担责任。华远公司编制会计分录如下：

借：投资收益　　1 400 000

　贷：长期股权投资——损益调整（天龙公司股票）　　850 000

长期应收款——天龙公司　　450 000

预计负债　　100 000

(6) 2×24年年末，相关会计处理为：

应确认投资收益＝380 000×35%＝133 000（元）

借：预计负债　　100 000

长期应收款——天龙公司　　33 000

贷：投资收益　　133 000

【提醒您】

无论是投资企业确认投资收益还是承担投资损失，应当以取得投资时被投资单位各项可辨认资产等的公允价值为基础，对被投资单位的净损益进行调整后加以确定。比如，以取得投资时被投资单位固定资产、无形资产的公允价值为基础计提的折旧额或摊销额，相对于被投资单位已计提的折旧额、摊销额之间存在差额的，应按其差额对被投资单位净损益进行调整，并按调整后的净损益和持股比例计算确认投资损益。

如果无法按照上述方法对被投资单位净损益进行调整，也可以按照被投资单位的账面净损益与持股比例计算确认投资损益，但应在附注中说明这一事实及其原因。

(4) 被投资单位除净损益之外的所有者权益变动。

投资企业对于被投资单位除净损益以外所有者权益的其他变动，在持股比例不变的情况下，投资企业按照持股比例计算应享有或承担的部分，借记或贷记“长期股权投资”账户，贷记或借记“资本公积——其他资本公积”账户。

例 3-11

承例3-10，2×22年，天龙公司将作为存货的房地产转换为公允价值模式计量的投资性房地产，导致转换日公允价值大于账面价值200 000元，天龙公司将其计入其他综合收益。除该事项外，天龙公司当期实现的净利润为800 000元。假定不考虑其他因素，华远公司在确认应享有被投资单位所有者权益的变动时，编制如下会计分录：

借：长期股权投资——损益调整（天龙公司股票）　　280 000

——其他综合收益　　70 000

贷：投资收益　　280 000

其他综合收益　　70 000

（四）长期股权投资的处置

企业处置长期股权投资时，应按实际收到的金额，借记“银行存款”“长期股权投资减值准备”账户，贷记“长期股权投资”“应收股利”（尚未领取的现金股利或利润）账户，如有差额，贷记或借记“投资收益”账户。

企业处置采用权益法核算的长期股权投资时，还应按处置长期股权投资的比例结转原计入其他综合收益的金额，并调整投资收益。

例3-12

M公司原持有N公司40%的股权，2×24年12月20日，M公司决定出售其持有的N公司股权的1/4。出售时，M公司对N公司长期股权投资的账面价值构成为：投资成本9 600 000元，损益调整2 560 000元，其他综合收益1 600 000元。出售取得价款3 760 000元，存入银行。M公司编制如下会计分录：

(1) M公司应确认处置损益：

借：银行存款	3 760 000	
贷：长期股权投资——成本（N公司）		2 400 000
——损益调整		640 000
——其他综合收益		400 000
投资收益		320 000

(2) 同时，还应将原计入其他综合收益的部分按比例转入投资收益：

借：其他综合收益	400 000	
贷：投资收益		400 000

第三节　固定资产

一、固定资产概述

（一）固定资产的概念

一般来说，固定资产是指使用期限较长、单位价值较高、在使用过程中保持原有实物形态的资产。如房屋、建筑物、机器、设备、设施、运输工具等。根据《企业会计准则第4号——固定资产》的规定，固定资产是指同时具有下列两个特征的有形资产：为生产商品、提供劳务、出租或经营管理而持有；使用寿命超过一个会计期间，其中，使用寿命是指企业使用固定资产的预计期间，或者该固定资产所能生产产品或提供劳务的数量。

固定资产使用寿命超过一个会计年度，意味着固定资产属于非流动资产，随着使用和磨损，通过计提折旧方式逐渐减少账面价值。对固定资产计提折旧，是对固定资产进行后续计量的重要内容。

【提醒您】

出租的固定资产，是指企业以租赁方式出租的机器设备类固定资产，不包括以租赁方式出租的建筑物，后者属于企业的投资性房地产，不属于固定资产。

（二）固定资产的特征

从上述概念中，可见固定资产具有下述特征。

1. 固定资产是有形资产

与专利权、商标权等无形资产相比，固定资产是具有实物形态的资产，可以多次参加企业的生产经营过程，在若干生产周期内保持其原有的实物形态，其价值会随着固定资产的使用而逐渐、分次地转移到产品成本或所提供的劳务成本以及相应费用中去，并通过企业的最终收入得到补偿。

2. 固定资产的使用期限超过一年或长于一年的一个营业周期

与存货等资产相比，固定资产不会在一年内或超过一年的一个营业周期内变现或者耗用，能在较长的时期内发挥作用。

3. 持有固定资产的目的是经营而非销售

企业获取固定资产的目的是生产、提供商品或提供服务、出租给他人或行政管理，而不是出售。

（三）固定资产的确认

固定资产在符合定义的前提下，应当同时满足以下两个条件，才能加以确认。

1. 与该固定资产有关的经济利益很可能流入企业

如果与该固定资产有关的经济利益很可能流入企业，并同时满足固定资产确认的其他条件，那么，企业应将其确认为固定资产；否则，不应将其确认为固定资产。

在实务中，判断与固定资产有关的经济利益是否很可能流入企业，主要判断与该固定资产所有权相关的风险和报酬是否转移到了企业。通常情况下，取得固定资产所有权是判断与固定资产所有权有关的风险和报酬转移到企业的一个重要标志。凡是所有权已属于企业，无论企业是否收到或拥有该固定资产，均可作为企业的固定资产；反之，如果没有取得所有权，即使存放在企业，也不能作为企业的固定资产。

2. 该固定资产的成本能够可靠地计量

企业在确定固定资产成本时必须取得确凿证据，但是，有时需要根据所获得的最新资料对固定资产的成本进行合理的估计。

（四）固定资产的分类

会计实务中对固定资产是按其经济用途和使用情况进行综合分类的。固定资产可以按照不同标志进行分类，如图 3－4 所示。

（五）固定资产核算账户体系

为了反映固定资产的增减变动，企业应设置“固定资产”“累计折旧”“工程物资”“在建工程”“固定资产减值清理”等账户。

1. “固定资产”“工程物资”“在建工程”账户

“固定资产”账户核算企业持有的固定资产原价。

“工程物资”账户核算企业为在建工程准备的各种物资的成本，包括工程用材料、尚

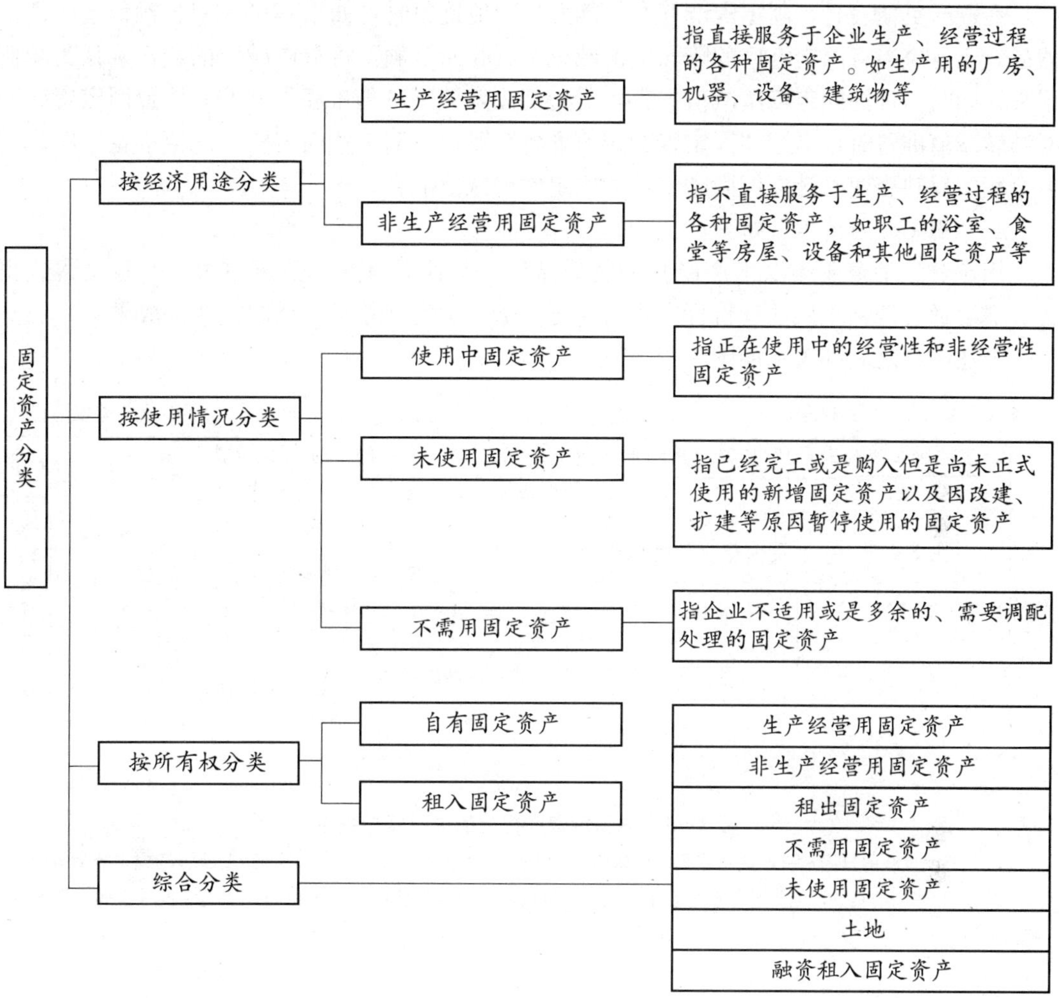

图 3-4 固定资产分类

未安装的设备以及为生产准备的工器具等。

“在建工程”账户核算企业基建、更新改造等在建工程发生的支出。

按照账户用途结构分类，这三个账户属于盘存账户，通过这些账户反映和监督企业各项财产物资的增减变动及其结存情况。

2. “累计折旧”账户

基于管理上的需要，对固定资产核算需要设置两个账户：一个是“固定资产”账户，以提供固定资产的原始财务信息，因此，固定资产价值的减少不直接记入“固定资产”账户的贷方，冲减其原始价值；另一个是“累计折旧”账户，将提取的折旧记入该账户的贷方，以“累计折旧”账户的贷方余额抵减“固定资产”账户的借方余额，求得其账面净值。如果对固定资产可能发生的损失计提了减值准备，该资产的账面净值减去减值准备的余额为固定资产账面价值。

3. “固定资产减值准备”账户

“固定资产减值准备”账户用于核算企业固定资产的减值准备，它是固定资产的备抵账户。

在资产负债表日，固定资产存在可能发生减值迹象时，如果其可收回金额低于账面价值的，企业应当将固定资产的账面价值减记至可收回金额，将资产减记的金额确认为减值损失，同时，计提固定资产减值准备，贷记“固定资产减值准备”账户；处置固定资产同时结转减值准备时，借记“固定资产减值准备”账户；期末“固定资产减值准备”账户贷方余额，反映企业已计提但尚未转销的固定资产减值准备。

4.“固定资产清理”账户

固定资产是企业赖以生产经营的物质基础，其性质重要、数额重大。一旦出售或报废，需要通过两种不同的计价标准进行对比，借以确定其差异，反映其业务成果。

上述账户之间的关系如图 3-5 所示。

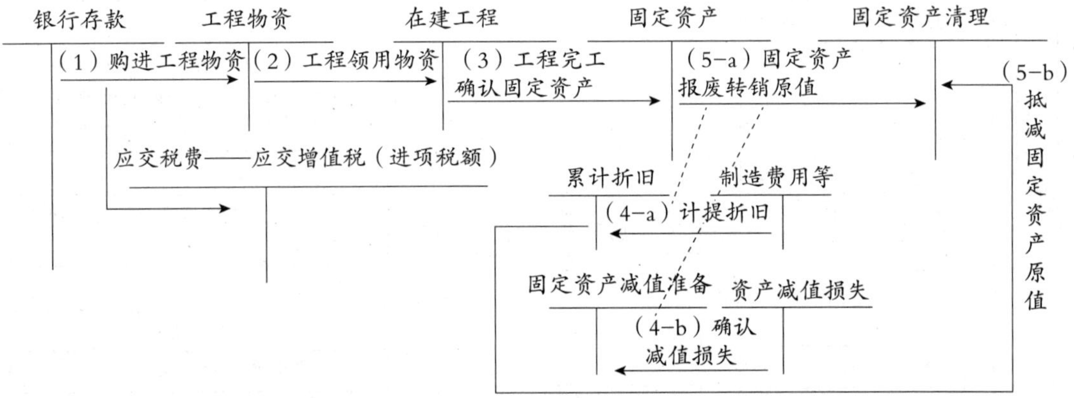

图 3-5　与固定资产相关的主要账户关系

注：虚线反映的是固定资产成本减少应确认为费用或损失的过程。(4－a)、(4－b) 反映资产成本减少应记入“固定资产”账户的贷方，但基于管理需要未直接减少其成本，单独设置两个备抵科目，通过它们计算固定资产的账面价值。

二、固定资产增加

固定资产可采用不同方式取得，如购买、自行建造、投资者投入、融资租赁等。取得方式不同，固定资产成本的具体确定方法也不尽相同。

（一）购入不需要安装的固定资产

企业购入的固定资产，如果不需要经过比较复杂的安装、调试和试运行就可以直接交付使用，或者安装比较简单，花费的成本也不多，则将实际支付的买价和运输费、装卸费、保险费、包装费等支出计入固定资产价值。

按照税法的规定，企业购建（包括购进、接受捐赠、实物投资、自制、改扩建和安装）生产用固定资产发生的增值税进项税额，可以从销项税额中抵扣，不计入固定资产成本。

企业购入固定资产，应根据计入固定资产的价值（即原始价值），借记“固定资产”账户，根据可以抵扣的增值税进项税额，借记“应交税费——应交增值税（进项税额）”账户，根据支付的全部价款，贷记“银行存款”等账户。

例 3-13

2×24 年 1 月 5 日，甲公司购入一台不需要安装的生产用设备，设备价款为 350 000 元，发生运输费 5 000 元、保险费 1 600 元，支付增值税进项税额共计 46 046 元，上述款项均以银行存款付讫。假定不考虑其他相关税费。编制如下会计分录：

甲公司购置设备的成本＝350 000＋5 000＋1 600＝356 600（元）

借：固定资产——设备　　356 600
　　应交税费——应交增值税（进项税额）　　46 046
　贷：银行存款　　402 646

有时，企业可能用一笔款项购入多项没有单独标价的固定资产，即“一揽子购货”。由于各种固定资产的价格、新旧程度及使用寿命有所不同，因此需要按照一定的标准将整笔现款在取得的各种固定资产之间进行分摊，分别确定各项固定资产的成本，以便把不需要计提折旧的资产与需要计提折旧而折旧率不同的资产区别开来。分摊标准是每项固定资产公允价值占所购买全部固定资产公允价值总额的百分比。

例 3-14

2×24 年 9 月 30 日，W 公司以“一揽子”价格 2 000 000 元购买了一家小型研发中心。该购买价格包括建筑物、制造设备、与设备使用相关的专利权及原材料费用，另支付增值税 248 000 元。这些资产的单一公允价值分别是 880 000 元、660 000 元、440 000 元、220 000 元。“一揽子”购买价格 2 000 000 元在各种资产之间的分配结果如表 3-4 所示。

表 3-4　购买价格在资产间的分配

2×24 年 9 月

取得资产	现行市价（元）	比例（%）	分摊成本（元）
建筑物	880 000	40	800 000
制造设备	660 000	30	600 000
专利权	440 000	20	400 000
原材料	220 000	10	200 000
合计	2 200 000	100	2 000 000

根据分摊结果，编制如下会计分录：

借：固定资产——建筑物　　800 000
　　　　　　——制造设备　　600 000
　　无形资产——专利权　　400 000
　　原材料　　200 000
　　应交税费——应交增值税（进项税额）　　248 000
　贷：银行存款　　2 248 000

（二）购入需要安装的固定资产

企业购入固定资产，如果需要经过比较复杂的安装、调试和试运行才能交付使用，则购入固定资产实际支付的买价、包装费、运输费以及发生的安装费等均应通过“在建工程”账户核算，待安装完毕交付使用时，再由“在建工程”账户转入“固定资产”账户。

“在建工程”账户核算的是企业为建造或修理固定资产而发生的各项建筑和安装工程成本。该账户的借方登记各项固定资产工程发生的实际支出；贷方登记经验收交付使用的固定资产的实际成本；借方余额反映未完工程的支出、尚未交付使用的已完工程的实际成本。其明细账按“自营工程”和“出包工程”设置。

例 3-15

2×24 年 5 月，安信公司从甲公司购入需要安装的全新机器一台，其价款为 100 000 元，发生运输费 5 000 元、保险费 2 000 元，可抵扣的增值税进项税额共计 13 570 元，全部款项以银行存款支付；另支付甲公司安装费 12 000 元及其相关增值税 1 080 元，领用生产用原材料 8 000 元，应付本企业安装人员工资 5 000 元。该项固定资产安装完工后交付使用。编制如下会计分录：

(1) 支付买价及相关税费时：

借：在建工程	107 000	
应交税费——应交增值税（进项税额）	13 570	
贷：银行存款		120 570

(2) 支付安装费、领用材料、结算应付职工薪酬时：

借：在建工程	25 000	
应交税费——应交增值税（进项税额）	1 080	
贷：银行存款		13 080
原材料		8 000
应付职工薪酬		5 000

(3) 安装完毕交付使用时：

借：固定资产	132 000	
贷：在建工程		132 000

（三）自行建造固定资产

有时，企业利用自己的技术力量、设备和人力，采用自建方式建造特殊质量要求的资产或者自建一些较外购低廉的资产。企业自行建造固定资产，以建造该项资产达到预定可使用状态前所发生的必要支出作为入账价值。这里所讲的“建造该项资产达到预定可使用状态前所发生的必要支出”，包括工程用物资成本、人工成本、应予以资本化的固定资产借款费用、缴纳的相关税金以及应分摊的其他间接费用等。

企业自行建造固定资产，分为自营工程和发包工程两种方式，其核算一般通过“在建工程”账户进行。

企业购入工程物资时，按已认证的增值税专用发票上注明的价款，借记“工程物资”账户；按增值税专用发票上注明的增值税进项税额，借记“应交税费——应交增值税（进项税额）”账户，按支付工程物资的全部款项，贷记“银行存款”等账户。领用工程物资时，借记“在建工程”账户，贷记“工程物资”账户。在建工程领用本企业原材料时，借记“在建工程”账户，贷记“原材料”等账户。在建工程领用本企业生产的商品时，借记“在建工程”账户，贷记“库存商品”账户。按自营工程发生的其他费用（如分配工程人员薪酬等），借记“在建工程”账户，贷记“银行存款”“应付职工薪酬”等账户。自营工程达到预定可使用状态时，按其成本，借记“固定资产”账户，贷记“在建工程”账户。

例 3-16

M公司为增值税一般纳税人，2×24年1月1日，自行建造厂房一幢，购入为工程准备的各种物资支付250 000元，增值税专用发票上注明的增值税进项税额为32 500元，全部用于工程建设。领用本公司购进的原材料一批，实际成本为200 000元，相关进项税额为26 000元。确认应付工程人员薪酬50 000元。工程完工并达到预定可使用状态，M公司应编制如下会计分录：

(1) 购入工程物资时：

借：工程物资	250 000	
应交税费——应交增值税（进项税额）	32 500	
贷：银行存款		282 500

(2) 领用全部工程物资时：

借：在建工程	250 000	
贷：工程物资		250 000

(3) 领用购进的原材料时：

借：在建工程	200 000	
贷：原材料		200 000

(4) 分配工程人员薪酬时：

借：在建工程	50 000	
贷：应付职工薪酬		50 000

(5) 工程完工转入固定资产的成本＝250 000＋200 000＋50 000＝500 000（元）。

借：固定资产	500 000	
贷：在建工程		500 000

（四）固定资产盘盈

企业每年至少在编制决算前对固定资产进行一次全面清查，以确定固定资产实有数以及固定资产的保管、使用、维修等情况。对于盘盈的固定资产，按以下规定确定其入账价值：

(1) 同类或类似固定资产存在活跃市场的，以同类或类似固定资产的市场价格减去按该项资产的新旧程度估计的价值损耗后的余额作为入账价值。

(2) 同类或类似固定资产不存在活跃市场的，以该项固定资产的预计未来现金流量现值作为入账价值。

企业应按上述规定确定的入账价值，借记“固定资产”账户，贷记“以前年度损益调整”账户。

例 3-17

2×24 年 12 月末，W 公司在财产清查过程中，发现一台未入账的设备，按同类或类似商品市场价格，减去按该项资产新旧程度估计的价值损耗后的余额为 60 000 元（假定与其计税基础一致）。根据有关规定，该盘盈固定资产作为前期差错处理。假定 W 公司适用的所得税税率为 25%，按净利润的 10%计提法定盈余公积。W 公司应做如下会计处理：

（1）盘盈固定资产时：

借：固定资产	60 000	
贷：以前年度损益调整		60 000

（2）确定应缴纳的所得税：

借：以前年度损益调整	15 000	
贷：应交税费——应交所得税		15 000

（3）结转为留存收益：

借：以前年度损益调整	45 000	
贷：盈余公积——法定盈余公积		4 500
利润分配——未分配利润		40 500

三、固定资产折旧

导入案例

我国曾举办过三次全国会计知识大赛，即 1990 年第一届、2000 年第二届和 2007 年第三届。某省第三届会计知识大赛计算分析试题的第三题内容如下：M 公司于 2006 年 12 月 31 日购入一台设备，估计使用年限为 4 年，假定预计净残值占原始成本的 5%。要求：如果分别按年限总和法与双倍余额递减法计算该设备的折旧额，试计算确定该公司：（1）2007 年按哪种方法计算的折旧额大；（2）2008 年按哪种方法计算的折旧额大。

比赛开始后，某省会计大赛办公室陆续收到考生反映此题有瑕疵，经命题专家认定，此题正确无误。

思考：通过后续的固定资产折旧核算方法的学习，请你确定此题是否存在瑕疵，如果无问题，按照要求计算 2007 年、2008 年的固定资产折旧额，对两年的折旧额进行比较。

（一）固定资产折旧的性质

固定资产可以连续在若干期间服务于企业的生产经营活动，其成本实质上是企业为获得固定资产的预期经济利益而提前预付的款项，与预付租金性质相同。因此，当企业在每个会计期间使用该资产所提供的服务时，就应将固定资产原价扣除其预计净残值后的金额

(应计折旧额)，在每个会计期间予以分摊并确认为当期费用。在会计上，把这种定期将固定资产取得成本在各个会计期间分摊的过程称为折旧，因折旧而确认的费用称为折旧费用。

《企业会计准则第 4 号——固定资产》指出：折旧，是指在固定资产使用寿命内，按照确定的方法对应计折旧额进行系统分摊。

可见，折旧不是为重置新的固定资产而进行的资金储备，其目的就是将固定资产成本在其预计使用年限内系统、合理地进行分配，实现当期收入与其相关费用的合理配比。

（二）计提固定资产折旧的范围和时间

根据有关规定，应计提折旧的固定资产包括：房屋和建筑物、机器设备、仪器仪表、运输车辆、工具器具；季节性停用和修理停用的设备；以经营租赁方式租出的固定资产；以融资租赁方式租入的固定资产。不计提折旧的固定资产包括：已提足折旧、仍继续使用的固定资产；未提足折旧、提前报废的固定资产；以经营租赁方式租入的固定资产；破产、关停企业的固定资产；按规定单独估价作为固定资产入账的土地。

就理论而言，企业固定资产折旧应该在该项固定资产增加之日开始计算，在开始减少之日停止计算。在实际工作中，每月的折旧额按月初在用固定资产原值计算，即当月增加的固定资产，当月不计提折旧，从下月起计提折旧；当月减少的固定资产，当月仍计提折旧，从下月起不计提折旧。

（三）影响固定资产折旧的因素

影响固定资产折旧的因素主要有下述四个。

1. 固定资产折旧基数

固定资产折旧基数一般为固定资产的取得成本（原始价值)，是指为取得某项固定资产而发生的一切必要支出（或资本性支出)。必要时，也可以重置成本作为固定资产的折旧基数。

2. 固定资产使用寿命

固定资产使用寿命，是指企业使用固定资产的预计期间，或者该固定资产所能生产产品或提供劳务的数量。

3. 固定资产减值准备

固定资产减值准备，是指固定资产已计提的固定资产减值准备累计金额。

4. 固定资产预计净残值

预计净残值，是指假定固定资产预计使用寿命已满并处于使用寿命终了时的预期状态，目前从该项资产处置中获得的扣除预计处置费用后的金额。

（四）固定资产折旧的方法

企业应当根据与固定资产有关的经济利益的预期实现方式，合理选择固定资产折旧方法。可选用的折旧方法包括平均年限法、工作量法、加速折旧法等。

1. 平均年限法

平均年限法也称直线法，是指将固定资产的应计折旧额按均等的数额在其预计使用期内分配于每一会计期间的一种方法。

平均年限法建立在固定资产服务潜力随时间的延续而减退，与其使用程度无关的假设上。因此，固定资产的折旧费可以均衡地摊配于其使用年限内的各个期间。平均年限法是目前会计实务中应用最为广泛的折旧计算方法。采用平均年限法计算固定资产年折旧额的公式为：

$$固定资产年折旧额=\frac{固定资产原值-预计净残值}{固定资产预计使用年限}$$

$$固定资产月折旧额=固定资产年折旧额\div 12$$

在实际工作中，为了反映固定资产在一定时期内的损耗程度并简化核算，各期折旧额一般根据固定资产原值乘以该期折旧率计算确定。固定资产折旧率是指一定时期内固定资产折旧额与固定资产原值的比率，其计算公式为：

$$\begin{aligned}年折旧率&=固定资产年折旧额\div 固定资产原值\\&=\frac{固定资产原值\times(1-预计净残值率)}{固定资产预计使用年限\times 固定资产原值}\times 100\%\\&=\frac{1-预计净残值率}{固定资产预计使用年限}\times 100\%\end{aligned}$$

$$月折旧率=年折旧率\div 12$$

$$月折旧额=固定资产原值\times 月折旧率$$

平均年限法的优点是简单易行，也容易理解，是最常用的折旧方法。

例 3-18

M公司某项行政管理设备的原值为20 000元，预计使用年限为10年，预计残值收入为1 000元，预计清理费用为500元，则：

$$固定资产年折旧额=\frac{20\,000-(1\,000-500)}{10}=1\,950\ (元)$$

$$固定资产月折旧率=1\,950\div 20\,000\div 12\times 100\%=0.812\,5\%$$

$$固定资产月折旧额=20\,000\times 0.812\,5\%=162.5\ (元)$$

2. 工作量法

工作量法，是指按照固定资产实际完成的工作总量计算折旧的一种方法。采用这种方法，每期计提的折旧随当期固定资产提供工作量的多少而变动，提供的工作量多，就多提折旧，反之，则少提折旧，而每一工作量所负担的折旧费是相同的。这里所讲的工作量可以是车辆行驶的里程，也可以是机器完成的工作时数或生产产品的数量。

采用工作量法计提折旧，应先以固定资产在使用年限内预计总工作量（如总工作时数或总产量）去除应计折旧总额，计算出每一工作量应分摊的折旧，然后乘以当期的实际工作量，求出该期应计提的折旧额。其计算公式为：

$$单位折旧额=\frac{固定资产原值\times(1-预计净残值率)}{预计总工作量（如总里程、总工时、总产量）}$$

$$当期折旧额=当期工作量\times 单位折旧额$$

工作量法的优点是简单明了、容易计算，并且计提的折旧额与固定资产的使用程度相联系，既充分考虑了固定资产有形损耗因素的影响，也符合配比原则。

工作量法主要适用于车辆、船舶等运输工具，以及大型精密设备的折旧计算。

例 3-19

N公司一台仪器的原价为60 000元，预计可使用40 000小时，其报废时的净残值率为5%。2×24年10月，该仪器工作700小时。该仪器10月的折旧额计算如下：

单位小时折旧额=60 000×(1−5%)÷40 000=1.425（元/小时）

本月折旧额=700×1.425=997.5（元）

3. 加速折旧法

加速折旧法，是指将应计折旧额按前期多提、后期少提的原则分摊于各受益期间，从而使各期应负担的折旧费用逐期减少的方法。固定资产提供预期经济利益的能力，随着其使用寿命的缩短而逐渐降低。因此，当固定资产处于较新状态时，创造的预期经济利益也就较高，而维修费用较低；当固定资产处于较旧状态时，创造的预期经济利益能力在下降，但维修费用在逐期增加。按照收入与费用相互配比的要求，折旧费用应当呈递减的趋势。加速折旧的计提方法有多种，常用的有年数总和法和双倍余额递减法。

（1）年数总和法。年数总和法，是指将固定资产的原值减去净残值的余额乘以一个逐年递减的分数计算每年折旧额的一种方法。这一分数即年折旧率，其分子代表固定资产在各会计期间期初尚可使用的年限，分母代表固定资产使用年数逐年相加的总和。由于分母不变，分子每年递减，因此计算的每年折旧费也呈递减趋势。计算公式为：

年折旧率=尚可使用的年数÷预计使用年数总和

或

$$\text{年折旧率}=\frac{\text{预计使用寿命}-\text{已使用年限}}{\text{预计使用寿命}\times(\text{预计使用寿命}+1)/2}\times100\%$$

年折旧额=(固定资产原值−预计净残值)×年折旧率

例 3-20

M公司一项固定资产的原值为25 000元，预计使用年限为5年，净残值率为4%。采用年数总和法计算的各年折旧额如表3-5所示。

表3-5 年折旧额计算表

（年数总和法）

单位：元

年份	尚可使用年限	原值−净残值	年折旧率	年折旧额	累计折旧
1	5	24 000	5/15	8 000	8 000
2	4	24 000	4/15	6 400	14 400
3	3	24 000	3/15	4 800	19 200
4	2	24 000	2/15	3 200	22 400
5	1	24 000	1/15	1 600	24 000
—	—	24 000	—	24 000	—

（2）双倍余额递减法。双倍余额递减法，是指按双倍直线折旧率计算固定资产折旧的一种方法。采用该方法，是以固定资产每期期初账面折余价值乘以双倍直线折旧率计算确

定各期的折旧。采用双倍余额递减法确定折旧率时，一般不考虑固定资产净残值，其计算公式为：

固定资产年折旧额＝期初固定资产账面折余价值×双倍直线年折旧率

其中：

双倍直线年折旧率＝(2÷预计固定资产使用年限)×100%

【提醒您】

采用双倍余额递减法计算折旧的固定资产，在其折旧年限到期前两年内，将固定资产净值扣除预计净残值后的净额平均摊销。

例 3-21

N 公司一项固定资产的原值为 35 000 元，预计净残值率为 5%，使用年限为 5 年，采用双倍余额递减法计算折旧。各年折旧额的计算如表 3-6 所示。

双倍直线年折旧率＝(2÷5)×100%＝40%

预计净残值＝35 000×5%＝1 750（元）

表 3-6 年折旧额计算表

（双倍余额递减法）

单位：元

使用年次	折旧计算过程	当年折旧	累计折旧	固定资产净值
0				35 000
1	35 000×40%	14 000	14 000	21 000
2	21 000×40%	8 400	22 400	12 600
3	12 600×40%	5 040	27 440	7 560
4	(7 560−35 000×5%) ÷2	2 905	30 345	4 655
5	(7 560−35 000×5%) ÷2	2 905	33 250	1 750
合计	—	33 250	—	1 750

（五）折旧的账务处理

固定资产应当按月计提折旧，计提的折旧记入“累计折旧”账户，并根据固定资产的用途计入相关资产成本或当期损益。企业自行建造固定资产过程中使用的固定资产，其折旧计入在建工程成本；基本生产车间使用的固定资产，其折旧计入制造费用；行政管理部门使用的固定资产，其折旧计入管理费用；销售部门使用的固定资产，其折旧计入销售费用；经营租出的固定资产，其折旧计入其他业务成本。企业按月计提固定资产折旧时，借记“制造费用”“销售费用”“管理费用”“其他业务成本”“研发支出”等账户，贷记“累计折旧”账户。

例 3-22

甲公司属于工业企业，2×24 年 10 月的固定资产折旧汇总计算表如表 3-7 所示。

表 3-7 固定资产折旧汇总计算表

2×24 年 10 月

单位：元

车间、部门	上月初固定资产折旧额	上月增加固定资产折旧额	上月减少固定资产折旧额	本月固定资产折旧额
基本生产车间	8 500	1 360	330	9 530
专设销售机构	5 160	370	190	5 340
行政管理部门	11 600	1 780	660	12 720
资产管理部门——经营出租设备	1 130	180	210	1 100
总计	26 390	3 690	1 390	28 690

根据固定资产折旧汇总计算表，编制如下会计分录：

借：制造费用　　9 530
　　销售费用　　5 340
　　管理费用　　12 720
　　其他业务成本　　1 100
　贷：累计折旧　　28 690

【提醒您】

表 3-7 中，要以上月折旧额为基础来计算本月折旧额，这是因为本月折旧额根据本月初在用资产计算，即月初在用资产的折旧额。上月初在用资产折旧额，加上上月增加资产折旧额，减去上月减少资产折旧额，正是上月末即本月初在用资产的折旧额，也就是本月折旧额。

（六）分类折旧法和综合折旧法

上述所讲的固定资产折旧方法通常是按单个项目计提折旧的，但在会计实务中，有时出于简化计算折旧工作量之考虑，可能按固定资产类别或总体计提折旧。由此，形成了分类折旧法和综合折旧法。

1. 分类折旧法

分类折旧法是把同一类（特性、耐用年限相近）固定资产合起来看作一项资产，采用每类固定资产的平均折旧率计算折旧。每年以分类折旧率乘以同类固定资产成本总额，即可算出当年应计提的折旧额。分类折旧率及折旧额的计算方法如下：

分类折旧率=(单项固定资产年折旧额之和÷该类固定资产原值之和)×100%

分类折旧额=该类固定资产原值之和×分类折旧率

采用分类折旧法时，可为每类固定资产设置一个“固定资产”和“累计折旧”账户。

2. 综合折旧法

综合折旧法，是把全部固定资产不分类别、不分使用年限合在一起看作一项资产，采用综合折旧率计算折旧。综合折旧率及折旧额的计算原理同分类折旧法，与其不同的是，综合折旧法将计算固定资产折旧范围由按类别扩大为全部。

例 3-23

某企业根据各类固定资产有关资料计算的年分类折旧率和年综合折旧率情况如表 3-8 所示。

表 3-8 年分类折旧率和年综合折旧率计算表 单位：元

资产类别	历史成本	预计净残值	应计折旧额	预计使用年限	单项年折旧额	年分类折旧率（%）	年综合折旧率(%)
甲类固定资产							
A	60 000	0	60 000	12	5 000		
B	150 000	2 000	148 000	10	14 800		
小计	210 000	2 000	208 000	—	19 800	9.43	
乙类固定资产							
C	15 000	1 000	14 000	10	1 400		
D	19 000	1 000	18 000	12	1 500		
小计	34 000	2 000	32 000		2 900	8.53	
合计	244 000	4 000	240 000	—	22 700	—	9.3

甲类固定资产年折旧率＝19 800÷210 000×100%＝9.43%

乙类固定资产年折旧率＝2 900÷34 000×100%＝8.53%

全部固定资产年综合折旧率＝22 700÷244 000×100%＝9.3%

四、固定资产后续支出

企业以各种方式取得固定资产后，在其使用过程中还会发生各种各样的支出。通常，将固定资产投入使用后再发生的支出称为固定资产后续支出。这些支出既有资本化后续支出，也有费用化后续支出。

（一）资本化后续支出

固定资产投入使用后发生的、需要计入固定资产账面价值的支出，称为固定资产的资本化后续支出。如企业对现有固定资产进行扩建等支出。

固定资产扩建，是指在原有固定资产的基础上进行延伸、扩充或扩大等。例如，房屋加层扩充，安装自动报警系统等。固定资产扩建一般可以扩充固定资产的服务潜力，增强固定资产获取未来经济利益的能力，其支出应予以资本化，计入固定资产成本。

企业发生应予以资本化的扩建支出时，首先，应将该固定资产的原价、累计折旧和减值准备转销，将固定资产的账面价值转入在建工程，借记“在建工程”“累计折旧”“固定资产减值准备”账户，贷记“固定资产”账户；其次，发生应予以资本化的扩建支出时，将其记入“在建工程”账户，即借记“在建工程”账户，贷记“银行存款”等账户；最后，当扩建工程达到预定可使用状态，并符合固定资产确认条件时，将“在建工程”账户余额全部转入“固定资产”账户。

例 3-24

2×18 年 12 月，安信公司自行建成了一条生产线，建造成本为 284 000 元；采用平均年限法计提折旧；预计净残值为固定资产原价的 5%，预计使用年限为 6 年。2×21 年 1 月 1 日，为了适用生产发展的需要，公司决定对现有生产线进行改扩建，工期为 2×21 年 1 月 1 日至 3 月 31 日，共发生支出 134 450 元，全部以银行存款支付。该工程达到预定可使用状态后，预计将该生产线使用年限延长 4 年，即 10 年。假定生产线的预计净残值、折旧方法与改扩建前相同。

本例中，由于对生产线的改扩建提高了其生产能力并延长了使用寿命，所以，此项后续支出应增加固定资产的账面价值。有关的账务处理如下：

(1) 2×18 年 12 月 31 日至 2×20 年 12 月 31 日两年间，该条生产线的年折旧额为：284 000×(1－5%)÷6＝44 967（元）。各年计提固定资产折旧的会计分录为：

借：制造费用　　44 967
　贷：累计折旧　　44 967

(2) 2×21 年 1 月 1 日，固定资产的账面价值为：284 000－44 967×2＝194 066（元）。固定资产转入改扩建时的会计分录为：

借：在建工程　　194 066
　　累计折旧　　89 934
　贷：固定资产　　284 000

(3) 2×21 年 1 月 1 日至 3 月 31 日，发生固定资产后续支出时的会计分录为：

借：在建工程　　134 450
　贷：银行存款　　134 450

(4) 2×21 年 3 月 31 日，生产线改扩建工程达到预定可使用状态，将后续支出全部予以资本化，会计分录为：

借：固定资产　　328 516
　贷：在建工程　　328 516

(5) 2×21 年 3 月 31 日，固定资产的账面价值为 328 516 元，该年固定资产折旧额为：328 516×(1－5%)÷(7×12＋9)×9＝30 202（元）。

在 2×22 年 1 月 1 日至 2×28 年 12 月 31 日 7 年间，每年计提固定资产折旧额为：328 516×(1－5%)÷(7×12＋9)×12＝40 270（元）。每年计提固定资产折旧的会计分录略。

（二）费用化后续支出

固定资产投入使用后发生的、需要计入当期损益的支出，称为固定资产的费用化后续支出。固定资产在其使用过程中，往往会发生局部损坏，为了保持固定资产正常运转和使用，充分发挥其使用效能，必须对固定资产进行必要的维护。发生固定资产维护支出，一般不能延长其预先估计的使用年限，也不能提高其预计的服务能力，也就是不会导致固定资产性能的改变或固定资产未来经济利益的增加。因此，固定资产维护支出应于发生时一次计入当期损益，借记“管理费用”“销售费用”等账户，贷记“银行存款”“应付职工薪酬”“原材料”等账户。

五、固定资产的盘亏与处置

（一）固定资产盘亏或毁损

对于清查盘点中发现盘亏或毁损的固定资产，一是应查明原因和责任者，并针对发生盘亏的原因，研究改进固定资产管理方法；二是应对盘亏的固定资产提出处理意见，报请有关部门批准；三是对于盘亏的固定资产，企业应及时办理固定资产注销手续。在按规定程序批准之前，应将固定资产卡片从原来的归类中抽出，单独保管。

盘亏的固定资产应通过“待处理财产损溢”账户核算。

【提醒您】

根据现行增值税制度规定，购进货物及不动产发生非正常损失，其负担的进项税额不得抵扣，其中购进货物包括被确认为固定资产的货物。但是，如果盘亏的是固定资产，应按其账面净值（即固定资产原价——已计提折旧）乘以适用税率计算不可以抵扣的进项税额，并编制借记“待处理财产损溢”账户，贷记“应交税费——应交增值税（进项税额转出）”账户的会计分录。

例 3-25

2×24 年 3 月，N 公司根据发生的固定资产盘亏业务，编制相关会计分录。

（1）在财产清查中，发现丢失电机一台，其原价为 200 000 元，累计折旧为 60 000 元，已计提资产减值准备 10 000 元，购入时支付增值税 26 000 元，原因待查。

借：待处理财产损溢——待处理固定资产损溢　　130 000
　　累计折旧　　60 000
　　固定资产减值准备　　10 000
　贷：固定资产　　200 000

（2）转出不可抵扣的进项税额。

借：待处理财产损溢——待处理固定资产损溢 (200 000－60 000)×13%　　18 200
　贷：应交税费——应交增值税（进项税额转出）　　18 200

（3）经查，上述设备丢失的原因为设备管理员失职。经批准由设备管理员赔偿 30 000 元，赔偿款尚未收到。

借：营业外支出　　118 200
　　其他应收款　　30 000
　贷：待处理财产损溢——待处理固定资产损溢　　148 200

（4）收到设备管理员赔款，存入银行。

借：银行存款　　30 000
　贷：其他应收款　　30 000

（二）固定资产处置

1. 固定资产处置的内容

固定资产处置包括固定资产的出售、转让、报废或毁损、对外投资等。可分为两类：一类是主动退出，是指企业为了满足某种需要而把固定资产主动转让出去，如对外投资、对外捐赠和交换其他资产等；另一类是被动退出，即固定资产清理，主要包括：

第一，由于技术落后等原因，固定资产不再适用，故被变卖。

第二，因火灾、自然灾害、法院判决等原因，固定资产必须退出现有的工作状态。

第三，固定资产预计使用年限已满，折旧已计提完毕，不能再提供未来的经济利益。

对于处置的固定资产应终止确认，从企业资产类账户和资产负债表中转销。因为它们符合终止确认的下列条件之一：（1）不再用于生产商品、提供服务、出租或经营管理；（2）该资产预期通过使用或处置不能产生经济利益。

固定资产处置一般通过“固定资产清理”账户进行核算。企业因出售、报废和毁损、对外投资、非货币性资产交换、债务重组等原因处置固定资产而发生的清理费用和清理收入，均记入“固定资产清理”账户。“固定资产清理”账户期末借方余额，反映企业尚未处置完毕的固定资产清理净损失。

2. 固定资产处置的账务处理

无论以何种方式处置固定资产，其账务处理程序都如图 3－6 所示。

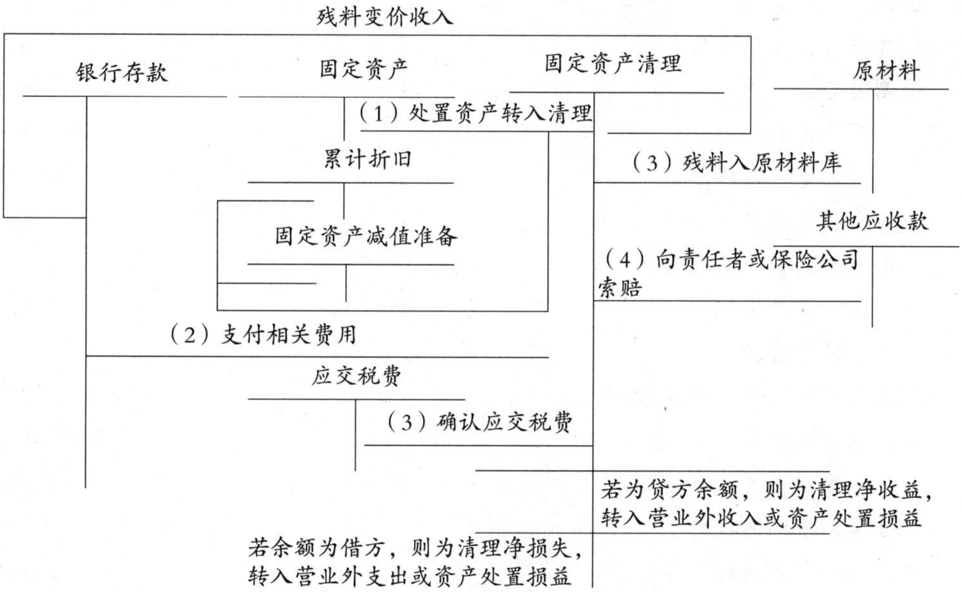

图 3－6 固定资产处置的账务处理程序

【提醒您】

（1）处置固定资产时，首先应将处置收入扣除其账面价值和相关税费后的金额记入“固定资产清理”账户。固定资产账面价值＝固定资产初始入账的账面实际余额－

累计折旧—“累计减值准备”账户金额。

(2) 固定资产清理完成后，对清理净损益，应区分不同情况分别进行账务处理：

第一，因已丧失使用功能或因自然灾害发生毁损等原因而报废清理产生的利得或损失，应计入营业外收支。按生产经营期间正常报废清理产生的处理净损失，借记“营业外支出——处置非流动资产损失”账户，贷记“固定资产清理”账户；按生产经营期间由于自然灾害等非正常原因造成的净损失，借记“营业外支出——非常损失”账户，贷记“固定资产清理”账户；如为净收益，则借记“固定资产清理”账户，贷记“营业外收入”账户。

第二，因出售、转让等原因产生的固定资产处置利得或损失，应计入资产处置收益。按确认的处置净损失，借记“资产处置损益”账户，贷记“固定资产清理”账户；如为净收益，则借记“固定资产清理”账户，贷记“资产处置损益”账户。

例 3-26

2×24 年 10 月 5 日，M公司出售一幢建筑物，其原值为 5 000 000 元，已提折旧额为 1 400 000 元，固定资产减值准备为 36 000 元。出售前发生清理费 20 000 元，实际售价为 3 800 000元，全部款项均通过银行转账结算。该公司应交增值税 342 000 元，不考虑应计提的城建税和教育费附加。编制如下会计分录：

(1) 结转固定资产净值：

借：固定资产清理	3 564 000	
累计折旧	1 400 000	
固定资产减值准备	36 000	
贷：固定资产		5 000 000

(2) 支付固定资产清理费用时：

借：固定资产清理	20 000	
贷：银行存款		20 000

(3) 收到出售固定资产价款时：

借：银行存款	3 800 000	
贷：固定资产清理		3 800 000

(4) 计算应缴纳的税费：

借：固定资产清理	342 000	
贷：应交税费——应交增值税（销项税额）		342 000

(5) 结转固定资产清理损益时：

借：资产处置损益	126 000	
贷：固定资产清理		126 000

如果该幢建筑物因自然灾害报废清理产生利得 126 000 元，应计入营业外收入。

第四节 无形资产

一、无形资产概述

（一）无形资产的概念

无形资产，是指企业拥有或者控制的没有实物形态的可辨认非货币性资产，如专利权、商标权、土地使用权、非专利技术等。

资产在符合下列条件时，满足无形资产定义中的可辨认性标准：一是能够从企业中分离或者划分出来，并能单独或者与相关合同、资产或负债一起，用于出售、转移、授予许可、租赁或者交换；二是源自合同性权利或其他法定权利，无论这些权利是否可以从企业或其他权利和义务中转移或者分离。

（二）无形资产的特征

无形资产并非仅仅从实物形态上与有形资产相对立的一类资产，而是具有某些相同特征的资产。它表明企业拥有一种特殊的权利，以特殊的方式作用于有形资产和企业生产经营过程中，在市场竞争中处于特殊的有利地位，使企业得到额外的经济利益。例如，企业让渡无形资产使用权取得租金收入、使用无形资产而改进生产工艺、提高生产效率、节约生产成本等。与其他资产相比，无形资产具有以下特征：

（1）无形资产是一种没有实物形态的资产。

不具有独立的物质实体，是无形资产区别于其他资产的显著标志。虽然无形资产没有实物形态，但具有价值。其价值往往是法律或合同所赋予的某种法定或特许的权利（如专利权、商标权）以及获得超额利润的能力，并隐形存在于企业之中。

（2）无形资产属于非货币性长期资产。

无形资产属于长期资产，它能在若干生产经营期内被使用或发挥作用，具有未来的经济效益，使企业能在超过一个经营周期的时期内获得高于同行业一般水平的获利能力。

（3）无形资产所能提供的未来经济效益具有较大的不确定性。

有些无形资产确认的账面价值与其以后实际价值往往出现较大差距，具体表现为：一项取得成本较高的无形资产可能为企业带来较少的经济效益，而取得成本较低的无形资产则可能给企业带来较多的经济效益；有些无形资产的受益期难以断定，其价值随着环境的变化而出现波动，其预期获利能力不能准确确定。

（4）无形资产是为企业使用而非出售的资产。

企业持有无形资产的目的不是出售而是生产经营，即利用无形资产来提供商品、提供劳务、出租给他人或为企业经营管理服务。软件公司开发的、用于对外销售的计算机软件，对于购买方而言属于无形资产，对于开发商而言却是存货。

（三）无形资产的分类

无形资产可按不同的标准进行分类：

（1）按能否辨认划分，分为可辨认无形资产和不可辨认无形资产。可辨认无形资产具有专门的名称，可以单独取得或转让，如专利权、商标权、土地使用权等。不可辨认无形资产不能单独取得或转让，也不能脱离企业，主要指企业作为一个整体买卖以及企业在合并过程中所产生的商誉。由此可见，企业的大多数无形资产属于可辨认无形资产。

（2）按不同来源划分，分为外来的无形资产和自创的无形资产。外来的无形资产包括国家政府给予的某种特权、外单位作为资本投入的无形资产以及企业从外单位购入的无形资产；自创的无形资产指本企业自行研制创造而获得的专利权等。

（3）按有无限期划分，分为有限期无形资产和无限期无形资产。有限期无形资产的有效期为法律所规定，例如，专利权、专营权、商标权等；无限期无形资产的有效期在法律上并无规定。

（四）无形资产的内容

1. 专利权

专利权，是指国家专利主管机关依法授予发明创造专利申请人，对其发明创造在法定期限内所享有的专有权利，包括发明专利权、实用新型专利权和外观设计专利权。发明，是指对产品、方法或者其改进所提出的新的技术方案。实用新型，是指对产品的形状、构造或者两者结合所提出的实用的新的技术方案。外观设计，是指对产品的形状、图案或者两者结合以及色彩与形状、图案的结合所做出的富有美感并适用于工业的新设计。发明专利权的期限为 20 年，实用新型专利权的期限为 10 年、外观设计专利权的期限为 15 年，均自申请日起计算。

2. 非专利技术

延伸学习

商誉及无形资产

非专利技术，是指先进的、未公开的、未申请专利、可以带来经济效益的技术及诀窍。主要内容包括工业专有技术、商业（贸易）专有技术和管理专有技术。其中，工业专有技术，是指在生产上已经采用，仅限于少数人知道，不享有专利权或发明权的生产、装配、修理、工艺或加工方法的技术知识；商业（贸易）专有技术，是指具有保密性质的市场情报、原材料价格情报以及有关用户、竞争对象情况的知识；管理专有技术，即生产组织的经营方式、管理方法、培训职工方法等保密知识。非专利技术并不是专利法的保护对象，专有技术所有人依靠自我保密的方式来维持其独占权，可以用于转让和投资。

3. 商标权

商标权，是指专门在某类指定的商品或产品上使用特定的名称或图案的权利。

商标权包括独占使用权和禁止权。所谓独占使用权，是指商标权享有人在商标注册范围内独家使用其商标的权利，这种权利是商标权具有独占性的法律表现。所谓禁止权，是指商标权享有人排除和禁止他人对商标独占使用权进行侵犯的权利，这种权利是商标权具有排他性的法律表现。

4. 著作权

著作权亦称版权，是指政府版权管理部门，依法授予制作者对其创作的文学、科学和艺术作品在规定有效期内发表、制作、出版和发行的专有权利。著作权包括两方面的权利，即精神权利（人身权利）和经济权利（财产权利）。前者是指作品署名、发表作品、确认作者身份、保护作品的完整性、修改已经发表的作品等各项权利，包括发表权、署名权、修改权和保护作品完整权；后者是指以出版、表演、广播、展览、录制唱片、摄制影片等方式使用作品以及因授权他人使用作品而获得经济利益的权利。

5. 特许权

特许权也称特许经营权，是指企业之间通过协议或由政府给予企业经营某种事业或销售某种特定商品的专有权利，如政府允许企业对公用事业、公共交通、广播、电视、电影的经营权以及企业间转让某种产品的专营或专销权等。会计上的特许权，是指企业间依照签订的合同，有限期或无限期使用另一家企业的某些权利，如连锁店的分店使用总店的名称等。只有支付了费用而取得的特许权才能作为无形资产入账。

6. 土地使用权

土地使用权，是指国家准许企业在规定期间内对国有土地享有开发、利用和经营的权利。土地使用权可以来自政府无偿划拨，也可以来自政府有偿出让或其他单位有偿转让。作为无形资产核算的土地使用权有以下两种情况：一是企业根据规定，向政府土地管理部门申请土地使用权，支付的土地出让金作为无形资产计价入账；二是企业原先由行政划拨获得的土地使用权，未入账核算，在将土地使用权有偿转让、出租、抵押、作价入股和投资时，应按规定将补交的土地出让价款作为无形资产计价入账。

二、无形资产的确认条件

无形资产应当在符合定义的前提下，同时满足下列两个确认条件时，才能予以确认：

（1）与该无形资产有关的经济利益很可能流入企业。

作为无形资产确认的项目，必须满足其所产生的经济利益很可能流入企业这一条件。通常情况下，无形资产产生的未来经济利益可能包括在销售商品、提供劳务的收入当中，或者企业使用该项无形资产而减少或节约了成本，或者体现在获得的其他利益当中。

（2）该无形资产的成本能够可靠地计量。

成本能够可靠地计量是确认资产的一项基本条件，对于无形资产而言，这个条件显得更为重要。如企业内部产生的品牌、报刊名、刊头、客户名单和实质上类似项目的支出，由于不能与整个业务开发成本区分开来，成本无法可靠计量，不应确认为无形资产。

三、无形资产的取得

为了反映和监督无形资产的取得、摊销和处置等情况，企业应当设置“无形资产”“累计摊销”等账户。

“无形资产”账户核算企业持有的无形资产成本，借方登记取得无形资产的成本，贷方登记处置无形资产时转出无形资产的账面余额，期末借方余额，反映企业无形资产的成本。“无形资产”账户应当按照无形资产的项目设置明细账，进行明细分类核算。

（一）外购无形资产

企业外购无形资产的成本包括：购买价款；进口关税；其他税费以及直接归属于使该项资产达到预定用途所发生的其他支出，包括使无形资产达到预定用途所发生的专业服务费用、测试无形资产是否能够正常发挥作用的费用等，但不包括为引入新产品进行宣传发生的广告费、管理费用及其他间接费用，也不包括在无形资产已经达到预定用途以后发生的费用。无形资产达到预定用途后所发生的支出，不构成无形资产的成本。

企业单独购入无形资产，应按照取得时的实际成本计价入账，借记“无形资产”“应交税费——应交增值税（进项税额）”账户，贷记“银行存款”“应付账款”等账户。

例 3-27

2×24 年 1 月 5 日，安信公司购入一项专利权，价款为 150 000 元，增值税为 9 000 元，另支付手续费3 200元（不考虑增值税）。全部款项以银行存款支付。该公司编制如下会计分录：

借：无形资产——专利权	153 200	
应交税费——应交增值税（进项税额）	9 000	
贷：银行存款		162 200

（二）自行研究与开发无形资产

企业内部研究开发项目支出，可分为研究阶段支出与开发阶段支出。其中，研究阶段支出，是指为获取新的科学或技术知识并理解它们，进行具有独创性的、有计划的调查阶段发生的支出。由于研究阶段是探索性的，这一阶段通常不会形成阶段性成果。开发阶段支出，是指在进行商业性生产或使用前，将研究成果或其他知识应用于某项计划或设计，以生产出新的或具有实质性改进的材料、装置、产品等而发生的支出。与研究阶段相比，开发阶段在一定程度上具备了形成一项新产品或新技术的基本条件。

企业自行研究与开发支出的会计处理方法如图 3-7 所示。我国无形资产准则规定：企业内部研究开发项目的研究阶段支出，应于发生时在“研发支出——费用化支出”账户归集，期末再转入当期管理费用；企业在开发阶段发生的支出，也要先在“研发支出”账户归集，待开发项目确认为无形资产时，按全部开发支出，借记“无形资产”账户，贷记“研发支出——资本化支出”账户。符合资本化条件但尚未完成的开发费用，继续保留在“研发支出”账户中，待开发项目完成并达到预定用途形成无形资产时，再将其发生的实际成本转入无形资产。

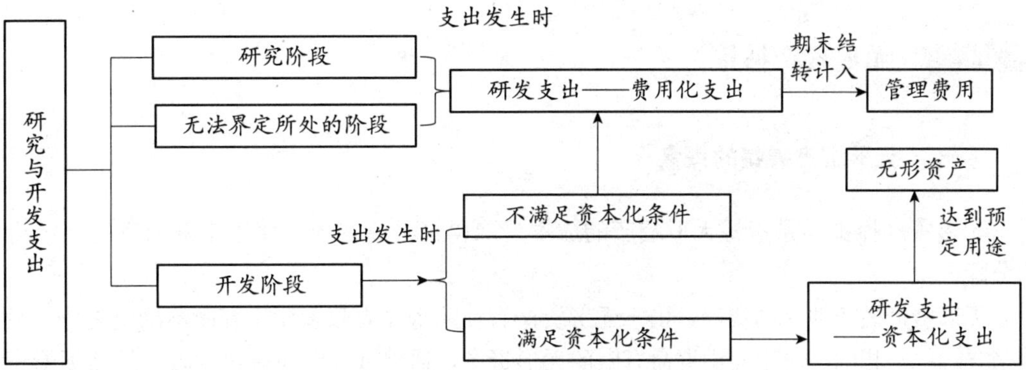

图 3-7　自行研究与开发无形资产的会计处理方法

【提醒您】

在无形资产开发过程中发生的销售费用、管理费用等间接费用，无形资产达到预定用途前发生的可辨认的无效和初始运作损失，为运作该无形资产发生的培训支出等不构成无形资产的开发成本。

例 3-28

2×24 年 1 月 5 日，M 股份有限公司自行研究开发一项新产品专利技术，在研究开发过程中发生材料费 20 000 000 元、人员工资 5 000 000 元、其他费用15 000 000元，总计 40 000 000 元，其中，符合资本化条件的支出为 25 000 000 元。2×24 年 12 月 20 日，该专利技术已经达到预定用途。该公司的会计处理如下：

(1) 发生研究开发支出时：

借：研发支出——费用化支出	15 000 000	
——资本化支出	25 000 000	
贷：原材料		20 000 000
应付职工薪酬		5 000 000
银行存款		15 000 000

(2) 期末，该专利技术已经达到预定用途时：

借：管理费用	15 000 000	
无形资产	25 000 000	
贷：研发支出——费用化支出		15 000 000
——资本化支出		25 000 000

【提醒您】

对于无法区分研究阶段支出和开发阶段支出的，企业应当将发生的研发支出全部费用化。

四、无形资产摊销

（一）无形资产摊销的概念

无形资产摊销，是指将无形资产的成本自取得当月起在预计使用年限内进行系统合理的分配。

无形资产属于非流动资产，由于无形资产有使用寿命有限和使用寿命不确定之分，故其摊销方式也不相同。对于使用寿命有限的无形资产，通常有一定的有效期限，虽然无形资产所具有的权利总会终结或消失，但这种权利也不会一现即逝，总会持续一个阶段，在这个阶段内，无形资产的价值应逐步地转移到受益期内产品价值中去。因此，使用寿命有限的无形资产的成本应当在其有效期限内系统合理摊销，而使用寿命不确定的无形资产不予以摊销。

【提醒您】

无形资产摊销和固定资产折旧的起止时间不同。当月取得的无形资产，当月开始摊销；当月减少的无形资产，当月不再摊销。而固定资产则是：当月增加的固定资产，当月不计提折旧；当月减少的固定资产，当月照提折旧。

（二）无形资产的摊销方法

企业选择的无形资产摊销方法，应当反映与该无形资产有关的经济利益的预期实现方式。无形资产摊销有多种方法，如直线法、加速摊销法。无法可靠确定预期实现方式的无形资产，应当采用直线法摊销。

无论采用何种摊销方法，摊销时首先应确定无形资产的应摊销金额。无形资产的应摊销金额不是最初取得时的入账价值，而是其入账价值扣除残值后的金额，已经计提无形资产减值准备的，还应扣除已经提取的减值准备金额。其计算方法是：

无形资产应摊销金额＝无形资产入账价值－残值－无形资产减值准备

【提醒您】

除以下情况外，使用寿命有限的无形资产，其残值应当视为零：有第三方承诺在无形资产使用寿命结束时购买该无形资产；可以根据活跃市场得到残值信息，并且该市场在无形资产使用寿命结束时很可能存在。

企业应设置“累计摊销”账户核算无形资产的累计摊销。该账户是“无形资产”账户的调整账户。

企业计提无形资产摊销额时，根据行政管理用无形资产的摊销额，借记“管理费用”账户，根据用于生产某种产品或其他资产的无形资产摊销额，借记“制造费用”账户，根据出租的无形资产摊销额，借记“其他业务成本”账户；根据计提的摊销额总数，贷记“累计摊销”账户。

例 3-29

2×24 年年初，W 公司的无形资产情况如下：专利权入账价值为 200 000 元（用于产品的生产），摊销期为 8 年；土地使用权入账价值为 300 000 元，摊销期为 20 年。当年无形资产摊销额计算过程如下：

专利权年摊销额＝200 000÷8＝25 000（元）

土地使用权年摊销额＝300 000÷20＝15 000（元）

根据计算结果，编制无形资产摊销额计算表，见表 3-9。

表 3-9 无形资产摊销额计算表 单位：元

项目	应借账户		金额
	总账账户	明细账户	
专利权	制造费用	无形资产摊销	25 000
土地使用费	管理费用	无形资产摊销	15 000

根据表 3-9，编制如下会计分录：

借：制造费用——无形资产摊销　　25 000
　　管理费用——无形资产摊销　　15 000
　贷：累计摊销　　40 000

对于使用寿命不确定的无形资产，在持有期间内不需要进行摊销，但应当在每个会计期间进行减值测试。其减值测试按照判断资产减值的原则进行处理。

五、无形资产处置

例题

无形资产处置

无形资产的处置，主要是指无形资产对外出租、出售、对外捐赠。处置的无形资产应予以转销并终止确认。

（一）无形资产出租

企业让渡无形资产使用权并收取租金，在满足收入确认条件的情况下，应确认相关的收入和费用。出租无形资产取得租金收入时，借记“银行存款”等账户，贷记“其他业务收入”等账户；摊销租出无形资产的成本和发生与转让有关的各种税费支出时，借记“其他业务成本”“税金及附加”等账户，贷记“累计摊销”“应交税费”等账户。

例 3-30

M 公司为一般纳税人，出租无形资产适用的增值税税率为 6%。2×24 年 1 月 5 日，M 公司将某商标权出租给 N 公司使用，租期为 4 年，按 N 公司以该商标销售产品所获收入的 10%收取租金，在出租期间内 M 公司不再使用该商标权。该商标权系 M 公司 2×21 年 1 月 4 日以 1 080 000 元购入并入账，预计使用年限为 15 年，净残值为零，采用直线法摊销。2×24 年，N 公司以该商标销售产品获得收入 900 000 元。假定 M 公司不考虑增值税以外的其他相关税费。

M公司2×24年确认商标权出租收入及摊销无形资产成本的会计分录如下：

(1) 取得租金存入银行。

借：银行存款　95 400

　贷：其他业务收入——出租商标权　90 000

　　应交税费——应交增值税（销项税额）　5 400

(2) 摊销商标权成本。

借：其他业务成本——商标权摊销　72 000

　贷：累计摊销　72 000

（二）无形资产出售

企业在生产过程中，既可依法转让无形资产的所有权，即出售无形资产，也可只转让无形资产的使用权。前者表现为在转让之后，企业不再对转让的无形资产拥有占有、使用、收益、处置的权利；后者则表现为企业仅将无形资产的部分使用权让渡给其他企业，而企业仍然保留对原有无形资产的各项权利。

企业转让无形资产的所有权时，按实际取得的转让收入，借记“银行存款”等账户；按该项无形资产已计提的减值准备，借记“无形资产减值准备”账户；按无形资产的账面余额，贷记“无形资产”账户，按应支付的相关税费，贷记“银行存款”“应交税费”等账户；按借贷方差额，借记或贷记“资产处置损益”账户。

例3-31

2×22年1月5日，北方公司购买一项用于产品生产的专利权，其入账成本为150 000元。按规定，专利权的摊销期限为15年，采用直线法摊销。2×24年1月5日，北方公司将专利权转让给南方公司，取得转让收入145 000元，应交增值税8 700元。该专利权的残值为零，已累计计提减值准备5 000元，以银行存款支付相关费用3 000元。转让专利权时，北方公司编制如下会计分录：

借：银行存款　142 000

　　累计摊销　20 000

　　无形资产减值准备　5 000

　贷：无形资产——专利权　150 000

　　应交税费——应交增值税（销项税额）　8 700

　　资产处置损益　8 300

（三）无形资产报废

无形资产报废，是指无形资产由于已被其他新技术所代替或不再受法律保护等原因而进行的处置工作。如果无形资产预期不能为企业带来未来经济利益，应将其报废并予以转销。转销时，应按已计提的累计摊销、减值准备，借记“累计摊销”“无形资产减值准备”账户；按其账面

案例

无形资产核算与专利权保护

余额，贷记“无形资产”账户；按借贷方差额，借记“营业外支出”账户。

例 3-32

M企业拥有某项专利技术，根据市场调查，用其生产的产品已没有市场，决定将专利技术予以转销。转销时，该项专利技术的账面余额为1 200 000元，摊销期限为10年，采用直线法进行摊销，已摊销了5年，假定该项专利权无残值，已累计计提的减值准备为320 000元，假定不考虑其他相关因素。编制如下会计分录：

借：累计摊销　600 000
　　无形资产减值准备　320 000
　　营业外支出——处置非流动资产损失　280 000
　贷：无形资产——专利权　1 200 000

第五节　投资性房地产及长期待摊费用

一、投资性房地产

（一）投资性房地产的范围

投资性房地产，是指为赚取租金或资本增值，或两者兼有而持有的房地产。主要包括已出租的建筑物、已出租的土地使用权和持有并准备增值后转让的土地使用权。其中：

（1）已出租的建筑物，是指企业拥有产权的、以经营租赁方式出租的建筑物，包括自行建造或开发活动完成后用于出租的建筑物。

（2）已出租的土地使用权，是指企业通过出让或转让方式取得的、以经营租赁方式出租的土地使用权。

对于以经营租赁方式租入土地使用权再转租给其他单位的，不能确认为投资性房地产。

（3）持有并准备增值后转让的土地使用权，是指企业取得的、准备增值后转让的土地使用权。

【提醒您】

（1）按照国家有关规定认定的闲置土地，不属于持有并准备增值后转让的土地使用权；（2）自用房地产（作为固定资产或无形资产）以及房地产开发企业在正常经营过程中销售（作为存货）的或为销售而正在开发的商品房和土地，不属于投资性房地产。

（二）投资性房地产的初始确认与计量

企业的投资性房地产可以通过外购、自建或内部转换方式加以确认。但无论企业是以什么方式取得的投资性房地产，只有在形成房地产的同时开始对外出租（租赁期开始日起）或用于资本增值，才能称为投资性房地产。

投资性房地产应当按照取得时的成本计价入账，并通过“投资性房地产”账户核算。

企业外购投资性房地产的成本包括购买价款、相关税费和可直接归属于该资产的其他支出。外购取得投资性房地产时，按照取得时的实际成本进行初始计量，借记“投资性房地产”账户（后续计量采用成本模式下）或“投资性房地产——成本”账户（后续计量采用公允价值模式下），贷记“银行存款”等账户。

例 3-33

2×24 年 3 月，甲公司计划购入一栋仓库用于对外出租。3 月 15 日，甲公司与乙企业签订了经营租赁合同，约定自仓库购买日起将这栋仓库出租给乙企业，为期 5 年。4 月 5 日，甲公司实际购入仓库，以银行存款支付价款 15 000 000 元、增值税 1 350 000 元，假设不考虑其他因素。编制如下会计分录：

借：投资性房地产——仓库	15 000 000	
应交税费——应交增值税（进项税额）	1 350 000	
贷：银行存款		16 350 000

企业购入的房地产，部分用于出租（或资本增值）、部分自用，应按照不同部分的公允价值占公允价值总额的比例，将取得成本在不同部分之间进行合理分配，分别确认为投资性房地产和无形资产。

例 3-34

2×24 年 1 月，甲企业从其他单位购入一项土地使用权，当月在该块土地上自行建造三栋营业大厅。2×24 年 10 月，甲企业与乙公司签订了经营租赁合同，将其中的一栋营业大厅租赁给乙公司使用。2×24 年 11 月 1 日，三栋营业大厅同时完工。该土地使用权的成本为 9 000 000 元；每栋营业大厅的实际造价均为 8 000 000 元，能够单独出售。编制如下会计分录：

(1) 购入土地使用权确认为无形资产，会计分录略。

(2) 分配土地使用权成本。

土地使用权中对应部分转换为投资性房地产 $=9\,000\,000\times(8\,000\,000\div24\,000\,000)=3\,000\,000$（元）

借：投资性房地产——营业大厅	8 000 000	
贷：在建工程		8 000 000
借：投资性房地产——已出租土地使用权	3 000 000	
贷：无形资产——土地使用权		3 000 000

（三）投资性房地产的后续计量

在资产负债表日，投资性房地产有成本和公允价值两种计价模式。在成本计价模式下，企业取得的投资性房地产，按照实际成本确认投资性房地产，分期计提的折旧或摊销计入其他业务成本，并反映投资性房地产累计折旧（摊销）的变化，其租金收入计入其他业务收入。如果投资性房地产存在减值迹象，应当进行资产减值处理。

企业根据按期（月）对投资性房地产计提的折旧或进行的摊销，借记“其他业务成本”等账户，贷记“投资性房地产累计折旧”（固定资产）账户或“投资性房地产累计摊销”（无形资产）账户。根据取得的租金收入，借记“银行存款”等账户，贷记“其他业务收入”“应交税费——应交增值税（销项税额）”等账户。

投资性房地产存在减值迹象的，经减值测试后确定发生减值的，应当计提减值准备，借记“资产减值损失”账户，贷记“投资性房地产减值准备”账户。已经计提减值准备的投资性房地产，其减值损失在以后会计期间不得转回。

当企业存在确凿证据表明投资性房地产的公允价值能够持续可靠取得时，可以采用公允价值模式对投资性房地产进行计价。本书略。

例 3-35

甲公司将一栋办公楼出租给乙企业使用，已确认为投资性房地产，采用成本模式进行后续计量。该栋办公楼的成本为 9 000 000 元，按照直线法计提折旧，使用寿命为 20 年，预计净残值为零。按照经营租赁合同，每月应收不含税租金 40 000 元，增值税3 600 元。编制如下会计分录：

（1）计提办公楼的折旧：

每月计提的折旧＝9 000 000÷20÷12＝37 500（元）

借：其他业务成本	37 500	
贷：投资性房地产累计折旧		37 500

（2）确认租金收入：

借：银行存款（或其他应收款）	43 600	
贷：其他业务收入		40 000
应交税费——应交增值税（销项税额）		3 600

（四）投资性房地产的转换和处置

1. 投资性房地产的转换

投资性房地产的转换涉及内容较多，以下仅对采用成本模式进行后续计量的投资性房地产转换为自用房地产的账务处理加以说明。

企业将投资性房地产转换为自用房地产，例如企业将出租的仓库收回，用于保管本企业的库存产品等，应当在该投资性房地产的转换日，按投资性房地产的账面余额，借记“固定资产”或“无形资产”账户，贷记“投资性房地产”账户；按已计提的折旧或摊销，借记“投资性房地产累计折旧（摊销）”账户，贷记“累计折旧”或“累计摊销”账户；原已计提减值准备的，借记“投资性房地产减值准备”账户，贷记“固定资产减值准备”或“无形资产减值准备”账户。

例 3-36

2×24 年 8 月 1 日，甲企业将出租的仓库收回，用于储存本企业的库存商品。该项房地产的账面价值为 30 120 000 元，其原价为 40 000 000 元，已累计计提折旧 9 880 000 元。该企业投资性房地产采用成本模式计量。编制如下会计分录：

借：固定资产	40 000 000	
投资性房地产累计折旧	9 880 000	
贷：投资性房地产		40 000 000
累计折旧		9 880 000

2. 投资性房地产的处置

企业出售、转让按成本模式进行后续计量的投资性房地产时，应当按实际收到的金额，借记"银行存款"等账户，贷记"其他业务收入"账户；按照该项投资性房地产的账面价值，借记"其他业务成本"账户，按其账面余额，贷记"投资性房地产"账户；按照已计提的折旧或摊销，借记"投资性房地产累计折旧（摊销）"账户；原已计提减值准备的，借记"投资性房地产减值准备"账户。

例 3-37

甲公司将其出租的一栋营业大厅确认为投资性房地产，采用成本模式计量。租赁期届满后，甲公司将该栋营业大厅出售给乙公司，合同价款为 5 000 000 元，增值税为 450 000 元。乙公司已用银行存款付清全部款项。出售时，该栋营业大厅成本为 30 000 000 元，已计提折旧 26 000 000 元。编制如下会计分录：

借：银行存款	5 450 000	
贷：其他业务收入		5 000 000
应交税费——应交增值税（销项税额）		450 000
借：其他业务成本	4 000 000	
投资性房地产累计折旧	26 000 000	
贷：投资性房地产——营业大厅		30 000 000

二、长期待摊费用

（一）长期待摊费用的性质及特点

长期待摊费用，是指企业已经发生但应由本期和以后各期负担的、分摊期限在一年以上的各项费用，如以经营租赁方式租入固定资产发生的改良支出。

长期待摊费用本质上是一种费用，但由于这种费用的效益要期待于将来，并且这种费用支出的数额较大，如果将其全部与支出年度的收入相配比，就不能正确计算当期经营成果，所以，应对长期待摊费用进行分期摊销处理。

为了反映长期待摊费用的增减变动情况，企业应设置"长期待摊费用"账户，借方登记发生的各项递延费用；贷方登记各期的摊销额；期末余额在借方，反映企业尚未摊销的各项长期待摊费用。该账户的明细账应按长期待摊费用的种类设置。

（二）租入固定资产改良支出的账务处理

这里所讲的“租入固定资产改良支出”，是指对以经营租赁方式租入固定资产进行改良活动而发生的支出。对以经营租赁方式租入的固定资产实施改良活动，其目的是提高固定资产的效用和功能。但是，由于租入固定资产的所有权不属于租入企业，承租人只获得在租赁期内对改良工程的使用权，因此，对租入固定资产实施改良所发生的支出，不能增加租入固定资产的价值，应作为长期待摊费用，在租赁期限与租赁资产尚可使用年限两者孰短的期限内平均摊销。

企业按发生的长期待摊费用，借记“长期待摊费用”账户，按取得的可在当期抵扣的增值税进项税额，借记“应交税费——应交增值税（进项税额）”账户，贷记“原材料”“银行存款”等账户。摊销长期待摊费用时，借记“管理费用”“销售费用”等账户，贷记“长期待摊费用”账户。

例 3-38

2×24 年 3 月 1 日，M 公司对租入的仓库进行改造，领用原材料 120 000 元，应负担的有关人员工资等职工薪酬 37 000 元，用银行存款支付其他费用 23 000 元。至 2×24 年 9 月 30 日，该仓库装修完工，达到预定可使用状态并交付使用，按租赁期 5 年进行摊销。假定不考虑其他因素。该公司编制如下会计分录：

（1）仓库改造领用原材料：

借：长期待摊费用——租入固定资产改良支出	120 000	
贷：原材料		120 000

（2）确认工程人员职工薪酬、支付相关费用时：

借：长期待摊费用——租入固定资产改良支出	60 000	
贷：应付职工薪酬		37 000
银行存款		23 000

（3）2×24 年 10 月 31 日摊销改造支出时：

每月摊销额＝(120 000＋37 000＋23 000)÷(5×12)＝3 000（元）

借：管理费用	3 000	
贷：长期待摊费用——租入固定资产改良支出		3 000

第六节　非流动资产减值

本书在第二章中分别介绍了应收账款和存货等流动资产减值损失的核算，本章第六节介绍非流动资产减值的核算。

一、非流动资产减值的概念

能够为企业带来经济利益的流入是资产的主要特征之一。如果资产不能为企业带来经济利益或者带来的经济利益低于其账面价值，则表明该资产发生了减值，若是继续确认该资产，或者再以原账面价值确认，所确认的资产既不符合资产定义，也无法反映其实际价值。

企业非流动资产的可收回金额低于其账面价值，称为非流动资产减值。企业非流动资产发生了减值，应当确认其减值损失，并把资产的账面价值减记至可收回金额。这里的可收回金额，是指非流动资产的公允价值减去处置费用后的净额与非流动资产预计未来现金流量的现值两者之间的较高者。处置费用包括与非流动资产处置有关的法律费用、相关税金、搬运费以及为非流动资产达到可销售状态所发生的直接费用等。

需要说明的是，企业所有的资产在发生减值时，原则上都应当对所发生的减值损失及时确认和计量，因此，资产减值包括所有资产的减值。但是，由于有关资产特性不同，其减值会计处理也有所差别，因而所适用的具体准则也不尽相同。为此，本节所讲的非流动资产包括：(1) 企业对子公司、联营企业和合营企业的长期股权投资；(2) 采用成本模式进行后续计量的投资性房地产；(3) 固定资产；(4) 无形资产等。除此之外的资产减值核算应按照其相关准则的规定进行会计处理。

二、非流动资产减值确认与计价的程序

(一) 非流动资产是否发生减值的认定

企业确认资产减值损失，首先应当判断资产是否存在可能发生减值的迹象。

在资产负债表日，企业应对资产的账面价值进行检查。如果该资产出现减值迹象，例如资产的市价当期大幅度下跌，有证据表明资产已经陈旧过时或者其实体已经损坏，资产已经或者将被闲置、终止使用或者计划提前处置等。当这些情况中的任何一种情况发生时，无论资产是否发生减值，都应该估计资产可收回金额。

需要说明的是，上述列举的资产减值迹象并不能穷尽所有，企业应当根据实际情况来认定资产可能发生减值的迹象。

(二) 确定非流动资产可收回金额

非流动资产账面价值是已知的，因此确定其可收回金额成为非流动资产减值计价的核心。估计非流动资产的可收回金额，通常需要同时估计“该资产的公允价值减去处置费用后的净额”(A) 和“资产预计未来现金流量的现值”(B)。

估计非流动资产的可收回金额应注意以下几个问题：第一，A、B 只要有一项超过了非流动资产的账面价值，就表明非流动资产没有发生减值，无须再估计另一项金额；第二，如果能够获得非流动资产的市场价值，则公允价值就是非流动资产的市场价值；第三，如果 A 无法可靠估计，应当以 B 作为非流动资产可收回金额。

（三）非流动资产减值的确定

可收回金额的计量结果表明，非流动资产的可收回金额低于其账面价值的，应当将非流动资产的账面价值减计至可收回金额，减计的金额确认为非流动资产减值损失，计入当期损益，同时计提相应的非流动资产减值准备。非流动资产减值损失一经确认，在以后会计期间不得转回。

三、非流动资产减值的账务处理

企业通过设置“资产减值损失”账户及其相应的资产减值准备账户核算企业计提各项资产减值准备所形成的损失；同时，应当根据不同的资产类别，分别设置“长期股权投资减值准备”“固定资产减值准备”“在建工程减值准备”“无形资产减值准备”“投资性房地产减值准备”等账户。“资产减值损失”账户可按资产减值损失的项目进行明细核算。

当企业确定非流动资产发生了减值时，应当根据所确认的非流动资产减值金额，借记“资产减值损失”账户，贷记“长期股权投资减值准备”“固定资产减值准备”“在建工程减值准备”“无形资产减值准备”“投资性房地产减值准备”等账户。期末，企业应当将“资产减值损失”账户余额转入“本年利润”账户，结转后该账户应当没有余额。各资产减值准备账户累计每期计提的资产减值准备，直至相关资产被处置时才予以转出。

【提醒您】

对非流动资产如固定资产、无形资产计提减值准备和折旧额（或摊销额），都是对资产价值变动的综合反映，但二者之间具有本质的区别。折旧或摊销是对资产成本按照一定标准分摊至预计可使用的期限内，实现收入与费用的配比，它并不表示资产成本的实际减少。但资产减值是根据资产的预期未来经济利益能力与其现有账面价值间的关系对其进行反映的。当可收回金额低于账面价值时，表明资产发生了减值，该资产为企业创造经济利益的能力已经下降，通过对其计提相应的减值准备是对这种能力下降的合理反映，也使账面价值真实客观地反映资产的实际价值。

企业计提非流动资产减值准备后，非流动资产相关概念的关系如下：

资产账面余额＝资产的账面原价

资产账面净值＝资产原价－已计提的资产累计折旧额（或摊销额）

资产账面价值＝资产原价－已计提的资产累计折旧额（或摊销额）－已计提的资产减值准备

四、对已确认减值损失资产的折旧额或摊销额的调整

非流动资产减值损失确认后，应将减值资产的应计折旧额或摊销额在未来期间做相应调

整，以使该资产在剩余使用寿命内，系统地分摊调整后的资产账面价值（扣除预计净残值）。

例 3-39

2×21 年 12 月 31 日，M 公司购入一台机器设备，原值为 100 000 元，预计净残值为 4 000 元，预计使用年限为 5 年，采用平均年限法计提折旧。2×24 年 12 月 31 日，该机器设备发生减值，公允价值减去处置费用后的金额为 35 000 元，未来现金流量的现值为 40 000 元。计提减值准备后，该机器设备的剩余使用年限不变，预计净残值为 1 000 元。该公司的账务处理如下：

（1）2×24 年 12 月 31 日，该机器设备的累计折旧为：

年折旧额＝(100 000－4 000)÷5＝19 200（元）

累计折旧＝19 200×3＝57 600（元）

（2）2×24 年 12 月 31 日，该机器设备的净值为：

机器设备净值＝100 000－57 600＝42 400（元）

（3）2×24 年 12 月 31 日，计提减值准备。设备的可收回金额为 40 000 元。

机器设备减值损失＝42 400－40 000＝2 400（元）

借：资产减值损失	2 400	
贷：固定资产减值准备		2 400

（4）自 2×25 年 1 月起，月折旧额为 1 625 ［(40 000－1 000)÷2÷12］元。

借：制造费用	1 625	
贷：累计折旧		1 625

思考与练习

一、思考题

1. 购入债券时为什么会发生溢价或折价？如何对其进行账务处理？

2. 什么是长期股权投资的成本法和权益法？其适用范围如何？

3. 什么是固定资产折旧？计提固定资产折旧有哪些方法？计提固定资产折旧的范围如何确定？

4. 什么是无形资产？如何对无形资产进行计价？

5. 对无形资产价值如何进行摊销？它与固定资产折旧有哪些不同？

6. 简述投资性房地产的核算内容。

二、练习题

（一）单项选择题

1. 甲公司为增值税一般纳税人，2×23 年 12 月 31 日购入不需要安装的设备一台，当日投入使用。该设备价款为 3 600 000 元，增值税税额为 468 000 元，预计使用寿命为 5 年，预计净残值为零，采用年数总和法计提折旧。该设备 2×24 年应计提的折旧为（　　）元。

A. 720 000　　B. 1 200 000　　C. 1 404 000　　D. 1 684 800

2. 甲公司长期持有乙公司10%的股权，采用成本法核算。2×24年1月5日，该项投资账面价值为13 000 000元。2×24年度乙公司实现净利润20 000 000元，宣告发放现金股利12 000 000元。假定不考虑其他因素，2×24年12月31日，该项投资账面价值为(　　)元。

A. 13 000 000　　B. 14 200 000　　C. 15 000 000　　D. 16 200 000

3. 甲公司为增值税一般纳税人，2×24年1月5日以27 000 000元购入一项专利权，另支付相关费用1 200 000元（不考虑增值税）。为推广由该专利权生产的产品，甲公司发生广告宣传费600 000元。该专利权预计使用5年，预计净残值为零，采用直线法摊销。2×24年12月31日，该专利权账面价值为(　　)元。

A. 21 600 000　　B. 22 560 000　　C. 23 040 000　　D. 27 000 000

4. 甲公司为房地产开发企业，现有一栋商品房，实际开发成本为90 000 000元。2×23年4月1日，甲公司将该商品房以经营租赁方式提供给乙公司使用，租赁期为10年。甲公司对该商品房采用成本计价模式进行后续计量并按平均年限法计提折旧，预计使用寿命为50年，预计净残值为零。假定不考虑其他因素，下列关于甲公司2×24年12月31日资产负债表项目列报正确的是(　　)。

A. 存货为90 000 000元　　B. 固定资产为88 650 000元

C. 投资性房地产为88 200 000元　　D. 投资性房地产为88 650 000元

5. 甲公司2×24年1月5日支付价款2 000万元购入乙公司30%的股份，准备长期持有，另支付相关税费20万元，购入时乙公司可辨认净资产公允价值为12 000万元。甲公司取得投资后对乙公司具有重大影响。假定不考虑其他因素，甲公司因确认投资而影响利润的金额为(　　)万元。

A. －20　　B. 0　　C. 1 580　　D. 1 600

（二）多项选择题

1. 企业月末计提固定资产折旧时，下列会计分录正确的有(　　)。

A. 计提行政管理部门固定资产折旧：

借记“管理费用”账户，贷记“累计折旧”账户

B. 计提生产车间固定资产折旧：

借记“制造费用”账户，贷记“累计折旧”账户

C. 计提专设销售机构固定资产折旧：

借记“销售费用”账户，贷记“累计折旧”账户

D. 计提自建工程使用的固定资产折旧：

借记“在建工程”账户，贷记“累计折旧”账户

2. 下列各项中，影响固定资产清理净损益的有(　　)。

A. 清理固定资产耗用的材料　　B. 清理固定资产的变价收入

C. 清理固定资产的账面价值　　D. 清理固定资产发生的税费

3. 企业对使用寿命有限的无形资产进行摊销时，其摊销额应根据不同情况分别计入(　　)。

A. 管理费用　　B. 制造费用

C. 财务费用　　　　　　　　　　　　　　　　D. 其他业务成本

4. 采用成本法核算长期股权投资，下列各项会导致长期股权投资账面价值发生增减变动的有（　　）。

A. 长期股权投资发生减值损失

B. 持有长期股权投资期间被投资企业实现净利润

C. 被投资企业宣告分派属于投资企业投资前实现的净利润

D. 被投资企业宣告分派属于投资企业投资后实现的净利润

（三）计算分析题

1. 甲上市公司自行研究开发一项专利技术，与该项专利技术有关的资料如下：

（1）2×24 年 1 月，该项研发活动进入开发阶段，以银行存款支付开发费用 2 800 000 元，其中满足资本化条件的为 1 500 000 元。2×24 年 7 月 1 日，开发活动结束，按法律程序申请取得专利权，供公司行政管理部门使用。

（2）该项专利权法律规定有效期为 5 年，采用直线法摊销。

（3）2×24 年 12 月 1 日，公司将该项专利权转让，实际取得价款 1 600 000 元，应交税费 80 000元，款项已存入银行。

要求：（1）编制甲上市公司发生开发支出的会计分录。

（2）编制甲上市公司转销费用化开发支出的会计分录。

（3）编制甲上市公司形成专利权的会计分录。

（4）计算甲上市公司 2×24 年 7 月专利权摊销金额并编制会计分录。

（5）编制甲上市公司转让专利权的会计分录。

2. 甲股份有限公司为上市公司（以下简称“甲公司”），有关购入、持有和出售乙公司发行的不可赎回债券的资料如下：

（1）2×23 年 1 月 1 日，甲公司支付价款 11 000 000 元（含交易费用）从活跃市场购入乙公司当日发行的面值为 10 000 000 元、5 年期的不可赎回债券。该债券票面年利率为 10%，利息按单利计算，到期一次还本付息，实际年利率为 6.4%。当日，甲公司将其划分为长期债权投资，按年确认投资收益。2×23 年 12 月 31 日，该债券未发生减值迹象。

（2）2×24 年 1 月 1 日，该债券市价总额为 12 000 000 元。当日，为筹集生产线扩建所需资金，甲公司出售该债券的 80%，将扣除手续费后的款项 9 550 000 元存入银行；对该债券剩余的 20%仍持有至到期。

要求：（1）编制 2×23 年 1 月 1 日甲公司购入该债券的会计分录。

（2）计算 2×23 年 12 月 31 日甲公司投资于该债券的投资收益、应计利息和利息调整摊销额，并编制相应的会计分录。

（3）计算 2×24 年 1 月 1 日甲公司售出该债券的损益，并编制相应的会计分录。

3. 甲上市公司发生下列长期股权投资业务：

（1）2×22 年 1 月 3 日，购入乙公司股票 5 800 000 股，占乙公司有表决权股份的 25%，对乙公司的财务和经营决策具有重大影响，甲公司将其作为长期股权投资核算。每股买入价为 8 元，每股价格中包含已宣告但尚未发放的现金股利 0.25 元，另外支付相关税费70 000元。款项均以银行存款支付。当日，乙公司所有者权益的账面价值（与其公允价值不存在差异）为 180 000 000 元。

（2）2×22 年 3 月 16 日，收到乙公司宣告分派的现金股利。

（3）2×22 年度，乙公司实现净利润 30 000 000 元。

（4）2×23 年 2 月 16 日，乙公司宣告分派 2×22 年度股利，每股分派现金股利 0.20 元。

（5）2×23 年 3 月 12 日，甲上市公司收到乙公司分派的 2×22 年度现金股利。

（6）2×24 年 1 月 4 日，甲上市公司出售所持有的全部乙公司的股票，共取得价款 52 000 000元（不考虑长期股权投资减值及相关税费）。

要求：根据上述资料，编制甲上市公司长期股权投资的会计分录。

4. 某企业建造一座仓库，发生与仓库相关的经济业务如下：

（1）2×22 年 9 月 30 日，为购建该仓库向建设银行专门借入资金 500 000 元，并存入银行。该借款期限为 2 年，年利率为 9.6%，到期一次还本付息，不计复利。

（2）2×22 年 9 月 30 日，用上述借款购入建筑材料。增值税专用发票上注明的买价为 400 000元，增值税额为 52 000 元，另支付保险费及其他杂项费用 32 000 元。该建筑材料交付工地使用。

（3）施工中领用本企业产品一批，该批产品实际成本为 40 000 元。

（4）安装工程人员应计工资 18 000 元，用银行存款支付其他安装费用 16 400 元。

（5）2×22 年 12 月 31 日，安装工程结束，并随即投入使用。该生产线预计使用年限为 5 年，采用双倍余额递减法计提折旧（预计净残值率为 5%）。

（6）2×24 年 12 月 31 日，该企业将该仓库出售。出售时用银行存款支付清理费用 30 000 元，出售所得款项 500 000 元全部存入银行，其中增值税 45 000 元。该仓库于当日清理完毕。

假定固定资产按年计提折旧，借款利息每年年末一次计息。

要求：（1）编制与该企业 2×22 年度借款、购建仓库及年末计提利息等相关的会计分录。

（2）编制该企业 2×23 年度计提折旧和利息的会计分录。

（3）编制该企业 2×24 年度计提折旧及与出售仓库相关的会计分录。

素养园地

杨汝梅（1899—1985 年），字众先，笔名杨众先，河北省磁县人。会计学博士，教授，会计理论家，中国最早的四大会计师之一，无形资产理论研究的开创者，首位列入《世界名人录》的中国会计学家。他精研资本主义会计，用英语所撰《商誉与无形资产》（后由施仁夫先生译成中文，定名为《无形资产论》）一书蜚声世界会计学界。杨汝梅被称为中国会计走向世界第一人。

阅读上述资料，请思考：你是如何看待杨汝梅对世界会计的影响的？从中你得到什么启示？

杨汝梅

第四章
流动负债

学习目标

本章主要介绍流动负债确认、计量和记录的理论与方法。

通过本章的学习，学生应在第一章了解负债的概念、特点和分类的基础上，进一步认识流动负债的分类；掌握短期借款、应付账款、应付票据、应付职工薪酬的确认与计量、记录的方法；了解我国税收的种类，掌握增值税、消费税等税金的计算及账务处理。

素养目标

党的二十大报告中指出，要“弘扬诚信文化，健全诚信建设长效机制”。

1. 教师通过对短期借款的讲解，使学生在熟练掌握企业短期借款、应付款项等筹措资金账务处理方法的同时，形成遵守信用、依法履约意识。

2. 教师通过对职工薪酬的讲解，使学生在掌握职工薪酬确认、计量、记录的基础上，深入理解按劳分配理论，形成严格遵守国家分配政策的意识。

3. 教师通过对应交税费的讲解，使学生认识税金不仅是企业的一项重要支出，缴纳税费也是其必须履行的法定义务；培养学生依法纳税意识，增强学生的法治观念，使学生能通过过硬的专业技能，反映企业依法纳税状况，影响和引导企业全面履行社会责任。

导 读

流动负债

流动负债概述	短期借款	应付票据、应付账款及预收账款	应付职工薪酬	应交税费	其他应付款项
●流动负债的概念和特征 ●流动负债的分类 ●流动负债的计价	●短期借款的概念及特点 ●短期借款的核算内容	●应付票据 ●应付账款 ●预收账款	●职工薪酬的内容 ●短期薪酬的确认与计量 ●离职后福利的账务处理 ●辞退福利的账务处理	●应交增值税 ●应交消费税 ●应交城市维护建设税 ●其他应交税费	●应付利息 ●应付股利 ●其他应付款 ●非流动负债中的流动部分

框图说明：

企业从事生产经营活动总是需要一定的资金，总体来说，企业的资金一是来自股东投资，二是通过举借筹集，即负债。负债总是需要偿还的，有些债务于一年或超过一年的一个营业周期内偿还，这种债务称为流动负债，如短期借款、应付账款等；有些债务偿还期限则超过一年，如长期借款、应付债券、长期应付款等，这种债务称为非流动负债。

第一节　流动负债概述

导入案例

M股份有限公司财务部招聘财务人员试卷中的第三题资料如下：

2×24年12月31日，创新公司资产负债表的流动资产和流动负债情况如表4-1所示。

表4-1　资产负债表（简表）　　单位：元

流动资产	期末金额	流动负债	期末金额
应收票据	7 700 000	应付票据	1 600 000
应收账款	1 400 000	应付账款	1 700 000
预付账款	500 000	预收账款	400 000
其他应收款	1 600 000	合同负债	700 000
存货	8 000 000	其他应付款	600 000
流动资产合计	19 200 000	流动负债合计	5 000 000

要求：根据创新公司资产负债表资料，请回答以下问题：

（1）无论时间长短，负债是企业应在未来偿付的债务，你认为，报表上的流动负债项目是按未来应付金额的现值填列还是按业务发生时的金额填列？哪个更好？说明理由。

（2）企业承担的以应付票据、应付账款形式表现的债务责任，一旦无法清偿，它们在账务处理上有何不同？

（3）预收账款和合同负债一般是企业承担的向客户提供商品或服务的义务，两者的区别表现在哪些方面？

（4）计算流动资产合计与流动负债合计的比值，说明较为合理的比值为多少。

思考：如果你是应聘者，如何回答上述问题？

一、流动负债的概念和特征

流动负债属于企业负债的一部分，它是相对企业非流动负债而言的短期债务责任。一般来说，流动负债是指企业将在一年或者超过一年的一个营业周期内偿还的债务，如短期借款、应付票据、应付账款、预收账款、应付职工薪酬、应付股利、应交税费、其他暂收款项和一年内到期的长期借款等。

根据《企业会计准则第 30 号——财务报表列报》的规定，负债满足下列条件之一的，应当归类为流动负债：(1) 预计在一个正常营业周期中清偿；(2) 主要为交易目的而持有；(3) 自资产负债表日起一年内到期应予以清偿；(4) 企业无权自主地将清偿推迟至资产负债表日后一年以上。

流动负债除具备负债的一般特征外，还具有以下特点：

(1) 偿还期限短。流动负债是在债权人提出要求时，债务人即期偿付，或在一年内或一个营业周期内履行偿债的义务。

(2) 履行偿债义务时，需要用企业的流动资产或流动负债偿付。

二、流动负债的分类

（一）按流动负债产生的原因分类

按流动负债产生的原因分类，流动负债可分为如图 4-1 所示的几类。

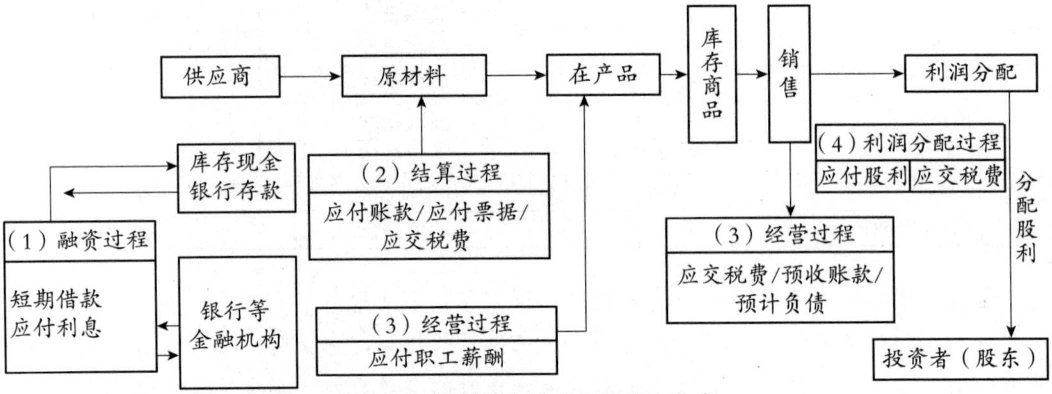

图 4-1 按流动负债产生的原因分类

注：(1) 融资过程中形成的流动负债，如从银行或其他金融机构借入的短期借款；(2) 结算过程中形成的流动负债，如企业赊购商品形成的待结算应付款项；(3) 经营过程中形成的流动负债，如应付职工薪酬等；(4) 利润分配过程中形成的流动负债，如应付股利等。

（二）按流动负债金额确定程度大小分类

按流动负债金额确定程度大小分类，流动负债可以分为：

(1) 应付金额确定的流动负债。一般包括短期借款、应付票据、应付账款、预收账款、应付股利、应付利息、其他应付款、非流动负债中的流动部分。这些流动负债是根据合同、契约或法律的规定具有确切的金额乃至具有确切的债权人、付款日和付款金额。

(2) 应付金额视经营情况而定的流动负债。这类流动负债需待企业在一定的经营期末才能确定金额，在该经营期末结束前，金额不能确定。如应交所得税、应付投资者的利润等，必须到一定的会计期间终了后才能确定应交多少所得税以及应向投资者分配多少利润。

(3) 应付金额须估计的流动负债。这类负债是因过去已经发生的业务而产生的，只是没有确切的应付金额。对于这类负债，要通过分析客观的依据，比如企业以往营业的经验、类似企业的经验或专门的调查研究资料等，据以估计负债金额。

三、流动负债的计价

由于负债是已经存在并将在未来偿还的经济义务，为了提高会计信息的有用性和相关性，对所有负债的计价，都应当考虑货币的时间价值，即不论其偿付期长短，均应在其发生时按未来偿付数额的贴现值计价入账。但是，流动负债涉及的期间一般短于一年，其到期值与贴现值相差不大。因此，在我国会计实务中，一般都是按未来应付的金额（或面值）来计量流动负债，并列示于资产负债表上。这种做法虽然会高估流动负债，但符合谨慎性原则。

第二节 短期借款

一、短期借款的概念及特点

短期借款，是指企业向银行或其他金融机构借入的还款期限在一年或超过一年的一个营业周期以内的各种借款。该类借款主要是用于弥补企业临时性经营周转或季节性等原因出现的资金不足。其特点包括：一是短期借款的债权人不仅包括银行，还包括其他非银行金融机构；二是借款期限较短，一般为一年以下（含一年）；三是归还短期借款时，不仅要归还借款本金，还应支付相应的利息。

二、短期借款的核算内容

企业应设置“短期借款”账户核算短期借款的增减变动及结存情况。该账户的贷方登记短期借款增加额；借方登记短期借款减少额；期末余额在贷方，表示尚未归还的借款本金。该账户的明细账按债权人设置。

短期借款的核算涉及借入资金、结算利息和到期归还本息三方面内容。

（一）借入资金

短期借款一般期限不长，通常在取得借款日按借入的本金数额，借记“银行存款”账户，贷记“短期借款”账户。

（二）结算利息

借款利息是企业为筹集经营资金发生的耗费，在借款期限内应列入财务费用。由于短期借款利息支付方式不同，归还短期借款利息可采用以下方式处理。

1. 预提借款利息

为了正确计算各期盈亏，对于按期支付（如按季），或借款到期连同本金一并偿还且数额较大的短期借款利息，可采用预提方法核算。按月预提利息时，按预提的数额，借记“财务费用”账户，贷记“应付利息”账户；实际支付利息时，借记“应付利息”账户，贷记“银行存款”账户。

2. 直接列支借款利息

企业借入短期借款的利息是按月支付，或利息数额不大且在借款到期时与本金一起偿还的，可以简化核算手续，不采用预提方法，而是在实际支付或收到银行计息通知时，借记“财务费用”账户，贷记“银行存款”账户。

（三）到期归还本息

由于短期借款利息已于平时支付或虽未支付但在借款到期时与本金一起偿还，因此在归还借款时，按尚未偿还的借款本金，借记“短期借款”账户，按尚未偿还的利息，借记“财务费用”账户；按借款本金或本息之和，贷记“银行存款”账户。

例 4-1

M公司因生产经营的临时性需要，于2×23年10月1日从银行借入金额为240 000元、期限为5个月、年利率为6%的短期借款。按月预提利息费用，到期一次还本付息。编制如下会计分录：

（1）借入资金时：

借：银行存款　240 000

　贷：短期借款　240 000

（2）年末确认利息费用时：

借：财务费用　3 600（240 000×6%÷12×3）

　贷：应付利息　3 600

（3）2×24年1月、2月确认利息费用1 200元，会计分录同上。

（4）2×24年3月1日还本付息时：

借：应付利息　6 000（1 200×5）

　　短期借款　240 000

　贷：银行存款　246 000

第三节　应付票据、应付账款及预收账款

一、应付票据

（一）应付票据的概念及种类

应付票据，是指企业购买材料、商品和接受劳务供应等而开出、承兑的商业汇票，包括商业承兑汇票和银行承兑汇票。当企业采用商业承兑汇票结算货款时，购货方签发承兑

商业汇票后即构成一种债务，所签发承兑的汇票称为应付票据。

应付票据与应付账款不同，虽然都是因交易而引起的流动负债，但应付账款是尚未结清的债务，而应付票据是一种期票，是延期付款的证明。

【提醒您】

在采用银行承兑汇票的情况下，承兑人虽为银行，但由银行承兑的票据，只是为收款方按期收回债权提供了可靠的信用保证，对付款人或承兑申请人来说，不会由于银行承兑而使这项负债消失，因此，即使是由银行承兑的汇票，付款人（或承兑申请人）的现存义务依然存在，也应将银行承兑的汇票作为应付票据。

按票据是否带息，应付票据分为带息票据和不带息票据两种。由于应付票据的期限较短，无论是否带息，一般都按其面值记账。

（二）带息应付票据

企业应设置“应付票据”账户核算应付票据的增减变动情况。该账户的贷方登记开出并承兑汇票的面值及带息票据的预提利息；借方登记支付票据的款项；期末贷方余额，反映企业持有尚未到期的应付票据本息。

为了反映应付票据的具体情况，企业应设置应付票据备查簿，详细登记每一笔应付票据的种类、号数、签发日期、到期日、票面金额、票面利率、合同交易号、收款人姓名或单位名称，以及付款日期和金额等资料。应付票据到期结清时，应在备查簿内逐笔注销。

企业开出、承兑商业汇票或以承兑商业汇票抵付货款、应付账款时，借记“材料采购”“库存商品”“应付账款”“应交税费——应交增值税（进项税额）”等账户，贷记“应付票据”账户。

企业开出、承兑银行汇票，支付银行承兑汇票的手续费时，借记“财务费用”账户，贷记“银行存款”账户。

期末计算应付利息时，借记“财务费用”账户，贷记“应付利息”账户。

票据到期支付本息时，按票据账面余额，借记“应付利息”账户，按未计的利息，借记“财务费用”账户，按实际支付的金额，贷记“银行存款”账户。

【提醒您】

为了简化核算程序，一般可在年末计提未到期票据的累计应付利息和当期利息费用，每月末不计提应付利息。

如果票据期限较短，利息金额不大，可以于票据到期支付票据面值和利息时，将利息一次性计入财务费用。

例 4-2

2×24 年 10 月 1 日，M公司购进一批商品，其价款为 26 548.67 元，增值税进项税额为 3 451.33 元。该公司开出一张面值为 30 000 元、期限为 5 个月、利率为 6%的带息商业承兑票据。商品已验收入库。编制如下会计分录：

(1) 购进货物时：

借：库存商品 26 548.67

应交税费——应交增值税（进项税额） 3 451.33

贷：应付票据 30 000

(2) 年末计提利息费用时：

借：财务费用 450（30 000×6%÷12×3）

贷：应付利息 450

(3) 票据到期偿付本息时：

应付票据账面价值＝30 000（元）

补计利息费用＝30 000×6%÷12×2＝300（元）

借：财务费用 300

应付利息 450

应付票据 30 000

贷：银行存款 30 750

（三）不带息应付票据

不带息应付票据，是指票据上未注明利率，票据到期按照其票面金额支付票款。不带息票据其实是将利息隐含在票据面值中，未予明确列示而已。

企业因购货等经营活动而出具了不带息票据时，应按票据面值确认负债，记入“应付票据”账户，借记“材料采购”“库存商品”“应交税费——应交增值税（进项税额）”等账户，贷记“应付票据”账户；票据到期支付票据款项时，按照票据面额，借记“应付票据”账户，贷记“银行存款”账户。

如果企业出具不带息票据向银行等金融机构借款，银行等金融机构将按市场利率预先扣除借款利息。企业按照实际取得的借款额（即票据的现值），借记“银行存款”账户，按照实际取得的借款额与票据面值的差额，借记“应付票据贴现”账户，根据票据面值，贷记“应付票据”账户；在票据存续期内，企业应分期将应付票据贴现平均转作利息费用，借记“财务费用”账户，贷记“应付票据贴现”账户；借款期满，企业按照票据面值偿还银行款项，同时结转未摊销的应付票据贴现，借记“应付票据”账户，贷记“银行存款”账户，同时，借记“财务费用”账户，贷记“应付票据贴现”账户。

例 4-3

甲公司 2×23 年 11 月 1 日向银行出具一张面值为 520 000 元的商业票据向银行借款，期限为 8 个月，银行按照 4%的利率预先扣除借款利息。不考虑增值税因素。甲公司应编制如下会计分录：

(1) 出具票据取得借款。

借：银行存款 500 000

应付票据贴现 20 000［520 000÷(1+4%)×4%］

　　贷：应付票据　　520 000

（2）2×23 年 12 月 31 日，摊销当年两个月应付票据贴现 5 000（20 000÷8×2）元。

借：财务费用——利息费用　　5 000

　　贷：应付票据贴现　　5 000

（3）2×24 年 7 月 1 日，甲公司按照票据面值偿还银行款项，同时结转未摊销的应付票据贴现。

借：应付票据　　520 000

　　贷：银行存款　　520 000

借：财务费用　　15 000

　　贷：应付票据贴现　　15 000

"应付票据贴现"账户是"应付票据"账户的备抵账户，以"应付票据"账户余额抵减"应付票据贴现"账户求得资产的价值。在资产负债表中，应付票据贴现额作为"应付票据"项目的减项反映。例如，例 4-3 中，2×23 年 12 月 31 日的资产负债表上，应付票据（债务）的列示方式如下：

应付票据	520 000
一应付票据贴现	5 000
应付票据净额	515 000

（四）票据到期无法支付票款

如果在票据到期日购货单位不能足额交付票款，并且该票据为银行承兑汇票，银行负有向收款人或贴现银行无条件支付票款的责任。此时，银行将向购货单位执行扣款，即将尚未支付的承兑金额转入购货单位的贷款户，并按日计算罚息。企业支付的罚息计入营业外支出。

如果商业承兑票据到期，付款人无款支付，银行不负责付款，只是将票据退回收款人，由双方处理。同时，银行对付款人处以按票面金额一定比例或以某一固定金额为起点的罚款。付款人对于不能如数偿还的这项负债，由于此时的应付票据已经逾期，债权人不能据以作为索取债务的凭证，票据的期限已过，如果仍保留在"应付票据"账户中已不能反映企业票据债务的真实情况，因此，应将应付票据入账金额转入"应付账款"账户，并积极筹措款项及早支付。支付的罚金应列入企业的营业外支出。

例 4-4

承例 4-2，该票据于 2×25 年 3 月 1 日到期时，M 公司无力偿付票款。银行承兑汇票和商业承兑汇票的处理分别如下：

银行承兑汇票			商业承兑汇票		
借：财务费用	300		借：财务费用	300	
应付利息	450		应付利息	450	
应付票据	30 000		应付票据	30 000	
贷：短期借款		30 750	贷：应付账款		30 750

二、应付账款

应付账款，是指企业因购买材料、商品和接受劳务供应等而应付给供应单位的款项。非上述业务发生的其他应付款项（如应付赔款、应付租金、存入保证金等），不属于应付账款的范畴。

（一）应付账款的入账时间

应付账款的入账时间，原则上应以所购入物资的所有权转移或接受劳务已发生为标志。但在会计实务中，当货物和发票账单同时到达时，通常待货物验收入库后，才按发票账单金额登记应付账款。根据发票账单入账主要是为了确认所购入的物资是否在质量、数量和品种上均与合同相符，以免因先入账而在验收入库时发现购入物资错、漏、破损等问题再进行调账。

在物资和发票账单不是同时到达的情况下，也要区分不同情况分别处理：

（1）在发票账单已到，其物资成本确定但物资未到的情况下，应当直接根据发票账单支付物资价款和运杂费，计入有关物资的成本和应付账款。

（2）在物资已到，发票账单未到并且也无法确定物资实际成本的情况下，月度终了，需要按照所购物资和应付债务估计入账，待下月初再用红字予以冲回。

（二）应付账款的入账金额

一般来说，应付账款入账金额不是债务到期应付金额的现值，而是未来应付的金额，延期付款期间的利息已隐含在业务发生时的金额之中。如果卖方企业为了鼓励买方企业尽早偿付账款，在形成应付账款时带有现金折扣条件，则应付账款入账金额的确定有以下两种方法：一是按发票记载的应付金额的总值入账，简称总价法。在折扣期限内取得现金折扣是企业合理调度资金、理财有方的表现，因而视为理财收益，冲减财务费用。二是按发票账单上记载的全部应付金额扣除折扣后的净值记账，简称净价法。未在折扣期内支付货款而丧失的折扣优惠，计入财务费用。

（三）应付账款的账务处理

企业应设置“应付账款”账户核算应付账款的形成及偿还情况。该账户的贷方登记应付未付款项的增加额；借方登记应付未付款项的减少额；余额一般在贷方，表示尚未偿还的应付账款。该账户的明细账应按供应单位设置。

企业购入材料、商品等验收入库，但货款尚未支付，根据有关凭证（发票账单、随货同行发票上记载的实际价款或暂估价值）确定的材料价值，借记“在途物资”“原材料”“库存商品”等账户，按应付的价款，贷记“应付账款”账户；支付价款时，借记“应付账款”账户，贷记“银行存款”等账户。涉及增值税进项税额的，还应进行相应的处理。

企业接受供应单位提供劳务而发生的应付未付款项，根据供应单位的发票账单，借记

"生产成本""管理费用"账户，贷记"应付账款"账户；支付提供劳务款项时，借记"应付账款"账户，贷记"银行存款"账户。

例 4-5

2×24 年 7 月 5 日，甲公司从乙公司购入材料一批，不含税的总价为16 000元，付款条件为"2/10，1/20，n/30"。假定甲公司分别于 7 月 10 日、7 月 21 日和 8 月 7 日支付款项。甲公司和乙公司均为增值税一般纳税人，增值税税率为 13%。计算现金折扣时考虑增值税进项税额。甲公司采用总价法编制购进材料的会计分录如下：

(1) 购进材料时：

借：材料采购	16 000	
应交税费——应交增值税（进项税额）	2 080	
贷：应付账款		18 080

(2) 7 月 10 日支付款项时：

借：应付账款	18 080	
贷：财务费用		361.6（18 080×2%）
银行存款		17 718.4（18 080－18 080×2%）

(3) 7 月 21 日支付款项时：

借：应付账款	18 080	
贷：财务费用		180.8（18 080×1%）
银行存款		17 899.2（18 080－18 080×1%）

(4) 8 月 7 日支付款项时：

借：应付账款	18 080	
贷：银行存款		18 080

【提醒您】

应付票据与应付账款同为企业因购买材料、商品或接受劳务等原因而确认的流动负债，但两者也存在区别。应付票据是由承诺付款的票据作为承担债务责任的凭据，票据要式（如票据的名称、金额、收款人、付款人、出票人、支付日期等）都以法律形式加以规定，其付款保障程度远比应付账款要高。

三、预收账款

预收账款，是指企业按照合同规定向客户预收的款项。有时，企业根据合同预收客户部分款项，并承诺在收款后的一定日期向客户提供服务。收到预收的款项时，构成了企业的一项应履约义务，应确认为流动负债。预收账款与应付账款虽然都属于流动负债，但预收账款不是以货币清偿，而是以服务等偿付。

企业预收款项时，按实际收到的全部预收款，借记“库存现金”“银行存款”账户，涉及增值税的，按照预收款计算的应交增值税，贷记“应交税费——应交增值税（销项税额）”账户，按照全部预收款扣除应交增值税的差额，贷记“预收账款”账户。

企业分期确认有关收入时，按照实现的收入，借记“预收账款”账户，贷记“主营业务收入”“其他业务收入”账户。

企业收到客户的补付款项时，借记“库存现金”“银行存款”账户，贷记“预收账款”“应交税费——应交增值税（销项税额）”账户；退回客户多预付的款项时，借记“预收账款”账户，贷记“库存现金”“银行存款”账户。涉及增值税的，还应进行相应的会计处理。

需要说明的是，预收货款业务不多的企业，可以不单独设置“预收账款”账户，所发生的预收款项可通过“应收账款”账户核算。

采用单独设置“预收账款”账户核算预收的款项，能完整地反映这项负债的发生及偿付情况，并便于填列财务报表。这种方式，通常应用于预收账款较多的企业。企业预收的款项如果不记入“预收账款”账户，而将预收的款项通过“应收账款”账户核算，能够利用“应收账款”账户完整地反映与客户结算的情况，但在填列财务报表时需要根据“应收账款”账户的明细账户进行分析，因为采用这种方式，“应收账款”账户所辖明细账户可能会有贷方余额。月末，该贷方余额列入资产负债表的“预收款项”项目。通常应用于预收账款不多的企业。

例 4-6

M 公司为增值税一般纳税人，适用的增值税税率为 13%。2×24 年 7 月 1 日，M 公司与 N 公司签订短期租赁（非主营业务）吊车合同，向 N 公司出租吊车 3 台，期限为 6 个月，每台吊车租金为 22 600 元（含税），3 台吊车租金共计 67 800 元。合同约定，合同签订日预付全部租金的 40%，合同到期结清全部租金余款。合同签订日，M 公司收到租金并存入银行，开具的增值税专用发票注明租金为 20 000 元、增值税为 2 600 元。租赁期限届满日，M 公司收到租金余款及相应的增值税。

在设置“预收账款”账户和不设置“预收账款”账户两种情况下，M 公司进行如下预收账款的账务处理：

	设置“预收账款”账户	不设置“预收账款”账户
(1) 收到乙公司预付租金。	借：银行存款　22 600 　贷：预收账款——N 公司　20 000 　　　应交税费——应交增值税（销项税额）　2 600	借：银行存款　22 600 　贷：应收账款——N 公司　20 000 　　　应交税费——应交增值税（销项税额）　2 600
(2) 每月末确认租金收入。	借：预收账款——N 公司　10 000 　贷：其他业务收入　10 000	借：应收账款——N 公司　10 000 　贷：其他业务收入　10 000
(3) 租赁期限届满收到租金余款及增值税。	借：银行存款　45 200 　贷：预收账款——N 公司　40 000 　　　应交税费——应交增值税（销项税额）　5 200	借：银行存款　45 200 　贷：应收账款——N 公司　40 000 　　　应交税费——应交增值税（销项税额）　5 200

第四节 应付职工薪酬

一、职工薪酬的内容

职工薪酬，是指企业为获得职工提供的服务或因解除劳动关系而给予职工的各种形式的报酬或补偿。企业提供给职工的配偶、子女、受赡养人，已故职工遗属及其他受益人等的福利，也属于职工薪酬。这里所称的“职工”，主要包括三类人员：一是与企业订立劳动合同的所有人员，含全职、兼职和临时职工；二是未与企业订立劳动合同但由企业正式任命的企业治理层和管理层人员，如董事会成员、监事会成员等；三是未与企业订立劳动合同或未由其正式任命，但向企业所提供服务与职工所提供服务类似的人员，包括通过企业与劳务中介公司签订用工合同而向企业提供服务的人员。

职工薪酬主要包括以下内容。

（一）短期薪酬

短期薪酬，是指企业在职工提供相关服务的年度报告期间结束后12个月内需要全部予以支付的职工薪酬，因解除与职工的劳动关系而给予的补偿除外。短期薪酬包括：

（1）职工工资、奖金、津贴和补贴。这是指按照构成工资总额的计时工资、计件工资、支付给职工的超额劳动报酬和增收节支的劳动报酬、为补偿职工特殊或额外的劳动消耗和因其他特殊原因支付给职工的津贴，以及为保证职工工资水平不受物价影响而支付给职工的物价补贴等。其中，企业按照短期奖金计划向职工发放的奖金属于短期薪酬，按照长期奖金计划向职工发放的奖金属于其他长期职工福利。

（2）职工福利费。这是指企业向职工提供的生活困难补助、丧葬补助费、抚恤费、职工异地安家费、防暑降温费等职工福利支出。

（3）医疗保险费、工伤保险费和生育保险费等社会保险费。这是指企业按照国家规定的基准和比例计算，向社会保险经办机构缴纳的医疗保险费、工伤保险费和生育保险费。

（4）住房公积金。这是指企业按照国家规定的基准和比例计算，向住房公积金管理机构缴存的住房公积金。

（5）工会经费和职工教育经费。这是指企业为了改善职工文化生活、为职工学习先进技术和提高文化水平及业务素质，用于开展工会活动和职工教育及职业技能培训等的相关支出。

（6）短期带薪缺勤。这是指职工短期缺勤但企业仍向其支付报酬的安排，包括年休假、病假、婚假、产假、丧假、探亲假等期间支付的报酬。长期带薪缺勤属于其他长期职工福利。

(7) 短期利润分享计划。这是指因职工提供服务而与职工达成的基于利润或其他经营成果提供薪酬的协议。长期利润分享计划属于其他长期职工福利。

(8) 非货币性福利。这是指企业以自己的产品或外购商品发放给职工作为福利，企业提供给职工无偿使用自己拥有的资产或租赁资产，或向职工提供企业支付了一定补贴的商品或服务，以低于成本的价格向职工出售住房等。

(9) 其他短期薪酬。这是指除上述薪酬以外的其他为获得职工提供的服务而给予的短期薪酬。

(二) 离职后福利

离职后福利，是指企业为获得职工提供的服务而在职工退休或与企业解除劳动关系后，提供的各种形式的报酬和福利，但短期薪酬和辞退福利除外。离职后福利包括退休福利（如养老金和一次性的退休支付）及其他离职后福利（如离职后人寿保险和离职后医疗保障）。

(三) 辞退福利

辞退福利，是指企业在职工劳动合同到期之前解除与职工的劳动关系，或者为鼓励职工自愿接受裁减而给予职工的补偿。

(四) 其他长期职工福利

其他长期职工福利，是指除短期薪酬、离职后福利、辞退福利之外的所有职工薪酬，包括长期带薪缺勤、长期残疾福利、长期利润分享计划等。

企业应当设置“应付职工薪酬”账户，核算应付职工薪酬的提取、结算、使用等情况。该账户的贷方登记已分配计入有关成本费用项目的职工薪酬数额；借方登记实际发放的职工薪酬数额，包括扣还的款项等；期末贷方余额，反映企业应付未付的职工薪酬。其明细账应当按照“工资”“职工福利”“社会保险费”“住房公积金”“工会经费”“职工教育经费”“非货币性福利”“累积带薪缺勤”“利润分享计划”“设定提存计划”“设定受益计划义务”“辞退福利”等项目设置并进行明细核算。

二、短期薪酬的确认与计量

企业应当在职工为其提供服务的会计期间，将实际发生的短期薪酬确认为负债，并计入当期损益，其他会计准则要求或允许计入资产成本的除外。

(一) 货币性职工薪酬

1. 职工工资、奖金、津贴和补贴等

对于职工工资、奖金、津贴和补贴等货币性职工薪酬，企业应当在职工为其提供服务的会计期间，将实际发生的职工工资、奖金、津贴和补贴等，根据职工提供服务的受益对象，计入相关资产成本或当期损益，同时确认应付职工薪酬。具体分别以下情况进行处理：

(1) 生产部门人员的职工薪酬，借记“生产成本”“制造费用”“劳务成本”等账户，贷记“应付职工薪酬”账户。

(2) 管理部门人员的职工薪酬，借记“管理费用”账户，贷记“应付职工薪酬”账户。

(3) 销售人员的职工薪酬，借记“销售费用”账户，贷记“应付职工薪酬”账户。

(4) 应由在建工程、研发部门负担的职工薪酬，借记“在建工程”“研发支出”账户，贷记“应付职工薪酬”账户。

例 4-7

2×24 年 10 月，甲企业编制的工资结算汇总表如表 4-2 所示，其中研发部门职工工资为研究阶段发生的支出，工程部门职工工资全部为施工人员工资支出。发放工资前，企业为职工垫付水电费、物业费。

根据工资结算汇总表，编制如下会计分录：

借：生产成本——基本生产成本	445 000	
制造费用	185 400	
销售费用	211 600	
管理费用	143 800	
研发支出——费用化支出	257 000	
在建工程	225 200	
贷：应付职工薪酬——工资		1 468 000

【提醒您】

应付职工薪酬不一定是实际发放的薪酬，因为企业有时会为职工垫付部分款项，如个人负担的医药费、物业费等，发放薪酬时会从应付工资中扣回（确认为其他应收款减少）；也可能从应付职工薪酬中扣减款项后准备付给有关单位（确认为其他应付款增加），如代扣个人负担的社会保险费、个人所得税等。这些代扣款项对企业而言属于应付职工的薪酬，个人实际获得的薪酬为企业应付职工薪酬扣减垫付或代扣款项后的余额。

企业按照有关规定向职工支付工资、奖金、津贴等，借记“应付职工薪酬——工资”账户，贷记“银行存款”“库存现金”等账户；企业从应付职工薪酬中扣还各种款项（代垫的家属药费、个人所得税等）时，借记“应付职工薪酬”账户，贷记“银行存款”“库存现金”“其他应收款”“应交税费——应交个人所得税”等账户。

表 4-2 工资结算汇总表

2×24 年 10 月 31 日

单位：元

部门	基本工资		辅助工资			应扣款项		应付工资	代扣款项					实发工资
	基础工资	工龄津贴	经常性奖金	津贴与补助	加班加点工资	病假	事假		社会保险	住房公积金	水电费及物业费	个人所得税	合计	
生产车间	400 000	5 000	20 000	6 000	20 000	1 000	5 000	445 000	46 700	53 400	11 000	—	111 100	333 900
车间管理部门	160 000	4 000	13 000	2 400	6 000	—	—	185 400	20 800	22 000	—	—	42 800	142 600
销售部门	180 000	2 000	27 000	2 600	—	—	—	211 600	23 200	25 300	—	20 000	68 500	143 100
管理部门	120 000	3 000	24 000	1 800	—	3 000	2 000	143 800	15 800	17 200	13 000	10 000	56 000	87 800
研发部门	200 000	1 000	32 000	3 000	21 000	—	—	257 000	28 200	30 800	12 000	18 000	89 000	168 000
工程部门	190 000	2 000	18 000	2 400	14 000	1 200	—	225 200	23 800	27 300	—	—	51 100	174 100
合计	1 250 000	17 000	134 000	18 200	61 000	5 200	7 000	1 468 000	158 500	176 000	36 000	48 000	418 500	1 049 500

例 4-8

承例 4-7，甲企业根据工资结算汇总表结算本月应付职工薪酬。编制如下会计分录：

(1) 从银行提取现金：

借：库存现金　　1 049 500

　贷：银行存款　　1 049 500

(2) 用现金发放工资：

借：应付职工薪酬——工资　　1 049 500

　贷：库存现金　　1 049 500

如果通过银行发放工资，甲企业应编制如下会计分录：

借：应付职工薪酬——工资　　1 049 500

　贷：银行存款　　1 049 500

(3) 扣回代垫的水电费、物业费：

借：应付职工薪酬——工资　　36 000

　贷：其他应收款　　36 000

(4) 代扣社会保险费、住房公积金、个人所得税：

借：应付职工薪酬——工资　　382 500

　贷：应交税费——个人所得税　　48 000

　　其他应付款——社会保险费　　158 500

　　　　　——住房公积金　　176 000

如果企业先代职工缴纳社会保险费、住房公积金，然后从职工应发薪酬中扣回，代交的社会保险费、住房公积金应通过“其他应收款”账户核算。

2. 职工福利费

企业发生的职工福利费，应当在实际发生时根据实际发生额计入当期损益或相关资产成本。具体来说可采取两种方式：一是据实列支，根据实际支付的金额，借记“生产成本”“制造费用”“管理费用”等账户，贷记“库存现金”“银行存款”等账户；二是企业应当根据历史经验数据和自身实际情况，确认当期应计入职工薪酬的福利费和应计入成本费用的薪酬，借记有关成本费用账户，贷记“应付职工薪酬”账户。每一资产负债日，企业应当对实际发生的福利费金额和预计金额进行调整。当期实际发生金额大于预计金额时，应当补提应付职工薪酬；当期实际发生金额小于预计金额时，应当冲回多提的应付职工薪酬。

例 4-9

某企业下设一所职工食堂，每月根据在岗职工数量及岗位分布情况、相关历史经验数据等计算需要补贴食堂的金额，从而确定企业每期因补贴职工食堂需要承担的福利费。2×24 年 6 月，企业在岗职工共计 200 人，其中管理部门 30 人、生产车间 170 人。企业的历史经验数据表明，每个职工每月需补贴食堂 100 元。编制如下会计分录：

借：生产成本　　17 000

　　管理费用　　3 000

贷：应付职工薪酬——职工福利　　20 000（100×200）

企业向职工食堂、职工医院、生活困难职工等支付职工福利费时，借记“应付职工薪酬——职工福利”账户，贷记“银行存款”“库存现金”等账户。

例 4-10

2×24 年 9 月，某企业以现金支付职工张某生活困难补助 2 000 元，支付食堂补贴 30 000 元。编制如下会计分录：

（1）以现金支付职工生活困难补助：

借：应付职工薪酬——职工福利	2 000	
贷：库存现金		2 000

（2）支付食堂补贴：

借：应付职工薪酬——职工福利	30 000	
贷：库存现金		30 000

3. 国家规定计提标准的职工薪酬

对于国家规定了计提基础和计提比例的医疗保险费、工伤保险费、生育保险费等社会保险费和住房公积金，以及按规定提取的工会经费和职工教育经费，企业应当在职工为其提供服务的会计期间，根据规定的计提基础和计提比例计算确定相应的职工薪酬金额，并确认相关负债，按照受益对象计入当期损益或相关资产成本，借记“生产成本”“制造费用”“管理费用”等账户，贷记“应付职工薪酬”账户。

例 4-11

2×24 年 10 月，某企业根据国家规定的计提标准计算，应向社会保险经办机构缴纳职工基本医疗保险费共计 145 530 元。其中，应计入基本生产车间生产成本的金额为 100 800 元，应计入制造费用的金额为 22 050 元，应计入管理费用的金额为22 680元。编制如下会计分录：

借：生产成本——基本生产成本	100 800	
制造费用	22 050	
管理费用	22 680	
贷：应付职工薪酬——社会保险费（基本医疗保险）		145 530

企业支付工会经费和职工教育经费用于工会运作和职工培训，或按照国家有关规定缴纳社会保险费或住房公积金时，借记“应付职工薪酬——工会经费（或职工教育经费、社会保险费、住房公积金）”账户，贷记“银行存款”“库存现金”等账户。

例 4-12

承例 4-7，2×24 年 10 月，甲企业根据相关规定，分别按照职工工资总额的 2%和 8%的计提标准，确认应付工会经费和职工教育经费。编制如下会计分录：

借：生产成本——基本生产成本　　44 500［445 000×(2%+8%)］

制造费用	18 540 [185 400×(2%+8%)]	
销售费用	21 160 [211 600×(2%+8%)]	
管理费用	14 380 [143 800×(2%+8%)]	
研发支出——费用化支出	25 700 [257 000×(2%+8%)]	
在建工程	22 520 [225 200×(2%+8%)]	
贷：应付职工薪酬——工会经费		29 360（1 468 000×2%）
——职工教育经费		117 440（1 468 000×8%）

4. 短期带薪缺勤

对于职工带薪缺勤，企业应当根据其性质及职工享有的权利，分为累积带薪缺勤和非累积带薪缺勤两类。其中，累积带薪缺勤是指带薪权利可以结转至下期的带薪缺勤，本期尚未用完的带薪缺勤权利可以在未来期间使用。企业应当在职工因提供了服务而增加了其未来享有的带薪缺勤权利时，确认与累积带薪缺勤相关的职工薪酬，并以累积未行使权利而增加的预期支付金额计量。确认累积带薪缺勤时，借记“管理费用”等账户，贷记“应付职工薪酬”账户。

例 4-13

某企业共有 2 000 名职工，该企业实行累积带薪缺勤制度。该制度规定，每个职工每年可享受 5 个工作日带薪病假，未使用的病假可向后结转一个日历年度，超过 1 年未使用的权利作废，不能在职工离开企业时获得现金支付；职工休病假首先从当年可享受的权利中扣除，再从上年结转的带薪病假天数中扣除。

2×24 年 12 月 31 日，该企业根据过去的经验，预计 2×25 年有 1 900 名职工将享受不超过 5 天的带薪病假，剩余 100 名职工每人将平均享受 6 天半病假。假定这 100 名职工全部为总部各部门经理，该企业平均每名职工每个工作日工资为 300 元，不考虑其他相关因素。2×24 年 12 月 31 日编制如下会计分录：

借：管理费用	45 000	
贷：应付职工薪酬——累积带薪缺勤		45 000

该企业在 2×24 年 12 月 31 日应当预计由于职工累积未使用的带薪病假权利而导致的预期支付的追加金额，即相当于 150（100×1.5）天的病假工资为 45 000（150×300）元。

例 4-14

承例 4-13，假定 2×25 年 12 月 31 日，该企业 50 名部门经理中有 40 人享受了 6 天半病假，并随同正常工资以银行存款支付。另有 10 名只享受了 5 天病假，由于该企业的带薪缺勤制度规定，未使用的权利只能结转 1 年，故超过 1 年未使用的权利将作废。2×25 年编制如下会计分录：

借：应付职工薪酬——累积带薪缺勤	18 000	
贷：银行存款		18 000
借：应付职工薪酬——累积带薪缺勤	4 500	
贷：管理费用		4 500

（二）非货币性职工薪酬

非货币性职工薪酬包括企业以自产产品或外购商品发放给职工作为福利、将自己拥有的资产无偿提供给职工使用以及为职工无偿提供医疗保健服务等。

企业以其自产产品作为非货币性福利发放给职工的，应当根据受益对象，按照该产品的公允价值计入相关资产成本或当期损益，同时确认应付职工薪酬，借记“管理费用”“生产成本”“制造费用”等账户，贷记“应付职工薪酬——非货币性福利”账户。同时，企业以自产产品作为职工薪酬发放给职工时，应确认主营业务收入，借记“应付职工薪酬——非货币性福利”账户，贷记“主营业务收入”账户，并结转相关成本，涉及增值税销项税额的，还应进行相应的处理。企业租赁住房等资产供职工无偿使用，支付租金时，借记“应付职工薪酬——非货币性福利”账户，贷记“银行存款”等账户。

例 4-15

甲公司为家电生产企业，共有职工 100 名，其中 85 名为直接参加生产的职工，15 名为总部管理人员。2×24 年 12 月，甲公司以其生产的每台成本为 720 元的电暖器作为节日福利发放给公司每名职工。该型号的电暖器市场售价为每台 1 000 元，甲公司适用的增值税税率为 13%。甲公司应编制如下会计分录：

（1）确认非货币性职工薪酬负债及费用：

借：生产成本	96 050 [85×1 000×(1+13%)]	
管理费用	16 950 [15×1 000×(1+13%)]	
贷：应付职工薪酬——非货币性福利		113 000

（2）将非货币性职工薪酬确认为收入并结转成本：

借：应付职工薪酬——非货币性福利	113 000	
贷：主营业务收入		100 000
应交税费——应交增值税（销项税额）		13 000
借：主营业务成本	72 000	
贷：库存商品——电暖器		72 000

三、离职后福利的账务处理

离职后福利的账务处理方法取决于离职后福利计划的制度安排。离职后福利计划，是指企业与职工就离职后福利达成的协议，或者企业为向职工提供离职后福利制定的规章或办法等。按照企业承担的风险和义务情况，离职后福利计划分为设定提存计划和设定受益计划两种类型。其中：设定提存计划，是指企业向单独主体（如基金等）缴存固定费用后，不再承担进一步支付义务的离职后福利计划；设定受益计划，是指除设定提存计划以外的离职后福利计划。

对于设定提存计划，企业应当将在资产负债表日为换取职工在会计期间提供的服务而应向单独主体缴存的提存金确认为职工薪酬负债，并计入当期损益或相关资产成本，借记

“管理费用”“生产成本”“制造费用”等账户，贷记“应付职工薪酬——设定提存计划”账户；企业缴纳设定提存计划时，借记“应付职工薪酬”账户，贷记“银行存款”账户。

例 4-16

承例 4-7，甲企业根据所在地政府的规定，按照职工工资总额的 20%计提基本养老保险费，缴存当地社会保险经办机构。2×24 年 10 月，甲企业缴存的基本养老保险费总额为 29 360 元。

借：生产成本——基本生产成本	89 000（445 000×20%）
制造费用	37 080（185 400×20%）
销售费用	42 320（211 600×20%）
管理费用	28 760（143 800×20%）
研发支出——费用化支出	51 400（257 000×20%）
在建工程	45 040（225 200×20%）
贷：应付职工薪酬——设定提存计划	293 600（1 468 000×20%）

四、辞退福利的账务处理

辞退福利的实质是企业因与职工解除或者终止劳动合同关系而向职工支付的经济补偿。其内容包括两个方面：一是在职工劳动合同尚未到期前，不论职工本人是否愿意，企业决定解除与职工的劳动关系而给予的补偿；二是在职工劳动合同尚未到期前，为鼓励职工自愿接受裁减而给予的补偿。由于被辞退的职工不再为企业带来未来经济利益，因此，对于所有辞退福利，均应当于辞退计划满足预计负债确认条件的当期一次性计入费用，不计入相关资产成本，即借记“管理费用”等账户，贷记“应付职工薪酬”账户。

【提醒您】

对于企业实施的职工内部退休计划，由于这部分职工不再为企业带来经济利益，企业应当比照辞退福利处理。

例 4-17

2×24 年 10 月，甲公司管理层制订了一项辞退计划。计划规定，从 2×25 年 1 月 1 日起，公司将以职工自愿方式，辞退其生产车间的职工。辞退计划已于当年 12 月 10 日经董事会正式批准，并于下一年度内实施完毕。2×24 年 12 月 31 日，公司预计应支付给各级别拟接受辞退职工的补偿金额为：车间主任480 000元、高级技工 1 920 000 元、一般技工 2 400 000元，预计补偿总额为 4 800 000 元。编制如下会计分录：

借：管理费用	4 800 000	
贷：应付职工薪酬——辞退福利		4 800 000

第五节 应交税费

导入案例

2×24 年 9 月，改组后的 N 会计师事务所招聘的应届硕士生徐月磊和张冰，被分到税务咨询与筹划部。部门主任给徐月磊安排的工作是画出客户 M 集团公司业务活动各个环节缴纳的税费（见图 4-2）；张冰的工作是根据该集团缴纳税费情况，对税费进行归类，并指出每类税费列支渠道，分析税费对企业财务状况和经营成果的影响。

思考：如果你是张冰，对图 4-2 中的税费如何进行归类？各项税费的列支渠道有哪些？从哪些方面分析税费对企业财务状况和经营成果的影响？

应交税费是指企业按照税法等规定计算应缴纳的各种税费，包括增值税、消费税、所得税、资源税、土地增值税、城市维护建设税、房产税、城镇土地使用税、车船税、教育费附加、印花税、代扣代缴的个人所得税等。

一、应交增值税

（一）增值税概述

1. 增值税的概念

按照我国增值税法的规定，增值税是对在我国境内销售货物或者提供加工、修理修配劳务（以下简称“应税劳务”），销售服务、无形资产及不动产（以下简称“应税行为”），以及进口货物的企业单位和个人，就其销售货物、提供应税劳务、发生应税行为的增值额和货物进口金额为计税依据而课征的一种流转税。

2. 增值税的征税范围

根据我国《增值税暂行条例》的规定，现行增值税的征税范围为：

（1）销售或者进口的货物。货物是指有形动产，包括电力、热力、气体在内。销售货物是指有偿转让货物的所有权。

（2）提供的应税劳务。应税劳务是指纳税人提供的加工、修理修配劳务。

（3）发生的应税行为。应税行为分为三大类，即销售应税服务、销售无形资产和销售不动产。其中，销售应税服务是指提供交通运输服务、邮政服务、电信服务、建筑服务、金融服务、现代服务、生活服务。销售无形资产，是指转让无形资产所有权或者使用权的业务活动。销售不动产，是指转让不动产所有权的业务活动。不动产，是指不能移动或者移动后会引起其性质、形状发生改变的财产，包括建筑物、构筑物等。

3. 增值税纳税人

为了严格增值税的征收管理，税法将增值税纳税人按其经营规模及会计核算水平划分

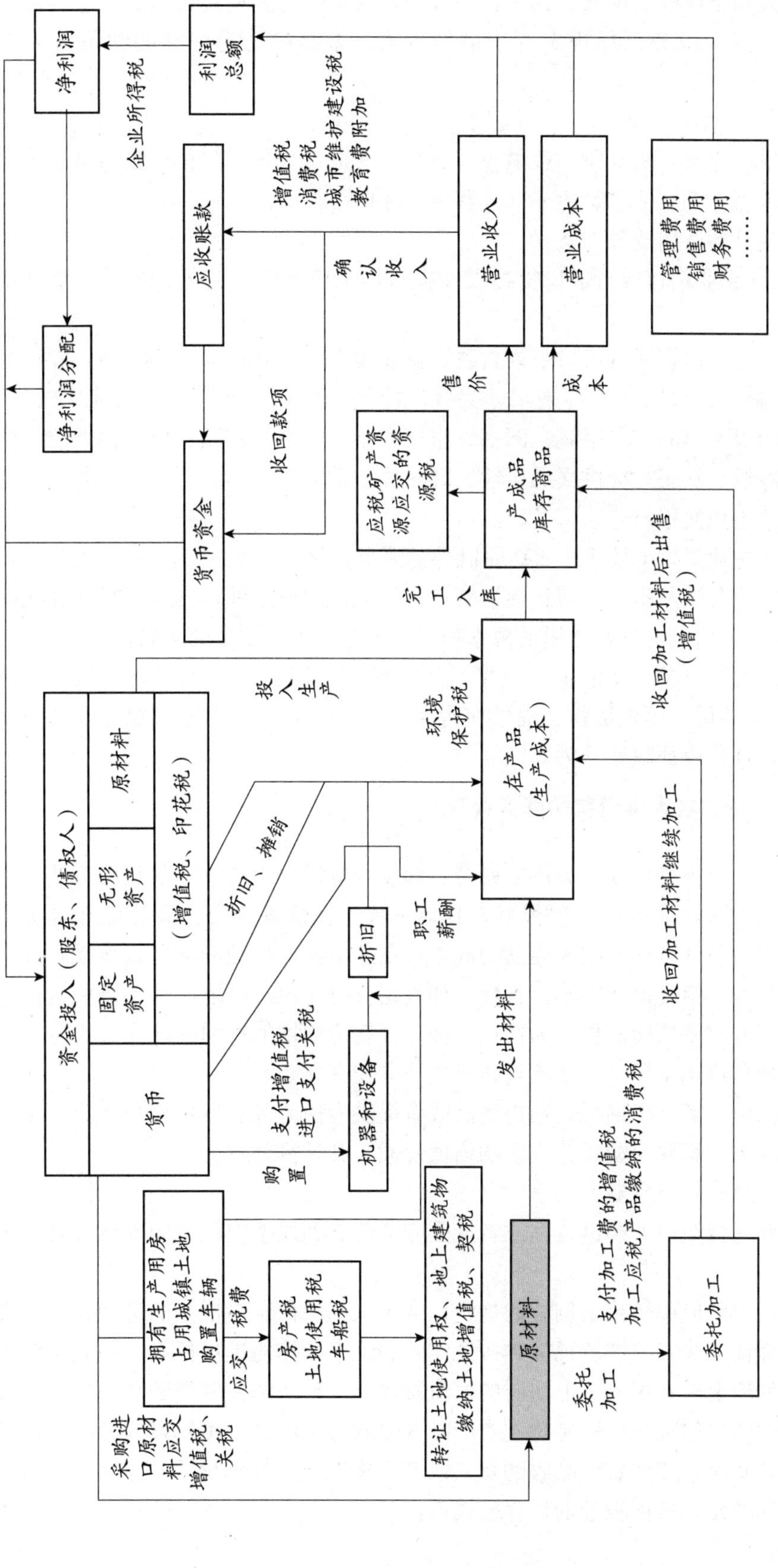

图 4-2 M集团公司业务活动缴纳的税费

为一般纳税人和小规模纳税人。其中：一般纳税人是指年应税销售额、年应税服务销售额超过财政部、国家税务总局规定标准的纳税人；未超过规定标准的纳税人为小规模纳税人。

4. 税率与征收率

(1) 增值税税率。增值税一般纳税人销售或者进口货物、提供应税劳务、发生应税行为的基本税率为13%。此外，还有6%和9%的低税率。

不同税率具体适用业务如下：

1) 13%。企业销售或者进口货物以及提供加工修理修配劳务、租赁有形动产适用的税率为13%。

2) 9%。企业销售或者进口下列货物、提供服务，适用的税率为9%：农产品（含粮食）、食用植物油、食用盐；自来水、暖气、冷气、热水、煤气、石油液化气、天然气、沼气、居民用煤炭制品、二甲醚；图书、报纸、杂志、音像制品、电子出版物；饲料、化肥、农药、农机、农膜；提供交通运输、邮政、基础电信、建筑、不动产租赁服务；销售不动产，转让土地使用权等。

3) 6%。企业提供上述1)、2)项以外的服务，适用的税率为6%。主要包括现代服务业、金融保险业以及租赁、转让无形资产（土地使用权除外）、提供增值电信服务等。

4) 零税率。出口货物，适用的税率为零。国务院另有规定的除外。

(2) 增值税征收率。增值税征收率适用于两种情况：一是小规模纳税人，征收率为3%；二是一般纳税人销售货物、提供应税劳务、发生应税行为按规定可以选择简易计税方法计税的，增值税征收率分为3%和5%。

（二）一般纳税人增值税的账务处理

一般纳税人销售货物或者提供应税劳务和发生应税行为适用一般计税方法计税，即采购等业务进项税额允许抵扣销项税额。具体来说，在购进阶段，会计处理时实行价税分离，属于价款的部分，计入购入商品的成本；属于增值税税额的部分，按规定计入进项税额。在销售阶段，销售价格中不再含税，如果定价时含税，应还原为不含税价格作为销售收入，向购买方收取的增值税作为销项税额。当期应纳增值税额的计算公式为：

当期应纳增值税额＝当期销项税额－当期进项税额

其中：销项税额是指纳税人销售商品或者提供应税劳务和发生应税行为，按照销售额乘以规定的税率计算并向购买方收取的增值税额。其计算公式为：

销项税额＝销售额×税率

进项税额是指纳税人购进货物或者接受应税劳务和发生应税行为支付或者负担的增值税额。

根据我国《增值税暂行条例》的规定，准予从销项税额中抵扣的进项税额，限于下列增值税扣税凭证上注明的增值税额和按规定的扣除率计算的进项税额：一是从销售方或者提供方取得的增值税专用发票上注明的增值税额；二是从海关取得的海关进口增值税专用缴款书上注明的增值税额；三是购进农产品（除取得增值税专用发票或者海关进口增值税专用缴款书外）时，按照农产品收购发票或者销售发票上注明的农产品买价和9%的扣除率计算的进项税额。进项税额的计算公式为：

进项税额＝买价×扣除率

【提醒您】

(1) 计算销项税额的销售额包括企业向买方收取的全部价款和价外费用（包括手续费、补贴、基金、集资费、返还利润、奖励费、违约金或延期付款利息、包装费、包装物租金、储备费、优质费、运输装卸费等）；(2) 当期销项税额小于当期进项税额不足抵扣时，其不足部分可以结转至下期继续抵扣。

为了核算企业应交增值税的发生、抵扣、缴纳、退税及转出等情况，增值税一般纳税人应当在“应交税费”账户下设置“应交增值税”、“未交增值税”、“预交增值税”、“待认证进项税额”、“待转销项税额”、“增值税留抵税额”、“简易计税”（一般纳税企业发生的应税行为适用简易计税方法）、“代扣代交增值税”等明细账户，并在“应交增值税”明细账内设置“进项税额”“已交税金”“销项税额”“进项税额转出”“出口退税”等专栏。其格式如表 4-3 所示。

表 4-3 应交税费——应交增值税

借方				贷方					借或贷	余额
合计	进项税额	已交税金	转出未交增值税	合计	销项税额	进项税额转出	出口退税	转出多交增值税		

1. 增值税进项税额的账务处理

(1) 购进货物。企业采购物资等时，按应计入采购成本的金额，借记“材料采购”、“在途物资”或“原材料”、“库存商品”等账户，按可抵扣的增值税税额，借记“应交税费——应交增值税（进项税额）”账户；按应付或实际支付的金额，贷记“应付账款”“银行存款”等账户。购入物资发生退货时，编制相反的会计分录。

(2) 接受应税劳务。企业接受应税劳务，按应计入加工、修理修配等物资成本的金额，借记“生产成本”“制造费用”“委托加工物资”“管理费用”等账户，根据增值税专用发票上注明的可抵扣的增值税税额，借记“应交税费——应交增值税（进项税额）”账户；按照应付或实际支付的总额，贷记“应付账款”“银行存款”等账户。

(3) 购进农产品。购进农产品，按其买价和规定的税率计算的准予从企业销项税额中抵扣的进项税额，并按买价减去其进项税额后的差额，借记“在途物资”“原材料”“商品采购”“库存商品”等账户，按进项税额部分，借记“应交税费——应交增值税（进项税额）”账户。

(4) 接受投资转入原材料、产品、商品等。接受投资转入原材料、产品、商品等时，按确定的价值，借记“原材料”等账户，按专用发票上注明的增值税税额，借记“应交税费——应交增值税（进项税额）”账户；按投资方在注册资本中所占有的份额，贷记“实收资本”或“股本”账户，按借贷方差额，贷记“资本公积”账户。

(5) 购进不动产或不动产在建工程。应当按取得成本，借记“固定资产”“在建工程”等账户，按当期可抵扣的增值税税额，借记“应交税费——应交增值税（进项税额）”账户，按应付或实际支付的金额，贷记“应付账款”“应付票据”“银行存款”等账户。尚未抵扣的进项税额待以后期间允许抵扣时，按允许抵扣的金额，借记“应交税费——应交增值税（进项税额）”账户，贷记“应交税费——待抵扣进项税额”账户。

例 4-18

M公司为增值税一般纳税人，其适用的增值税税率为13%。2×24年12月，该公司发生与纳税相关的交易或事项及编制的会计分录如下（期末集中结转商品销售成本）：

（1）5日，从国内甲企业采购生产设备一台并直接交付使用，增值税专用发票上注明价款为200 000元，增值税税额为26 000元。另支付运输费用5 000元、增值税450元，已取得可抵扣的增值税专用发票，各种款项以银行存款支付。

借：固定资产——生产用固定资产　205 000
　　应交税费——应交增值税（进项税额）　26 450（26 000+450）
　贷：银行存款　231 450

（2）10日，从乙单位购入原材料一批，增值税专用发票上注明的货款为80 000元，增值税税额为10 400元。货物尚未到达，货款已用银行存款支付。

借：在途物资——乙单位　80 000
　　应交税费——应交增值税（进项税额）　10 400
　贷：银行存款　90 400

（3）15日，该公司汽车进行维修，以银行存款支付修理费用10 000元，增值税专用发票上注明的增值税税额为1 300元。

借：管理费用——修理费　10 000
　　应交税费——应交增值税（进项税额）　1 300
　贷：银行存款　11 300

（4）20日，从丙单位购入农产品一批，价款200 000元，规定的扣除率为9%。农产品尚未运达公司，货款已用银行存款支付。

进项税额=购买价款×扣除率=200 000×9%=18 000（元）

借：在途物资——丙单位　182 000
　　应交税费——应交增值税（进项税额）　18 000
　贷：银行存款　200 000

（5）22日，收到N公司作为资本投入的A材料一批，合同约定价值（不含税）为200 000元（与公允价值相符），同时投资方开具的增值税专用发票上列明的增值税税额为26 000元。

借：库存商品——A材料　200 000
　　应交税费——应交增值税（进项税额）　26 000
　贷：实收资本　226 000

（6）25日，从房地产开发企业购入不动产作为行政办公用房，并确认为固定资产。该公司为购置该项不动产共支付价款和相关税费1 833 300元，其中增值税进项税额165 000元。

借：固定资产　1 668 300

应交税费——应交增值税（进项税额） 165 000
贷：银行存款 1 833 300

2. 增值税进项税额转出的账务处理

企业购进货物发生非常损失或购进货物、接受劳务支付的进项税额已经抵扣，但因其改变用途（如货物、劳务用于非应税项目、集体福利或个人消费），其进项税额应予以转出，借记“待处理财产损溢”“在建工程”“应付职工薪酬”等账户，贷记“应交税费——应交增值税（进项税额转出）”账户；属于转作待处理财产损失的进项税额，应与遭受非常损失的购进货物、在产品或库存商品的成本一并处理。

【提醒您】

购进货物改变用途，是指购进的货物在没有经过任何加工的情况下，对内改变用途的行为，如企业下属医务室等福利部门领用原材料等。

进项税额转出的原因是销项税额不能实现（如改变用途的货物）或不再产生销项税额（如发生非常损失的货物）。

非常损失一般是指因管理不善造成货物被盗、丢失和霉烂变质而发生的损失，以及被执法部门依法没收或者强令自行销毁的货物。

例 4-19

承例 4-18，2×24 年 12 月，M 公司发生进项税额转出事项以及编制的会计分录如下：

(1) 20 日，建造职工福利设施领用生产材料 100 000 元，该材料购入时支付增值税 13 000 元。

借：应付职工薪酬 113 000
　贷：原材料 100 000
　　应交税费——应交增值税（进项税额转出） 13 000

(2) 25 日，由于仓库保管员工作失误，毁损库存材料一批。增值税专用发票注明材料成本为 15 000 元，增值税为 1 950 元。

借：待处理财产损溢——待处理流动资产损溢 16 950
　贷：原材料 15 000
　　应交税费——应交增值税（进项税额转出） 1 950

3. 增值税销项税额的账务处理

企业销售货物或者提供应税劳务，要按照营业收入和规定的税率核算销项税额，以便用进项税额抵减后，确定应纳税额。如果为含税销售额，销项税额应根据下列公式计算：

销售额＝含税销售额÷(1＋增值税税率)

销项税额＝销售额×增值税税率

企业销售货物或提供应税劳务和发生应税行为，应根据收到的价款，借记“银行存款”“库存现金”账户；根据销项税额，贷记“应交税费——应交增值税（销项税额）”账户，根据确认的营业收入，贷记“主营业务收入”“其他业务收入”等账户。

例 4-20

承例 4-18，2×24 年 12 月，M 公司发生的销项税额以及编制的会计分录如下：

(1) 5 日，销售产品一批，价款 350 000 元，应收取增值税 45 500 元，产品的生产成本为 280 000 元。提货单和增值税专用发票已交给买方，收到对方出具的期限为 3 个月的商业汇票一张。

借：应收票据	395 500	
贷：主营业务收入		350 000
应交税费——应交增值税（销项税额）		45 500
借：主营业务成本	280 000	
贷：库存商品		280 000

(2) 25 日，公司因缺少现金，以其产品分配股利。产品价值按当月市场价格计算为 250 000元，应交增值税 32 500 元，该批产品成本为 200 000 元。假设不考虑其他因素。

借：应付股利	282 500	
贷：主营业务收入		250 000
应交税费——应交增值税（销项税额）		32 500
借：主营业务成本	200 000	
贷：库存商品		200 000

(3) 26 日，为 N 公司加工电脑桌 300 个，共收取加工费 36 000 元、增值税 4 680 元。已将加工的电脑桌交给 N 公司并收到全部款项存入银行。

借：银行存款	40 680	
贷：主营业务收入		36 000
应交税费——应交增值税（销项税额）		4 680

(4) 29 日，将自产的饮料赠予 XY 足球队，该批饮料的成本为 200 000 元，市场价格为 260 000 元。

捐赠饮料应交增值税＝260 000×13%＝33 800（元）

借：营业外支出	233 800	
贷：应交税费——应交增值税（销项税额）		33 800
库存商品		200 000

4. 视同销售的账务处理

视同销售行为，是指企业在会计核算中未做销售处理而税法要求按照销售方式缴纳增值税的行为。

根据我国《增值税暂行条例》的规定，企业将货物交付他人代销；销售代销货物；将自产或委托加工的货物用于非应税项目；将自产、委托加工或购买的货物作为投资，提供给其他单位或个体经营者；将自产、委托加工或购买的货物分配给股东或投资者；将自产、委托加工的货物用于集体福利或个人消费；将自产、委托加工或购买的货物无偿赠送他人等行为，视同销售货物，需要缴纳增值税。

【提醒您】

上述视同销售行为的货物在计算缴纳增值税时，销售额应按下列顺序确定：按当月同类货物的平均销售价格确定；按最近时期同类货物的平均销售价格确定；按组成计税价格确定，其计算公式为：

组成计税价格＝成本×(1＋成本利润率)

属于应征消费税的货物，其组成计税价格中应加计消费税税额。

企业按照视同销售货物计算应交增值税时，借记“长期股权投资”“在建工程”“应付职工薪酬”“营业外支出”等账户，贷记“应交税费——应交增值税（销项税额）”“原材料”“库存商品”等账户。

例 4-21

承例 4-18，2×24 年 12 月，M 公司发生的视同销售业务及编制的会计分录如下：

(1) 10 日，以自产产品向 G 公司投资，双方协议约定该批产品售价为 1 200 000 元（与计税价格相同）。该批产品的成本总额为 1 000 000 元。

对外投资转出自产产品的销项税额＝1 200 000×13%＝156 000（元）

借：长期股权投资	1 356 000	
贷：主营业务收入		1 200 000
应交税费——应交增值税（销项税额）		156 000
借：主营业务成本	1 000 000	
贷：库存商品		1 000 000

(2) 18 日，将自产的产品用于建造本公司职工俱乐部。该批产品的成本为 200 000 元，计税价格（公允价值）为 300 000 元。

自产产品的销项税额＝300 000×13%＝39 000（元）

借：在建工程	239 000	
贷：应交税费——应交增值税（销项税额）		39 000
库存商品		200 000

5. 增值税缴纳的账务处理

企业根据当月“应交税费——应交增值税”账户的借、贷方发生额，可以计算出当月应交增值税税额，其计算公式为：

应交增值税＝销项税额－(进项税额－进项税额转出－出口退税)－出口抵减内销产品应纳税额

企业缴纳当月增值税时，应借记“应交税费——应交增值税（已交税金）”账户，贷记“银行存款”等账户；企业缴纳以前期间未交的增值税，借记“应交税费——未交增值税”账户，贷记“银行存款”账户。

6. 转出多交增值税和未交增值税的账务处理

为了分别反映增值税一般纳税人欠交增值税税款和待抵扣增值税的情况，确保企业及时足额上交增值税，避免出现企业用以前月份欠交增值税抵扣以后月份未抵扣增值税的情况，企业应在“应交税费”账户下设置“未交增值税”明细账户，核算企业月份终了从“应交税费——应交增值税”账户转入的当月未交或多交的增值税；同时，在“应交税费——应交增值税”账户下设置“转出未交增值税”和“转出多交增值税”专栏。

月末，转出当月应交未交的增值税时，应借记“应交税费——应交增值税（转出未交增值税）”账户，贷记“应交税费——未交增值税”账户；转出当月多交的增值税时，应借记“应交税费——未交增值税”账户，贷记“应交税费——应交增值税（转出多交增值税）”账户。

例 4-22

承例 4-18 至例 4-21，2×24 年 12 月 M 公司应交增值税的计算如下：

进项税额＝26 450＋10 400＋1 300＋18 000＋26 000＋165 000＝247 150（元）

进项税额转出＝13 000＋1 950＝14 950（元）

销项税额＝45 500＋32 500＋4 680＋33 800＋156 000＋39 000＝311 480（元）

应交增值税＝311 480－(247 150－14 950)＝79 280（元）

该公司根据本月应交增值税 79 280 元。编制如下会计分录：

借：应交税费——应交增值税（转出未交增值税）	79 280	
贷：应交税费——未交增值税		79 280

【提醒您】

企业缴纳当月的增值税，仍然通过“应交税费——应交增值税（已交税金）”账户核算；当月缴纳以前各月未交的增值税，通过“应交税费——未交增值税”账户核算，不通过“应交税费——应交增值税（已交税金）”账户核算。经过结转后，月份终了，“应交税费——应交增值税”账户的余额反映企业尚未抵扣的增值税。

例 4-23

承例 4-22，2×25 年 1 月，M 公司缴纳去年 12 月未交增值税 79 280 元，编制如下会计分录：

借：应交税费——未交增值税	79 280	
贷：银行存款		79 280

（三）小规模纳税人增值税的账务处理

小规模纳税人实行简易计税方法计税，应纳税额的计算方法如下：

应纳税额＝销售额×征收率

按照现行税法的规定，小规模纳税人的征收率为 3%。

小规模纳税人增值税核算具有以下特点：

(1) 小规模纳税人销售货物或者提供应税劳务和发生应税行为，一般情况下只能开具普通发票，不能开具增值税专用发票，并按照销售额的一定比例计算应纳税额。

采用销售额和应纳税额合并定价方法的小规模纳税人，应将销售额按照公式“销售额=含税销售额÷(1+征收率)”还原为不含税销售额。

(2) 小规模纳税人购入货物时，无论是否具有增值税专用发票，其支付的增值税税额都应计入购入货物的成本，不得由销项税额抵扣。

(3) 小规模纳税人应缴纳的增值税记入“应交税费——应交增值税”账户。

例 4-24

N公司被核定为小规模纳税人。2×24年3月，购入原材料取得的专用发票中注明货款为20 000元，增值税税额为2 600元，款项以银行存款支付，材料已验收入库。N公司本月销售产品，含税价格为24 720元，货款已存入银行（该公司原材料按实际成本计价）。编制会计分录如下：

(1) 购进原材料时：

借：原材料	22 600	
贷：银行存款		22 600

(2) 销售产品时：

不含税价格=24 720÷(1+3%)=24 000（元）

应交增值税=24 000×3%=720（元）

借：银行存款	24 720	
贷：主营业务收入		24 000
应交税费——应交增值税		720

二、应交消费税

消费税，是指在我国境内生产、委托加工和进口应税消费品的单位和个人，按其流转额缴纳的一种税。应税消费品包括烟、酒、化妆品、贵重首饰及珠宝玉石、鞭炮和焰火、汽油、柴油、摩托车、小汽车等。消费税的征收方法采取从价定率和从量定额两种方法。其中，实行从价定率办法的应纳税额为销售额乘以适用的消费税税率（销售额包括向购买方收取的全部价款和价外费用，但不含增值税）；实行从量定额办法的应纳税额为销售数量乘以单位税额。

企业按规定应交的消费税，在“应交税费”账户下设置“应交消费税”明细账户核算。

销售生产的应税消费品，通过“税金及附加”账户核算。“税金及附加”账户用来核算企业应由销售商品负担的税金，包括消费税、城市维护建设税、出口关税和教育费附加等。

（一）销售生产的应税消费品

企业将生产的产品直接对外销售的，对外销售产品应交的消费税通过“税金及附加”

账户核算；企业按规定计算出应交的消费税，借记“税金及附加”账户，贷记“应交税费——应交消费税”账户。退税时编制相反的会计分录。

例 4-25

2×24 年 3 月，M 公司销售摩托车 15 辆，每辆售价 18 000 元（不含增值税），货款尚未收到，摩托车每辆成本为 8 500 元，适用的消费税税率为 10%。计算的应纳税额及编制的会计分录如下：

应纳增值税＝18 000×15×13%＝35 100（元）

应纳消费税＝18 000×15×10%＝27 000（元）

（1）计提应交增值税：

借：应收账款	305 100	
贷：主营业务收入		270 000
应交税费——应交增值税（销项税额）		35 100

（2）计提应交消费税：

借：税金及附加	27 000	
贷：应交税费——应交消费税		27 000

（3）结转销售成本：

借：主营业务成本	127 500	
贷：库存商品		127 500

（二）自产自用应税消费品

企业以生产的产品用于在建工程、非生产机构等其他方面时，按规定应交的消费税，计入在建工程等成本，同时反映应交消费税负债的增加，借记“在建工程”等账户，贷记“应交税费——应交消费税”账户。

例 4-26

2×24 年 6 月 5 日，某企业工程部门领用产品一批，该产品的账面价值为 35 000 元，市场价格为 50 000 元（不含增值税），适用的消费税税率为 10%。计算的应纳税额及编制的会计分录如下：

应纳消费税＝50 000×10%＝5 000（元）

借：在建工程	40 000	
贷：库存商品		35 000
应交税费——应交消费税		5 000

例 4-27

M 公司下设的职工食堂享受企业提供的补贴，2×24 年 7 月 20 日领用自产产品一批，该产品的账面价值为 50 000 元，市场价格为 65 000 元（不含增值税），适用的消费税税率为 10%、增值税税率为 13%。编制如下会计分录：

借：应付职工薪酬——职工福利　　79 950
　贷：主营业务收入　　65 000
　　　应交税费——应交增值税（销项税额）　　8 450
　　　　　　　——应交消费税　　6 500
借：主营业务成本　　50 000
　贷：库存商品　　50 000

（三）进口应税消费品

企业进口应税消费品时，其缴纳的消费税应计入该进口消费品的成本，借记“固定资产”“材料采购”等账户，贷记“银行存款”等账户。

例 4-28

2×24 年 1 月，M 公司从国外进口一批需要缴纳消费税的商品，其价值为 3 000 000 元，进口环节需要缴纳的消费税为 600 000 元（不考虑增值税），采购的商品已经验收入库，货款尚未支付，税款已经用银行存款付讫。编制如下会计分录：

借：库存商品　　3 600 000
　贷：应付账款　　3 000 000
　　　银行存款　　600 000

（四）委托加工应税消费品

企业需要缴纳消费税的委托加工物资，于委托方提货时，由受托方代收代缴税款（除受托加工或翻新改制金银首饰按规定由受托方缴纳消费税外）。委托加工物资收回后，直接用于销售的，应将代收代缴的消费税计入委托加工物资的成本；委托加工物资收回后用于连续生产的，按规定准予抵扣的消费税，确认应交消费税负债。其具体账务处理可参见第二章流动资产中“存货”的相关内容。

三、应交城市维护建设税

城市维护建设税是一种附加税。按照现行税法的规定，城市维护建设税是以纳税人依法实际缴纳的增值税、消费税税额之和的一定比例计算缴纳。城市维护建设税也是一种价内税，应由形成应交税费的各种收入来补偿。城市维护建设税的计算公式为：

应交城市维护建设税＝实际缴纳的税额（增值税＋消费税）×适用税率

城市维护建设税适用税率按纳税人所在地区不同，分为三档差别比例税率，即纳税人所在地为市区的，税率为 7%；纳税人所在地为县城、建制镇的，税率为 5%；纳税人所在地不在市区、县城或者镇的，税率为 1%。

企业按规定计算出应缴纳的城市维护建设税，借记“税金及附加”账户，贷记“应交税费”账户；缴纳城市维护建设税时，借记“应交税费”账户，贷记“银行存款”账户。

例 4－29

2×24 年 10 月，某市区 M 公司实际缴纳增值税 60 000 元、消费税20 000元。城市维护建设税计算及缴纳的会计处理如下：

（1）计提城市维护建设税时：

应交城市维护建设税税额＝(60 000＋20 000)×7%＝5 600（元）

借：税金及附加	5 600	
贷：应交税费——应交城市维护建设税		5 600

（2）缴纳城市维护建设税时：

借：应交税费——应交城市维护建设税	5 600	
贷：银行存款		5 600

四、其他应交税费

（一）应交土地增值税

企业转让国有土地使用权、地上建筑物及其附着物并取得收入，均应缴纳土地增值税。土地增值税按照转让房地产所取得的增值额和规定的税率计算征收。其增值额是指转让房地产所取得的收入减去规定扣除项目金额后的余额。企业转让房地产所取得的收入，包括货币收入、实物收入和其他收入。计算土地增值额的主要扣除项目有：

（1）取得土地使用权所支付的费用。

（2）开发土地的成本与费用。

（3）新建房屋及配套设施的成本、费用，或者旧房及建筑物的评估价格。

（4）与转让房地产有关的税金。

（5）财政部规定的其他扣除项目。

企业转让的国有土地使用权、地上建筑物及其附着物一并在“固定资产”或“在建工程”账户核算的，按转让时应交的土地增值税，借记“固定资产清理”“在建工程”账户，贷记“应交税费——应交土地增值税”账户。企业在项目全部竣工结算前转让房地产取得的收入，依据按税法规定预缴的土地增值税，借记“应交税费——应交土地增值税”账户，贷记“银行存款”等账户；待该项房地产销售收入实现时，再按上述销售业务的会计处理方法进行处理。该项目全部竣工、办理结算后进行清算，按收到退回多缴的土地增值税，借记“银行存款”等账户，贷记“应交税费——应交土地增值税”账户，补缴土地增值税时做相反的会计分录。

（二）应交资源税

资源税是国家对在我国境内开发应税资源的单位和个人征收的一种税。我国资源税的征税范围由《资源税法》所附《资源税税目税率表》（以下简称《税目税率表》）确定，包括能源矿产、金属矿产、非金属矿产、水气矿产、盐五大类，各税目的征税对象包括原矿或选矿。资源税按照《税目税率表》实行从价计征（从价定率计征）或者从量计征（从量定额计征）两种计征办法，其中：实行从价计征的，应纳税额按照应税资源产品的销售额乘以具体适用税率计算；实行从量计征的，应纳税额按照应税资源产品的销售数量乘以具体适用税率计算。资源税采用比例税率或定额税率两种形式。

1. 实行从价定率计征办法

应纳资源税计算公式为：

应纳税额＝应税产品的销售额×适用的比例税率

公式中的销售额，是指纳税人销售应税产品向购买方收取的全部价款，但不包括收取的增值税税款。计入销售额中的相关运杂费用，凡是取得增值税发票或者其他合法有效凭据的，准予从销售额中扣除。

2. 实行从量定额计征办法

应纳资源税计算公式为：

应纳税额＝应税产品的销售数量×适用的定额税率

公式中的销售数量，包括纳税人开采或者生产应税产品的实际销售数量和自用于应当缴纳资源税情形的应税产品数量。

企业按规定应交的资源税，在“应交税费”账户下设置“应交资源税”明细账户核算。

企业按规定计算出销售应税产品应交的资源税，借记“税金及附加”账户，贷记“应交税费——应交资源税”账户；企业计算出自产自用的应税产品应交的资源税，借记“生产成本”“制造费用”等账户，贷记“应交税费——应交资源税”账户。

例 4-30

2×24 年 10 月，某矿山铜矿企业销售铜矿石原矿收取价款合计 6 000 000 元，其中从坑口到车站的运输费用 200 000 元，已取得增值税发票。矿山铜矿石原矿适用的资源税税率为 6%。10 月，该铜矿应纳资源税计算及账务处理如下：

该铜矿当月应税产品销售额＝6 000 000－200 000＝5 800 000（元）

该铜矿当月应纳资源税税额＝5 800 000×6%＝348 000（万元）

借：税金及附加　　348 000

　贷：应交税费——应交资源税　　348 000

（三）应交房产税、城镇土地使用税、车船税和印花税

1. 房产税

房产税是国家对在城市、县城、建制镇和工矿区征收的由产权所有人缴纳的税。房产税依照房产原值一次减除 10%～30% 后的余额计算缴纳。没有房产原值作为依据的，由房产所在地税务机关参考同类房产核定。房产出租的，以房产租金收入作为房产税的计税依据。

2. 城镇土地使用税

城镇土地使用税以纳税人实际占用的土地面积为计税依据，依照规定税额计算征收。

3. 车船税

车船税由拥有并且使用车船的单位和个人缴纳。车船税按照适用税额计算缴纳。

企业按规定计算出应交的房产税、城镇土地使用税、车船税，借记“税金及附加”账户，贷记“应交税费——应交房产税（或城镇土地使用税、车船税）”账户；上缴时，借记“应交税费——应交房产税（或城镇土地使用税、车船税）”账户，贷记“银行存款”账户。

例 4-31

某企业有机动客车 5 辆，净吨位为 20 吨的机动载货汽车 3 辆，机动三轮摩托车 1 辆。该企业所在地的省人民政府规定，每辆客车应征收的车船税全年税额为 90 元，货车每吨应征收的车船税全年税额为 50 元，每辆三轮摩托车应征收的车船税全年税额为 35 元。编制如下会计分录：

（1）按规定计算车船税：

应纳税额＝5×90＋3×20×50＋35＝3 485（元）

借：税金及附加——车船税	3 485	
贷：应交税费——应交车船税		3 485

（2）上缴车船税时：

借：应交税费——应交车船税	3 485	
贷：银行存款		3 485

4. 印花税

印花税是对书立、领受购销合同等凭证行为征收的一种税，实行由纳税人根据规定自行计算应纳税额，购买并一次贴足印花税票的缴纳方法。应纳税凭证包括：购销、加工承揽、建设工程承包、财产租赁、货物运输、仓储保管、借款、财产保险、技术合同或者具有合同性质的凭证；产权转移书据；营业账簿；权利、许可证照等。纳税人根据应纳税凭证的性质，分别按比例税率或者按件定额计算应纳税额。

纳税人根据应纳税凭证的性质，分别按比例税率或者按件定额计算应纳税额。

按比例税率计算应纳印花税税额的计算公式为：

应纳税额＝计税金额×适用税率

按件定额计算应纳印花税税额的计算公式为：

应纳税额＝凭证数量×单位税额

企业缴纳印花税不会发生应付未付税款的情况，不需要预计应纳税金额，同时不存在与税务机关结算或清算的问题，因此，企业缴纳的印花税不需要通过“应交税费”账户核算。购买印花税票时，直接借记“税金及附加”账户，贷记“银行存款”等账户。

例 4-32

2×24 年 2 月，某企业与供应商订立商品购销合同两份，所载金额为 150 万元，印花税税率为 0.03%；与银行订立借款合同一份，所载金额为 40 万元，印花税税率为 0.005%。税款以银行存款付讫。税款计算及编制的会计分录如下：

购销合同应纳税额＝1 500 000×0.03%＝450（元）

借款合同应纳税额＝400 000×0.005%＝20（元）

借：税金及附加——印花税　　470

　贷：银行存款　　470

（四）应交个人所得税

个人所得税是对个人（自然人）取得的各项应税所得征收的一种税。企业按规定计算应代扣代缴的职工个人所得税时，借记“应付职工薪酬”账户，贷记“应交税费——应交个人所得税”账户；缴纳个人所得税时，借记“应交税费——应交个人所得税”账户，贷记“银行存款”账户。

（五）应交教育费附加

教育费附加是国家为了发展教育事业，提高人民的文化素质而征收的一项费用，按照企业缴纳流转税的一定比例计征，并与流转税一起缴纳。

企业按规定计算出应交的教育费附加，借记“税金及附加”账户，贷记“应交税费——应交教育费附加”账户；缴纳教育费附加时，借记“应交税费——应交教育费附加”账户，贷记“银行存款”账户。

延伸学习

税务会计原则、财务会计原则的比较与思考

例 4-33

承例 4-29，教育费附加征收率为 3%。期末计提应交教育费附加，并于次月初缴纳。编制相关会计分录如下：

（1）计提应交教育费附加时：

应交教育费附加＝(60 000＋20 000)×3%＝24 00（元）

借：税金及附加　　2 400

　贷：应交税费——应交教育费附加　　2 400

（2）缴纳教育费附加时：

借：应交税费——应交教育费附加　　2 400

　贷：银行存款　　2 400

第六节　其他应付款项

一、应付利息

应付利息，是指企业按照合同约定应支付的利息，包括分期付息到期还本的长期借款、企业债券等应支付的利息。应付利息的确认是以企业举借资金的存续为基础，举借金额的多少及期限决定了应付利息的金额大小和存续时间的长短。多提、少提或不提应付利息，会对企业经营成果产生重要影响，因此需要在资产负债表中单独披露应付利息信息，有利于会计信息使用者全面了解企业的财务状况。

企业通过“应付利息”账户核算企业按照合同约定应支付的利息，包括吸收存款、分期付息到期还本的长期借款、企业债券等应支付的利息。资产负债表日，确认应付利息时，贷记“应付利息”账户；实际支付利息时，借记“应付利息”账户；期末为贷方余额，反映企业应付未付的利息。其明细账可按存款人或债权人设置并进行明细核算。

（一）按合同利率确认利息费用

企业采用合同约定的名义利率计算确定利息费用时，应按合同约定的名义利率计算确定的应付利息，借记“在建工程”“财务费用”等账户，贷记“应付利息”账户。实际支付利息时，借记“应付利息”账户，贷记“银行存款”账户。

例 4-34

2×24 年 1 月 1 日，甲企业从乙银行借入资金 2 000 000 元，期限为 3 年，到期还本，每年支付利息。合同约定借款年利率为 3.5%，借款利息不符合资本化条件。编制会计分录如下：

（1）每年确认利息费用时：

借：财务费用	70 000（2 000 000×3.5%）	
贷：应付利息		70 000

（2）每年实际支付利息时：

借：应付利息	70 000	
贷：银行存款		70 000

（二）按实际利率确认利息费用

企业若采用实际利率计算确定利息费用，应按摊余成本和实际利率计算确定的利息费用，借记“在建工程”“财务费用”等账户，按合同约定的名义利率计算确定的应付利息金额，贷记“应付利息”账户，按借贷方差额，借记或贷记“长期借款——利息调整”账户。实际支付利息时，借记“应付利息”账户，贷记“银行存款”账户。

二、应付股利

应付股利，是指企业根据股东大会或类似机构决议确定分配的现金股利或利润。企业作为独立核算的经济实体，对其实现的经营成果除了依法缴纳税费外，还必须给予投资者一定的投资回报，使其能够分享投资收益。因此，企业分配给投资者的现金股利或利润，在实际未支付给投资者之前形成了一项流动负债。

企业通过“应付股利”账户核算企业确定或宣告支付但尚未实际支付的现金股利或利润。其明细账可按投资者设置并进行明细核算。

企业根据股东大会或类似机构审议批准的利润分配方案，按应支付的现金股利或利润，借记“利润分配”账户，贷记“应付股利”账户；实际支付现金股利或利润时，借记“应付股利”账户，贷记“银行存款”等账户。

例 4-35

2×24 年度，某企业实现净利润 54 000 000 元，经股东大会审议批准，决定向投资者分配 2×24 年现金股利 1 500 000 元，并已经用银行存款支付。编制如下会计分录：

借：利润分配——应付现金股利	1 500 000	
贷：应付股利		1 500 000
借：应付股利	1 500 000	
贷：银行存款		1 500 000

【提醒您】

(1) 企业董事会或类似机构通过的利润分配方案中拟分配的现金股利或利润，不应将其确认为负债，但应在附注中披露。(2) 企业分配的股票股利不通过“应付股利”账户核算。其原因是股票股利的分派并没有造成净资产从企业流出，分派前后股东权益总额并无变化。

三、其他应付款

其他应付款，是指企业应付、暂收其他单位或个人的款项。它是企业日常经营活动以外所发生的应付款项。其他应付款通常包括应付经营租入固定资产和包装物租金、职工未按期领取的工资、存入保证金（如收入包装物押金等）、其他应付或暂收款项、采用售后回购方式融资形成的负债等。

企业应设置“其他应付款”账户核算企业应付未付的其他应付款项。其明细账可按其他应付款的项目和对方单位（或个人）设置并进行明细核算。

【提醒您】

应付租入固定资产的租金是指企业采用经营租赁方式租入固定资产所应支付的租金，但不包括应付融资租入固定资产的租赁费。

企业发生的各种应付、暂收款项，应借记“银行存款”或“管理费用”账户，贷记“其他应付款”账户；支付其他应付款时，借记“其他应付款”账户，贷记“银行存款”账户。

例 4-36

2×24 年 10 月 5 日，某企业租入一幢办公用房，合同规定租赁期为两年，每月不含税租金为 45 000 元，于每季度末支付。12 月 31 日，以银行存款支付租金 135 000 元，增值税 12 150 元。编制如下会计分录：

（1）10 月、11 月每月预提租金费用：

借：管理费用　　45 000

　贷：其他应付款　　45 000

（2）季度末支付租金和增值税：

借：其他应付款　　90 000

　　管理费用　　45 000

　　应交税费——应交增值税（进项税额）　　12 150

　贷：银行存款　　147 150

四、非流动负债中的流动部分

企业发行的公司债券、长期借款等长期债务，如果其中存在将在下一会计年度（或下一营业周期）内到期或部分到期，其性质与其他流动负债并无不同，都需用流动资产或流动负债加以清偿的债务，应将其视为流动负债，并列示在资产负债表流动负债部分的“一年内到期的非流动负债”项目，但不必做任何账务处理，仅仅在编表时将这部分债务从长期负债金额中剔除出来。例如，某企业 2×22 年 4 月 1 日从银行借入期限为 3 年的长期借款 4 000 000 元，编制 2×24 年 12 月 31 日资产负债表时，此项借款应填入资产负债表流动负债部分的“一年内到期的非流动负债”项目。

案例

流动负债

思考与练习

一、思考题

1. 流动负债和非流动负债的区分标志是什么？流动负债是如何分类的？

2. 短期借款、带息应付票据的利息是如何核算的？

3. 应付职工薪酬包括哪些内容？应付职工薪酬如何进行计量？非货币性福利如何核算？

4. 增值税一般纳税人和小规模纳税人在应交增值税方面的核算有什么不同？

5. 企业的哪些税费不通过“应交税费”账户核算？

二、练习题

（一）单项选择题

1. 下列各项中，应列入资产负债表“其他应付款”项目的是（　　）。

A. 应付租入包装物租金　　B. 应付融资租入固定资产租金

C. 结转到期无力支付的应付票据　　D. 应付由企业负担的职工社会保险费

2. 某饮料生产企业为增值税一般纳税人，年末将本企业生产的饮料发放给职工作为非货币性福利。该批饮料市场售价为 12 万元（不含增值税），增值税适用税率为 13%，实际成本为 10 万元。假定不考虑其他因素，该企业应确认的应付职工薪酬为(　　)万元。

A. 10　　B. 11.6　　C. 12　　D. 13.56

3. 某企业 2×24 年 7 月 1 日从银行借入资金 60 万元，期限为 6 个月，年利率为 6%，到期还本，按月计提利息，按季付息。该企业 7 月 31 日应计提的利息为(　　)万元。

A. 0.3　　B. 0.6　　C. 0.9　　D. 3.6

4. 对于应付的商业承兑汇票，如果企业到期不能足额付款，在会计处理上应将其转作(　　)。

A. 应付账款　　B. 短期借款　　C. 预付账款　　D. 其他应付款

5. 某企业于 2×24 年 6 月 2 日从甲公司购入一批产品并已验收入库。增值税专用发票上注明该批产品的价款为 150 万元，增值税税额为 19.5 万元。合同中规定的现金折扣条件为“2/10，1/20，n/30”，假定计算现金折扣时不考虑增值税。该企业在 2×24 年 6 月 11 日付清货款。企业购买产品时，该应付账款的入账价值为(　　)万元。

A. 147　　B. 150　　C. 171　　D. 169.5

（二）多项选择题

1. 下列各项中，应列入资产负债表“其他应付款”项目的有(　　)。

A. 计提的短期借款利息

B. 计提的一次还本付息债券利息

C. 计提的分期付息、到期还本债券利息

D. 计提的分期付息、到期还本长期借款利息

2. 下列各项中，应通过“其他应付款”账户核算的有（　　）。

A. 应付的教育费附加　　B. 应付的个人所得税

C. 应付的客户存入保证金　　D. 应付的短期租入固定资产租金

3. 企业贷记“应交税费”账户的同时，可能借记的账户有（　　）。

A. “税金及附加”　　B. “管理费用”

C. “生产成本”　　D. “应付职工薪酬”

4. 下列各项中，属于“应付职工薪酬”账户核算范围的有（　　）。

A. 支付临时工的工资　　B. 发放困难职工的补助金

C. 缴纳职工的工伤保险费　　D. 支付辞退职工的经济补偿金

5. 某公司向行政管理人员发放自产的加湿器作为福利，该产品的成本为每台 150 元，计税价格为 200 元，增值税税率为 13%。该公司共有行政管理人员 500 人，每人发放一台。下列关于应付职工薪酬会计处理结果正确的有（　　）。

A. 确认管理费用 113 000 元　　B. 确认应付职工薪酬 100 000 元

C. 确认主营业务收入 100 000 元　　D. 确认主营业务成本 75 000 元

（三）计算分析题

1. 甲公司为增值税一般纳税人，适用的增值税税率为 13%，材料采用实际成本进行日常核算。该公司 2×24 年 4 月 30 日“应交税费——应交增值税”账户借方余额为40 000元，该借方余额均可用下月的销项税额抵扣。5 月发生如下涉及增值税的经济业务：

（1）购买原材料一批，增值税专用发票上注明的价款为 600 000 元，增值税税额为

78 000 元，公司已开出承兑的商业汇票。该原材料已验收入库。

（2）用原材料对外投资，双方协议按成本作价。该批原材料的成本和计税价格均为 410 000 元，应交的增值税税额为 53 300 元。

（3）销售产品一批，销售价格为 200 000 元（不含增值税），实际成本为 160 000 元，提货单和增值税专用发票已交购货方，货款尚未收到。该销售符合收入确认条件。

（4）在建工程领用原材料一批，该批原材料实际成本为 300 000 元，应由该批原材料负担的增值税为 39 000 元。

（5）月末盘亏原材料一批，该批原材料的实际成本为 100 000 元，增值税税额为 13 000 元。原材料盘亏原因是公司存货管理存在问题。

（6）用银行存款缴纳本月增值税 25 000 元。

（7）月末将本月应交未交增值税转入未交增值税明细账户。

要求：（1）编制与上述经济业务相关的会计分录。

（2）计算甲公司 5 月发生的销项税额、应交增值税和应交未交的增值税。

2. A 公司和 B 公司均为增值税一般纳税人，A 公司于 2×24 年 3 月 31 日向 B 公司销售一批商品，增值税专用发票上注明的商品价款为 200 000 元，增值税税额为 26 000 元。当日收到 B 公司签发的带息商业承兑汇票一张，该票据的期限为 6 个月，票面年利率为 6%。B 公司于当日收到商品，验收入库，并将购入的商品作为原材料使用，原材料按实际成本计价核算。

2×24 年 5 月 31 日，A 公司因资金需要，持 B 公司签发的商业汇票到银行贴现，银行的年贴现率为 9%，贴现收入存入银行。

2×24 年 9 月 30 日，A 公司已贴现的商业承兑汇票到期，因 B 公司的银行账户无款支付，贴现银行将已贴现的票据退回 A 公司，同时从 A 公司的账户中将票据款划回。

要求：（1）编制 A 公司收到票据、票据贴现和银行退回已贴现票据的会计分录。

（2）编制 B 公司签发票据、中期期末计提利息和到期无力支付票据款注销应付票据的会计分录。

3. 甲上市公司为增值税一般纳税人，适用的增值税税率为 13%。2×24 年 3 月发生与职工薪酬有关的交易或事项如下：

（1）对行政管理部门使用的设备进行日常维修，应付企业内部维修人员工资 12 000 元。

（2）对以经营租赁方式租入的生产线进行改良，应付企业内部改良工程人员工资 30 000 元。

（3）为公司总部下属 25 位部门经理每人配备汽车一辆免费使用，假定每辆汽车每月计提折旧 800 元。

（4）将 50 台自产的 V 型厨房清洁器作为福利分配给本公司行政管理人员。该厨房清洁器每台生产成本为 12 000 元，市场售价为 15 000 元（不含增值税）。

（5）月末，分配职工工资 1 500 000 元，其中：直接生产产品人员工资 1 050 000 元，车间管理人员工资 150 000 元，行政管理人员工资 200 000 元，专设销售机构人员工资 100 000 元。

（6）以银行存款缴纳由企业负担的职工医疗保险费 50 000 元。

（7）按规定计算代扣代缴职工个人所得税 8 000 元。

(8) 以现金支付职工李某生活困难补助 1 000 元。

(9) 从应付张经理的工资中，扣回上月代垫的应由其本人负担的医疗费 8 000 元。

要求：编制甲上市公司 2×24 年 3 月上述交易或事项的会计分录。

素养园地

增值税专用发票具有抵扣税款的功能，增值税纳税人受利益驱使，通过虚开增值税专用发票的进销项数额、篡改交易清单等手段，或者利用不同税种之间的税率差变票虚开，逃避缴纳或者少缴纳税款。虚开增值税专用发票犯罪案件数量长期占据涉税案件的首位，2019 年 1 月至 2023 年 12 月，检察机关共批准逮捕危害税收征管犯罪嫌疑人 19 393 人，提起公诉 54 176 人，虚开增值税专用发票罪占比约 80%。2024 年 2 月 27 日，国家税务总局、公安部、最高人民法院、最高人民检察院等八部门在北京召开联合打击涉税违法犯罪工作推进会议，会议指出，对虚开骗税等涉税违法犯罪重拳出击、严肃查处，2023 年全国累计检查涉嫌虚开骗税企业 17.4 万户。虚开增值税违法犯罪涉案数额巨大，给国家造成了巨大经济损失。从犯罪特征来看，呈现有组织化、智能化、去行业化和与其他犯罪相交织的特点，犯罪隐蔽程度高，链条长，侦查难度大。

资料来源：孔志伟，王圣斌，王春．虚开增值税专用发票犯罪的打击难点与治理要点．北京：中国检察官，2024-04.

结合案例，请思考：虚开增值税专用发票对国家、对企业的影响表现在哪些方面？如何发挥会计职能并采取哪些措施以减少并降低此类危害？

第五章

非流动负债

学习目标

本章主要介绍非流动负债的确认、计量和记录的理论与方法。

通过本章的学习，学生应了解非流动负债的特点和内容、借款利息的账务处理方法、长期应付款的内容和或有事项的确认与计量；掌握长期借款、或有事项的账务处理方法；掌握债券折价和溢价摊销的方法及账务处理。

素养目标

1. 长期借款和应付债券是企业长期资金的来源之一，尤其是长期借款，它是企业筹借长期资金的主要方式和渠道。教师讲解长期借款和应付债券，在指导学生掌握其账务处理的同时，培养学生遵守承诺、诚实守信的意识，弘扬诚信精神。党的二十大报告指出，“育人的根本在于立德”。教师在讲授债券发行价格时，应将“时间就是金钱”的意识与借款利息的账务处理相融合，引导学生珍惜时间、不断进取。

2. 教师讲授预计负债，使学生认识到企业的生产经营活动面临众多的风险和不确定性，培养学生面对风险和不确定性时采取专业技能的能力，同时还要培养学生谨慎、务实的品格，做事未雨绸缪意识，预警和化解风险能力，提高抗风险意识。

导 读

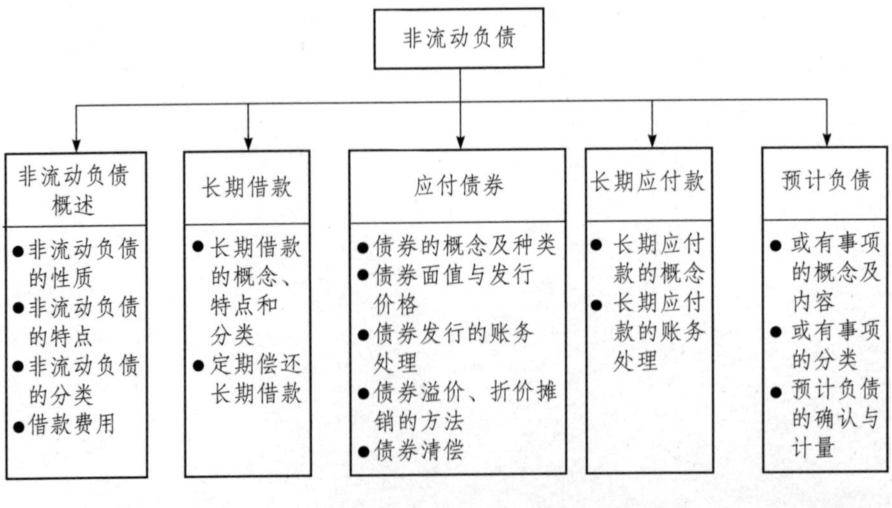

框图说明：

非流动负债是指流动负债以外的负债。它是企业向债权人筹集的、可供长期使用的一种长期资金。与流动负债相比，非流动负债具有数额大、期限长的特点。企业举借非流动负债的目的主要是扩大经营规模，增加长期耐用的各种长期资产。非流动负债主要包括长期借款、应付债券、长期应付款和预计负债等。

第一节 非流动负债概述

一、非流动负债的性质

概括地讲，非流动负债是指企业全部负债中流动负债以外的负债。

具体来说，非流动负债是指偿还期限在一年或者超过一年的一个营业周期以上的债务。它是除投资者出资以外，企业向债权人筹集、可供长期使用的一种资金，如长期借款、应付债券、长期应付款等。

企业在经营过程中，特别是扩展经营规模阶段，往往需要投入大量可供长期使用的资金，以满足企业添置大型设备、购置地产、增建或扩建厂房及仓库的需要。筹集长期资金主要有两种方式：一种是由投资者投入资本或追加资本；另一种是举借非流动负债。从投资者角度考虑，举借非流动负债对其更为有利：一是有利于投资者保持原有控制企业的权利，不会因企业筹措长期资金而影响投资者本身的利益；二是可以为投资者带来获利的机会，如果企业经营所得的投资利润率高于非流动负债利息率，则剩余收益全部归投资者所有。

二、非流动负债的特点

非流动负债除了具有负债的特点外，还具有下述特点。

（一）举债的目的主要是购置长期资产

举借长期债务的目的是购置大型设备、增建和扩建营业用房等，而流动负债的举借目的是满足日常生产经营周转的需要。

（二）举债的数额大、利息支出多

由于举借长期债务的目的是购置长期资产，因此，非流动负债的金额一般都比较大，其利息费用成为企业长期的固定性支出，加大了企业的财务风险。

（三）偿还期限长

非流动负债的偿还期限较长，一般超过一年或者超过一个营业周期以上，低于这一期限的债务是流动负债。

（四）偿还方式多样

非流动负债可以分期偿还，或者分期偿还利息、定期偿还本金，或者债务期满时一次偿还本息。

三、非流动负债的分类

非流动负债可以按照不同标准进行分类。按经济内容不同，非流动负债可分为长期借款、应付债券、租赁负债、长期应付款、预计负债和递延收益等。

（一）长期借款

长期借款，是指企业从银行等金融机构借入的偿还期在一年以上的各种款项，一般用于固定资产的购建、改扩建工程、大修理工程以及流动资产的正常需要等方面。

（二）应付债券

应付债券，是指企业依照法定程序发行、约定在一定期限内还本付息的、具有一定价值的证券。通过凭证上所记载的利率、期限等，表明发行债券企业允诺在未来某一特定日期还本付息。企业发行的超过一年期以上的债券构成了一项非流动负债。

（三）租赁负债

租赁负债，是指租赁企业租入资产尚未支付的租赁付款额。

（四）长期应付款

长期应付款，是指企业除长期借款和应付债券以外的其他各种非流动负债，包括融资租入固定资产应付款等。

（五）预计负债

预计负债，是指企业因或有事项而确认的负债，包括对外提供的担保、商业承兑汇票贴现、未决诉讼、产品质量保证等很可能产生的负债。

（六）递延收益

一般来说，递延收益是指尚待确认的收入或收益。目前，作为递延收益核算的内容包括企业根据政府补助准则确认的应在以后期间计入当期损益的政府补助金额、售后租回形成融资租赁的售价与资产账面价值差额等其他递延性收入。

四、借款费用

（一）借款费用的概念和内容

根据《企业会计准则第 17 号——借款费用》的规定，借款包括专门借款和一般借款。

专门借款，是指为购建或者生产符合资本化条件的资产而专门借入的款项。专门借款有明确的用途，即为购建或者生产某项符合资本化条件的资产而专门借入的，并通常应当具有表明该用途的借款合同。一般借款，是指除专门借款之外的借款，相对于专门借款而言，一般借款在借入时，其通常没有特指用于符合资本化条件的资产的购建或者生产。在市场经济条件下，企业借入并使用资金是要付出代价的，这种代价即借款费用。借款费用，是指企业因借款而发生的利息及相关成本，包括借款利息、折价或者溢价的摊销、辅助费用以及因外币借款而发生的汇兑差额等。

1. 借款利息

借款利息，是指企业从银行或其他金融机构等借入资金发生的利息、发行债券发生的利息，以及承担带息债务应计的利息等。

2. 折价或者溢价的摊销

折价或者溢价的摊销，是指企业发行公司债券所发生的折价或者溢价的摊销额。由于企业每期发生的折溢价摊销额都是对企业当期利息支出的调整，溢价的摊销额调减当期的利息支出，折价的摊销额调增当期的利息支出，因此，折溢价的摊销额也是企业借款费用的一个组成部分。

3. 辅助费用

辅助费用，是指企业在借款过程中发生的手续费、佣金、印刷费、承诺费等费用。由于这些费用是因安排借款而发生的，也是借入资金的一部分代价，因而这些费用也是借款费用的组成部分。

4. 汇兑差额

汇兑差额，是指由于汇率变动导致市场汇率与账面汇率出现差异，从而对外币借款本金及其利息的记账本位币金额所产生的影响金额，即折算差额。汇率的变化，是企业外币借款所需承担的风险，其变化所导致的汇兑差额属于借款费用的组成部分。

（二）借款费用的确认原则

1. 借款费用资本化

借款费用资本化，是指将借款费用计入相关资产成本的方法。根据会计准则的规定，企业发生的借款费用，可直接归属于符合资本化条件的资产的购建或者生产的，应当予以资本化，计入相关资产成本，借记“在建工程”“研发支出”等账户，贷记“应付利息”“银行存款”等账户。

符合资本化条件的资产包括固定资产（在建工程）、投资性房地产、存货、建造合同成本、无形资产（符合资本化条件的开发支出）等，前提条件是这些资产必须是经过相当长时间的购建或者生产活动才能达到预定可以使用或者可销售状态的资产，“相当长时间”通常为一年以上（含一年）。

【提醒您】

只有发生在资本化期间的有关借款费用，才允许资本化。借款费用资本化期间，是指从借款费用开始资本化时点到停止资本化时点的期间，但不包括借款费用暂停资本化的期间。

音频

借款费用的会计处理

2. 借款费用费用化

借款费用费用化，是指将企业所发生的借款费用（不论作何用途）一律计入财务费用，借记“财务费用”账户，贷记“应付利息”“银行存款”等账户。

根据会计准则的规定，除了应予以资本化的借款费用之外，企业发生的其他借款费用，应当在发生时根据其发生额确认为财务费用，计入当期损益，并在利润表中反映。

第二节　长期借款

一、长期借款的概念、特点和分类

长期借款，是指企业从银行或其他金融机构借入的、期限在一年以上的各种借款。它以企业的生产经营能力为依托，用于满足企业长期资产投资和永久性资产的需要。

与其他筹资方式相比，企业的长期借款有以下基本特征：一是提供资金的债权人不仅包括银行，还包括其他金融机构；二是借款期限较长，在一年以上（不含一年）；三是不仅应偿还借款本金，根据货币时间价值，还应支付相应的利息费用；四是长期借款不仅包括人民币借款，还包括外币借款。

长期借款的种类较多，如按用途分为固定资产投资借款、更新改造借款、科技开发和新产品试制借款等；按提供贷款的机构分为政策性银行贷款、商业银行贷款等；按有无担保分为信用贷款和抵押贷款；按归还期限可分为定期偿还的长期借款和分期偿还的长期借款；按借款条件可分为抵押借款、担保借款和信用借款；按借入的币种可分为人民币借款和外币借款。

二、定期偿还长期借款

企业应设置“长期借款”账户核算长期借款的借入、计息及偿还情况。该账户的明细账应按照贷款单位和贷款种类，分别“本金”“利息调整”等项目设置。

长期借款的核算涉及款项的借入、计息和归还本息三方面内容。定期偿还长期借款的特征为：取得本金后，逐年计算利息，待借款期满时一次性偿还本金和利息。

（一）款项借入

企业从银行或其他金融机构借入长期借款，首先要在具备借款条件的前提下填报借款申请书，然后经银行或其他金融机构审查同意后与企业订立借款合同，办理借款手续。

企业借入长期借款并存入银行时，按实际收到的金额，借记“银行存款”账户，贷记“长期借款——本金”账户，如有差额，应借记“长期借款——利息调整”账户。

（二）款项计息

与短期借款相比，长期借款除借款期限较长外，其不同点还体现在对借款利息费用的处理上。长期借款的利息费用，应当按照权责发生制原则的要求，采取两种处理方法：一是按期预提计入所购建或者生产符合资本化条件的资产成本中，即予以资本化；二是直接计入当期财务费用。

长期借款利息费用应当在资产负债表日按照实际利率法计算确定，实际利率与合同利率差异较小的，也可以采用合同利率计算确定利息费用。长期借款按合同利率计算确定的应付未付利息，如果属于分期付息的，记入“应付利息”账户，如果属于到期一次还本付息的，记入“长期借款——应计利息”账户。

企业计算确定的长期借款利息费用，应当按以下原则计入有关成本、费用：属于筹建期间的，计入管理费用。属于生产经营期间的，如果长期借款用于购建固定资产等符合资本化条件的资产，在资产尚未达到预定可使用状态前，所发生的利息支出应当资本化，计入在建工程等相关资产成本；资产达到预定可使用状态后发生的利息支出，以及按规定不予以资本化的利息支出，计入财务费用。账务处理方法为：借记“在建工程”“管理费用”“财务费用”“研发支出”等账户，贷记“应付利息”或“长期借款——应计利息”账户。

（三）归还本息

归还长期借款本金时，借记“长期借款——本金”账户，贷记“银行存款”账户。同时，按应转销的利息调整、应计利息金额，借记或贷记“在建工程”“管理费用”“财务费用”“研发支出”等账户，借记“应付利息”“长期借款——应计利息”账户。

例5-1

2×23年1月5日，M公司为建造一幢仓库，借入期限为两年的长期专门借款800 000元，款项已存入银行，借款利率为4.75%，每年付息一次，期满后一次还清本金。2×23年1月10日，领用工程物资500 000元，以银行存款支付工程价款480 000元，增值税43 200元；2×24年1月10日，又以银行存款支付工程款320 000元，增值税28 800元。该仓库于2×24年8月31日完工，达到预定可使用状态。假定不考虑闲置专门借款资金存款的利息收入或者投资收益。

（1）2×23年根据有关业务编制如下会计分录：

1）取得借款：

借：银行存款	800 000	
贷：长期借款		800 000

2）领用工程物资、支付工程款：

借：在建工程	980 000	
应交税费——应交增值税（进项税额）	43 200	
贷：银行存款		523 200
工程物资		500 000

3）确认全年资本化利息：

借款利息＝800 000×4.75%＝38 000（元）

借：在建工程　38 000
　贷：应付利息　38 000

4）支付借款利息：

借：应付利息　38 000
　贷：银行存款　38 000

(2) 2×24 年根据有关业务编制如下会计分录：

1）支付工程款：

借：在建工程　320 000
　　应交税费——应交增值税（进项税额）　28 800
　贷：银行存款　348 800

2）2×24 年 8 月底达到预定可使用状态，计算该期应计入工程成本的利息：

应付利息＝(800 000×4.75%÷12)×8＝25 333（元）

借：在建工程　25 333
　贷：应付利息　25 333

同时，结转完工仓库的建造成本 1 363 333 元：

借：固定资产　1 363 333
　贷：在建工程　1 363 333

3）2×24 年 12 月 31 日，计算 2×24 年 9—12 月应计入财务费用的利息：

应付利息＝(800 000×4.75%÷12)×4＝12 667（元）

借：财务费用　12 667
　贷：应付利息　12 667

4）2×24 年 12 月 31 日支付利息时：

借：应付利息　38 000
　贷：银行存款　38 000

(3) 2×25 年 1 月初到期还本时：

借：长期借款　800 000
　贷：银行存款　800 000

第三节　应付债券

导入案例

2×22 年 10 月 25 日，M 股份有限公司召开股东大会，通过了一项投资方案及其筹资计划，基本内容为：2×24 年 1 月初开始筹建一条生产线，2×24 年 6 月 30 日完工并投入使用。生产线所需资金 40 000 000 元申请通过发行公司债筹集。经中国证监会批准，于 2×23 年 1 月 5 日发行 3 年期、面值为 40 000 000 元、票面利率为 5%的债券，发行时市场利率为 4%，发行价格为 42 530 000 元，扣除发行费（750 000 元）后实际募集资金 41 780 000 元，债券利息在每年 12 月 31 日支付。在债券存续期间，公司将发行费计入 2×24 年当期损益，按票面利息计算各期利息费用，并将各期利息费用全部费用化。

思考： M 股份有限公司对上述发行债券各期利息费用的计量是否正确？各期利息费用的会计处理方法是否得当？请说明理由。如不正确，说明正确的做法。

一、债券的概念及种类

（一）债券的概念

债券是企业或政府因向社会公众筹集资金而向出资者出具的债务凭证。债券持有者凭借债券有权在约定期限内要求发行者还本付息。政府发行的债券分为中央政府债券（国债）和地方政府债券，企业发行的债券称为企业债券。由于有资格发行债券的企业大多数为公司（包括股份有限公司与有限责任公司），因此，企业债券一般是指公司债券。

（二）债券的种类

1. 按有无担保分类

按有无担保划分，债券分为信用债券和担保债券。

信用债券，是指没有第三人（包括自然人、法人）的财产作为担保，仅凭债券发行者的信用发行的债券；担保债券，是指用第三人的财产作为担保发行的债券。

2. 按是否记名分类

按是否记名划分，债券分为记名债券和无记名债券。

记名债券，是指在券面上注明债权人姓名，同时在发行公司的账簿上做同样登记的债券；无记名债券，是指券面上未注明债权人姓名，不在公司账簿上登记其姓名的债券。

3. 按是否可转换为股票分类

按是否可转换为股票，债券分为可转换公司债券和不可转换公司债券。

可转换公司债券，是指根据发行契约允许持券人按预定的条件、时间和转换率将持有的债券转换为公司普通股票的债券；不享有这种权利的债券则为不可转换公司债券。

二、债券面值与发行价格

无论是政府部门发行的国债还是企业发行的公司债券，其构成要素一般都包括发行日期、面值、利率、付息日及到期日等。

债券面值，是指债券上规定的发行公司在债券到期日应支付的金额。债券是债权、债务的书面凭证，规定到期时按其票面价值还本，所以债券的面值也称债券到期值或终值。

债券发行公司除了应在到期日支付票面金额外，还需在债券的整个期限内定期支付利息。利息的支付是以公司债券条款中规定的利率为依据的，这种利率称为票面利率或名义利率。

与票面利率相对的是实际利率，又称市场利率，系指投资者愿意接受的市场上通行的利率，即债券发行时发行企业与债券投资者双方均能接受的利率。它是根据目前资金供需状况、未来市场利率变动及发行债券公司的风险而由市场决定的。由于债券的还本付息日及金额均已确定，因此债券发行价格为所支付债券本息按投资者实际利率（市场利率）折算的现值。其计算公式如下：

$$债券发行价格 = \sum_{t=1}^{n} \frac{债券面值 \times 票面利率}{(1+市场利率)^t} + \frac{债券面值}{(1+市场利率)^n}$$

式中：n——债券的期限；

t——付息期数。

当票面利率等于市场利率时，债券按面值发行。

当票面利率大于市场利率时，债券售价高于面值，该债券为溢价发行。

例如：某债券的票面利率为5%，而投资者所要求的投资报酬率（市场利率）为4%，为此，该债券须溢价发行。投资者之所以愿意溢价购入债券，是因为债券每期所付利息比投资者所要求的要高。对于发行公司来说，所收到的溢价不是其筹资收益，而是未来每期多付利息事先得到的补偿。

当票面利率小于市场利率时，债券售价低于面值，该债券为折价发行。

例如：某债券票面利率为5%，而投资者所要求的投资报酬率（市场利率）为6%，为此，该债券须折价发行。投资者之所以愿意折价购入债券，是因为以低于面值购入而少付的部分是对以后各期少收利息预先得到的补偿。折价可视为投资者的预收利息，应在债券存续期间分期转入利息收入。

【提醒您】

债券售价或现值决定了债券投资者购买债券支付的实际价格，与其面值之间的差异构成了债券折价或者溢价，通过“应付债券——利息调整”账户予以核算。

三、债券发行的账务处理

企业应设置“应付债券”账户，核算企业应付债券的发行、计息、折溢价摊销及还本付息的情况。该账户一般需要设置“面值”“利息调整”“应计利息”明细账户，并按债券的种类设置明细账。

（一）按面值发行债券

企业按面值发行债券时，以实际收到的款项，借记“银行存款”“库存现金”等账户，贷记“应付债券——面值”账户。

例5-2

2×20年1月1日，M公司按面值发行4 000 000元、5年期、每年6月30日及12月31日付息的公司债券，票面年利率为8%。编制如下会计分录：

借：银行存款　　4 000 000

　贷：应付债券——面值　　4 000 000

（二）溢价发行债券

债券溢价发行是因票面利率高于市场利率，由发行企业对以后各期按较高票面利率支付利息而事先向债券购买者预收的一笔款项。其溢价是债券购买者给予发行债券企业将来多付利息的补偿，是对债券整个发行期多付利息费用的调整。

企业溢价发行债券时，按实际收到的款项，借记“银行存款”“库存现金”等账户；按债券的面值，贷记“应付债券——面值”账户；按实际收到的款项与债券面值之间的差额，贷记“应付债券——利息调整”账户。

例 5-3

承例 5-2，2×20 年 1 月 1 日，M 公司按 4 341 220 元的价格发行债券，票面年利率为 8%，市场利率为 6%，其他资料不变。编制如下会计分录：

借：银行存款	4 341 220	
贷：应付债券——面值		4 000 000
——利息调整		341 220

【提醒您】

债券溢价部分，应在以后各个付息期冲减多付的利息费用直至债券到期。到期时，企业须偿还债券的面值。

（三）折价发行债券

债券折价发行是因票面利率低于市场利率，由债券发行企业对以后各期按较低票面利率支付利息而事先给予债券购买者的补偿。折价不是债券发行企业的损失，而是该企业对债券整个发行期少付利息费用的调整。企业折价发行债券时，按实际收到的款项，借记“银行存款”“库存现金”等账户；按债券面值，贷记“应付债券——面值”账户；按实际收到的款项与债券面值之间的差额，借记“应付债券——利息调整”账户。

例 5-4

承例 5-2，2×20 年 1 月 1 日，M 公司按 3 691 140 元的价格发行债券，票面年利率为 8%，市场利率为 10%，其他资料不变。编制如下会计分录：

借：银行存款	3 691 140	
应付债券——利息调整	308 860	
贷：应付债券——面值		4 000 000

【提醒您】

尽管债券是折价发行，但债券到期时仍须按债券面值偿还，债券的折价部分在各付息期内摊销，增加每期的利息费用。

四、债券溢价、折价摊销的方法

债券溢价和折价是债券发行企业对债券归还期内利息费用的调整。企业若溢价发行债券，则说明债券票面利率高于市场利率。债券的溢价应逐期在利息支出中扣除，债券折价则应逐期转为利息支出。这种逐期调整利息费用的方法称为摊销。可见，举债期间，企业实际负担的各期利息费用，除支付的利息外，还应包括债券溢价或折价的摊销。因此，发行债券企业每期应承担的利息费用可用下列公式表示：

利息费用＝支付的利息－溢价摊销

或

利息费用＝支付的利息＋折价摊销

债券溢价、折价的摊销方法有直线法和实际利率法。我国《企业会计准则》规定企业应采用实际利率法。

实际利率法的具体程序与债权投资利息调整摊销采用的实际利率法相同。

在溢价发行债券的情况下，随着溢价的摊销，每期摊余成本递减，每期利息费用也递减，直至摊余成本等于债券面值；在折价发行债券的情况下，随着折价的摊销，每期摊余成本递增，每期利息费用也递增，直至摊余成本等于债券面值。

（一）债券溢价摊销

例 5-5

承例 5-3，如果 M 公司溢价发行债券，其发行价格为 4 341 220 元，溢价金额为 341 220 元。

第一期：

以 2×20 年 6 月 30 日为例，在采用实际利率法摊销其折价的情况下，该债券市场年利率为 6%，每期为 3%，第一期期初账面价值（摊余成本，即面值 4 000 000 元＋未摊销溢价 341 220 元）为 4 341 220 元，第一期利息费用为 130 237（4 341 220×3%）元，而支付的利息为 160 000 元，故应摊销溢价金额为 29 763（160 000－130 237）元。经过摊销，未摊销的溢价为 311 457（原溢价 341 220－本期溢价 29 763）元。

在实际利率法下，各付息期须编制两组会计分录（以第一期为例）：

(1) 支付利息：

借：财务费用（在建工程）	160 000	
贷：应付利息		160 000

(2) 摊销溢价：

借：应付债券——利息调整	29 763	
贷：财务费用（在建工程）		29 763

会计分录 (1) (2) 可合并为：

借：财务费用（在建工程）	130 237	
应付债券——利息调整	29 763	
贷：应付利息		160 000

第二期：

期初账面价值（摊余成本，即面值 4 000 000 元＋未摊销溢价 311 457 元）为 4 311 457元，第二期利息费用为 129 344（4 311 457×3％）元，而支付的利息为 160 000 元，故应摊销溢价金额为 30 656（160 000－129 344）元。

借：财务费用（在建工程）　　129 344

　　应付债券——利息调整　　30 656

　贷：应付利息　　160 000

为了方便债券溢价摊销，按实际利率法摊销溢价时，可编制 M 公司债券溢价摊销表，如表 5－1 所示。表中“借”“贷”表示各期会计分录应借贷的会计账户及金额。

表 5－1　M 公司债券溢价摊销表

（实际利率法）　　单位：元

日期	贷：银行存款	借：财务费用（在建工程）	借：应付债券——利息调整	摊余成本
	（1）＝面值×票面利率	（2）＝上期（4）×市场利率（3％）	（3）＝（1）－（2）	（4）＝上期（4）－本期（3）
2×20. 1. 1				4 341 220
2×20. 6. 30	160 000	130 237	29 763	4 311 457
2×20. 12. 31	160 000	129 344	30 656	4 280 801
2×21. 6. 30	160 000	128 424	31 576	4 249 225
2×21. 12. 31	160 000	127 477	32 523	4 216 702
2×22. 6. 30	160 000	126 501	33 499	4 183 203
2×22. 12. 31	160 000	125 496	34 504	4 148 699
2×23. 6. 30	160 000	124 461	35 539	4 113 160
2×23. 12. 31	160 000	123 395	36 605	4 076 555
2×24. 6. 30	160 000	122 297	37 703	4 038 852
2×24. 12. 31	160 000	121 166	38 852*	4 000 000
合计	1 600 000	1 258 798	341 220	—

注：标注“*”的为尾数调整。

（二）债券折价摊销

例 5－6

承例 5－4，如果 M 公司债券折价发行，其发行价格为 3 691 140 元，折价金额为 308 860 元。

第一期：

以 2×20 年 6 月 30 日为例，M 公司债券按 3 691 140 元发行，折价为 308 860 元。若采用实际利率法摊销其折价，市场年利率为 10％，每期为 5％，第一期期初账面价值（摊余成本，即面值 4 000 000 元－未摊销折价 308 860 元）为 3 691 140 元，第一期利息费用为 184 557（3 691 140×5％）元，支付的利息为 160 000 元，故应摊销折价金额为24 557（184 557－160 000）元。经过摊销，未摊销的折价为 284 303（原折价 308 860－本期折价 24 557）元。

在实际利率法下，各付息期须编制两组会计分录：

(1) 支付利息：

借：财务费用（在建工程） 160 000

贷：应付利息 160 000

(2) 摊销折价：

借：财务费用（在建工程） 24 557

贷：应付债券——利息调整 24 557

会计分录 (1) (2) 可合并如下：

借：财务费用（在建工程） 184 557

贷：应付利息 160 000

应付债券——利息调整 24 557

第二期：

期初账面价值（摊余成本，即面值 4 000 000 元－未摊销折价 284 303 元）为 3 715 697元，第二期利息费用为 185 785（3 715 697×5%）元，而支付的利息为 160 000 元，故应摊销折价金额为 25 785（185 785－160 000）元。

为了方便债券折价摊销，按实际利率法摊销折价时，可编制 M 公司债券折价摊销表，如表 5－2 所示。表中"借""贷"表示各期会计分录应借贷的会计账户及金额。

表 5－2　M 公司债券折价摊销表

（实际利率法）　　单位：元

日期	贷：银行存款	借：财务费用（在建工程）	贷：应付债券——利息调整	摊余成本
	(1)＝面值×票面利率	(2)＝上期 (4)×市场利率 (5%)	(3)＝(2)－(1)	(4)＝上期 (4)＋本期 (3)
2×20.1.1				3 691 140
2×20.6.30	160 000	184 557	24 557	3 715 697
2×20.12.31	160 000	185 785	25 785	3 741 482
2×21.6.30	160 000	187 074	27 074	3 768 556
2×21.12.31	160 000	188 428	28 428	3 796 984
2×22.6.30	160 000	189 849	29 849	3 826 833
2×22.12.31	160 000	191 342	31 342	3 858 175
2×23.6.30	160 000	192 909	32 909	3 891 084
2×23.12.31	160 000	194 554	34 554	3 925 638
2×24.6.30	160 000	196 282	36 282	3 961 920
2×24.12.31	160 000	198 096	38 080*	4 000 000
合计	1 600 000	1 908 876	308 860	—

注：标注"*"的为尾数调整。

五、债券清偿

企业发行债券时，一般都规定了到期清偿债券的条款。因此，发行债券企业应根据条款偿还本金。如企业发行的债券属于定期支付利息的情况，债券到期时只需按债券的票面金额向债券持有者支付本金；若属于一次还本付息的情况，除支付本金外，还应偿付债券的利息。至于债券的折价或溢价，由于已在整个偿还期内摊销完毕，因此，偿还本息时不予以考虑。

例 5-7

承例 5-2，M公司发行的债券到期，偿还债券本金 4 000 000 元，编制如下会计分录：

借：应付债券——面值　　4 000 000

　贷：银行存款　　4 000 000

第四节　长期应付款

一、长期应付款的概念

长期应付款，是指企业除长期借款和应付债券以外的其他各种长期应付款项，包括应付融资租入固定资产的租赁费、以分期付款方式购入固定资产的应付款。当企业采用上述方式取得固定资产时，一般情况下是资产使用在前，款项支付在后，在尚未偿还价款或尚未支付相关款项前，此类业务便形成了企业的一项非流动负债，即长期应付款。

长期应付款除具有非流动负债的一般特点外，还具有以下特点：一是具有分期付款的性质，如融资租入固定资产的租赁费是在整个租赁期内逐期偿还的；二是通过长期应付款取得固定资产，可以减少长期投资所承担的风险，而且不必在取得资产的同时支付款项，可减少现金的流出。

企业应设置"长期应付款"账户核算长期应付款的增减变动情况。该账户的明细账按长期应付款的种类设置。

二、长期应付款的账务处理

以下以分期付款方式购买固定资产为例，说明长期应付款的核算。

众所周知，有些固定资产一般价值较高，企业购进固定资产一次性付清全款有一定的困难，为减轻筹措资金压力，双方可签订合同，采用分次付款方式购买固定资产。采用这种购买方式，合同中规定的付款期限比较长，超过了正常信用条件，其实质是融资租赁固定资产。对此，取得资产的成本应当以延期支付购买价款的现值为基础确定，而不是各期付款额之和。取得资产时，要视不同情况分别处理：一是如果存在现款支付的价格，该资产应按此价格计价入账；二是如果不存在与该资产类似资产的市场价格，固定资产的成本应按照各期支付的价款选择恰当的折现率进行折现后的金额加以确定。各期实际支付的价款之和与其现值之间的差额，符合资本化条件的，应当分期经过摊销计入固定资产成本，其余部分应当在信用期间内确认为财务费用，计入当期损益。在延期付款赊购固定资产方式下，企业除设置"固定资产"账户外，还应设置"长期应付款"账户和"未确认融资费用"账户。

固定资产购买价款的现值，应当按照各期支付的价款选择恰当的折现率进行折现后的金额加以确定。折现率是反映当前市场货币时间价值和延期付款债务特定风险的利率。该折现率实质上是供货企业的必要报酬率。各期实际支付的价款之和与其现值之间的差额，在达到预定可使用状态之前符合《企业会计准则第 17 号——借款费用》中规定的资本化条件的，应当通过在建工程计入固定资产成本，其余部分应当在信用期间内确认为财务费用，计入当期损益。

购入固定资产时，按购买价款的现值，借记“固定资产”或“在建工程”账户；按应支付的金额，贷记“长期应付款”账户；按借贷方差额，借记“未确认融资费用”账户。各期实际支付的价款与购买价款的现值之间的差额，采用实际利率法摊销，符合资本化条件的，应当计入固定资产成本，不符合资本化条件的，应当在信用期间内确认为财务费用，计入当期损益。相关计算公式为：

应付本金余额＝长期应付款余额－未确认融资费用余额

未确认融资费用摊销＝(期初长期应付款余额－期初未确认融资费用余额)×实际利率

例 5-8

2×22 年 1 月 1 日，M 公司购入一项有递延付款合同的大型设备，合同规定在未来 3 年内，M 公司于每年年末付款一次。2×22 年支付 2 000 000 元，2×23 年支付1 500 000 元，2×24 年支付 1 500 000 元，共需支付价款 5 000 000 元。假定 M 公司收到设备时，其有关增值税的纳税义务尚未发生，在合同约定的付款日期，发生有关增值税的纳税义务，并按照付款额确认应交增值税。

假定资本市场利率为 10%，无其他相关税费。应付分期设备款现值计算方法如图 5-1 所示。

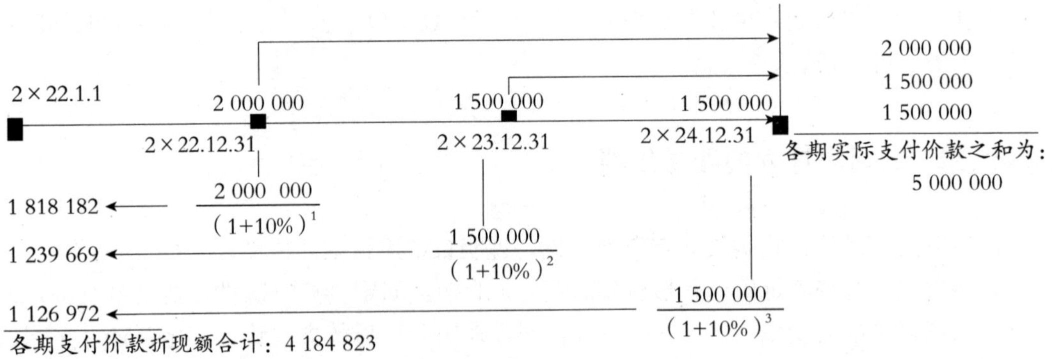

图 5-1 应付分期设备款现值计算

注：各期实际支付价款之和 5 000 000 元与各期支付价款折现额合计 4 184 823 元之间的差额为未确认融资费用 815 177（5 000 000－4 184 823）元，该费用在 3 年内进行分摊并计入在建工程或财务费用。每期未确认融资费用摊销额＝每期年初未付本金余额×折现率。

相关会计处理如下：

(1) 计算设备的入账成本：

$$设备的入账成本=2\ 000\ 000\div(1+10)+1\ 500\ 000\div(1+10)^2+1\ 500\ 000\div(1+10)^3$$

=4 184 823（元）

（2）编制应付分期设备款计算表。为了方便编制会计分录，可先编制应付分期设备款计算表，如表 5-3 所示。

表 5-3　应付分期设备款计算表

单位：元

付款日期	还款额（贷：银行存款）	利息费用（借：财务费用）	还本额（借：长期应付款）	年初本金
	(1)	(2)=年初 (4)×10%	(3)= (1)-(2)	(4)=年初 (4)-(3)
2×22.1.1				4 184 823
2×22.12.31	2 000 000	418 482	1 581 518	2 603 305
2×23.12.31	1 500 000	260 331	1 239 669	1 363 636
2×24.12.31	1 500 000	136 364	1 363 636	—
合计	5 000 000	815 177	4 184 823	—

（3）根据表 5-3，编制会计分录如下：

取得设备时：

借：固定资产——设备　　4 184 823
　　未确认融资费用　　815 177
　贷：长期应付款　　5 000 000

第一年年末付款 2 000 000 元，其中包含利息 418 482（4 184 823×10%）元，支付金额中属于设备成本的部分为 1 581 518（2 000 000-418 482）元。则：

借：财务费用　　418 482
　贷：未确认融资费用　　418 482
借：长期应付款　　2 000 000
　贷：银行存款　　2 000 000
借：应交税费——应交增值税（进项税额）　　260 000
　贷：银行存款　　260 000

其他年份会计分录依此类推，最后一年“长期应付款”账户结平。

第五节　预计负债

一、或有事项的概念及内容

企业在会计核算中会经常面临某些不确定情形，有些情形，其最终结果须以未来事件的发生或不发生来加以证实。比如，某企业因排污治理不力并对周围环境造成污染而被起诉，如无特殊情况，该企业很可能败诉。一旦败诉，企业将支付一笔赔款。但在诉讼成立时，该企业因败诉将支出多少金额，或支出发生在何时，是难以确知的。按照权责发生制原则，不能等到法院判决支付赔款时才确认因环境污染而产生的义务，应当在资产负债表日对赔款的可能性以及赔款数额的大小做出判断，以决定是否在当期确认赔款义务。这种不确定性情形，即或有事项。

或有事项，是指过去的交易或者事项形成的，其结果须由某些未来事项的发生或不发生才能决定的不确定事项，即未来事项是否发生不在企业控制的范围之内。常见的或有事项主要包括未决诉讼或仲裁、债务担保、产品质量保证（含产品安全保证）、承诺、亏损合同、重组义务、环境污染整治等。

二、或有事项的分类

或有事项作为一种状况，可能是某企业的一种潜在的权利，也可能是其一种现实或潜在的义务。因此，或有事项可能形成两种结果：一种是导致经济利益流入企业；另一种是导致经济利益流出企业。会计实务中，需要会计人员根据经验加以判断。如果或有事项的结果很可能导致经济利益流入企业，就形成企业的或有资产，对或有资产，企业不予以确认。如果或有事项的结果很可能导致经济利益流出企业，同时满足负债确认条件，企业需要将其确认为负债，在会计实务中作为预计负债核算。如果不满足确认条件，作为潜在义务的或有事项，应按或有负债处理，并需要在会计报表附注中披露，如图 5-2 所示。

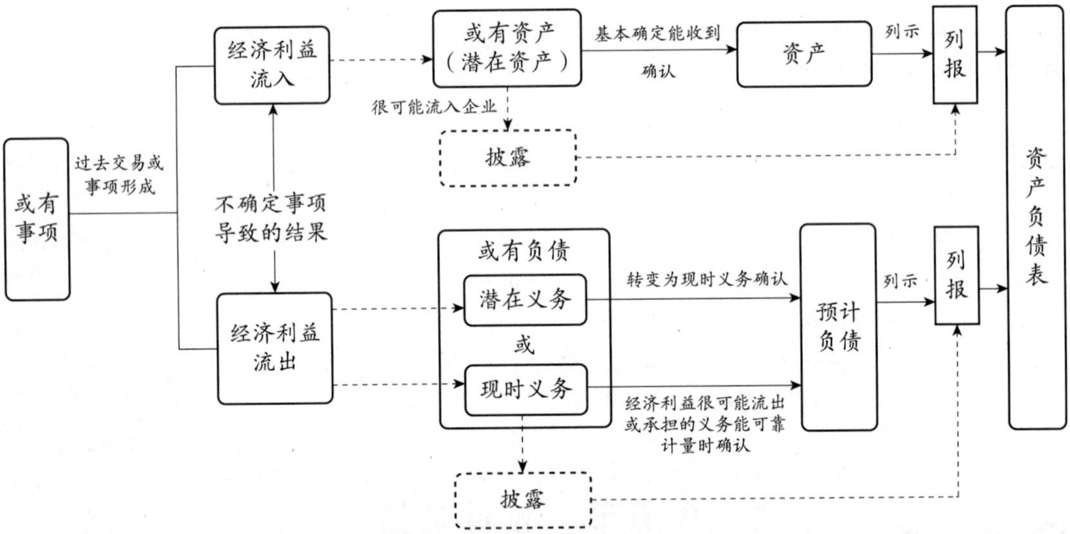

图 5-2　或有事项

注：无论是潜在义务还是现时义务，不能同时具备：(1) 该义务是企业承担的现时义务；(2) 履行该义务很可能导致经济利益流出企业；(3) 该义务的金额能够可靠地计量。其义务属于或有负债；否则，为预计负债。

三、预计负债的确认与计量

（一）预计负债的确认条件

根据《企业会计准则》的规定，与或有事项相关的义务同时满足下列条件的，应当确认为预计负债：

(1) 该义务是企业承担的现时义务，而非潜在义务。企业没有其他现实的选择，只能履行该义务，如法律要求企业必须履行、有关各方合理预期企业应当履行等。

案例

预计负债确认

(2) 履行该义务很可能导致经济利益流出企业。通常是指履行与或有事项相关的现时义务时，导致经济利益流出企业的可能性超过 50%。

履行或有事项相关义务导致经济利益流出的可能性，通常按照下列情况加以判断，如表 5-4 所示。

表 5-4 或有事项的可能性判断

结果的可能性	对应的概率区间
基本确定	大于 95%但小于 100%
很可能	大于 50%但小于或等于 95%
可能	大于 5%但小于或等于 50%
极小可能	大于 0 但小于或等于 5%

(3) 该义务的金额能够可靠地计量。企业要将与或有事项相关的现时义务确认为一项负债，相关现时义务的金额应能够可靠估计，否则就不能确认为负债。

（二）预计负债的计量方法

与或有事项对应的现时义务导致经济利益流出企业的金额具有较大不确定性，这就决定了对义务金额只能估计。

因或有事项而确认的负债的金额，应是清偿该负债所需支出的最佳估计数。此外，企业因履行或有事项所形成的义务，还可能从第三方或其他方获得补偿。因此，或有事项的计量主要涉及两个问题：一是最佳估计数的确定；二是预期可获得补偿的处理。

1. 最佳估计数的确定

企业因或有事项而确认的负债的金额，应是清偿该负债所需支出的最佳估计数。如果所需支出存在一个金额区间，则最佳估计数应按该区间的上下限金额的平均数确定。如果所需支出不存在一个金额区间，则最佳估计数应分别情况处理：或有事项涉及单个项目时，最佳估计数按最可能发生金额确定；或有事项涉及多个项目时，最佳估计数按各种可能发生额及其发生概率计算确定。

例 5-9

H 公司本年度共销售甲商品 5 万件，销售额共计 50 000 000 元。甲商品的质量保修条件是：产品销售三个月内，如发生质量问题，H 公司将免费修理。根据以往经验，售出的商品出现较小质量问题时，需要发生的修理费用为销售额的 1%；出现较大质量问题时，需要发生的修理费用为销售额的 2%。H 公司的专业人士对本年度已经销售的甲商品进行预测，其中有 90%不会发生质量问题，有 8%将会发生较小质量问题，有 2%将会发生较大质量问题。H 公司预计负债的最佳估计数为：

最佳估计数=50 000 000×1%×8%+50 000 000×2%×2%=60 000（元）

H 公司于本年度 12 月 31 日，应在资产负债表中确认 60 000 元的预计负债。

2. 预期可获得补偿的处理

企业清偿预计负债所需支出全部或部分预期由第三方补偿的情况通常有：发生交通事故等情况时，企业通常可以从保险公司获得合理的赔偿；在某些索赔诉讼中，企业可以通过反诉的方式对索赔人或第三方另行提出赔偿要求；在债务担保业务中，企业在履行担保义务的同时，通常可以向被担保企业提出额外追偿要求。

企业预期从第三方获得的补偿金额的确认涉及两个问题：一是确认时间。企业只能在基本确定能够收到补偿时才能对其确认。补偿金额基本确定能够收到，是指预期从其他单位获得补偿金额的可能性大于95%小于100%。二是确认金额。确认的金额是基本确定能够收到的金额，而且不能超过相关预计负债的金额。根据资产和负债不能随意抵销的原则，预期可获得的补偿在基本确定能够收到时应当确认为一项资产，而不能作为预计负债金额的扣减。例如，甲企业因或有事项确认了一项预计负债 1 000 000 元，同时，因该或有事项，甲企业还可从乙企业获得 700 000 元的赔偿，并且这项金额基本确定能收到。在这种情况下，甲企业应分别确认一项预计负债 1 000 000 元和一项资产 700 000 元。

例 5－10

2×23 年 12 月 1 日，甲公司因其产品质量问题对李某造成人身伤害，被李某提起诉讼，要求赔偿 1 000 000 元。截至 12 月 31 日，法院尚未做出判决。甲公司预计该项诉讼很可能败诉，赔偿金额估计为 500 000 元至 750 000 元，并且还需要支付诉讼费用 10 000 元。考虑到公司已就该产品质量向保险公司投保，公司基本确定可从保险公司获得赔偿 250 000 元，但尚未获得相关赔偿证明。2×24 年 2 月 15 日，法院判决甲公司向李某赔偿 575 000 元，并负担诉讼费用 10 000 元，甲公司和李某均不上诉。

2×24 年 2 月 21 日，甲公司从保险公司获得产品质量赔偿款 250 000 元，并于当日用银行存款支付了对李某的赔偿款和诉讼费用。甲公司适用的所得税税率为 25%，法定盈余公积提取比例为 10%。假定不考虑递延所得税等因素。该公司编制的与诉讼事项有关的会计分录如下：

(1) 2×23 年 12 月 31 日：

借：营业外支出——诉讼赔偿	625 000 [(500 000＋750 000)÷2]	
管理费用——诉讼费用	10 000	
贷：预计负债——未决诉讼		635 000
借：其他应收款——××保险公司	250 000	
贷：营业外收入——诉讼赔偿		250 000

(2) 2×24 年 2 月 15 日：

借：预计负债——未决诉讼	635 000	
贷：其他应付款——李某		575 000
——法院		10 000
以前年度损益调整		50 000
借：以前年度损益调整	12 500	
贷：应交税费——应交所得税		12 500 (50 000×25%)
借：以前年度损益调整	37 500	

贷：利润分配——未分配利润 37 500
借：利润分配——未分配利润 3 750（37 500×10%）
贷：盈余公积 3 750
（3）2×24 年 2 月 21 日：
借：银行存款 250 000
贷：其他应收款——××保险公司 250 000
借：其他应付款——李某 575 000
——法院 10 000
贷：银行存款 585 000

思考与练习

一、思考题

1. 非流动负债除了具有负债的特点外，还具有哪些特点？非流动负债是如何分类的？
2. 借款费用包括哪些主要内容？如何进行借款费用的账务处理？
3. 什么是债券平价、溢价和折价发行？债券折溢价摊销的实质是什么？
4. 应付债券的折溢价摊销有哪两种方法？分别如何处理？
5. 长期应付款涉及哪些业务？应如何进行核算？

二、练习题

（一）单项选择题

1. 某企业于 2×21 年 4 月 1 日从银行借入期限为 3 年的长期借款 4 000 000 元，编制 2×24 年 12 月 31 日资产负债表时，此项借款应填入的报表项目是（　　）。

A. 短期借款　　B. 长期借款
C. 其他长期负债　　D. 一年内到期的长期负债

2. 乙公司于 2×22 年 1 月 5 日折价发行 5 年期一次还本的公司债券，采用直线法摊销折溢价。该债券的实际发行价格为 10 000 000 元（不考虑发行费用），债券面值总额 11 000 000元，票面年利率为 6%。该债券于每年 6 月 30 日和 12 月 31 日支付利息。2×24 年 7 月 1 日，“应付债券”账户的月初余额为（　　）元。

A. 10 500 000　　B. 11 000 000　　C. 12 150 000　　D. 12 650 000

3. 2×23 年 7 月 1 日，甲企业按面值发行 5 年期、到期一次还本付息、年利率为 6%（不计复利）、面值总额为 50 000 000 元的债券。2×24 年 12 月 31 日，“应付债券”账户的账面余额为（　　）元。

A. 51 500 000　　B. 56 000 000　　C. 50 000 000　　D. 54 500 000

4. 企业以折价方式发行债券时，每期实际负担的利息费用是（　　）。

A. 按票面利率计算的应计利息减去应摊销的折价
B. 按票面利率计算的应计利息加上应摊销的折价
C. 按实际利率计算的应计利息减去应摊销的折价

D. 按实际利率计算的应计利息加上应摊销的折价

5. 某企业为购建一条生产线，于2×24年7月1日按面值发行3年期债券60 000 000元，年利率为6%（不计复利），按年计息，到期一次还本付息，所筹资金当日全部投入生产线建设。假定工程尚未完工，该企业2×24年12月31日计提长期债券利息时，应编制的会计分录是(　　)。

A. 借：财务费用　　1 800 000
　　贷：应付利息　　1 800 000

B. 借：财务费用　　1 800 000
　　贷：应付债券　　1 800 000

C. 借：在建工程　　1 800 000
　　贷：应付债券　　1 800 000

D. 借：在建工程　　1 800 000
　　贷：应付利息　　1 800 000

（二）多项选择题

1. 下列对长期借款利息费用的会计处理中，正确的有(　　)。

A. 筹建期间的借款利息计入管理费用

B. 筹建期间的借款利息计入长期待摊费用

C. 日常生产经营活动的借款利息计入财务费用

D. 符合资本化条件的借款利息计入相关资产成本

2. 企业在生产经营期间按面值发行债券，按期计提利息时，可能涉及的账户有(　　)。

A. “财务费用”　　B. “在建工程”

C. “应付债券”　　D. “长期待摊费用”

3. 下列各项，能够引起资产负债表中负债金额增加的有(　　)。

A. 计提坏账准备　　B. 计提短期投资跌价准备

C. 计提应付债券利息　　D. 计提长期借款利息

4. 下列各项，不在资产负债表“长期应付款”项目列示的有(　　)。

A. 应付的租入包装物租金

B. 应付的租入低值易耗品租金

C. 分期付款方式购入固定资产的应付款项

D. 应付的以经营租赁方式租入管理用设备租金

（三）计算分析题

甲上市公司发行公司债券为建造专用生产线筹集资金。有关资料如下：

（1）2×21年12月31日，委托证券公司以77 550 000元的价格发行3年期分期付息公司债券。该债券面值为80 000 000元，票面年利率为4.5%，实际年利率为5.64%，每年付息一次，到期后按面值偿还。支付的发行费用与发行期间冻结资金产生的利息收入相等。

（2）生产线建造工程采用出包方式，于2×22年1月1日开始动工，发行债券所得款项于当日全部支付给建造承包商，2×23年12月31日所建造的生产线达到预定可使用状态。

（3）假定各年度利息的实际支付日期均为下年度的1月10日；2×25年1月10日支付2×24年度利息，一并偿付债券面值。

（4）所有款项均以银行存款收付。

要求：（1）计算甲上市公司该债券在各年末的摊余成本、应付利息金额、当年应予以资本化或费用化的利息金额、利息调整的本年摊销额和年末余额，将结果填入表5－5中（不需要列出计算过程）。

表5－5 甲上市公司发行债券的各项计算结果 单位：万元

时间		2×21年12月31日	2×22年12月31日	2×23年12月31日	2×24年12月31日
年末摊余成本	面值				
	利息调整				
	合计				
当年应予以资本化或费用化的利息金额					
年末应付利息金额					
“利息调整”本年摊销额					

（2）分别编制与甲上市公司债券发行、2×22年12月31日和2×24年12月31日确认债券利息、2×25年1月10日支付利息和债券面值业务相关的会计分录。

素养园地

某公司为发行公司债券，在编制2012年至2014年年度财务报表时，违反会计准则，通过将承建工程项目的应收账款和应付款项“对抵”的方式，虚减企业应收账款、应付账款，导致公司2012年至2014年年度少计提坏账准备、多计利润。2015年7月骗取中国证监会的公司债券公开发行审核许可，于2015年8月和2015年9月分两期向合格投资者公开发行公司债券，合计金额为13.6亿元。两只债券到期后发生实质性违约。2018年，该公司申请破产重组。此外，该公司还存在未按规定及时披露年报、审计机构变更事项等违法行为。2018年7月，证监会依法对该公司及相关责任人员做出行政处罚。

2019年以来，债券投资者陆续将该公司起诉至杭州市中级人民法院，称该公司在不符合债券发行条件的前提下，通过制作虚假财务报表欺诈发行两只公募债券，要求该公司偿付债券本息及逾期利息；陈某某作为实际控制人，承销商和中介机构承担连带责任。2021年1月，该欺诈发行案迎来一审判决，杭州市中级人民法院在其官方微信公众号发布消息称，某公司以虚假财务数据骗取债券发行资格，构成欺诈发行、虚假陈述的违法违规行为，应对投资者的损失承担赔偿责任，4家中介机构也应在相应范围内承担连带责任。

资料来源：证监会．处罚决定书（〔2018〕54号）．

结合案例，请思考：某公司上述做法在哪些方面违背了会计职业道德，不符合会计信息质量要求？

第六章

所有者权益

学习目标

本章主要介绍所有者权益确认、计量和记录的理论与方法。

通过本章的学习，学生应了解所有者权益的概念、特征和内容；理解资本公积与盈余公积、其他综合收益与综合收益的关系；熟悉资本公积、留存收益的内容；掌握实收资本、股票发行、盈余公积提取和使用、股利分配、未分配利润的核算方法。

素养目标

1. 教师讲授实收资本（或股本）的相关知识，使学生在掌握其账务处理的同时，深刻理解政府加强实收资本（或股本）管控的意义，谨防出资环节企业虚报注册资本取得登记资格或抽逃资金等违法行为。

2. 教师讲授盈余公积的相关知识，使学生掌握其账务处理方法，着重理解提取盈余公积的理论渊源，深刻认识马克思主义的资本积累理论在我国会计领域的具体应用；引领学生深刻理解马克思主义，培养学生将马克思主义基本理论与中国具体实践相结合的能力。

3. 教师讲授股利分配的相关知识，使学生理解和掌握所有者权益的账务处理方法，深刻理解利润分配原则，掌握处理国家、企业和个人之间利益关系的理论和方法。

导　读

所有者权益

所有者权益概述	实收资本（或股本）	资本公积	其他综合收益	盈余公积	未分配利润
●所有者权益的概念 ●所有者权益的特点 ●所有者权益的种类	●实收资本（或股本）概述 ●有限责任公司实收资本 ●股份有限公司股本 ●实收资本（或股本）调整	●资本公积的概念及内容 ●资本（股本）溢价 ●其他资本公积	●综合收益 ●其他综合收益的内容 ●其他综合收益的账务处理	●盈余公积概述 ●盈余公积的用途 ●盈余公积的提取、使用 ●股利分派	●未分配利润的性质 ●未分配利润的形成

框图说明：

所有者权益是企业资产扣除负债后由所有者享有的剩余权益，由实收资本（或股本）、其他权益工具、资本公积、其他综合收益、盈余公积和未分配利润组成。

任何企业的经营必须有一定的“本钱”，实收资本（或股本）、资本公积主要由投资者投入形成（即本钱），企业累计实现的净利润表现为盈余公积和未分配利润（统称“留存收益”）。所有者权益因企业经营获利而增加，因向投资者分配股利、利润以及经营亏损而减少。

根据“资产－负债＝所有者权益”，所有者权益是企业资产中扣除债权人权益后应由所有者享有的部分，即剩余索取权。可见，所有者权益既反映了所有者投入资本的保值增值情况，又体现了保护债权人权益的理念。

第一节 所有者权益概述

一、所有者权益的概念

财务会计中，权益有广义和狭义之分。广义的权益是指资产负债表上与资产总额相对应的债权人权益和所有者权益；狭义的权益即所有者权益，是指企业资产扣除负债后由所有者享有的剩余权益，也称净资产，公司制企业的所有者权益又称股东权益。

根据“资产－负债＝所有者权益”会计等式，所有者权益体现了企业资产扣除负债后的剩余利益，是投资者凭借对企业永久性投资而对净资产所享有的权利，所有者权益因企业盈利而增加，因亏损而减少。

所有者权益是投资者对企业剩余资产（资产－负债）的索取权，所有者对企业全部资产所享有的权利置于债权人之后，倘若企业处在破产清算状态，其全部资产必须首先偿还负债，有剩余才归所有者。从这个角度看，所有者权益体现了保护债权人权益的理念。

二、所有者权益的特点

所有者权益的特点是指与负债相比所具有的特殊之处。虽然所有者权益和负债都是企业的资金来源，二者的目的都是通过投入资金获得收益，但与负债相比，所有者权益具有以下主要特点。

（一）存续时间长

所有者权益一经确认，在企业终止经营前一般不得抽回，为企业提供一项可供长期支配使用的资金；而负债无论期限长短，都有约定或可以推定的偿还日期，使用这部分资金的期限是有限的。

（二）分享收益的风险高

债权人出借资金获取的收益（利息）一般不受企业盈利与否的影响，均能按期收取，信贷风险较小；而所有者权益获得的收益属于剩余利润的性质，其多少既取决于企业的盈利水平，也受企业制定的经营和分配政策影响，风险较大。

（三）享有的权利多

企业所有者依法享有资产收益、参与经营或收益分配重大决策、选择管理者等权利；而债权人只具有要求企业按合同或法律规定如期还本付息的权利，无其他权利。

（四）偿付或返还出资义务的法律强制性低

所有者的出资除按法定程序减资或在企业解散清算之前，并无偿付或返还的义务；负债是具有法定义务的经济责任，何时偿还、偿还多少都具有法律强制性。

（五）对资产的要求权滞后

无论是“资产＝负债＋所有者权益”还是“资产－负债＝所有者权益”会计等式，所有者权益对资产的要求权置于债权人权益（负债）之后，所有者权益是出资者对剩余资产的要求权。

（六）计量所有者权益的时间滞后

所有者权益除初始出资可直接计量外，在企业存续期内一般不能直接和单独计量，只能先对资产和负债分别计量后，才能确定所有者权益的计量结果。

音频

所有者权益和负债的主要区别

三、所有者权益的种类

所有者权益可以按照不同的标准分类。

（一）按企业组织形式分类

在市场经济条件下，企业的组织形式一般有独资企业、合伙企业和公司制企业三种。企业组织形式不同，所有者权益也有所不同。

1. 独资企业

独资企业的财产是业主个人的私有财产，其债务也是由出资人个人承担，且承担无限责任，盈亏由出资人独享或承担，收益分配也由业主自主决定。独资企业的业主权益（即所有者权益）的主要特点是不必划分为投入资本、资本公积、留存收益等项目，业主对企业投资、从企业中提取款项以及企业发生的盈亏可以直接增加或减少业主权益，一般需要通过“业主资本”“业主往来”等账户进行核算。

2. 合伙企业

合伙企业分为普通合伙企业和有限合伙企业。前者是指由普通合伙人组成，他们对合伙企业债务承担无限连带责任。后者是由普通合伙人和有限合伙人组成，普通合伙人对合伙企业债务承担无限连带责任，有限合伙人以其认缴的出资额为限对合伙企业债务承担责任。合伙企业常见于律师事务所、会计师事务所等行业中。

合伙企业的所有者权益与独资企业业主权益在许多方面是相同的，但与独资企业的主要不同点是所有者权益类账户的设置与损益的分配。合伙企业所有者权益归全体合伙人所有，各合伙人通常按出资比例分享所有者权益，需要在资本金账户下按每个合伙人设置明细账，以区分不同合伙人分享的权益。合伙企业的利润分配、亏损分担，通常按照合伙协议的约定办理。

【提醒您】

第一，独资企业、合伙企业不是法律主体，企业的财产和对外所负的债务在法律上被视为出资人个人的财产和债务，企业行为实质上就是出资人个人行为；第二，对企业债务承担无限责任，是指独资企业与合伙企业在清算时，如果企业的财产不足以清偿债务，出资人应以个人财产予以清偿；第三，独资企业与合伙企业的收益视为企业出资人的个人收益，应按照《个人所得税法》计算缴纳个人所得税，而不是缴纳企业所得税，即独资企业与合伙企业不是纳税主体。

3. 公司制企业

公司制企业，是指依法设立的，以营利为目的的，由股东投资形成的法人企业。分为有限责任公司（含国有独资公司）和股份有限公司。其所有者权益特点后续讲述。

（二）按来源渠道分类

按来源渠道分类，可将所有者权益分为以下三类：

（1）投入资本，如国家、其他法人单位和个人向企业初始投入的资本和追加投入的资本。

（2）盈利转化部分，是指企业从净利润提取的盈余公积和未分配利润，亦即留存收益。

（3）直接计入所有者权益的利得和损失，是指不应计入当期损益、会导致所有者权益发生增减变动的、与所有者投入资本或者向所有者分配利润无关的利得或者损失。

（三）按经济内容分类

按经济内容分类，可将公司制企业所有者权益分为实收资本、其他权益工具、资本公积、其他综合收益、盈余公积和未分配利润六部分。

（1）实收资本，是指投资者在企业注册资本范围内实际投入企业经营活动的各种财产物资。

（2）其他权益工具，是指企业发行的除普通股以外的归类为权益工具的各种金融工具，主要包括归类为权益工具的优先股、永续债、认股权、可转换公司债券等金融工具。

（3）资本公积，是指企业投资者出资额超出其在注册资本（或股本）中所占份额的部分，以及其他资本公积等。资本公积包括股本溢价、其他资本公积。

（4）其他综合收益，是指企业根据其他会计准则规定未在当期损益中确认的各项利得和损失。

（5）盈余公积，是指按照国家规定从净利润中提取的积累资金。

（6）未分配利润，是指企业实现的利润扣除缴纳的所得税、分配给股东的股利和提取的各种用途公积金后，留于以后年度分配的利润或待分配利润。

盈余公积和未分配利润称为“留存收益”。它们是企业从历年实现的利润中提取或形成的尚存于企业的内部积累。

第二节　实收资本（或股本）

一、实收资本（或股本）概述

（一）实收资本的特点

实收资本（或股本），是指投资者按照企业章程或合同、协议的约定，实际投入企业、构成企业注册资本的价值。其特点主要表现在以下方面。

1. 它是在注册资本范围内的出资额

企业的创建与发展以一定的法定资本为前提条件。资本是投资者为开展生产经营活动而投入的本钱。会计上的资本专指所有者权益中的投入资本。法定资本是企业在市场监督管理部门登记的注册资金或注册资本，是企业在设立时向市场监督管理部门登记的资本总额。进一步讲，实收资本就是所有者对注册资本的出资额，是企业注册登记的法定资本总额的来源。企业应该按照法律、法规、合同和章程的规定及时筹集资本。如果是一次筹集的，实收资本应等于注册资本；如果是分期筹集的，在所有者最后一次缴入资本后，实收资本应等于注册资本。

2. 实收资本具有不同的表现形式

在不同类型的企业中，实收资本的表现形式有所不同。在股份有限公司，实收资本表现为实际发行股票的面值，也称为股本；在其他企业，实收资本表现为所有者在注册资本范围内的实际出资额，也称为实收资本。

3. 实收资本具有不同的来源和不同的性质

实收资本按照来源和所有者的性质，可以分为国家资本、法人资本、个人资本和外方资本。其中：国家资本是指国家以各种形式对企业投入的资本；法人资本是指企业接受其他具有法人资格的单位以其依法可以支配的资产投入的资本；个人资本是指企业接受其内部和外部个人合法财产投入的资本；外方资本是指外国投资者以及我国香港、澳门和台湾地区的投资者投入的资本。

4. 实收资本可供长期周转使用

实收资本可供长期周转使用，无须支付任何额外费用。它既是企业从事生产经营活动的物质基础，也是其扩展业务范围、补偿意外损失、保护债权人利益的重要前提。

5. 投入资本形式

在我国，投资者投入资本可以采取下述形式。

(1) 以货币资金投资。

以货币资金投资，是指投资者直接以现金、银行存款向企业出资。如国家直接向企业拨付资金，国家、其他法人或个人以货币资金认购企业股份等进行的投资。

(2) 以实物资产和有价证券投资。

以实物资产投资，是指投资者以一定数量的实物资产向企业进行的投资，这些实物资产主要包括：机器设备、房屋建筑物等固定资产，原材料、产成品等流动资产。

以有价证券投资，是指以持有的其他企业的债券或股票等有价证券进行的投资。

(3) 以无形资产投资。

以无形资产投资，是指投资者以专利权、非专利技术、土地使用权等无形资产向企业进行的投资。

(二) 投入资本的计价

投入资本的计价，是指对投资者投入资本入账金额的确定方法。我国《企业会计准则》规定，投资者投入的资本应按实际投资数额计价入账。不同的投资形式，其实际投资数额的确定并不完全相同。具体而言，若投资者以货币资金投入，则可以实际拨付或转入的数额确定；如果投资者以固定资产和流动资产等实物资产或无形资产投入，应按投资合同或协议约定的价值确定的投入资产价值（投资合同或协议约定的价值不公允的除外）入账。

(三) 账户的设置

1. “实收资本”账户

除股份有限公司外，其他各类企业应设置“实收资本”账户核算投资者投入资本的情况。该账户的明细账应按投资者设置。

2. “股本”账户

股份有限公司应设置“股本”账户核算其发行股票情况。该账户的明细账应按股票的类别设置。

【提醒您】

“股本”账户余额＝每股面值×核定的股份总数。

“实收资本”账户和“股本”账户记录的数额应与企业在管理部门登记的注册资本一致。

二、有限责任公司实收资本

(一) 有限责任公司的特征

有限责任公司（以下简称“公司”）是由两个以上的股东共同出资，每个股东以其所认缴的出资额对公司承担有限责任，公司以其全部资产对其债务承担责任的企业法人。其基本特征是：

(1) 公司是由股东共同出资设立的，其股东人数必须在50人以下，公司资本无须分为等额股份。

(2) 公司不对外发行股票筹集资本，资本是通过股东依照其资格向公司投入货币资产、实物资产和无形资产来筹集。对于筹集的资本，公司只向股东签发出资证明。

(3) 股东对外转让股权受到限制。与股份公司有所不同，有限责任公司通常股东人数不多，股东间存在一定紧密关系，股东群体具有一定封闭性。为此，《公司法》对于有限责任公司股东对外转让股权设置了一套限制规则，但对于股权的对内转让，即有限责任公司的股东之间全部或者部分股权的转让未设任何限制。

（二）有限责任公司实收资本核算的原则

有限责任公司进行实收资本核算时，应遵循以下原则：

(1) 公司对投资者缴付的作为出资额的非货币财产应当评估作价，在评估作价、核实资产后进行账务处理，不得高估或低估作价。

(2) 股东以货币出资的，应当将货币出资足额存入有限责任公司在银行开设的账户；以非货币财产出资的，应当依法办理其财产权的转移手续。股东缴纳出资后，必须经依法设立的验资机构验资并出具证明。

(3) 公司建立的初期，股东按其在企业注册资本中所占的份额出资，不会出现资本溢价的情况，按实际收到各投资者如期缴足的资本数额，记入“实收资本”账户。在公司发展过程中，如果需要增资扩股而吸收新的投资者，对于新的投资者缴纳的出资额大于其在注册资本中所占的份额部分，应确认为资本公积。

（三）有限责任公司实收资本的账务处理

有限责任公司投资者可以用货币出资，也可以用实物、知识产权、土地使用权等非货币资产作价出资。

公司接受现金资产投资时，应以实际收到的金额或存入公司开户银行的金额，记入“银行存款”等账户，按投资合同或协议约定的投资者在公司注册资本中所占份额的部分，记入“实收资本”账户，公司实际收到或存入开户银行的金额超过投资者在公司注册资本中所占份额的部分，记入“资本公积——资本溢价”账户。

公司接受投资者作价投入的非货币资产（如存货、固定资产和无形资产等），应按投资合同或协议约定的价值（不公允的除外）作为资产的入账价值，按投资合同或协议约定的投资者在公司注册资本或股本中所占份额的部分作为实收资本入账，投资合同或协议约定的价值（不公允的除外）超过投资者在公司注册资本中所占份额的部分，计入资本公积（资本溢价）。具体会计处理，借记“原材料”“固定资产”“无形资产”等账户；按其在注册资本或股本中所占份额，贷记“实收资本”账户，按借贷方差额，贷记“资本公积——资本溢价”账户。涉及增值税进项税额的，还应按照进项税额借记“应交税费——应交增值税（进项税额）”账户。

例6-1

2×24年1月，M有限责任公司设立时收到投资情况如下：

(1) 收到甲公司作为资本投入的不需要安装的生产设备一台，合同约定该设备的价值为3 000 000元，增值税进项税额为390 000元。合同约定的固定资产价值与公允价值相符。

(2) 收到乙公司作为资本投入的原材料一批，合同或协议约定该批原材料价值（不含可抵扣的增值税进项税额）为200 000元，增值税进项税额为26 000元。乙公司已开具了增值税专用发票。假设合同约定的价值与公允价值相符，该进项税额允许抵扣。

(3) 收到丙公司作为资本投入的非专利技术一项，合同约定该项非专利技术价值为120 000元，增值税进项税额为7 200元。同时收到丁公司作为资本投入的土地使用权一项，合同约定其价值为160 000元，增值税进项税额为9 600元。增值税分别由丙公司和丁公司支付并提供增值税专用发票。合同约定的资产价值与其公允价值相符。

双方约定，公司接受投入资产以合同价及相关增值税作为实收资本入账。

M有限责任公司根据上述业务，编制如下会计分录：

(1) 借：固定资产	3 000 000	
应交税费——应交增值税（进项税额）	390 000	
贷：实收资本——甲公司		3 390 000
(2) 借：原材料	200 000	
应交税费——应交增值税（进项税额）	26 000	
贷：实收资本——乙公司		226 000
(3) 借：无形资产——非专利技术	120 000	
——土地使用权	160 000	
应交税费——应交增值税（进项税额）	16 800	
贷：实收资本——丙公司		127 200
——丁公司		169 600

企业收到投资者以外币投入的资本，无论是否有合同约定汇率，均不得采用合同约定汇率和即期汇率的近似汇率折算，而是采用交易日即期汇率折算，这样，外币投入资本与相应的货币性项目的记账本位币金额相等，不产生外币资本折算差额。

例6-2

甲公司的记账本位币为人民币。2×24年1月12日，与某外商签订投资合同，当日收到外商投入资本20 000美元，当日汇率为1美元=7.8元人民币，假定投资合同约定汇率为1美元=8.2元人民币。编制如下会计分录：

借：银行存款	156 000	
贷：实收资本——某外商投入资本		156 000

三、股份有限公司股本

（一）股份有限公司的特征

股份有限公司是指公司全部注册资本由等额股份构成并通过发行股票筹集资本的企业

法人。其基本特征是：

（1）公司的资本总额平分为金额相等的股份。股份有限公司最主要的特征是企业资本总额平均分成许多为数较小的份额，每一份额称为“一股”。公司资本总额划分为等额股份后，既可吸收社会闲散资金，也便于股份转让。

（2）有限责任性。股份有限公司有限责任性的表现形式为：一是公司股东对公司仅承担有限责任，即公司股东仅有义务交付应当由他们支付的出资或股金，而对公司债务不直接承担个人责任；二是公司具有法律人格，是依法独立享有民事权利和承担民事义务的企业，依其全部财产对公司的债务承担责任。

（3）股份可以自由转让。股份有限公司的一个重要特征是其股份可以自由转让。当股东有急需，或持有此种股票获利水平不佳，或发现公司经营不善，面临亏损和破产时，可以根据自己意志而无须征得其他股东的同意，将股份转让出去，收回投资。

（二）股份有限公司股票的种类

1. 股份与股票

股份，是指按相等金额或相同比例，平均划分公司资本的基本金额计量单位。其含义包括以下两点：

（1）股份是公司资本的构成单位，股份有限公司的全部资本都被划分为金额相等或比例相同的股份，所有股份金额之和等于公司资本总额。

（2）股份体现了股东在股份有限公司中的法律地位，它代表了股东对于公司的权利和义务。股东可以凭其所持有公司的股份享有股息和红利；在公司破产清算和分配公司财产时得到优先清偿等权利以及负有交付股款、重复投资等义务。

股票与股份是密切相关的两个概念。股票是公司签发的证明股东按其所持股份享有权利和承担义务的凭证，是公司股份的表现形式，一定数量的股票代表一定份额的股份，有什么样的股份，也就构成了什么样的股票。

股份的种类主要有四种，如图 6－1 所示。

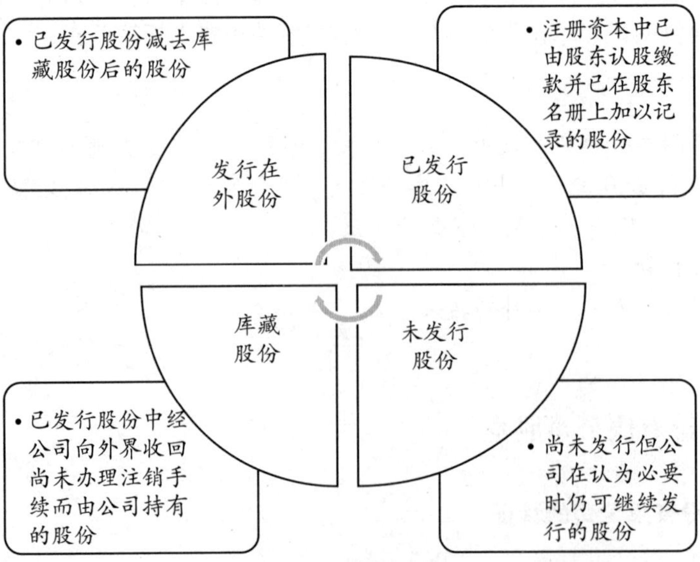

图 6－1 股份的种类

2. 普通股票和优先股票

按股票权利和内容不同，股票分为普通股票和优先股票。

(1) 普通股票简称普通股，是指代表一般股权的股份，每一股通常有一个投票权，股东按持股比例分享收益。普通股股东具有投票选举权、优先认股权、经营收益的剩余请求权和清算财产的最终索取权等基本权利。

(2) 优先股票简称优先股，是指相对于普通股票而拥有“优先”权利的股票。中国证监会发布的《优先股试点管理办法》指出，优先股是指依照《公司法》，在一般规定的普通种类股份之外，另行规定的其他种类股份，其股份持有人优先于普通股股东分配公司利润和剩余财产，但参与公司决策管理等权利受到限制。其基本特征为：一是优先获得股息，其股东可按公司章程优先于普通股股东领取固定股息和分享红利；二是优先得到清偿，即公司在清算时，优先股股东有先于普通股股东分配剩余财产的权利；三是优先股股东不参与公司决策，不参与公司红利分配。

3. 记名股票和无记名股票

记名股票是在公司的股东名册上和股票上记载股东的姓名或名称的股票，记名股票转让时必须经过公司过户；无记名股票是不登记股东姓名或名称的股票，它可以自由转让，无须经过公司过户。按照《公司法》的规定，公司向发起人、法人发行的股票应为记名股票，并应当记载该发起人、法人的名称，不得另立户名或以代表人姓名记名；对社会公众发行的股票，可为记名股票，也可为无记名股票。

（三）股份有限公司股本的形成

1. 股份有限公司设立方式

我国《公司法》对股份有限公司的设立以及股本的形成做出了明确的规定。股份有限公司的设立，可以采取发起设立或者募集设立的方式。由发起人认购设立公司时应发行的全部股份而设立公司即发起设立；由发起人认购设立公司应发行股份的一部分，其余股份向社会公开募集或者向特定对象募集而设立公司即募集设立。

无论采用何种设立方式，股份有限公司资本总额均由等额股份构成，通过发行股票(或股权证)的方式筹集资本。股票面值与股份总数的乘积为股本总额。股票发行应按公司章程的规定，并在经政府授权部门核准的股份总额(即核定股份总额)范围内进行。

企业发行股票的价格受投资者对企业未来获利能力估计以及当时资本市场形势的影响，导致企业取得股票发行收入与股本总额有时相同，有时不相同，表现为：企业发行股票收入大于股本总额，即溢价发行；小于股本总额，为折价发行；等于股本总额，为按面值发行。无论股票是以何种价格发行(目前我国不允许折价发行)，均应按照股票的面值计入股本，发行价格高于股票面值的部分，计入资本公积。

【提醒您】

从资本充实的角度分析，股票不应按照低于股票的票面价值发行，即使股份全部得以发行，所筹集到的资金也必然低于公司所需要的资本总额，否则，这将导致公司资本虚增，损害公司及股东的利益，对于公司债权人来说也是不利的。因此，我国《公司法》规定股票发行价格不得低于股票票面金额。

2. 按面值发行股票收到现金

公司按面值发行股票并收到股东的出资额时，借记“银行存款”账户，贷记“股本”账户；支付与发行股票直接相关的手续费、佣金等交易费用时，借记“资本公积”账户，贷记“银行存款”账户。

例 6-3

2×24 年年初，W 股份有限公司委托某证券公司代理发行 30 000 000 股，每股面值 5 元。与证券公司约定，按发行收入的 4%收取手续费，从发行收入中直接扣除。根据上述资料，W 股份有限公司应编制如下会计分录：

借：银行存款	144 000 000 [30 000 000×5×(1−4%)]	
资本公积	6 000 000	
贷：股本——普通股		150 000 000

3. 按溢价发行股票收到现金

溢价发行股票即发行股票取得的收入大于其股本总额。股票之所以会出现溢价发行，主要有三方面原因：一是发行股票时证券市场需求旺盛；二是投资者与发行者对公司获利能力期望较高；三是公司资信度较高。

股票溢价发行时，按实际收到的金额，借记“库存现金”“银行存款”等账户；按股票面值和核定的股份总额的乘积计算的金额，贷记“股本”账户，按借贷方差额，贷记“资本公积——股本溢价”账户。

例 6-4

2×24 年 1 月初，M 股份有限公司发行普通股 20 000 000 股，每股面值 1 元，每股发行价格 5 元。假定股票发行成功，股款 100 000 000 元已全部收到（不考虑其他因素）。M 股份有限公司应编制如下会计分录：

资本公积金额＝100 000 000−20 000 000＝80 000 000（元）

借：银行存款	100 000 000	
贷：股本		20 000 000
资本公积——股本溢价		80 000 000

四、实收资本（或股本）调整

（一）实收资本的增减变动

1. 增加注册资本

公司为了扩大经营规模或者经营范围，或者为了与公司的实际资产相符，或者为了提高公司的资本信誉，有时经股东会决议通过增加注册资本。

非股份有限公司增加注册资本的途径主要有以下三个：

（1）将资本公积转为实收资本。

（2）将盈余公积转为实收资本。资本公积和盈余公积同属于所有者权益，所以这种转增资本只不过是所有者权益内部不同项目的转换。

【提醒您】

在实务处理时，应注意两点：第一，除国有独资公司因投资者单一可直接结转外，其他有限责任公司所增加的实收资本都应按现有股东的资本比例，分别确定各股东的增资数额，记入“实收资本”账户的各投资者明细账内，以保持增资后的资本结构不变。第二，按照《公司法》的规定，用法定盈余公积转增资本的，转增后所留存的该项公积金不得少于转增前公司注册资本的25%。

(3) 投资者投入，包括原股东追加投资和增加新的投资方。如果为原股东追加投资，可按其实际投入额，借记“银行存款”账户，贷记“实收资本”账户；如果为新投资者介入，新介入投资者缴纳的出资额大于按约定比例计算的其在注册资本中所占的份额部分，不计入实收资本，而作为资本溢价计入资本公积。

此外，经批准，有限责任公司还可以用未分配利润转增资本，借记“利润分配”账户，贷记“实收资本”账户。

2. 转让出资

股东在符合规定的条件下，将其拥有的出资额转让给新的投资者时，公司只需要登记股东的转换会计分录，即借记“实收资本——原股东”账户，贷记“实收资本——新股东”账户。

3. 减少注册资本

一般情况下，有限责任公司不得减少注册资本，但因特殊情况需要减资时，应征得债权人的同意，经股东会决议，有关部门批准，并且减资后注册资本不得低于法律规定的最低限额。减资主要有以下两种情况：

(1) 因经营方针或市场需求发生重大变化，造成资本过剩，为使经营规模与资本相称，而向股东发还股款。其具体会计核算方法是，按各股东的投资比例计算发还投资的数额，借记“实收资本”账户，贷记“银行存款”账户。

(2) 生产经营过程中发生重大亏损，财务状况恶化，短期内不能期望以利润或公积金来弥补，不得已采用减资的办法弥补亏损。减资补亏时编制的会计分录为：借记“实收资本”账户，贷记“利润分配——未分配利润”账户。

（二）股本的增减变动

1. 新股发行

股份有限公司设立后再发行股票的行为，称为新股发行。新股发行的目的主要在于筹集扩大经营所需的资本。此外，股份有限公司还会出于一些特殊目的而发行新股，如公司将资本公积转增股本、可转换债券的转换、股票股利的发放等。

在新股发行过程中，认股人认购的股票一般可不记入正式的会计账簿内，而是通过认股簿进行备查登记。由于我国股票发行普遍采用的是余额包销方式，即证券公司（承销商）代发行人发售股票，在承销期结束后，对于未售出的股票全部由证券公司自行购入。因此，在收到证券公司通过代收款银行转来新股发行收入时，按实际取得的发行收入，借记“银行存款”账户，按新发行股票面值总额，贷记“股本”账户，按溢价发行收入扣除股票发行费用后的余额，贷记“资本公积”账户。

例6-5

W公司成立于2×16年，2×17年改组为股份公司，招股发行2 500万股新股（发行后总股本为10 000万股），每股面值1元，每股发行价为2.10元，发行前账面资本公积为22 500 000元，2×17年年末可供分配的利润为10 600 000元。经股东大会批准，公司于2×18年5月以2×17年年末总股本10 000万股为基数实施2×17年度利润分配：每10股送1股并派发现金红利0.80元（含税）。公司于2×19年6月以2×18年年末总股本11 000万股为基数实施2×18年度利润分配：每10股送1.5股转增3.5股。2×24年公司增发新股8 000万股，每股发行价为5.50元。编制如下会计分录：

(1) 2×17年发行新股时：

借：银行存款　　52 500 000
　贷：股本　　25 000 000
　　　资本公积——股本溢价　　27 500 000

(2) 经股东大会批准，实施2×17年利润分配方案：

借：利润分配——应付普通股股利　　8 000 000
　贷：应付股利　　8 000 000

(3) 实施2×17年利润分配方案（发放现金股利，办妥增资手续）：

借：利润分配——转作股本的普通股股利　　10 000 000
　　应付股利　　8 000 000
　贷：股本　　10 000 000
　　　银行存款　　8 000 000

(4) 2×19年6月，经股东大会批准实施2×18年利润分配方案，办妥增资手续：

借：利润分配——转作股本的普通股股利　　16 500 000
　　资本公积——股本溢价　　38 500 000（110 000 000÷10×3.5×1）
　贷：股本　　55 000 000

(5) 2×24年增发新股时：

借：银行存款　　440 000 000
　贷：股本　　80 000 000
　　　资本公积——股本溢价　　360 000 000

2. 发行认股权证

认股权证，是指由股份有限公司发行的可认购其股票的一种买入期权。它赋予持有者在一定期限内以事先约定的价格购买发行公司一定数量股份的权利。一般来说，在认购股份之前，持证人对公司没有债权也没有股权，只拥有股票认购权。例如：某股份有限公司发行认股权证，当前股价是4.2元，每份权证0.42元，有效期一年，行权价格4元。在约定的行权期内，无论股价如何，投资者都有权从该公司以4元的价格买进一定数量的股票。如果届时股价涨至5.5元，投资者只需支付4元即可获得市价5.5元的股票，对投资者行权是有利的；如果届时股价跌至3元，以4元的价格购买市价3元的股票，对投资者行权显然不利，投资者可以选择不行权，仅仅损失0.42元权利金。

认股权证可由股份有限公司为增资而单独发行，也可以向原股东按其持股比例配送认股权证即配股发行，还可以由公司发行股票或债券时附设认股权证，即嵌入式发行。在有效期内，企业持有的认股权证可在二级市场上转让交易，股份有限公司也可以回购认股权证。

股份有限公司发行认股权证是否予以确认，应视不同的情况而异。对于有价值的认股权证取得的权利金可通过“认股权证”账户核算。其贷方登记发行认股权证取得的权利金，借方登记投资人行权或公司回购认股权证转销的权利金，贷方余额反映公司实际拥有的股权金。

股份有限公司单独发行认股权证时，按其发行所得股权金，借记“银行存款”账户，贷记“认股权证”账户。权证持有人行权时，按收到的价款，借记“银行存款”账户；按行权部分的认股权余额借记“认股权证”账户；按股票面值贷记“股本”账户，差额贷记“资本公积——股本溢价”账户。若认股权证有效期届满，部分持有人未行权，发行公司则应按尚未行权部分的认股权余额，借记“认股权证”账户，贷记“资本公积——股本溢价”账户。

3. *库存股*

(1) 库存股的性质。库存股，是指发行后重新回购或者通过其他方式取得的本公司尚未注销的股票。公司持有的其他公司的股票、库存的尚未发行的股票以及由本公司收回并加以注销的本公司股票不是库存股（即库存股必须是未注销的股票）。

股份有限公司一般基于以下原因形成库存股：减少公司注册资本；与持有本公司股份的其他公司合并；将股份奖励给本公司职工；股东因对股东大会做出的公司合并、分立决议有异议，要求公司收购其股份。股份有限公司取得库存股一般会引起股本和资产同时减少，因此库存股不是资产，而是股东权益的减少，简而言之，它是股本的减项。

(2) 库存股的计价方法。会计上，库存股有按面值计价和按成本计价两种方法。我国库存股采用成本计价法。

库存股采用成本计价是将股票的回购与再出售视为一个完整的交易。取得库存股准备日后出售，回购时仅完成了交易的前半部分，待出售时整个交易才算完成。因此，回购股票时，应按购买库存股的取得成本计入库存股，待重新发行库存股时，将其予以冲销，尚未重新发行前的库存股取得成本应作为股东权益总额的减项，列示于资产负债表所有者权益或股本部分。

(3) 库存股的账务处理。企业应设置“库存股”账户核算企业收购的尚未转让或注销的本公司股份金额。

股份有限公司经批准重新回购或者通过其他方式取得本公司尚未注销的股票时，按实际支付的金额，借记“库存股”账户，贷记“银行存款”等账户。

公司按规定注销库存股时，应按股票面值和注销股数计算股票面值总额，借记“股本”账户，按注销库存股的账面余额，贷记“库存股”账户，按借贷方差额，借记“资本公积——股本溢价”账户，股本溢价不足冲减的，应借记“盈余公积”“利润分配——未分配利润”账户。

例 6-6

2×24 年 12 月 31 日，XY 公司股本为 10 000 000 股，面值为 1 元，资本公积（股本溢价）120 000 000 元，盈余公积 80 000 000 元，无未分配利润。经股东大会批准，XY 公司以现金回购本公司股票 40 000 000 股并注销。假定 XY 公司分别按每股 4 元、6 元和 0.8 元回购股票，不考虑其他因素，XY 公司的账务处理如下：

	按每股 4 元回购股票	按每股 6 元回购股票	按每股 0.8 元回购股票
(1) 回购股票时：	借：库存股 160 000 000 贷：银行存款 160 000 000	借：库存股 240 000 000 贷：银行存款 240 000 000	借：库存股 32 000 000 贷：银行存款 32 000 000
(2) 注销股票时：	借：股本 40 000 000 资本公积 120 000 000 贷：库存股 160 000 000	借：股本 40 000 000 资本公积 120 000 000 盈余公积 80 000 000 贷：库存股 240 000 000	借：股本 40 000 000 贷：库存股 32 000 000 资本公积 8 000 000

第三节　资本公积

一、资本公积的概念及内容

（一）资本公积的概念

资本公积是指归所有者拥有而非经营收益形成的，不能计入实收资本的所有者权益。主要包括投资者实际缴付的出资额超过其资本份额的差额（如股票溢价、资本溢价）和其他资本公积。资本公积既不是企业生产经营利润产生的，也不一定是由所有者直接投入的，它是所有者权益中极具特点的重要内容。

资本公积与实收资本都属于投入资本范畴，但两者具有以下区别：实收资本来自所有者对企业资本的投入，其目的是谋取一定的投资回报，除按规定增资或减资外，实收资本金额相对不变；而资本公积具有特定的来源，有时不需要所有者实际投入，资本公积形成时，原投资者并不谋求投资回报。

资本公积与盈余公积同属于公积金，但两者也有区别。盈余公积是从净利润中提取的，是净利润的转化形式，而资本公积的形成有其特定的来源，与企业的净利润无关。

（二）资本公积的内容

(1) 资本（股本）溢价，是指企业投资者投入的资金超过其在注册资本中所占份额的部分。

(2) 其他资本公积，是指资本（股本）溢价项目以外所形成的资本公积。

企业应设置“资本公积”账户，核算资本公积的增减变动情况。该账户的明细账按资本公积的类别设置。

二、资本（股本）溢价

（一）资本溢价

资本溢价，是指非股份有限公司投资者投入的资金超过其在注册资本中所占份额的部分。

企业在筹集资本的活动中，投资者缴付的出资额超过注册资本的情形主要有以下两种：一是企业初创时，注册资本的额度不能满足创立时对资金的需求，各出资方协商一致同意按相同比例增加出资额。二是企业在持续经营中，新的投资者加入企业，其出资额的一部分要作为资本公积处理，其原因是：

第一，同为企业资本，其投入企业的时间不同，获利能力也未必相同。如企业创立时要经过一系列艰辛的奋斗过程，承担着巨大的投资风险，企业的创办者为此付出了代价，同样数额的资本，出资时间越早，对企业的影响就越大，相应地，投资者享有的权利也越大。因此，新加入的投资者为了取得一定的投资比例，往往需要付出大于按这一投资比例计算的实收资本额。

第二，企业经营过程中因盈利而形成的留存收益是企业所有者的权益，但未转入实收资本，新的投资者一旦加入企业，本该属于原出资者的积累，就要在新旧投资者之间进行分享，这对于原投资者而言有失公平。为了补偿原投资者的权益损失，新的投资者如果需要获得一定的投资比例，就需要付出比原投资者在获取该投资比例时所投入的资本更多的出资额。投资者投入的资本大于按其投资比例计算的实收资本额部分，作为资本公积。

例 6-7

M 有限责任公司于 2×21 年 1 月 1 日由甲、乙股东各出资 4 000 000 元设立，经过 5 年经营后已有盈余公积、未分配利润共计 2 000 000 元。现有丙投资者欲出资投资该公司，准备占有该公司注册资本的 20%。M 有限责任公司同意增资 2 000 000 元，使其注册资本扩充到 10 000 000 元，并让丙占有 20%的投资比例。M 有限责任公司会计处理如下：

（1）设丙投资者应该投入 X 万元，则有下列等式：

$(8\ 000\ 000+2\ 000\ 000+X)\times(1-20\%)=10\ 000\ 000$

$X=2\ 500\ 000$（元）

计入实收资本的金额 $=10\ 000\ 000\times20\%=2\ 000\ 000$（元）

资本溢价 $=2\ 500\ 000-2\ 000\ 000=500\ 000$（元）

（2）收到丙投资者货币资金出资，编制如下会计分录：

借：银行存款	2 500 000	
贷：实收资本——丙投资者		2 000 000
资本公积——资本溢价		500 000

（二）股本溢价

股本溢价，是指股份有限公司发行股票时，实际收到的款项超出股票面值总额的差额。股份有限公司是以发行股票的方式筹集股本，股票可按面值发行，也可溢价发行，我国目前不准折价发行。

为了反映和便于计算各股东所持股份占企业全部股本的比例，企业的股本总额应按股票的面值与股份总数的乘积计算。为提供企业股本总额及其构成和注册资本等信息，企业按面值发行股票取得的收入应全部计入股本；在采用溢价发行股票的情况下，企业发行股票的收入，相当于股票面值的部分计入股本，超出股票面值的溢价收入计入资本公积。

【提醒您】

核算股份有限公司股本溢价时，应注意以下两点：

第一，与其他类型的企业不同，股份有限公司成立时可能会溢价发行股票，因而在成立之初可能产生股本溢价。股本溢价的数额等于股份有限公司发行股票时实际收到的款项超过股票面值总额的部分。

第二，发行股票相关的手续费、佣金等交易费用，如果是溢价发行股票的，应从溢价中抵扣，冲减资本公积（股本溢价）；无溢价发行股票或溢价金额不足以抵扣的，应将不足抵扣的部分冲减盈余公积和未分配利润。

例 6-8

2×24 年 1 月 1 日，W 股份有限公司委托证券公司代理发行股票 300 000 股，每股面值 5 元，每股实收股款 6 元。与证券公司约定，按发行收入的 4%收取手续费，从发行收入中直接扣除。W 股份有限公司收到证券公司的股票款时，编制如下会计分录：

借：银行存款　　1 728 000 [300 000×6×(1－4%)]

　贷：股本——普通股　　1 500 000

　　　资本公积　　228 000

三、其他资本公积

（一）其他资本公积的性质

其他资本公积，是指除资本溢价（股本溢价）以外所形成的资本公积。主要是企业持有的资产、负债或权益工具采用公允价值计量所产生的利得和损失。其他资本公积具有暂时性、过渡性，既不能将其用于转增资本，也不能用于弥补亏损，而是在该资产、负债或权益工具终止确认时再予以处理。

（二）其他资本公积的内容

其他资本公积主要包括以下内容：

（1）企业采用权益法核算的长期股权投资，所享有的被投资单位除了净损益、其他综合收益以外的所有者权益变动份额，确认为其他资本公积。

（2）企业根据以权益结算的股份支付授予职工或其他方的权益工具，确认为其他资本公积。

（三）其他资本公积的账务处理

企业应在“资本公积”账户中设置“其他资本公积”明细账，核算其他资本公积增减变动及其结余情况。其他资本公积增加，贷记“资本公积——其他资本公积”账户；其他资本公积减少，借记“资本公积——其他资本公积”账户；“其他资本公积”明细账期末贷方余额反映企业其他资本公积的实有数额。

1. 以权益结算的股份支付

以权益结算的股份支付换取职工或其他方提供服务的，应按照确定的金额，记入“管理费用”等账户，同时贷记“资本公积——其他资本公积”账户。在行权日，应按实际行权的权益工具数量计算确定的金额，借记“资本公积——其他资本公积”账户，按计入实收资本或股本的金额，贷记“实收资本”或“股本”账户，并将借贷方差额记入“资本公积——资本溢价”或“资本公积——股本溢价”账户。

2. 采用权益法核算的长期股权投资

长期股权投资采用权益法核算的，被投资单位除净损益、其他综合收益和利润分配以外的所有者权益的其他变动，投资企业按持股比例计算应享有的份额，应借记或贷记“长期股权投资”账户，贷记或借记“资本公积——其他资本公积”账户。

当处置采用权益法核算的长期股权投资时，应当将原记入“资本公积——其他资本公积”账户的相关金额转入“投资收益”账户（除不能转入损益的项目外）。借记或贷记“投资收益”账户，贷记或借记“资本公积——其他资本公积”账户。

例 6-9

甲有限责任公司于2×24年1月1日向乙公司投资6 000 000元，拥有该公司20%的股份，该投资采用权益法核算。2×24年12月31日，乙公司除净损益之外的所有者权益增加1 500 000元。假定除此以外，乙公司的所有者权益以及甲有限责任公司的持股比例没有变化，乙公司资产的账面价值与公允价值一致。甲有限责任公司应编制如下会计分录：

甲有限责任公司确认的资本公积＝1 500 000×20%＝300 000（元）

借：长期股权投资——乙公司　　300 000

　贷：资本公积——其他资本公积　　300 000

第四节　其他综合收益

一、综合收益

其他综合收益是综合收益的重要组成内容之一。为了便于理解其他综合收益，首先介绍综合收益。

综合收益，是指企业在某一期间除与所有者以其所有者身份进行的交易之外的其他交易或事项所引起的所有者权益变动。

采用什么指标衡量企业的财务业绩，是会计信息使用者和会计标准制定机构长期所关注的重要内容。综合收益作为一种新的收益衡量指标，其内容包括一定期间内除所有者与企业交易外的一切权益上的变动，它反映了企业创造价值的总额。凡是能引起所有者权益变动的交易或事项，无论是经常性活动形成的还是非经常性活动引起的，无论是已实现的收益还是未实现但按会计准则规定已确认的潜在收益，都属于综合收益的范畴。综合收益总额项目反映净利润和其他综合收益扣除所得税影响后的净额相加后的合计金额，其构成如图 6－2 所示。

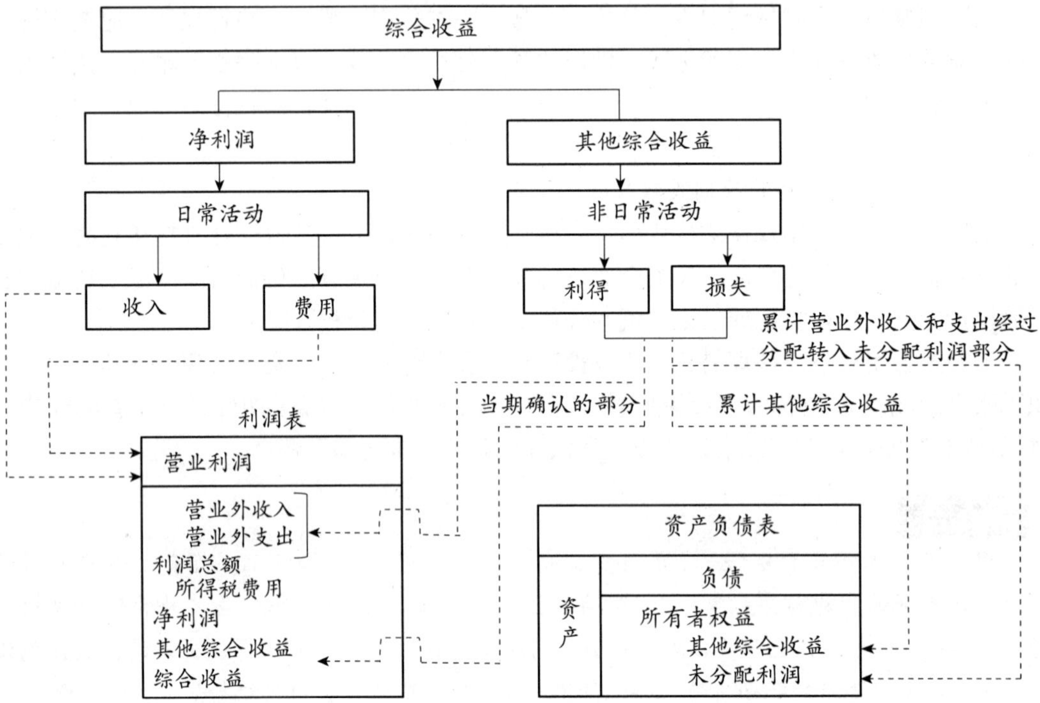

图 6－2　综合收益的构成

具体计算公式如下：

综合收益总额＝净利润＋扣除所得税后的其他综合收益

其中：

净利润＝收入－费用＋直接计入当期利润的利得－直接计入当期利润的损失

其他综合收益＝直接计入所有者权益的利得－直接计入所有者权益的损失

从理论上看，综合收益指标不仅有利于投资者了解过去已实现的收益，而且通过引入公允价值计量属性能反映目前持有但未实现的收益，并通过其他综合收益项目单独报告并充分披露。

二、其他综合收益的内容

其他综合收益，是指企业根据其他会计准则规定未在当期损益中确认的各项利得和损失。根据定义，其他综合收益应同时具备下列特征：一是其他综合收益并非企业与企业的投资者之间、企业投资者以其股权持有者身份达成的交易，即不属于权益性交易；二是该事项属于已确认未实现的利得或损失；三是该事项未来符合条件时，可以转回（或重分类）至损益中。

根据我国《企业会计准则——基本准则》的规定，利得是指由企业非日常活动所形成的、会导致所有者权益增加的、与所有者投入资本无关的经济利益的流入；损失是指企业在非日常活动中发生的、会导致所有者权益减少的、与向所有者分配利润无关的经济利益的流出。利得或损失的特征为：一是来自非日常活动；二是确认利得或损失会导致所有者权益增加或减少；三是形成利得或损失的来源与所有者投入资本或分配利润无关；四是确认利得或损失会形成经济利益的流入或流出。

按照利得或损失与收入或费用的概念界定，一项与股东投资活动无关的企业净资产变动，不是属于收入或费用，就是属于利得或损失。也就是说，利润表上的项目，要么是收入或费用，要么是利得或损失。收入或费用可理解为企业日常活动或经常性活动形成的经济利益流入或流出，而利得或损失则是非日常活动形成的经济利益流入或流出。

根据其他相关会计准则的规定，其他综合收益项目分为下述两类。

（一）以后会计期间不能重分类进损益的其他综合收益项目

主要包括：

（1）重新计量设定受益计划变动额；

（2）权益法不能转损益的其他综合收益；

（3）其他权益工具投资公允价值变动；

（4）企业自身信用风险公允价值变动等。

（二）以后会计期间在满足规定条件时将重分类进损益的其他综合收益项目

主要包括：

（1）按照权益法下可转损益的其他综合收益；

（2）其他债权投资公允价值变动；

（3）金融资产重分类计入其他综合收益的金额；

（4）其他债权投资信用减值准备；

（5）现金流量套期储备；

（6）外币财务报表折算差额；

（7）自用房地产或作为存货的房地产转换为以公允价值模式计量的投资性房地产在转换日公允价值大于账面价值部分等。

案例

认识其他综合收益

三、其他综合收益的账务处理

企业应设置“其他综合收益”账户核算根据会计准则的规定未在当期损益中确认的各项利得和损失。该账户的贷方登记其他综合收益的增加；借方登记其他综合收益的减少；其余额反映企业未结转的计入投资收益的金额。

下面以长期股权投资权益法为例，说明其他综合收益的会计处理方法。

例 6-10

M 企业原持有 N 企业 40%的股权，投资成本为 14 400 000 元。2×24 年 12 月 31 日，M 企业决定出售 10%的 N 企业股权。该年 M 企业应确认损益调整3 840 000 元、可转入损益的其他综合收益 800 000 元、其他权益变动 1 600 000 元。出售取得价款 5 640 000 元。不考虑其他因素。编制如下会计分录：

(1) M 企业确认分享 N 企业其他综合收益、其他权益变动额：

借：长期股权投资——N 企业——损益调整	3 840 000	
——其他综合收益	800 000	
——其他权益变动	1 600 000	
贷：投资收益		3 840 000
其他综合收益		800 000
资本公积——其他资本公积		1 600 000

(2) M 企业确认处置损益：

借：银行存款	5 640 000	
贷：长期股权投资——N 企业——投资成本		3 600 000
——损益调整		960 000
——其他综合收益		200 000
——其他权益变动		400 000
投资收益		480 000

注：投资成本 3 600 000=(14 400 000÷40%)×10%，其他项目计算方法同投资成本。

(3) 将原计入其他综合收益的部分按比例转入当期损益：

借：其他综合收益	200 000	
贷：投资收益		200 000

第五节 盈余公积

一、盈余公积概述

(一) 盈余公积的性质

盈余公积，是指企业按照规定从净利润中提取的积累资金。盈利既是企业的经营目标，也是其生存和发展的基础。一个企业盈利后，首先应当根据国家税法的规定按时足额地缴纳所得税，扣除所得税后的净利润，需要按照规定提取盈余公积，以增强自身财力，满足扩充资本、扩大经营范围对资金的需求，同时可用以弥补经营中的亏损。

（二）盈余公积的特点

首先，盈余公积实质上是企业利润的转化形式，其金额取决于企业的财务状况。企业经营获利，按照规定比例提取盈余公积；企业亏损，不能提取盈余公积。

其次，盈余公积与实收资本同为所有者权益，但它们之间存在一定区别。非特殊情况及未经批准，不得随意增减实收资本；但可按一定的比例和具体要求增加盈余公积，可按规定的用途减少。

再次，盈余公积不同于资本公积，通常情况下，资本公积源于企业的资本投入，而盈余公积则来源于企业的资本增值。

最后，盈余公积和未分配利润同为留存收益，但它们之间存在一定差异。盈余公积是已指定用途的留存收益，它是按照国家有关规定，从净利润中提取的积累基金；而未分配利润是未指定用途的留存收益，这部分收益既没有分给企业的股东，也未指明用途，仍可供以后各期弥补亏损、分派股利或转为盈余公积。

（三）盈余公积的内容

盈余公积按取得方式和用途不同，可分为法定盈余公积和任意盈余公积。

1. 法定盈余公积

法定盈余公积，是指企业按照规定比例从净利润中提取的盈余公积。它是由《公司法》明确规定的，所有企业必须计提，当企业计提的盈余公积累计达到注册资本的50%时可以不再提取。按照《公司法》的规定，公司制企业应当按照净利润（减弥补以前年度亏损，下同）的10%提取法定盈余公积。非公司制企业法定盈余公积的提取比例可超过净利润的10%。值得注意的是：(1) 提取法定公积金的基数，不是累计盈利，也不一定是本年的税后利润。只有在年初没有未弥补亏损的情况下，才能按本年净利润计算提取法定盈余公积。公司实现的净利润在以前年度亏损未弥补完之前，不得提取法定盈余公积。(2) 在计算提取法定盈余公积的基数时，不应包括企业年初未分配利润。

2. 任意盈余公积

公司制企业可根据股东大会的决议提取任意盈余公积。非公司制企业经类似权力机构批准，也可提取任意盈余公积。提取的目的是在获利较多的年度多积累，积蓄财力，在逆境中，通过这部分盈余公积保证企业正常生产经营、弥补亏损或股利发放。

法定盈余公积和任意盈余公积的区别在于，法定盈余公积的计提是按照国家有关法律、法规进行的，计提的标准要符合有关的规定；但任意盈余公积是否计提、计提多少完全取决于公司股东大会的决定。

二、盈余公积的用途

企业提取的盈余公积主要有下述几方面的用途。

（一）弥补亏损

通常，当企业发生的亏损在所得税后利润仍不足弥补时，可以用所提取的盈余公积来加以弥补，但是，用盈余公积弥补亏损应当由董事会提议，经股东大会批准，或者由类似的机构批准。

（二）转增资本（股本）

当企业提取充裕的盈余公积时，可将盈余公积转增资本（股本），但是必须经股东大会或类似机构批准，并按股东原有股份（或投资）比例结转，用盈余公积转增资本（股本）后，留存的盈余公积不得少于注册资本的25%。

（三）发放现金股利或利润

企业无利润，原则上不得分配现金股利或利润。但当企业累积的盈余公积较多，而未分配利润较少时，为了维护企业形象，给投资者以合理的回报，对于符合规定条件的企业，也可以用盈余公积分派现金股利或利润。

三、盈余公积的提取、使用

（一）盈余公积的提取

企业应设置“盈余公积”账户核算盈余公积的提取和使用情况。该账户贷方登记企业提取盈余公积的数额；借方登记企业盈余公积使用的数额；期末贷方余额反映企业提取盈余公积的结余额。该账户的明细账按盈余公积的种类设置。

企业按规定提取盈余公积时，借记“利润分配”账户，贷记“盈余公积”账户。

例6-11

2×23年，XY股份有限公司实现净利润10 000 000元，年初未分配利润为零。经股东大会批准，XY股份有限公司按当年净利润的10%提取法定盈余公积。假定不考虑其他因素，XY股份有限公司编制如下会计分录：

本年提取法定盈余公积金额＝10 000 000×10%＝1 000 000（元）

借：利润分配——提取法定盈余公积　　1 000 000

　贷：盈余公积——法定盈余公积　　1 000 000

提取、使用任意盈余公积的会计处理，可参照法定盈余公积的相关会计处理。

（二）盈余公积的使用

1. 弥补亏损

企业发生亏损，应由企业自行弥补。弥补亏损的资金来源主要有三方面：一是用以后年度税前利润弥补。按照规定，企业发生亏损，可以用以后年度实现的利润进行弥补，但弥补期限不得超过5年。二是用以后年度税后利润弥补。超过了税法规定的税前利润弥补期限，未弥补的以前年度亏损可用所得税后利润弥补。三是用盈余公积弥补。

用盈余公积弥补亏损时，借记“盈余公积”账户，贷记“利润分配——盈余公积转入”账户。

例 6-12

承例 6-11，假定 XY 股份有限公司 2×24 年经营亏损 1 500 000 元，经股东大会批准，用以前年度提取的盈余公积弥补当年的亏损。XY 股份有限公司编制如下会计分录：

借：盈余公积——法定（或任意）盈余公积　　1 500 000
　贷：利润分配——盈余公积转入　　1 500 000

2. 转增资本（或股本）

当企业拥有充裕的盈余公积时，经股东大会决议，可以将盈余公积转为资本（或股本）。转增资本时，一是先办理增资手续；二是按股东原有股份比例结转资本（股本），股份有限公司可采用发放新股等方法增加股本；三是法定盈余公积转增资本（或股本）时，转增后留存的盈余公积不得少于注册资本的 25%。用盈余公积转增资本，借记“盈余公积”账户，贷记“实收资本（股本）”账户。

例 6-13

承例 6-11，假定 2×24 年，XY 股份有限公司因扩大经营规模需要，经股东大会批准，将盈余公积 350 000 元转增股本。假定不考虑其他因素，XY 股份有限公司编制如下会计分录：

借：盈余公积——法定（或任意）盈余公积　　350 000
　贷：股本　　350 000

3. 分派现金股利或利润

经股东大会或类似机构批准，企业以盈余公积分派现金股利或利润，借记“盈余公积”账户，贷记“应付股利”账户。

第六节　未分配利润

一、未分配利润的性质

未分配利润，是指未进行分配的净利润。它是企业所有者权益的组成部分，是企业扩充生产经营规模，准备应付意外事项所需资金的来源。

企业在制定利润分配方案时，出于多方面之考虑，往往不把净利润全部分配完毕，于是形成了未分配利润。未分配利润有两层含义：一是这部分净利润没有分给企业投资者；二是这部分净利润未指定用途，企业可以随时支配使用。在数量上，未分配利润是期初未分配利润加上本期实现的净利润，减去提取的各种盈余公积和已分配利润的余额。用公式表述如下：

期末未分配利润＝期初未分配利润＋本期实现的净利润＋其他转入－提取的盈余公积－向投资者分配的利润

其中：“期初未分配利润＋本期实现的净利润＋其他转入”称为可供分配利润；“其他转入”是指企业按规定用盈余公积弥补亏损等转入的数额。

二、未分配利润的形成

未分配利润是个结余数字。会计期末，企业将会计期间内所实现的所有收入和成本、费用、支出项目都归集到“本年利润”账户中，算出净利润（或净亏损）之后，将其转入“利润分配——未分配利润”账户，然后对实现的净利润进行分配。分配之后，“利润分配——未分配利润”账户的余额如果在贷方，即累积未分配利润；如果在借方，即累积未弥补亏损。

为了反映企业历年累计的未分配利润的情况，在“利润分配”账户中，专门设置了“未分配利润”明细账户。年度终了，企业应将全年的财务成果，自“本年利润”账户转入“利润分配——未分配利润”账户。如为盈利，应借记“本年利润”账户，贷记“利润分配——未分配利润”账户；如为亏损，则做相反的会计分录。同时，将“利润分配”账户下的其他明细账户余额，转入“未分配利润”明细账户。结转后，如“未分配利润”明细账户为贷方余额，为未分配利润；如为借方余额，则为未弥补亏损。未分配利润形成的账务处理如图 6-3 所示。

思考与练习

一、思考题

1. 所有者权益包括哪些内容？它是如何分类和计价的？
2. 什么是资本公积？资本公积的主要内容有哪些？
3. 什么是其他资本公积？它包括哪些内容？
4. 什么是综合收益、其他综合收益？其他综合收益与其他资本公积的关系如何？
5. 什么是留存收益？留存收益包括哪些主要内容？
6. 盈余公积包括哪些内容？它是如何核算的？

二、练习题

（一）单项选择题

1. 某公司 2×24 年年初所有者权益总额为 13 600 000 元，当年实现净利润 4 500 000 元，提取盈余公积 450 000 元，向投资者分配现金股利 2 000 000 元，本年内以资本公积转增资本 500 000 元，投资者追加现金投资 300 000 元。该公司年末所有者权益总额为（　　）元。

A. 15 650 000　　B. 15 950 000　　C. 16 400 000　　D. 16 450 000

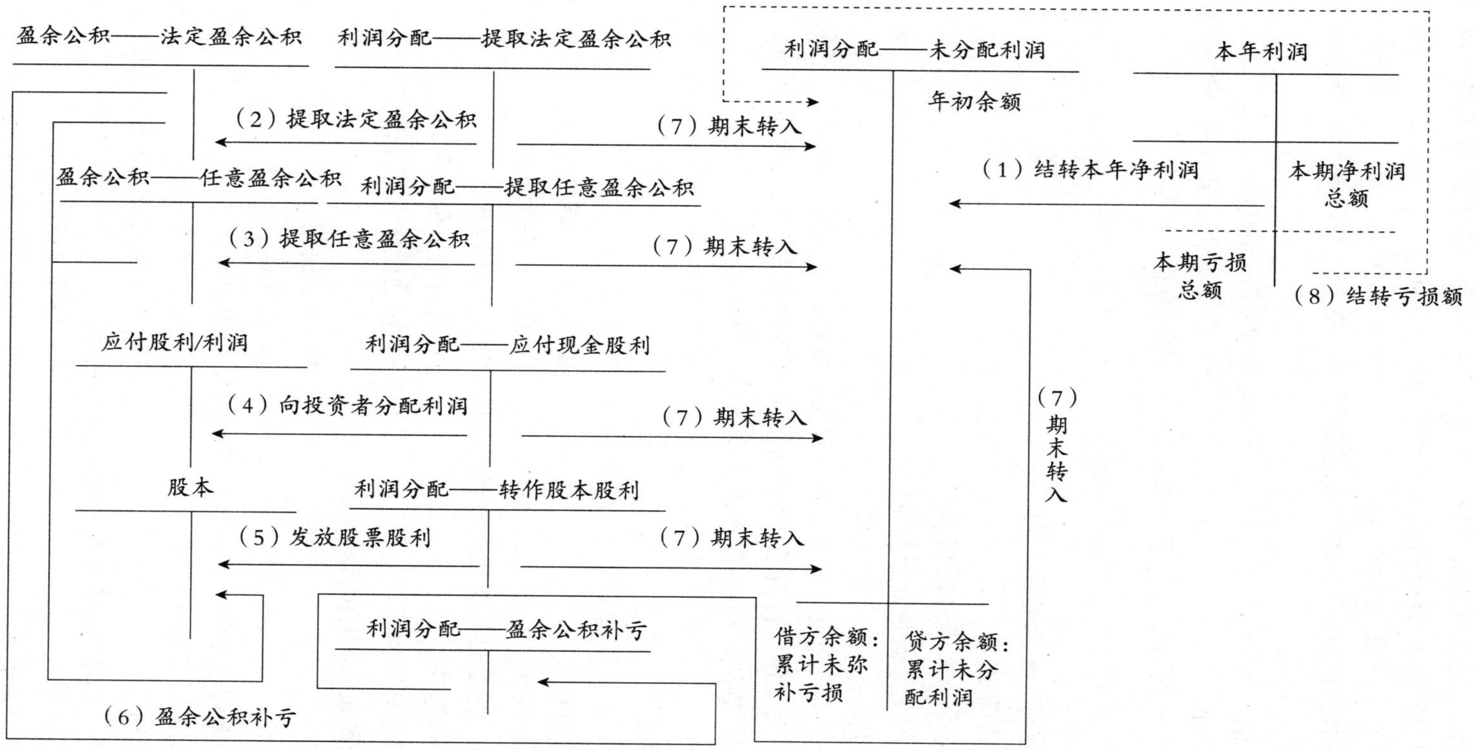

图 6-3 未分配利润形成的账务处理

注：企业出现亏损及结转亏损额用虚线表示。

2. 某公司2×24年1月1日所有者权益构成情况如下：实收资本15 000 000元，资本公积1 000 000元，盈余公积3 000 000元，未分配利润2 000 000元。2×24年度实现利润总额6 000 000元，公司适用的所得税税率为25%。假定不存在纳税调整事项及其他因素，该公司2×24年12月31日可供分配的利润为(　　)元。

A. 6 000 000　　B. 6 500 000　　C. 8 000 000　　D. 11 000 000

3. 股份有限公司经批准以收购本公司股票的方式减资，其收购价格高于原发行价格的差额应(　　)。

A. 冲减资本公积　　B. 冲减本年利润

C. 冲减未分配利润　　D. 冲减盈余公积和未分配利润

4. 企业以本年实现利润弥补去年全部亏损时，其正确的处理是(　　)。

A. 不做任何账务处理

B. 借：盈余公积

　　贷：利润分配——未分配利润

C. 借：其他应收款

　　贷：利润分配——未分配利润

D. 借：利润分配——盈余公积补亏

　　贷：利润分配——未分配利润

5. 某企业委托券商代理发行股票5 000万股，每股面值1元，每股发行价格6元。按发行价格的1%向券商支付发行费用，发行股票期间冻结的利息收入为50万元。该企业在收到股款时，应记入“资本公积”账户的金额为(　　)万元。

A. 24 650　　B. 24 700　　C. 24 750　　D. 25 000

(二) 多项选择题

1. 下列各项中，不会引起留存收益总额发生增减变动的是(　　)。

A. 资本公积转增资本　　B. 盈余公积转增资本

C. 盈余公积弥补亏损　　D. 税后利润弥补亏损

2. 下列各项中，会引起负债和所有者权益同时发生变动的有(　　)。

A. 宣告发放现金股利　　B. 宣告发放股票股利

C. 用盈余公积弥补亏损　　D. 转销债权人豁免的债务

3. 企业提取的盈余公积经批准可以用于(　　)。

A. 弥补亏损　　B. 职工福利

C. 转增资本　　D. 发放现金股利

4. 企业发生的下列业务中，影响所有者权益结构变动的有(　　)。

A. 用盈余公积弥补亏损　　B. 接受捐赠

C. 发放股票股利　　D. 经批准用资本公积转增资本

5. 下列项目中，可能引起资本公积总额变动的有(　　)。

A. 资本溢价　　B. 分派股票股利

C. 用资本公积转增资本　　D. 回购并注销已发行的股票

(三) 计算分析题

1. 甲上市公司2×22年至2×24年发生与其股票有关的业务如下：

(1) 2×22 年 1 月 4 日，经股东大会决议，并报有关部门核准，增发普通股 400 000 000 股，每股面值 1 元，每股发行价格 5 元，股款已全部收到并存入银行。假定不考虑相关税费。

(2) 2×22 年 6 月 20 日，经股东大会决议，并报有关部门核准，以资本公积400 000 000 元转增股本。

(3) 2×23 年 6 月 20 日，经股东大会决议，并报有关部门核准，以银行存款回购本公司股票 1 000 000 股，每股回购价格为 3 元。

(4) 2×24 年 6 月 26 日，经股东大会决议，并报有关部门核准，将回购的本公司股票 1 000 000股注销。

要求：逐笔编制甲上市公司上述业务的会计分录。

2. 甲公司 2×24 年度的有关资料如下：

(1) 年初未分配利润为 1 000 000 元，本年利润总额为 3 900 000 元，适用的企业所得税税率为 25%。本年度核定的业务招待费为 200 000 元，实际发生业务招待费 300 000 元。除此之外，不存在其他纳税调整因素。

(2) 按税后利润的 10%提取法定盈余公积。

(3) 提取任意盈余公积 100 000 元。

(4) 向投资者分配现金股利 400 000 元。

要求：(1) 计算甲公司本期所得税费用，并编制相应的会计分录。

(2) 编制甲公司提取法定盈余公积的会计分录。

(3) 编制甲公司提取任意盈余公积的会计分录。

(4) 编制甲公司向投资者宣告分配现金股利的会计分录。

(5) 计算年末未分配利润。

素养园地

2020 年 8 月 25 日，某公司披露的 2019 年年度报告显示，公司净利润为 43.13 亿元，净资产为 7.51 亿元，该数据与公司前期业绩预告、年度经营业绩等披露的巨亏、净资产为负等数据差异巨大。年审会计师认定公司 2019 年年度报告中预计负债冲回相关会计处理不符合会计准则的规定，出具了否定意见审计报告。该公司未根据规定及监管要求及时纠正，直至公司被证监局出具责令改正监管措施，被上交所纪律处分后，于 11 月 25 日对年度报告进行差错更正，将净资产调整为−23.09 亿元，因连续两年净资产为负，公司股票被暂停上市。因公司年度报告被出具否定意见未及时纠正，重大财务数据前后披露不一致，上交所对公司及全体董事、监事、高级管理人员予以纪律处分，其中，对时任董事长、总经理、董事、高管、监事等主要责任人分别予以公开谴责并分别公开认定终身、10 年、3 年内不适合担任上市公司董事、监事、高级管理人员。

资料来源：2020 年度上交所上市公司监管十大纪律处分案例．中新经纬，2021－02－05.

结合案例，请思考：你如何看待某公司前期业绩预告？实际结果与业绩预告相反现象说明公司存在哪些问题？该公司的做法违背了哪些会计信息质量要求？

第七章

收　　入

学习目标

本章主要介绍收入确认、计量和记录的理论与方法。

通过本章的学习，学生应熟悉收入的特点和分类；掌握收入的概念、收入确认和计量的方法；掌握履行履约义务确认收入的方法。

素养目标

1. 教师讲授收入的相关知识，使学生掌握收入确认、计量和记录的方法，高度重视提升收入核算质量的意义，充分认识收入核算质量对于企业履行社会义务（依法纳税）、企业健康发展以及实现国家的分配政策具有的特殊作用。

2. 收入信息是企业利益相关者进行决策的基础，教师结合讲授收入的内容，使学生准确理解、把握收入确认和计量的方法，按照企业会计准则的规定确认收入，既不能提前，也不能延后，培养学生坚持准则、不做假账、诚实守信精神。

3. 收入信息是企业内部其他管理职能（如预算编制、财务分析等）的基础，教师通过教学活动，培养学生职业沟通的技巧，为企业管理层制定相关决策提供重要依据，发挥会计的服务作用。

4. 教师讲授某一期间履行履约义务确认收入的内容，使学生掌握服务收入的确认、计量方法，提高其职业判断能力。

导　读

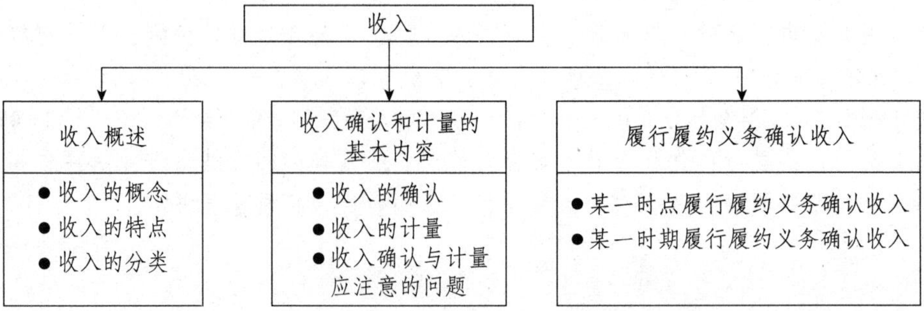

框图说明：

追求利润、实现盈利是企业的显著特征。收入是企业盈利的源泉，它关系到企业能否生存和发展，也影响所有利益相关者的利益能否实现。因此，利润表列报的第一个项目就是收入。收入表现为资产的增加或负债的减少，或者两者兼而有之。收入可以按照不同标准分类，其中，按照经济业务的内容分类，分为销售商品收入和提供服务收入。

第一节 收入概述

一、收入的概念

收入的概念有广义和狭义之分。广义的收入是指“除主体权益要求权持有者（本书认为在企业，是指企业的所有者）投入外而导致权益增加的资产增加或负债减少”①。可见，能导致所有者权益增加或会计期间内经济利益的增加是广义收入的重要特征，而资产流入、资产增值或负债减少而引起权益增加是收入的形式表现。但应注意的是，导致所有者权益增加并不说明其一定是收入，如投资者投入经济资源也能导致企业所有者权益增加，但它不是收入。收入的形成可能源于企业的日常活动，也可能源于日常活动以外的活动。由企业日常活动形成的收入，即狭义收入；而源于日常活动以外的活动所形成的收入，通常称为利得。广义的收入是由狭义的收入和利得组成。

我国企业会计准则对收入做了狭义的定义，即收入是指企业在日常活动中形成的、会导致所有者权益增加的、与所有者投入资本无关的经济利益的总流入。

关于狭义的收入概念，需要解释以下三点：

第一，日常活动，是指企业为完成其经营目标而从事的所有活动，以及与之相关的其他活动。企业的日常活动通常可以划分为生产、销售、管理、融资等。明确界定日常活动是为了将收入与利得相区分，日常活动是确认收入的判断标准。凡是日常活动所形成的经济利益的流入（如销售商品取得现金或应收款）都应当确认为收入；反之，非日常活动所形成的经济利益的流入不能确认为收入，而应当计入利得。

第二，经济利益，是指现金或最终能转化为现金的非现金资产。一般表现为现金流入的增加或现金流出的减少，具体表现为资产的增加或负债的减少。

第三，收入的本质表现为导致经济利益流入企业。“流入”是一个全额而不是净额的概念，也就是确定经济利益流入不需要扣除与此相关的费用，否则，收入扣除相关成本费用后的净额，可能增加所有者权益，也可能减少所有者权益；“流入”的来源渠道不是企业投资者投入的资本，或者说，企业投资者投入的资本不能作为企业的收入，而应当将其直接确认为所有者权益。

---

① 国际会计准则理事会．财务报告概念框架（2018）：第4章财务报表要素．新会计，2018（8）．

在市场经济条件下，收入信息越来越受到企业和投资者等诸多信息使用者的重视。因为，收入是企业持续经营的前提，是企业生存和发展的必要条件，是利润的重要组成部分，是企业的投资者取得投资回报、债权人如银行收取利息和本金的主要来源。

二、收入的特点

根据收入的概念，可归纳出收入具有下述特点。

（一）收入来源于企业的日常生产经营活动

收入来源于企业的日常生产经营活动，而不是从偶发的交易或事项中产生的，如制造业企业生产与销售产品、商业流通企业销售商品、咨询公司提供咨询服务、软件公司为客户开发软件、安装公司提供安装服务、租赁公司出租资产等活动是企业收入的主要来源；另外，企业发生的与经常性活动相关的其他活动，如对外出售材料、对外投资材料以及对外转让无形资产使用权等活动所形成的经济利益总流入也构成收入。

（二）收入的本质特征是所有者权益或净资产的增加

无论是从广义还是从狭义界定收入，收入的根本特征是所有者权益或净资产的增加，这是因为收入的表现形式可以是资产的增加（取得收入的同时，增加银行存款、应收账款等），也可能是负债的减少（如以商品或服务收入抵偿债务），或二者兼而有之（如部分收入抵偿债务，部分收入收取现金）。从“资产＝负债＋所有者权益”等式中可知，为保持等式的平衡，在其他要素不变的情况下，增加资产必然增加所有者权益；减少负债同样也会增加所有者权益。

【提醒您】

虽然收入导致经济利益流入企业，但经济资源流入不一定确认为收入，例如企业取得和偿还银行借款导致银行存款增加或负债减少，并未使所有者权益增加；企业为第三方或客户代收增值税等各种税金、代收利息等，增加了企业银行存款，不能导致所有者权益增加，也不确认收入；投资者追加资本投入只是增加了资本，不构成收入。

三、收入的分类

根据不同的标准，可以对收入进行不同的分类。

（一）销售商品收入和提供服务收入

按照收入的经济内容不同，可将收入分为：

（1）销售商品收入，是指企业直接出售商品取得的收入。

(2) 提供服务收入，是指不以实物形式而是以提供服务的形式满足客户某种需要而取得的收入。如加工及修理修配劳务、邮政服务、电信服务、建筑服务、金融服务、现代服务、生活服务等。

(二) 主营业务收入和其他业务收入

按照企业经营业务的主次，可将收入分为：

(1) 主营业务收入，是指企业为完成经营目标从事的核心业务活动、主营业务活动形成的收入，是利润的主要来源。如制造业企业出售产成品和自制半成品、提供工业性服务等取得的收入；商品流通企业的商品销售收入；施工企业工程价款结算收入；房地产开发企业对外转让、销售商品房收入；交通运输企业提供的道路货物运输和公路旅客运输收入；旅游饮食服务企业的饭店、宾馆、酒楼、餐馆、照相、理发、印染等收入。

(2) 其他业务收入，是指主营业务活动以外的非核心业务活动形成的收入。如工业企业销售材料、出租资产等取得的收入。

第二节 收入确认和计量的基本内容

收入的确认和计量是收入核算的核心内容。企业在确认和计量收入时，应遵循的核心原则是：确认收入的方式应当反映企业向客户转让商品或提供服务的模式，收入的金额应当反映企业因转让这些商品或提供这些服务而预期有权收取的对价金额。

一、收入的确认

(一) 收入确认的核心原则

收入确认是以合同订立作为逻辑起点。因为合同是签订双方关于权利和义务的约定，是大多数企业的命脉，所以确认收入前必须分析与客户订立的合同。合同规定了交易形式和交易对价，没有合同，企业无法判断是否已经履行了承诺，即履约义务。

合同订立后，企业应当在履行了合同中的履约义务，即在客户取得相关商品控制权时确认收入。取得相关商品控制权，是指客户能够主导该商品的使用并从中获得几乎全部的经济利益，也包括有能力阻止其他方主导该商品的使用并从中获得经济利益。其中：商品的经济利益，是指客户通过使用、消耗、出售、处置、交换、抵押或持有商品等多种方式直接或间接地获得商品的潜在现金流量，既包括现金流入的增加，也包括现金流出的减少。

(二) 收入确认的基本内容

《企业会计准则第 14 号——收入》(以下简称“收入准则”) 设定了统一的收入计量五步法模型，即识别与客户订立的合同、识别合同中的单项履约义务、确定交易价格、将交易价格分摊至各单项履约义务、履行各单项履约义务时确认收入。

例 7－1

2×24 年 6 月 25 日，M 医疗器械销售公司（以下简称“M 公司”）与 N 医院签订了一份医疗设备销售合同，合同总价为 2 000 000 元（不含税），销售合同的具体内容：一是 M 公司向 N 医院销售一台医疗设备；二是 M 公司提供设备的安装以及 18 个月的售后技术服务；三是合同签订次日，N 医院支付款项 500 000 元，余款在提供商品和服务后支付。

2×24 年 6 月 30 日，M 公司向 N 医院交付设备，并提供了标准安装服务，之前已按合同约定支付资金 450 000 元。M 公司除一揽子提供商品和服务并结算款项外，也向其他客户单独销售医疗设备和提供服务，其中：（1）一台设备的销售价格为 1 960 000 元；（2）一台设备的安装费为 25 000 元；（3）一台设备售后技术支持服务费为 60 000 元（期限 18 个月，以上价格均不含税）。图 7－1 列明了 M 公司向 N 医院销售设备、提供服务确认收入的步骤。

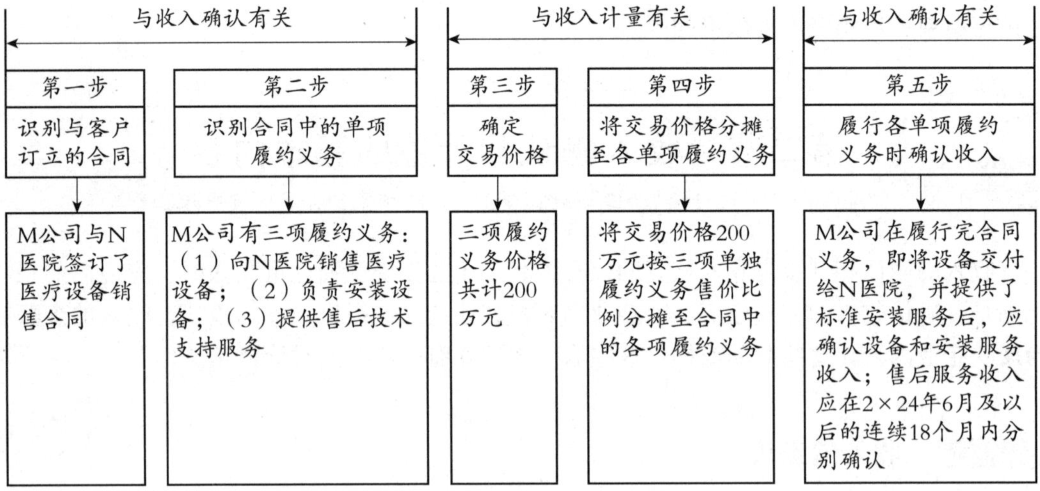

图 7－1 收入计量的五步法模型

1. 识别与客户订立的合同

延伸学习 识别与客户订立的合同

客户是指与企业订立合同以从该企业购买其日常活动产出的商品或服务并支付对价的一方。合同是指双方或多方之间订立的有法律约束力的权利义务协议，如例 7－1 中 M 公司与 N 医院签订医疗设备销售合同。合同有书面形式、口头形式及其他形式（如遵循商业活动惯例）。

企业与客户之间签订的合同应同时满足下列条件（见图 7－2），企业应当在客户取得相关商品控制权时确认收入。

根据图 7－2，需要说明以下两点：

（1）只有存在合同，企业才能确认合同收入。企业与客户之间签订合同的成立条件是图 7－2 中的五个条件要同时具备，缺少任何一个条件都不能确认收入。一旦与客户签订合同，企业即拥有从客户处取得转移商品或服务对价的权利，同时负有转移商品和服务的义务。如果权利超过义务，则该合同是一项资产（合同资产）；反之，如果义务大于权利，则该合同是一项负债（合同负债）。

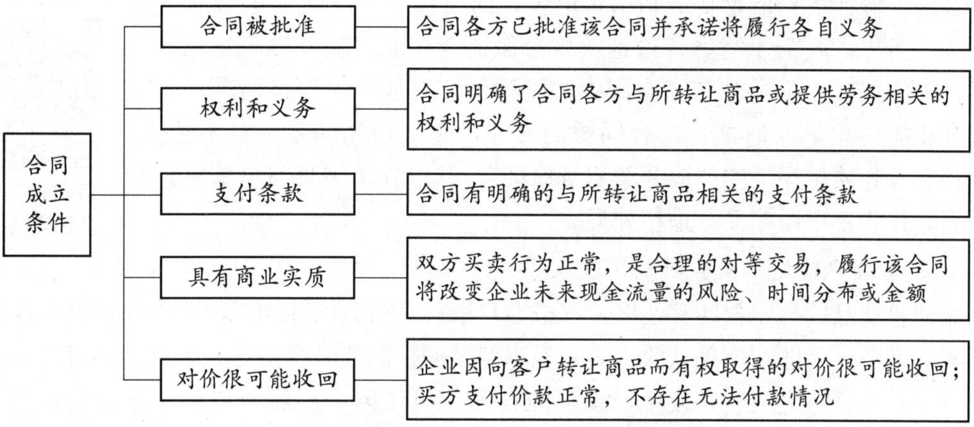

图 7-2　企业与客户之间签订合同成立的条件

（2）合同可以是书面的、口头的或者商业惯例默认的，而非完全的纸质制式合同，订单、约定等都可以称为合同。合同被批准一般是指双方已签字盖章；通过规定双方的权利和义务，了解义务模式，判断收入确认方式；支付条款规范什么时候支付，预付、尾款等条件；商业实质是指发生的交易或事项具有实质性的商业目的，彼此互利互惠，公允交易，其结果是各自取得明显的利益；对价很可能收回是指客户具有支付对价金额的能力和意愿。

例 7-1 中，M 公司与 N 医院签订了医疗设备销售合同，并且约定为 N 医院提供标准的安装服务，未涉及重大修订与更改，合同中也明确规定与阐述了双方的权利及义务，合同到期，医院具有支付对价的能力和意图（如首次付款义务履行了 95%）。因此，该合同具有商业实质。

2. 识别合同中的单项履约义务

履约义务，是指合同中企业向客户转让可明确区分的商品或服务的承诺。合同开始日（双方在合同上签字、盖章之日），企业应当对合同进行评估，识别合同所包含的履约义务是否能够明确区分。如果能够明确区分，即为单项履约义务。企业应当将向客户转让商品的下列承诺作为单项履约义务：一是企业向客户转让可明确区分商品（或者商品的组合）的承诺。二是企业向客户转让一系列实质相同且转让模式相同的、可明确区分商品的承诺。

【提醒您】

商品或服务可明确区分，是指客户能够从该商品本身或从该商品与其他易于获得资源的一起使用中获益，且企业向客户转让该商品或服务的承诺可与合同中的其他承诺单独区分。

例 7-1 中 M 公司与 N 医院签订的合同包含三项履约义务，即销售一台医疗设备、提供设备安装服务和提供售后技术服务。M 公司可以单独销售设备、提供安装服务和售后技术服务，也可以由其他方提供安装服务、售后技术服务，N 医院能够从合同中的单项商品和服务履约义务中获益，三者之间彼此相互独立。换言之，如果某项合同义务不依赖于合同的其他义务而存在或者与其他义务不存在联系，那么应当分别对各项履约义务进行会计处理；相反，如果各项履约义务不独立并且相互联系，那么应当将各项履约义务结合起来进行处理。例如 **XY** 企业制造和销售电脑，同时提供 180 天的电脑质量保证服务。另外，该企业销售一份延长质量保证合同的“服务类质量保证”，在 180 天的基础上延长 3 年。本例中，履约义务不是三项而是两项，电脑销售和相应的质量保证是一项合同履约义务，彼此相互联系并且不独立；另一项是延长质量保证的“服务类质量保证”，其单独销售且与电脑销售没有联系，作为单项履约义务进行处理。

延伸学习

识别合同中的单项履约业务

3. *履行各单项履约义务时确认收入*

企业将商品的控制权转移给客户（或客户取得对商品的控制权时）意味着企业履行了合同履约义务，企业可以确认收入。企业将商品的控制权转移给客户，该转移可能在某一时点（即履约义务完成时）发生，也可能在某一时段内（即履行履约义务的过程中）发生，故具体确认收入的方法有所不同。

（1）在某一时点履行履约义务。对于在某一时点履行的履约义务，企业应当在客户取得相关商品控制权时确认收入。在判断客户是否已取得商品控制权时，企业应当考虑下列情况：企业就该商品享有现时收款权利，即客户就该商品负有现时付款义务；企业已将该商品的法定所有权转移给客户，即客户已拥有该商品的法定所有权；企业已将该商品实物转移给客户，即客户已占有该商品实物；企业已将该商品所有权上的主要风险和报酬转移给客户，即客户已取得该商品所有权上的主要风险和报酬；客户已接受该商品。

（2）在某一时段内履行履约义务。满足下列条件之一的，属于在某一时段内履行履约义务，否则，属于在某一时点履行履约义务：

第一，客户在企业履约的同时即取得并消耗企业履约所带来的经济利益，如按照保洁服务合同，企业在履行履约义务，即提供保洁服务的同时，客户即取得并消耗了企业履约所带来的经济利益。

第二，客户能够控制企业履约过程中在建的商品，如甲企业根据建造合同在客户土地上为其建造厂房，客户终止合同时，已建造的厂房归客户，这说明客户能够控制该在建的厂房，甲企业提供建造服务属于在某一时段内履行的履约义务。

第三，企业履约过程中所产出的商品具有不可替代的用途，且该企业在整个合同期间内有权就累计至今已完成的履约部分收取款项。通常，当企业产出的商品只能提供给某特定客户，而不能被轻易地销售给其他客户时，该商品就具有不可替代的用途。由于客户或其他方原因终止合同时，企业有权就累计至今已完成的履约部分收取能够补偿其已发生成本和合理利润的款项，并且该权利具有法律约束力。

如在某一时段内履行履约义务，企业应当选取恰当的方法确定履约进度，据此确认收入的金额。

二、收入的计量

收入的计量是确定收入入账金额的过程。根据《企业会计准则第 14 号——收入》的规定，企业收入计量的核心原则是：计量的金额能够反映企业预计因交付这些商品或服务而有权获得的对价。具体来说，企业收入的计量内容包括以下方面。

（一）确定交易价格

交易价格，是指企业因向客户转让商品而预期有权收取的对价金额。企业代第三方收取的款项（如增值税）以及企业预期将退还给客户的款项，应当作为负债予以确认，不计入交易价格。

企业应当根据合同条款，并结合其以往的习惯做法确定交易价格。在确定交易价格时，应当考虑可变对价、合同中存在的重大融资成分、应付客户对价、非现金对价等因素的影响。

1. 可变对价

可变对价，是指随着某些因素、条件的发生或变化而变动的对价。如企业与客户订立合同时，合同金额虽然确定，但交易金额可能会受未来事件（如现金折扣、返利、退款、奖励积分、激励措施、业绩奖金、索赔等）的影响而发生变动。这种情况下，企业需要估计预计能收到的可变对价并以此作为应确认的收入。例如，M 公司为其客户建造一栋仓库，合同约定的价款为 1 500 000 元，但是，如果 M 公司不能在合同签订之日起的 120 天内竣工，则须支付 150 000 元罚款，该罚款从合同价款中扣除，不考虑税费因素。该合同的对价金额实际由 1 350 000 元的固定价格和 150 000 元的可变对价组成。

合同中存在可变对价的，企业应对计入交易价格的可变对价进行合理估计，按其期望值或最可能发生金额计算确定。总之，企业只有在能保证收回时确认可变对价。

2. 合同中存在的重大融资成分

有时，客户的付款时间与企业将商品或服务转移给客户的时间不匹配，如赊销、预付款等。企业提供商品或服务在前，收到对价在后，这种情形实质上是企业在为客户融资，即合同中包含了重大融资成分。具有重大融资成分的合同实际上包括两项交易，即一项销售交易和一项融资交易。例如，甲公司与乙公司签订一份大型设备销售合同，两年后交货，一次性付款，但时间不同：一是合同签订时支付 2 000 000 元；二是交付设备时付款 2 247 200 元，上述价格均不含增值税。乙公司选择合同签订时支付货款，其设备控制权于交货时转移。根据乙公司付款时间与甲公司将设备转移给乙公司之间的时间间隔（超过一年），可以认定该合同存在重大融资成分。

合同中存在重大融资成分的，企业应当按照假定客户在取得商品控制权时即以现金支付的应付金额确定交易价格。该交易价格与合同对价之间的差额，应当在合同期间内采用实际利率法摊销。

3. 应付客户对价

应付客户对价，是指企业销售商品或服务时明确承诺给予客户（或客户的客户）的优惠等。企业通常会在合同中约定向客户支付的条款。已付或应付的对价可能包括折扣、数量回扣、优惠券、免费商品或服务。一般来说，这些条款会减少收到的对价和确认的收入。因此，企业与客户签订的合同如含有应付客户对价，应当用该应付对价冲减交易价格，并在确认相关收入与支付（或承诺支付）客户对价二者孰晚的时点冲减当期收入。企业应付客户对价超过向客户取得可明确区分商品公允价值的，超过金额应当冲减交易价格。向客户取得的可明确区分商品公允价值不能合理估计的，企业应当将应付客户对价全额冲减交易价格。

例如，M 企业与 N 客户签订一年期合同。N 客户承诺在年内购买至少价值 1 500 万元的产品。合同同时规定 M 企业在合同开始日向 N 客户支付 150 万元的不可返还款项，补偿其因存放**M**企业产品更改货架支出。**M**企业认为，向N客户支付的该笔款项并非旨在取得客户向企业转让的可区分的商品或服务，也未取得对客户货架任何相关权利的控制，因此，M企业在向N客户转让商品时，将每一商品的交易价格减少10%（150÷1 500×100%）。如果合同生效后第一个月，M企业向N客户销售商品开具发票金额为200万元，则M企业应确认收入180（200－20）万元。

延伸学习

确定交易价格

【提醒您】

如果客户合同中不包含可变对价、重大融资成分、应付客户对价等因素，合同中规定的交易价格即最终交易价格。

4. 非现金对价

当企业因转让商品而有权向客户收取的对价是非现金形式时，如实物资产、无形资产、股权、客户提供的广告服务等，企业通常应当按照非现金对价在合同开始日的公允价值确定交易价格。

（二）将交易价格分摊至各单项履约义务

当合同中包含两项或多项履约义务时，需要将交易价格分摊至各单项履约义务，以使企业分摊至各单项履约义务的交易价格能够反映其因向客户转让已承诺的相关商品而有权收取的对价金额。分摊的一般原则是：在合同开始日，按照各单项履约义务所承诺商品的单独售价的相对比例，将交易价格分摊至各单项履约义务。

例7-1中，M公司医疗设备的单独售价为每台1 960 000元，单独的标准安装费用为25 000元，单独的18个月的售后技术支持服务收费为60 000元，上述价格均不包含增值税。根据交易价格分摊原则，将交易价格200万元分摊至合同的各项履约义务中：

医疗设备应分摊金额＝2 000 000×[1 960 000÷(1 960 000＋25 000＋60 000)]

＝1 916 870（元）

安装服务应分摊金额＝2 000 000×[25 000÷(1 960 000＋25 000＋60 000)]

＝24 450（元）

售后技术支持服务应分摊金额＝2 000 000×[60 000÷(1 960 000＋25 000＋60 000)]

＝58 680（元）

合计 2 000 000（元）

三、收入确认与计量应注意的问题

企业采用五步法模型确认和计量收入时，应注意以下问题：

（1）有些销售业务很少遇到收入确认问题，因为这些业务的发生与完成会在同一时点，如商品零售企业等的商品销售业务大多在客户付款后直接发货，不需要签订销售合同，在此情况下，按照实质重于形式的要求，可以视为履行了合同中的履约义务，可以直接确认收入。大多数企业在经营活动中均需与客户签订销售合同，例如，施工企业与客户签订承接建造合同，生产企业与客户签订商品销售合同等，在这种情况下，应按照规定在履行了合同中的履约义务，即在客户取得相关商品控制权时确认营业收入。①

（2）收入确认的前提是存在内容完整、合法有效、具有商业实质的合同，且很可能收到相关对价。但应注意的是，在双方签订合同时并不进行会计处理，只有当一方或双方开始履行合同义务时，企业才确认合同资产或合同负债；合同不履行，就不会产生合同资产或合同负债。

（3）一般而言，确认和计量任何一项合同收入应考虑五步法模型中的全部步骤。但履行某些合同义务确认收入不一定都经过五个步骤，如企业按照第二步确定某项合同仅为单项履约义务时，可以从第三步直接进入第五步确认收入，不需要第四步（分摊交易价格）。

第三节 履行履约义务确认收入

一、某一时点履行履约义务确认收入

对于属于在某一时点履行的履约义务，企业应当在客户取得相关商品控制权时点确认收入。

为了反映收入的增减变动情况，企业应设置“主营业务收入”“其他业务收入”账户。

“主营业务收入”账户，核算企业销售商品、提供服务等主营业务取得的收入。该账户的明细账应按主营业务的种类设置。

“其他业务收入”账户，核算企业除主营业务活动以外的其他经营活动实现的收入。该账户的明细账应按照其他业务的种类设置。

根据收入与费用相配比的原则，企业在确定一定时期营业收入的同时，必须确定为取得收入而发生的必要耗费和支出。为了准确核算这些耗费与支出，企业应设置“主营业务成本”或“合同履约成本”、“其他业务成本”等账户，这些账户的结构及用途见第八章。

（一）现款销售商品

企业采用现金、支票、汇兑等结算方式一次收回货款的销售称为现款销售。在现款销售商品方式下，合同金额已收妥，发票账单和提货单已交客户，无论商品是否提取，企业已履行了义务，客户也取得了商品控制权（客户随时可凭单提货，主导商品的使用并获得商品剩余的利益）。因此，企业应在收到货款并交付票单时确认收入。

① 戴德明，林钢，赵西卜．财务会计学（立体化数字教材版）．12版．北京：中国人民大学出版社，2019.

企业销售商品履行了合同中的单项履约义务时，按照已收的合同价款，加上应收取的增值税额，借记“库存现金”“银行存款”等账户，贷记“主营业务收入”“应交税费——应交增值税（销项税额）”等账户；同时或月末结转商品销售成本时，借记“主营业务成本”账户，贷记“库存商品”账户。

例 7-2

2×24 年 12 月 25 日，安信公司销售 M 产品 100 件，不含税单位售价为 800 元，单位成本为 650 元。该公司适用的增值税税率为 13%，应收取增值税 10 400 元。安信公司收到客户开具的面值为 90 400 元的支票一张并存入银行，发票账单及提货单已交客户，客户因缺少可存放产品的仓库，故未将该批产品从仓库提走。编制如下会计分录：

借：银行存款　　90 400
　贷：主营业务收入　　80 000
　　　应交税费——应交增值税（销项税额）　　10 400

同时或月末结转成本时，编制如下会计分录：

借：主营业务成本　　65 000
　贷：库存商品——M 产品　　65 000

【提醒您】

有时企业虽未与客户签订商品销售合同，但由于交易内容单一，价格固定，最终交易价格即收到的货款，通常在客户收到商品并取得该商品的控制权时，根据开具的增值税专用发票等确认收入。

（二）委托银行收款销售商品

企业采用委托收款、托收承付等支付结算方式销售商品前，购销双方一般需要签订合同，规定双方的权利和义务。企业发出商品且办妥委托或托收手续，通常表明企业履行了合同规定的履约义务。按照惯例，客户收到商品也视为已取得商品的控制权，有能力主导该商品的使用并从中获得经济利益。因此，企业发出商品且办妥委托或托收手续后就可以确认收入。按照应收的合同价款（不含税），加上应收取的增值税额，借记“应收账款”账户，贷记“主营业务收入”“应交税费——应交增值税（销项税额）”等账户。

例 7-3

2×23 年 5 月 10 日，甲公司采用托收承付结算方式向乙公司销售 N 商品一批，增值税专用发票上注明该批商品的不含税价为 40 000 元，增值税税额为 5 200 元，商品已经发出，并与银行办妥托收手续。该批商品成本为 25 000 元。编制如下会计分录：

（1）确认商品销售收入：

借：应收账款——乙公司　　45 200
　贷：主营业务收入　　40 000
　　　应交税费——应交增值税（销项税额）　　5 200

（2）结转商品销售成本：

借：主营业务成本	25 000	
贷：库存商品——N 商品		25 000

音频

应收账款和合同资产关系辨析

（三）销售退回

销售退回，是指企业销售出去的商品，由于质量、品种不符合要求等原因而发生的退货，其实质是企业与客户签订的合同中约定的可变对价。退货表明企业履约义务的减少和客户商品控制权及其相关经济利益的丧失。企业收到退回的商品时，应退还货款或冲减应收账款，并冲减主营业务收入和增值税销项税额，借记“主营业务收入”“应交税费——应交增值税（销项税额）”等账户，贷记“银行存款”“应收票据”“应收账款”等账户。收到退回商品验收入库时，按照商品成本，借记“库存商品”账户，贷记“主营业务成本”账户。如该项销售退回已发生现金折扣，应同时调整相关财务费用的金额。

例 7－4

2×23 年 12 月 20 日，甲公司按照销售合同向乙公司销售一批商品，开出的增值税专用发票上注明的销售价格为 100 000 元，增值税税额为 13 000 元，该批商品成本为 62 000 元。该项交易符合收入确认条件。为及早收回货款，甲公司和乙公司约定的现金折扣条件为“2/10，1/20，n/30”，乙公司于 2×23 年 12 月 28 日支付全部款项。

2×24 年 1 月 10 日，该批商品因质量问题被乙公司退回，甲公司尚未支付有关款项。甲公司编制如下会计分录：

（1）2×23 年 12 月 20 日，确认收入时：

借：应收账款——乙公司	111 000	
贷：主营业务收入		98 000
应交税费——应交增值税（销项税额）		13 000
借：主营业务成本	62 000	
贷：库存商品		62 000

（2）2×23 年 12 月 28 日，收到货款时：

借：银行存款	111 000	
贷：应收账款——乙公司		111 000

（3）2×24 年 1 月 10 日，发生销售退回时：

借：主营业务收入	98 000	
应交税费——应交增值税（销项税额）	13 000	
贷：应付账款——乙公司		111000
借：库存商品	62 000	
贷：主营业务成本		62 000

（四）销售折让

销售折让，是指企业因售出的商品质量不合格等原因而在售价上给予的减让。企业将商品销售给客户并已确认收入，如果部分商品的品种、质量等与合同不符但客户不退货，根据客户要求，企业可能在商品价格上给予客户一定的减让，即销售折让。发生销售折让时，按照减让的金额冲减主营业务收入和增值税销项税额，借记“主营业务收入”“应交税费——应交增值税（销项税额）”等账户，贷记“银行存款”“应收票据”“应收账款”等账户。

例 7-5

承例 7-4，2×24 年 1 月 20 日，全部商品运达乙公司，该公司发现商品外观有瑕疵，但不影响使用，要求按合同价格（不含增值税）给予 10%的折让。假定已获得税务部门开具的索取折让证明单，并开具了红字增值税专用发票。甲公司编制如下会计分录：

（1）2×23 年 12 月 20 日确认收入、2×23 年 12 月 28 日收到货款的会计分录同例 7-3，此处略。

（2）发生销售折让时：

借：主营业务收入	10 000	
应交税费——应交增值税（销项税额）	1 300	
贷：应收账款——乙公司		11 300

（五）销售材料

从广义上讲，企业销售原材料、包装物（随同商品对外销售单独计价的包装物，下同）等存货也属于商品销售范畴，但与销售产成品、库存商品等存货不同，企业销售原材料、包装物不属于其主营业务，取得的收入应确认为其他业务收入，其确认条件与销售产成品、库存商品基本相同。企业按出售原材料、包装物实现的收入，借记“银行存款”“应收票据”“应收账款”等账户；根据不含增值税价款，贷记“其他业务收入”账户；根据收取的增值税销项税额，贷记“应交税费——应交增值税（销项税额）”等账户。结转销售原材料、包装物成本时，借记“其他业务成本”账户，贷记“原材料”“周转材料”等账户。

例 7-6

某公司销售一批原材料，开出的增值税专用发票上注明的售价为 20 000 元，增值税税额为 2 600 元，款项已存入银行。该批原材料的实际成本为 18 000 元。编制如下会计分录：

（1）取得原材料销售收入：

借：银行存款	22 600	
贷：其他业务收入		20 000
应交税费——应交增值税（销项税额）		2 600

（2）结转已销原材料的实际成本：

借：其他业务成本	18 000	
贷：原材料		18 000

（六）销售商品的特殊业务

1. 商品已发出但不符合收入确认条件

有时，企业按合同发出商品后得知客户因故无法支付货款，使企业向客户转让商品的对价不是很可能收回。在此情况下，企业不应确认收入，按照发出商品的成本，借记“应收退货成本”账户，贷记“库存商品”账户；待已销商品退回后，编制相反的会计分录。

【提醒您】

尽管发出商品不符合收入确认条件，但如果纳税义务已经发生，企业已经开具了增值税专用发票，就应确认应交增值税，编制借记“应收账款”账户、贷记“应交税费——应交增值税（销项税额）”账户的会计分录。

例 7-7

承例 7-3，甲公司按合同发出商品时已知乙公司资金周转困难，难以及时支付货款，但为了减少存货积压，维持与乙公司建立的商业关系，甲公司仍按期发出商品并已向银行办妥托收手续。假定甲公司发出商品的纳税义务已经发生。甲公司编制如下会计分录：

借：应收退货成本　　25 000

　贷：库存商品——N 商品　　25 000

同时，将增值税专用发票上注明的增值税税额转入应收账款：

借：应收账款——乙公司　　5 200

　贷：应交税费——应交增值税（销项税额）　　5 200

注：如果销售该商品的纳税义务尚未发生，则不编制这笔分录，待纳税义务发生时再编制应交增值税的分录。

假定 2×23 年 11 月 25 日，甲公司得知乙公司经营情况逐渐好转，乙公司承诺近期付款，甲公司可以确认收入：

借：应收账款——乙公司　　40 000

　贷：主营业务收入　　40 000

同时结转成本：

借：主营业务成本　　25 000

　贷：应收退货成本　　25 000

2×23 年 12 月 25 日，收到货款时：

借：银行存款　　45 200

　贷：应收账款——乙公司　　45 200

2. 附有现金折扣的商品销售

现金折扣，是指在商品销售收入确定的情况下，债权人为鼓励债务人在规定的期限内付款而向债务人提供的债务扣除。企业销售商品涉及现金折扣的，其对价是可变对价，企业有权收取的对价金额，可能会因向客户提供价格折扣而发生变化，企业应按照最有可能收取的对价金额确认销售商品收入。

企业按照最有可能收取的对价金额，贷记“主营业务收入”账户，按照应交增值税税额，贷记“应交税费——应交增值税（销项税额）”账户，按照确认的收入及其相应的增值税税额，借记“应收账款”账户。

例 7-8

2×24 年 11 月 15 日，M 公司与 N 公司签订合同，当日采用赊销方式销售商品一批，价款为 60 000 元，增值税税额为 7 800 元，该批商品成本为 45 000 元；现金折扣（按照不含增值税的价款计算）的条件为“2/30，1/60，n/90”。M 公司根据 N 公司可能付款情况分别进行会计处理。

(1) 估计 N 公司在 12 月 15 日之前付款，可取得 1 200 元现金折扣，M 公司确认收入 58 800元。当日，M公司开具了增值税专用发票，N公司收到商品。M公司编制如下会计分录：

借：应收账款——N 公司	66 600	
贷：主营业务收入		58 800
应交税费——应交增值税（销项税额）		7 800
借：主营业务成本	45 000	
贷：库存商品		45 000

(2) 截至 2×23 年 12 月 15 日，N 公司尚未支付货款。经过协商，N 公司同意于 2×23年 1 月 15 日前支付货款，可取得 600 元的现金折扣。M 公司应调增收入 600 元。M 公司编制如下会计分录：

借：应收账款——N 公司	600	
贷：主营业务收入		600

(3) 2×24 年 1 月 13 日，M 公司收到 N 公司支付的全部货款 67 200 元。M 公司编制如下会计分录：

借：银行存款	67 200	
贷：应收账款——N 公司		67 200

3. 附有客户额外购买选择权的销售

企业在销售商品的同时，有时会向客户授予选择权，允许客户可凭此权利免费或者以折扣价格购买额外的商品。企业向客户授予的额外购买选择权的形式包括销售激励、客户奖励积分、未来购买商品的折扣券以及合同续约选择权等。

对于附有客户额外购买选择权的销售是否确认收入，企业应当评估该选择权是否向客户提供了一项重大权利。其标准是，在订立了合同的前提下客户取得了额外购买选择权，并且客户行使该选择权购买额外商品时，能够享受到超过该地区或该市场中其他同类客户所能够享有的折扣。符合上述标准的选择权为重大权利。向客户提供重大的选择权，客户在未来购买商品时会得到确定的优惠，企业也将该选择权作为单项履约义务，选择权实现时确认收入，并将交易价格分摊至该履约义务。

【提醒您】

附有客户额外购买选择权的销售合同，客户支付的价款实际上包括原本购买的商品和可以免费或者以折扣价格购买额外商品的权利共两项单独的商品。企业应当将交易价格在这两项商品之间进行分摊，其中，分摊至后者的交易价格与未来的商品相关，因此，企业应当在客户未来行使该选择权并取得相关商品的控制权时，或者在该选择权失效时确认收入。

为了反映企业已收或应收客户对价而应向客户转让商品的义务，企业应设置“合同负债”账户。该账户贷方登记企业在向客户转让商品之前，客户已经支付了合同对价或企业已经取得了无条件收取合同对价权利的，企业应当在客户实际支付款项与到期应支付款项孰早时点，已收或应收的金额；借方登记企业向客户转让相关商品确认收入的金额。

企业在向客户转让商品前，按照客户已经支付的合同对价，借记“银行存款”账户，按照原本销售商品应分摊的交易价格，贷记“主营业务收入”账户，按照向客户提供重大权利的分摊的交易价格，确认“合同负债”账户；客户选择权实现时，借记“合同负债”账户，贷记“主营业务收入”账户。

例 7-9

2×23 年 1 月 1 日，W 公司开始推行一项奖励积分计划。根据该计划，客户在 W 公司每消费 10 元可获得 1 个积分，每个积分从次月开始在购物时可以抵减 1 元。截至 2×23 年 1 月 31 日，客户共消费 200 000 元，可获得 20 000 个积分，根据历史经验，W 公司估计该积分的兑换率为 95%。上述金额均不包含增值税，且假定不考虑相关税费影响。该公司认为其授予客户的积分为客户提供了一项重大权利，应当作为单项履约义务。

（1）按照商品和积分单独售价的相对比例对交易价格进行分摊：

客户购买商品的单独售价＝200 000（元）

估计积分的单独售价＝1×20 000×95%＝19 000（元）

商品分摊的交易价格＝[200 000÷(200 000＋19 000)]×200 000＝182 648（元）

积分分摊的交易价格＝[19 000÷(200 000＋19 000)]×200 000＝17 352（元）

根据分配结果，编制如下会计分录：

借：银行存款	200 000	
贷：主营业务收入		182 648
合同负债		17 352

（2）截至 2×23 年 12 月 31 日，客户共兑换 9 000 个积分，W 公司对该积分的兑换率进行了重新估计，预计客户将兑换的积分总数为 19 000 个。

客户兑换积分数占预期兑换积分总数的比例＝9 000÷19 000×100%＝47.37%

积分当年应确认的收入＝17 352×47.37%＝8 219（元）

根据分配结果，编制如下会计分录：

借：合同负债	8 219	
贷：主营业务收入		8 219

（3）截至 2×24 年 12 月 31 日，客户共兑换 17 000 个积分，W 公司对该积分的兑换率进行了重新估计，预计客户将兑换的积分总数为 19 400 个。

客户兑换积分数占预期兑换积分总数的比例＝17 000÷19 400×100%＝87.63%

积分累计确认的收入＝17 352×87.63%＝15 206（元）

积分当年确认的收入＝15 206－8 219＝6 987（元）

根据分配结果，编制的会计分录同 2×23 年 12 月 31 日，此处略。

剩余未兑换的积分为 4 794（20 000－8 219－6 987）个。

4. 客户未行使的权利

有时，客户按照合同向企业支付不可返还的预付款，使客户拥有一项在未来取得商品或服务的权利，与此同时，企业也承担了随时转让商品或服务的义务。但是，客户可能不会行使其所有合同权利，这些未行使的权利通常被称为客户未行使的权利。实务中，常见的形式有礼品卡、健身卡以及不可返还票券等。

企业在向客户转让商品前，客户已经支付了合同对价或企业已经取得了无条件收取合同对价的权利，企业应将已收款项或应收的款项确认为合同负债，待履行了相关履约义务时再转为收入。具体来说，当客户可能放弃其合同权利且不再收回已预付的款项时，企业预期将有权获得与客户所放弃的合同权利相关金额的，根据客户行使合同权利的模式按比例将上述金额确认为收入；否则，企业只有在客户要求其履行剩余履约义务的可能性极低时，才能将上述负债的相关余额转为收入。

企业收到客户已经支付了合同对价或取得无条件收取合同对价的权利时，按照收到的款项，借记“库存现金”“银行存款”等账户，按照客户未行使的权利，贷记“合同负债”账户，按照收取合同对价中的应交增值税，借记“应交税费——待转销项税额”账户；企业按比例确认收入时，借记“合同负债”账户，贷记“主营业务收入”“应交税费——应交增值税（销项税额）”账户。

例 7-10

M公司为经营连锁面包店的增值税一般纳税人。2×24 年，M 公司向客户销售了 5 000 张储值卡，每张卡的面值为 100 元，总额为 500 000 元。根据历史经验，M 公司预期客户购买的储值卡中将有大约相当于储值卡面值金额 5%（即 25 000 元）的部分不会被消费。截至 2×24 年 12 月 31 日，客户使用该储值卡消费的金额为 200 000 元。客户使用该储值卡消费时，M 公司发生增值税纳税义务。M 公司的会计处理如下：

（1）计算 2×24 年消费储值卡应当确认的收入金额：

$$[200\ 000+25\ 000\times(200\ 000\div475\ 000)]\div(1+13\%)=186\ 306\text{（元）}$$

式中，25 000 元为 M 公司预期将有权获得与客户未行使的合同权利相关的金额，应当按照客户实际行使权利与预计行使权利之比确认收入。

（2）销售储值卡：

借：库存现金　　500 000
　贷：合同负债　　442 478
　　　应交税费——待转销项税额　　57 522

（3）根据储值卡的消费金额确认收入，同时将对应的待转销项税额确认为销项税额：

借：合同负债　　186 306
　　应交税费——待转销项税额　　24 220
　贷：主营业务收入　　186 306
　　　应交税费——应交增值税（销项税额）　　24 220

【提醒您】

合同负债与预收账款都是基于提供商品或服务确认的负债，两者的区别是：（1）适用的会计准则方面，合同负债的核算是由收入准则规范，而有些预收账款的核算是受其他准则的约束，如对外出租资产收取租金的核算，应遵循租赁准则的规定。(2) 在确认方面，预收账款的确认前提是收到了款项，合同负债确认的前提是合同中履约义务的确立（履约义务是指合同中企业向客户转让可明确区分商品的承诺），如果所预收的款项与合同规定的履约义务无关，则不能作为合同负债核算，应作为预收账款确认和计量。(3) 在与款项收付、商品或服务提供关系确定与否方面，预收账款是收款在先，交付商品或提供服务在后，且商品或服务内容和交货期等已经确定；合同负债可以在客户已经支付了合同对价时，也可以在企业已经取得了无条件收取合同对价权利时确认，但商品交货期等不确定。

5. 商品需要安装和检验的销售

在这种销售方式下，企业所售商品的安装和检验工作是销售合同的重要组成部分。通常在客户接受货物以及安装和检验完毕前，企业一般不应确认收入，只有当客户接受商品以及安装和检验完毕时才能确认收入。如某电梯生产企业销售电梯，电梯已发出，发票账单已交客户，客户已预付部分货款。但根据合同约定，企业须负责安装且在经检验合格后，客户才支付余款。在此例中，企业发出电梯时不能确认收入，而应当在安装完毕并检验合格后，客户拥有电梯现时权利、主导其使用并能获得全部的经济利益时确认收入。

企业已收或应收客户对价承担向客户履约义务时，按照已收客户的合同对价及相关税费，借记“银行存款”等账户，按照应交的增值税，借记“应交税费——应交增值税（销项税额）”账户，按照承担的需要交付商品（履约义务）的售价，贷记“合同负债”账户；履行履约义务并确认收入时，借记“合同负债”账户，贷记“主营业务收入”账户，并同时结转销售成本，借记“主营业务成本”账户，贷记“库存商品”或“发出商品”账户。

例 7-11

2×24 年 6 月 10 日，M 公司销售一台设备，增值税专用发票上注明价款为 800 000 元，销项税额为 104 000 元，款项收到存入银行，该设备总成本为 480 000 元，合同规定 M 公司负责安装，安装费已包含在设备价格中。安装调试完毕，客户签收设备。M 公司编制如下会计分录：

(1) 发出商品：

借：银行存款	904 000	
贷：合同负债		800 000
应交税费——应交增值税（销项税额）		104 000

同时：

借：发出商品	480 000	
贷：库存商品		480 000

(2) 设备安装调试完毕，客户签收设备：

借：合同负债	800 000	
贷：主营业务收入		800 000

同时：

借：主营业务成本	480 000	

贷：发出商品　　480 000

6. 采用支付手续费方式委托代销商品

委托代销商品，是指委托方和受托方签订代销合同或协议，委托受托方向终端客户销售商品。采用这种销售方式，企业应当评估受托方在企业向其转让商品时是否已获得该商品的控制权，如果没有获得该商品的控制权，企业不应在此时确认收入。企业应当在受托方售出商品时确认销售商品收入，并按合同或协议约定的方法计算确定应支付的手续费。

企业发出委托代销商品时，借记“发出商品”账户，贷记“库存商品”等账户；收到受托方交来的代销清单时，借记“应收账款”账户，贷记“主营业务收入”“应交税费——应交增值税（销项税额）”账户，同时，根据已销商品成本，借记“主营业务成本”账户，贷记“发出商品”账户；根据应付的代销手续费及增值税，借记“销售费用”“应交税费——应交增值税（进项税额）”账户，贷记“应收账款”账户；收到代销商品货款净额时，借记“银行存款”账户，贷记“应收账款”账户。

二、某一期间履行履约义务确认收入

（一）某一时段内履行的履约义务的内涵

根据《企业会计准则第 14 号——收入》的规定，满足下列条件之一的，属于在某一时段内履行履约义务，否则，属于在某一时点履行履约义务：（1）客户在企业履约的同时即取得并消耗企业履约所带来的经济利益；（2）客户能够控制企业履约过程中在建的商品；（3）企业履约过程中所产出的商品具有不可替代用途，且该企业在整个合同期间内有权就累计至今已完成的履约部分收取款项。

【提醒您】

上述条件（3）包含两层含义：一是因合同限制或实际可行性限制，企业不能轻易地将商品用于其他用途；二是在因客户或其他方原因终止合同的，企业有权就累计至今已完成的履约部分收取能够补偿其已发生成本和合理利润的款项，并且该权利具有法律约束力。

（二）履约进度能够合理确定

对于在某一时段内履行的履约义务，企业应当在该段时间内按照履约进度确认收入，履约进度不能合理确定的除外。企业应当考虑商品的性质，采用产出法或投入法确定恰当的履约进度，并且在确定履约进度时，应当扣除那些控制权尚未转移给客户的商品和服务。

（1）产出法。产出法是根据已转移给客户的商品对于客户的价值确定履约进度。通常可根据实际测量的完工进度、评估已实现的结果、已达到的里程、时间进度、已完工或交付的产品等产出指标确定履约进度。

（2）投入法。投入法是根据企业为履行履约义务的投入确定履约进度。该方法主要是根据投入的材料数量、花费的人工工时或机器工时、发生的成本和时间进度等投入指标确定履约进度。

资产负债表日，企业应当按照合同的交易价格总额乘以履约进度，扣除以前会计期间累计已确认的收入后的金额，确认为当期提供服务收入；同时，按照提供服务估计总成本乘以履约进度，扣除以前会计期间累计已确认服务成本后的金额，结转当期服务成本。用公式表示如下：

本期确认的服务收入＝预计服务收入总额×履约进度－前期累计已确认的服务收入

本期确认的服务成本＝预计服务成本总额×履约进度－前期累计已确认的服务成本

（三）与合同相关的成本、负债的概念

1. 合同取得成本

合同取得成本，是指企业取得合同发生的、预计能够收回的增量成本。其中，增量成本是指企业不取得合同就不会发生的成本，也就是企业发生的与合同直接相关，但又不是所签订合同的对象或内容（如建造商品或提供服务）本身所直接发生的费用。

【提醒您】

增量成本如销售佣金、销售提成等是企业为取得合同而额外付出的代价，取得合同越多，付出的代价越大。但合同取得前发生的差旅费、投标费、尽职调查费等成本费用，即使最终没有取得合同，这些费用还是要发生的，它们在发生时不确认为合同取得成本而是直接计入当期损益。

2. 合同履约成本

合同履约成本，是指企业为履行当前或预期取得的合同所发生的、不属于其他企业会计准则规范范围且按照企业会计准则应当确认为一项资产的成本。

企业为履行合同可能会发生各种成本，企业在确认收入的同时应当对这些成本进行分析，如果不属于存货、固定资产、无形资产等规范范围且同时满足下列条件的，应当作为合同履约成本确认为一项资产：

（1）该成本与一份当前或预期取得的合同直接相关，包括：与合同直接相关的成本，如直接人工、直接材料和制造费用或类似费用；明确由客户承担的成本以及仅因该合同而发生的其他成本，如支付给分包商的成本、机械使用费、设计和技术援助费用、生产工具和用具使用费、工程点交费用、场地清理费等。

（2）该成本增加了企业未来用于履行（包括持续履行）履约义务的资源。

（3）该成本预期能够收回。

3. 合同负债

合同负债是指企业已收或应收客户对价而应向客户转让商品的义务。

【提醒您】

对于尚未向客户履行转让商品的义务而已收或应收客户对价中的增值税部分，因不符合合同负债的定义，不应确认为合同负债。

（四）与合同相关的成本、负债和收入的账务处理

1. 合同取得成本

企业对已确认为资产的合同取得成本，应当采用与该资产相关的商品收入确认相同的基础进行摊销，计入当期损益。为简化实务操作，该资产摊销期限不超过一年的，可以在发生时计入当期损益。

企业发生合同取得成本时，借记“合同取得成本”账户，贷记“银行存款”“应付职工薪酬”等账户；对合同取得成本进行摊销时，借记“销售费用”等账户，贷记“合同取得成本”账户。

例 7-12

M公司为从事咨询业务的增值税一般纳税人，对外提供咨询服务适用的增值税税率为6%。2×24年，M公司通过竞标赢得一个服务期为4年的客户，该客户每年年末支付含税咨询费954 000元。为取得该合同，M公司聘请外部律师，支付相关费用7 500元，为投标发生差旅费5 000元，支付销售人员佣金30 000元。该公司预期这些支出未来均能够收回。此外，M公司根据销售部门各项业绩指标完成情况，支付销售部门经理年度奖金10 000元。

M公司向销售人员支付的佣金属于取得合同发生的增量成本，应确认为合同取得成本；其他费用不属于增量成本，应在发生时直接计入当期损益。M公司应编制如下会计分录：

（1）支付与取得合同相关的费用：

借：合同取得成本	30 000	
管理费用	12 500	
贷：银行存款		42 500

（2）每月确认服务收入，摊销合同取得成本：

每月服务收入＝[954 000÷(1＋6%)]÷12＝75 000（元）

每月摊销合同取得成本＝30 000÷4÷12＝625（元）

借：应收账款	79 500	
贷：主营业务收入		75 000
应交税费——应交增值税（销项税额）		4 500
借：销售费用	625	
贷：合同取得成本		625

（3）确认销售部门经理奖金（发放奖金的分录略）：

借：销售费用	10 000	
贷：应付职工薪酬		10 000

2. 合同负债和合同履约成本

企业向客户转让商品或劳务之前，如果客户已经支付了合同对价或企业已经取得了无条件收取合同对价的权利，企业按照已收或应收的金额记入“合同负债”账户，其明细账

应按合同设置并进行明细核算。

企业应当在客户实际支付款项与到期应支付款项孰早时点，按照已收或应收的金额借记“银行存款”“应收账款”“应收票据”等账户，贷记“合同负债”账户；企业向客户转让相关商品时，借记“合同负债”账户，贷记“主营业务收入”“其他业务收入”等账户。上述业务涉及增值税的，还应进行相应的处理。

例 7-13

M公司为经营健身服务的增值税一般纳税人，该业务适用的增值税税率为6%。2×24年8月1日，N客户与M公司签订合同成为其会员，N客户支付会员费5 724元，可在未来的12个月内在该俱乐部健身，且没有次数的限制。M公司按照直线法确认收入。

M公司提供的履约义务属于在某一时段内履行的履约义务（客户在会籍期间可随时健身，没有次数限制，客户已使用的健身的次数不会影响其未来继续使用的次数），该履约义务在会员的会籍期间内随时间的流逝而被履行。M公司应编制如下会计分录：

（1）8月1日，收到会员费：

借：银行存款 5 724
　贷：合同负债 5 400
　　应交税费——待转销项税额 324

（2）8月31日，确认收入，同时将对应的待转销项税额确认为销项税额：

每月应当确认的收入=[5 724÷(1+6%)]÷12=450（元）

借：合同负债 450
　应交税费——待转销项税额 27
　贷：主营业务收入 450
　　应交税费——应交增值税（销项税额） 27

以后11个月内每月确认收入的会计分录同上。

企业发生合同履约成本时，借记“合同履约成本”账户，贷记“银行存款”“应付职工薪酬”“原材料”等账户；对合同履约成本进行摊销时，借记“主营业务成本”“其他业务成本”等账户，贷记“合同履约成本”账户。上述业务涉及增值税的，还应进行相应的处理。

例 7-14

2×22年4月1日，M咨询公司与N公司签订一项咨询合同。合同规定，M咨询公司为N公司的某项目提供咨询服务，咨询期为2年（跨年度），咨询费（含税）为600 000元，客户分三次平均支付，第一次在项目开始时支付，第二次在项目中期支付，第三次在项目结束时支付。估计咨询总成本为360 000元，假定成本估计十分准确，不会发生变化。两年间发生的咨询人员工资（假定无其他成本）为：2×22年140 000元、2×23年180 000元、2×24年40 000元。提供咨询服务按时间确定其履约进度。

（1）各年履约进度计算如下：

2×22年履约进度=9÷24×100%=37.5%

2×23 年履约进度＝21÷24×100％＝87.5％

2×24 年履约进度＝100％

（2）各期确认服务收入、结转服务成本：

2×22 年：

确认含税服务收入＝600 000×37.5％－0＝225 000（元）

应交增值税＝225 000÷1.06×6％＝12 736（元）

结转服务成本＝360 000×37.5％－0＝135 000（元）

2×23 年：

确认含税服务收入＝600 000×87.5％－225 000＝300 000（元）

应交增值税＝300 000÷1.06×6％＝16 981（元）

结转服务成本＝360 000×87.5％－135 000＝180 000（元）

2×24 年：

确认含税服务收入＝600 000－225 000－300 000＝75 000（元）

应交增值税＝75 000÷1.06×6％＝4 245（元）

结转服务成本＝360 000－135 000－180 000＝45 000（元）

（3）根据上述经济业务内容，M 咨询公司 2×22 年至 2×24 年编制会计分录如下：

2×22 年至 2×24 年，每次收到客户支付的服务款时：

借：银行存款　　200 000

　贷：合同负债——N 公司　　200 000

2×22 年至 2×24 年，每年实际发生服务成本时：

2×22 年	2×23 年	2×24 年
借：合同履约成本 ——服务成本 140 000 贷：应付职工薪酬　140 000	借：合同履约成本 ——服务成本 180 000 贷：应付职工薪酬　180 000	借：合同履约成本 ——服务成本 40 000 贷：应付职工薪酬　40 000

2×22 年至 2×24 年，每年确认服务收入、结转服务成本时：

2×22 年	2×23 年	2×24 年
确认收入： 借：合同负债——N 公司 225 000 贷：主营业务收入　212 264 应交税费——应交增值税 （销项税额）　12 736 结转成本： 借：主营业务成本　135 000 贷：合同履约成本 ——服务成本　135 000	确认收入： 借：合同负债——N 公司 300 000 贷：主营业务收入　283 019 应交税费——应交增值税 （销项税额）　16 981 结转成本： 借：主营业务成本　180 000 贷：合同履约成本 ——服务成本　180 000	确认剩余服务收入： 借：合同负债——N 公司 75 000 贷：主营业务收入　70 755 应交税费——应交增值税 （销项税额）　4 245 结转剩余服务成本： 借：主营业务成本　45 000 贷：合同履约成本 ——服务成本　45 000

（五）履约进度不能合理确定

案例

假如你是总会计师

在资产负债表日，企业如果无法获得确定履约进度所需的可靠信息，则无法合理地确定其履行履约义务的进度。当履约进度不能合理确定时，企业已经发生的成本预计能够得到补偿的，应当按照已经发生的成本金额确认收入，直到履约进度能够合理确定为止。

思考与练习

一、思考题

1. 收入有哪些特点？它是如何分类的？
2. 收入的确认和计量包括哪些内容？
3. 什么是交易价格？确定交易价格需要考虑哪些因素？
4. 什么是服务收入？如何确认服务收入？

二、练习题

（一）单项选择题

1. 2×24 年 5 月 25 日，某企业采用赊销方式销售商品，赊销期为 90 天，不含增值税的价款为 2 000 000 元，现金折扣条件为“2/30，1/60，n/90”，赊销当日企业已履行承诺的履约义务。该企业根据经验估计客户将于合同签订后 60 天内付款，则企业确定的交易价格为（　　）元。

A. 2 320 000　　B. 1 960 000　　C. 1 980 000　　D. 2 000 000

2. 对于已经发出但不符合收入确认条件的商品，其成本应借记的账户是（　　）。

A. “在途物资”　　B. “发出商品”

C. “库存商品”　　D. “主营业务成本”

3. 附有现金折扣的商品销售，资产负债表日重新估计可能收到的对价与收入初始入账金额之间的差额，应确认为（　　）。

A. 主营业务收入　　B. 其他业务收入　　C. 财务费用　　D. 营业外收入

4. M 公司与 N 公司签订一项服务合同，合同总收入为 1 500 000 元，合同总成本预计为 1 000 000 元，期限为 2 年，M 公司无法合理确定履约进度。资产负债表日，该项服务的累计服务成本为 200 000 元，已经发生的成本预计能够得到补偿 150 000 元，资产负债表日应确认收入（　　）元。

A. 200 000　　B. 150 000　　C. 50 000　　D. 750 000

5. 企业与客户签订不可撤销的合同，向客户销售其生产的产品，合同开始日，企业收到客户支付的合同价款 20 000 元，相关产品将在 2 个月后交付给客户。企业收到客户的款项应计入（　　）。

A. 预计负债　　B. 合同负债　　C. 合同资产　　D. 预收账款

（二）多项选择题

1. 企业按照合同销售商品时，下列各项中，影响主营业务收入确认金额的有（　　）。

A. 销售商品价款　　B. 销售商品的现金折扣
C. 销售商品代垫运杂费　　D. 销售商品的商业折扣

2. 下列关于商业折扣、现金折扣和销售折让的表述中，正确的有（　　）。
A. 提供商业折扣不影响收入的计量
B. 现金折扣是债权人为鼓励债务人尽早付款而向债务人提供的债务扣除
C. 现金折扣实际发生时应冲减原确认的收入
D. 销售折让于发生时冲减当期收入

3. 企业在确定交易价格时，下列项目属于应该考虑的因素有（　　）。
A. 可变对价　　B. 合同中存在的重大融资成分
C. 非现金对价　　D. 应付客户对价

4. 下列收入确认与计量的基本步骤中，属于与收入的确认有关的有（　　）。
A. 识别与客户订立的合同　　B. 识别合同中的单项履约义务
C. 确定交易价格　　D. 将交易价格分摊至各单项履约义务

5. 企业在客户取得相关商品控制权时，确认收入的条件有（　　）。
A. 合同各方已批准该合同并承诺将履行各自义务
B. 该合同明确了合同各方与所转让商品或提供劳务相关的权利和义务
C. 该合同有明确的与所转让商品相关的支付条款
D. 企业因向客户转让商品而有权取得的对价很可能收回

（三）计算分析题

1. 2×23 年 12 月 15 日，M 公司采用托收承付结算方式销售甲产品 15 件，价款为 40 000 元，增值税为 5 200 元，用银行存款代垫运杂费 400 元，已开具增值税专用发票，办妥托收手续。该批商品的实际成本为 30 000 元。在办妥托收手续后得知，客户发生财务困难，近期无法支付货款；客户承诺将商品退回。2×24 年 1 月 10 日，M 公司收到客户退回的增值税专用发票及商品 15 件，验收入库。

要求：根据 M 公司实际发生的经济业务，编制以下会计分录：
（1）2×23 年 12 月 15 日，发出商品办妥托收手续。
（2）2×24 年 1 月 10 日，收到客户退回的商品及红字增值税专用发票。

2. 2×23 年 11 月 20 日，M 公司与 N 公司签订合同，当日采用赊销方式销售甲产品 30 件，价款 30 000 元，增值税 3 900 元，该批产品成本为 22 000 元。现金折扣（按照不含增值税的价款计算）的条件为“2/30，1/60，n/90”。M 公司估计 N 公司能够在 12 月 20 日之前付款，取得现金折扣 600 元，确认营业收入 29 400 元；当日，M 公司开具了增值税专用发票，N 公司收到商品。

要求：根据 M 公司实际发生的经济业务，编制以下会计分录：
（1）2×23 年 11 月 20 日，销售商品时。
（2）2×23 年 M 公司尚未收到款项，N 公司承诺 2×24 年 1 月 20 日前付款。
（3）2×24 年 1 月 18 日，M 公司收到全部款项。

3. 2×23 年 11 月 1 日，甲公司与乙公司签订一项服务合同，不含增值税的总价款为 3 200 000 元，适用的增值税税率为 6%，完工日为 2×24 年 4 月 30 日，采用产出法确认营业收入。合同签订日预收含增值税总价款 25%的保证金，其余服务款分别于 2×23 年 12

月31日、2×24年2月28日和2×25年4月30日各收取25%。甲公司预计该项服务的总成本为2 500 000元。2×23年11月1日，甲公司收取保证金848 000元；2×23年11月，乙公司实际发生服务成本280 000元（假定全部为职工薪酬），月末专业测量师测算的履约进度为10%；2×23年12月，乙公司实际发生服务成本520 000元（假定全部为职工薪酬），月末专业测量师测算的履约进度为30%；2×23年12月31日，收取服务款848 000元。

要求：编制甲公司以下业务的会计分录：

（1）2×23年11月1日，收取保证金。

（2）2×23年11月30日，确认服务成本、服务收入，结转服务成本。

（3）2×23年12月31日，确认服务成本、服务收入，结转服务成本，收取服务款。

素养园地

2021年4月12日，某公司由于财务造假事件而被证监会处罚，作为控制人的贾某某被处以2亿多元的罚款。证监会的调查表明，某公司的财务造假长达十年之久，表7-1为该公司2007—2016年有关的财务造假数据。

表7-1 某公司2007—2016年财务造假数据 金额单位：万元

年份	2007年	2008年	2009年	2010年	2011年
虚增收入	939.95	4 615.52	9 375.76	9 961.80	6 937.65
虚增利润	870.23	4 308.25	8 883.18	9 443.42	6 529.13
虚增利润占当期披露利润总额比例（%）	59.27	136.00	186.22	126.19	39.75
年份	2012年	2013年	2014年	2015年	2016年
虚增收入	8 965.33	19 998.17	35 194.19	39 922.39	51 247.00
虚增成本			590.38	943.40	3 085.15
虚增利润	8 445.10	19 339.69	34 270.38	38 295.18	43 276.33
虚增利润占当期披露利润总额比例（%）	37.04	78.49	470.11	516.32	−131.66

根据证监会的调查数据，将某公司财务造假分为上市前和上市后两个阶段来看：上市之前，某公司通过虚构业务和回款来虚增业绩以达到上市条件。2010年某公司上市后，除继续以上述方式虚构业务收入外，还通过以下方式继续虚增业绩：（1）虚构广告业务确认收入，通过应收账款长期挂账，虚增业务收入和利润或者后续通过无形资产冲抵全部或部分应收账款，相应虚计成本和利润；（2）通过第三方公司虚构业务确认收入，同时通过贾某某控制的银行账户构建部分虚假资金循环，应收账款长期挂账；（3）通过与客户签订并未实际执行的广告互换框架合同或虚构广告互换合同确认业务收入；（4）利用广告互换合同，以只计收入或虚计收入但不计成本的方式虚增业绩。

资料来源：王建新，曹智铭．乐视财务造假事件对我国会计监管的启示．北京：中国注册会计师，2021-09-09.

结合案例，请思考：某公司“反面教科书”式的财务造假案例暴露出怎样的会计职业道德缺失问题？你从中得到哪些有益的启示？

第八章
费　　用

学习目标

本章主要介绍费用确认、计量和记录的理论与方法。

通过本章的学习，学生应熟悉费用的特点和主要内容；掌握营业成本、税金及附加、资产及信用减值损失、期间费用的账务处理方法。

素养目标

1. 马克思在《资本论》中多处精辟地论述到会计问题，马克思主义政治经济学是会计学的理论基础。在讲述本章成本、费用时，教师要以马克思的费用成本理论为依据，使学生深刻理解企业成本、费用、支出、损失的内涵及相互关系，认识加强成本费用核算的意义。

2. 教师讲解费用的相关知识，不仅要求学生掌握费用的核算理论和方法，还要培养学生厉行节约的精神，让学生能够利用工作岗位的优势，提倡企业内部相关部门遵循廉洁自律原则，反对享乐主义、奢靡之风，发挥会计的监督职能，积极参与管理、强化服务。

3. 费用内容十分丰富，既有生产性费用还有非生产性费用，如销售费用、管理费用和财务费用。教师通过对费用的讲解，使学生关注费用的性质，降低非生产性费用的比重，谨防销售过程中出现的问题；同时使学生关注费用形成的来源，划清不同性质的费用界限，如研发费用中资本化和费用化的界限。

导　读

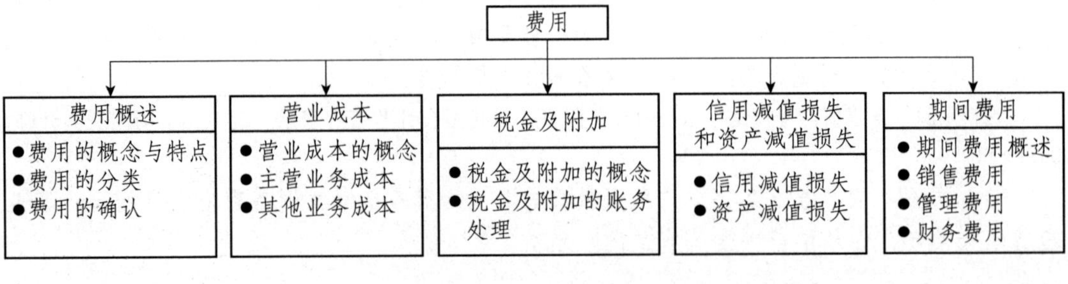

框图说明：

“有所得必有所费”，企业取得经营收入的同时，必然会发生各种耗费。这种耗费在会计上称为费用。费用可分为营业成本、税金及附加、资产及信用减值损失和期间费用（管理费用、销售费用和财务费用）等。

第一节　费用概述

一、费用的概念与特点

（一）费用的概念

与“收入”的概念相似，对费用也有广义和狭义两种认识。广义的费用包括狭义的费用和损失。狭义的费用是指企业为获得营业收入而发生的耗费。凡是同企业日常经营活动（如销售商品、提供服务）过程无关，不是以取得营业收入为目的的资产耗用或资产减少都不确认为费用，如购买股票或债券支出、捐赠支出、罚款支出等。损失是企业在一定期间发生的与日常经营活动无直接关系的经济利益的流出，非日常性、边缘性、偶发性以及与向所有者分配利润无关是形成损失交易或事项的特点。损失的性质特殊，对企业经营成果的影响方式与费用不同，因而应在利润表中单独列示，以利于报表使用者解释、评价、预测其变动情况及其对经营成果的影响。

按照我国《企业会计准则——基本准则》的规定：费用是指企业在日常活动中发生的、会导致所有者权益减少的、与向所有者分配利润无关的经济利益的总流出。

（二）费用的特点

根据费用的定义，费用具有以下特点：

（1）费用的发生可能导致企业资产的减少，也可能导致企业负债的增加，或者二者兼而有之。

企业发生费用会引起其资产的减少，有些是资产数量的减少，如原材料的领用、款项的支付等；有些是资产价值的减少，如固定资产折旧等。企业发生费用也会引起负债增加，如企业确认的应付职工薪酬等；有时，费用在引起资产减少的同时导致企业负债的增加，如企业推销商品发生的广告费部分以银行存款支付，部分尚未支付。

（2）费用导致企业所有者权益减少，但其减少不包括与所有者分配有关的类似事项。

费用导致企业资产的减少或负债的增加，但并非企业所有的资产减少或负债增加都属于费用。如以银行存款偿还借款，资产和负债同时减少，但不能确认为费用。再如，赊购设备，资产和负债同时增加，但负债的增加不能确认为费用。只有资产的减少或负债的增加同时引起所有者权益的减少，并且这种减少并非由向企业所有者分派股利或撤资等类似事项所引起的，才能将这种减少确认为费用。

二、费用的分类

（一）按照费用的经济内容分类

费用按经济内容（或性质）进行分类，可分为外购材料、外购燃料、外购动力、工资、提取的职工福利费、折旧费、利息支出、税金、其他费用等项目。这些项目在会计上称为生产费用要素。

（二）按照费用的经济用途分类

费用按照经济用途分类，首先被划分为生产性费用和非生产性费用（或期间费用）。生产性费用应计入产品或劳务成本，而非生产性费用不计入产品或劳务成本，直接计入当期损益。

1. 生产性费用

生产性费用包括直接材料、直接人工、其他直接费用和制造费用。

（1）直接材料，是指在生产中用来变成产品主要部分的材料的成本。

（2）直接人工，是指在生产中对材料进行直接加工使其变成产成品所用的人工的工资以及按工资总额提取的福利费，包括企业直接从事产品生产人员的工资、奖金、津贴和补贴。

（3）其他直接费用，是指企业发生的，除直接材料费用和直接人工费用以外的，与生产商品或提供劳务有直接关系的费用。

（4）制造费用，是指企业生产车间（部门）因生产产品和提供劳务而发生的各项间接费用，包括工资和福利费、折旧费、修理费、办公费等。

2. 非生产性费用

非生产性费用，是指企业本期发生的、不能直接或间接归入营业成本，而是直接计入当期损益的各项费用，包括销售费用、管理费用和财务费用等。

（三）按配比方式分类

费用按配比方式分类，可分为营业成本和期间费用。

营业成本，是指企业本期已实现销售的商品或产品成本和已对外提供服务的成本。营业成本应当与所销售商品或所提供服务取得的收入进行配比。

期间费用发生时难以判别其所应归属的核算对象（如产品、服务等），因而不能计入其成本，也不能从所出售的商品或产品等收入中得到补偿，因而在发生的当期从损益中扣除。

三、费用的确认

（一）费用与相关概念的辨析

1. 费用与支出

在企业会计中，支出一般是指企业为获得资产、清偿债务，或因发生耗费而发生的经济利益的流出。如购买材料支付的款项为费用性支出、偿还银行借款为偿债支出、支付在建工程款为资本性支出、股本的退还和股利的支付为分配支出。需要说明的是，费用与支出是两个不同的概念。费用一般有支出伴随，但支出不一定构成费用，有些支出是经营过程中经济资源的耗费，支出形成费用；有些支出则因同时有经济利益流入而形成资产，如资本性支出则不构成费用。

2. 费用与成本

在企业成本会计中，费用一般是指生产费用，而成本则是指产品生产成本。两者都是因生产产品而发生的各种耗费，一定时期所发生的生产费用是构成产品成本的基础。生产费用与产品生产成本的区别是：生产费用包括构成本期产品生产成本的生产费用和不构成本期产品生产成本的生产费用，而产品生产成本只是生产费用中构成产品成本的部分；生产费用着重于按会计期间归集，而产品生产成本则着重于按产品品种归集，一种完工产品的成本可能包括几个会计期间的生产费用。

在财务会计中，成本是指取得资产或劳务的支出。例如，固定资产的成本是指取得该资产的买价、运费和保险等相关支出；存货成本是指取得存货的支出，包括采购成本、加工成本和其他成本。成本计算通常是指存货成本的计算，因此成本实际上是指存货成本。

3. 费用与损失

在生产经营过程中所发生的耗费，通常情况下可以直接或间接地产生收入，即耗费和收入之间有一定的因果关系。但有些耗费不一定产生收入，如存货盘亏、投资损失等，这些耗费严格地讲是一种损失，不能确认为费用。在会计实务中，有些损失和费用不易区分，通常都将其作为费用处理，如非常损失之外的存货盘亏损失等。

根据前面的分析，可将支出、费用、成本和损失之间的关系用图 8-1 所示。

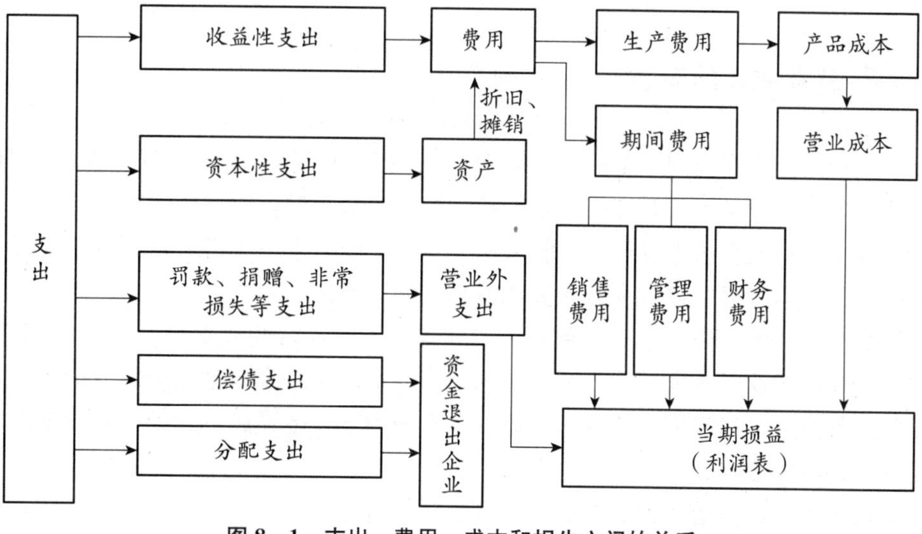

图 8-1 支出、费用、成本和损失之间的关系

（二）费用确认标准

确认费用应考虑两个问题：一是费用与收入的关系；二是费用的归属期。具体来说，确认费用的标准有下述几种。

1. 按与收入的直接联系确认费用

如果资产的减少与负债的增加与取得本期的营业收入有直接联系，就应确认为本期的费用。例如，已销商品的成本是为了取得营业收入而直接发生的耗费，应在取得营业收入的期间确认为费用；又如，为了推销商品发生的送货费用，也与取得营业收入直接相关，也应在取得营业收入的期间确认为费用。

2. 按一定的分配方式确认费用

如果资产的减少或负债的增加与取得营业收入没有直接联系，但能够为若干会计期间带来效益，则应采用一定的分配方式，分别确认为各期的费用。例如，管理部门使用的固定资产成本，需要采用一定的折旧方法，分别确认为各期的折旧费用。

3. 在耗费发生时直接确认费用

如果资产的减少或负债的增加与取得营业收入没有直接联系，并且只能为一个会计期间带来效益或受益期间难以合理估计，则应确认为当期的费用。例如，管理人员的工资，其支出的效益仅限于一个会计期间，应直接确认为当期管理费用；又如，广告费支出，虽然可能在较长时期内受益，但很难合理估计其受益期间，因而也可以直接确认为当期的销售费用。此外，对于某些虽然受益期限较长但数额较小的支出，按照重要性原则，也可以直接确认为当期的费用，如管理部门领用的管理用具等。

第二节 营业成本

一、营业成本的概念

为了正确计算当期利润，企业在每一会计期间应按照收支配比和权责发生制的要求，根据营业收入与营业成本的对应关系，计算结转与收入相对应的营业成本。

营业成本，是指企业为取得营业收入而发生的费用，进一步讲，是企业从事经营业务所发生的实际成本总额。包括主营业务成本和其他业务成本。

从形式上看，由于企业生产经营的范围和性质不同，营业成本也有不同的表现形式。如制造业企业的营业成本表现为已销产品的生产成本；商品流通企业的营业成本表现为已销商品的进价成本；建筑施工企业的营业成本表现为工程结算成本；服务业企业的营业成本表现为各种服务成本。

从构成内容看，制造业企业的营业成本包括材料成本、人工成本和制造费用；商品流通企业的营业成本为已销商品在流通过程中所发生的各种直接费用和间接费用；服务业企业的营业成本为提供包括服务在内的各种材料和人工成本等。

从企业经营业务主次看，营业成本包括主营业务成本和其他业务成本。前者是指企业为完成其经营目标而从事日常活动发生的成本，如制造业企业、商品流通企业销售商品成本，银行的主营业务是贷款和为企业办理结算成本等；后者是指主营业务以外的其他日常活动发生的成本，如制造业企业销售材料成本、提供非工业性服务成本等。

投资者创立企业的目的是获利，而利润确定的要求，一方面按照会计准则的标准确认营业收入，另一方面遵循收入费用相互配比原则计量和确认该期间的营业成本。基于此，关于营业成本有如下认识：

第一，营业成本是与取得营业收入直接相关的费用，这种费用与营业收入之间存在着明显的因果关系。因此，企业确认营业收入的同时，应当将已销的商品或提供服务成本结转至当期损益，在利润表中列示。

第二，营业收入的确认是确认营业成本的前提条件，即营业收入确认在前，营业成本确认在后，根据配比原则，如果营业收入尚未确认，与其相关的营业成本也不应确认。因为，营业成本是已确定了归属期和归属对象的各种耗费，它需要由已实现的营业收入予以抵补。

第三，营业成本的账务处理，可以在登记“主营业务收入”或“其他业务收入”账户的同时登记“主营业务成本”或“其他业务成本”账户，也可以在业务发生时暂不登记，待到月末再登记。

【提醒您】

营业成本实际上是资产的存量变化，是由生产成本或劳务成本、库存商品结转而来的，先有生产成本后有营业成本。假定企业的产品当月生产且当月全部销售，则营业成本等于生产成本；如果本月销售上月生产的产品，则营业成本是由库存商品结转的结果。

二、主营业务成本

（一）主营业务成本的概念

主营业务成本，是指企业因销售商品、提供劳务或让渡资产使用权等日常活动而发生的实际成本。主营业务，是指企业为完成其经营目标而从事的所有活动，如制造业企业销售产品、商品流通企业的商品购销、安装公司提供安装服务、商业银行对外贷款、保险公司签发保单、租赁公司出租资产等活动。与主营业务收入相对应，企业主营业务成本可分为销售产品生产成本、销售商品进价成本以及安装公司提供安装服务、商业银行对外贷款、保险公司签发保单、租赁公司出租资产等活动发生的劳务和服务成本。

企业应当设置“主营业务成本”账户核算企业确认销售商品、提供劳务等主营业务收入时应结转的成本。

（二）产品销售成本

产品销售成本，是指制造业已售产品的生产成本。获利是制造业企业的经营目标，而产品的生产、销售则是制造业企业的核心职能。企业从领用原材料开始，经过生产过程，与产品相关的实物依次经过原材料加工制造转换为在产品、半成品、产成品的流转过程，再经过销售活动，产成品转化为已销售产品。与此相适应，相关成本（如原材料成本、人工成本、折旧费用）由在产品成本向半成品成本、产成品成本和产品销售成本依次转换。

为了合理确定企业的销售成果，在确认一定时期收入的同时，必须相应确认与该期间收入有关的成本费用即产品销售成本，将其与收入进行比较，以正确反映企业的经营业绩。

制造业企业主营业务成本的计算与结转，通常是在期（月）末进行。期（月）末，企业根据本期（月）销售产品数量及相应的单位生产成本，计算确定本期产品销售成本总额，借记“主营业务成本”账户，贷记“库存商品”账户。本期（月）发生销售退回，如已结转销售成本的，借记“库存商品”等账户，贷记“主营业务成本”账户。期末，将本期“主营业务成本”账户的余额转入“本年利润”账户时，借记“本年利润”账户，贷记“主营业务成本”账户。

例 8-1

2×24 年 3 月，M 加工制造企业销售产品取得收入 98 000 元，销售产品的成本情况如表 8-1 所示。

表 8-1 产品销售成本情况表

品种	数量（件）	单位生产成本（元）	成本总额（元）
甲产品	3 000	10	30 000
乙产品	1 000	18	18 000
丙产品	500	20	10 000
丁产品	800	15	12 000
合计	—	—	70 000

结转产品销售成本时，编制如下会计分录：

借：主营业务成本　　70 000
　贷：库存商品——甲产品　　30 000
　　　　　　——乙产品　　18 000
　　　　　　——丙产品　　10 000
　　　　　　——丁产品　　12 000

该企业 3 月产品销售收入为 98 000 元，其产品销售成本为 70 000 元，产品销售收入减去销售成本的差额为产品销售毛利，即 28 000 元，毛利率为 28.57%（28 000÷98 000×100%）。

（三）商品销售成本

商品销售成本，是指商品流通企业已销商品的进价（商品的实际采购成本）。组织商品购进、销售、调拨、储存等经营业务是商品流通企业经营活动的特点。商品流通企业库存商品日常核算有数量进价金额核算、数量售价金额核算、售价金额和进价金额核算之分，其销售成本的计算与结转的方法也不完全相同。在此，仅介绍数量进价金额核算和售价金额核算方法下，商品销售成本的计算与结转。

批发企业库存商品日常核算采用数量进价金额核算，其商品的销售成本是按已销商品进价计算。由于同种商品的各批进价不同，因而需要采用一定的方法确定已销售商品的进价（即商品的单位成本），再根据销售数量计算商品的销售成本。计算已销商品单位成本的方法主要有个别计价法、加权平均法、移动加权平均法、先进先出法。

采用售价金额核算的零售企业已销商品成本的计算与结转是通过计算销售商品应分摊的进销差价（包括不含税的售价与进价之间的差额和应向购买者收取的增值税额），调整“主营业务成本”和“商品进销差价”账户余额进行的，具体方法可参见本书第二章“存货”一节。

例 8-2

某商品批发企业库存商品采用数量进价金额核算，月末采用全月一次加权平均法计算结转商品销售成本。

2×24 年年初结存 M 商品 1 200 件，单位成本 40 元，成本总额为 48 000 元。2×24 年 6 月发生商品购入、发出业务如下：

（1）5 日，购进 M 商品 600 件，单位进价成本 36 元，成本总额为 21 600 元；8 日销售 M 商品 1 000 件，12 日发出委托加工的 M 商品 80 件，发出商品成本按 6 月 5 日购进单价计算。

（2）15 日，购进 M 商品 1 400 件，单位进价成本 42 元，成本总额为 58 800 元。

（3）18 日，销售 M 商品 520 件；22 日，销售 M 商品 800 件；27 日，销售 M 商品 940 件。

（4）25 日，购进 M 商品 1 000 件，单位进价成本 38 元，成本总额为 38 000 元；30 日，购进 M 商品 200 件，单位进价成本 34 元，成本总额为 6 800 元。

根据上述经济业务，本月 M 商品销售成本计算及结转过程如下：

销售（发出）商品全月一次加权平均单价 ＝[48 000＋(600×36)＋(1 400×42)＋(1 000×38)＋(200×34)] ÷(1 200＋600＋1 400＋1 000＋200)
＝(48 000＋125 200)÷4 400＝39.36（元）

本月销售商品成本＝(1 000＋520＋800＋940)×39.36＝128 313.6（元）

本月其他发出商品成本＝80×36＝2 880（元）

本月发出商品成本合计＝128 313.6＋2 880＝131 193.6（元）

借：主营业务成本　　128 313.6
　　委托加工物资　　2 880
　贷：库存商品——M 商品　　131 193.6

月末结存商品成本＝48 000＋125 200－131 193.6＝42 006.4（元）

月末结存商品加权平均单价＝42 006.4÷1 060＝39.63（元）

三、其他业务成本

其他业务成本，是指企业除主营业务活动以外的其他经营活动所发生的成本。包括销售材料的成本、出租固定资产的折旧额、出租无形资产的摊销额、出租包装物的成本或摊销额等。

企业应当设置“其他业务成本”账户核算企业确认的除主营业务活动以外的其他经营活动所发生的支出。

企业发生其他业务成本时，应借记“其他业务成本”账户，贷记“原材料”“周转材料”“累计折旧”“累计摊销”“应付职工薪酬”“银行存款”等账户；期末将其他业务成本转入本年利润时，借记“本年利润”账户，贷记“其他业务成本”账户。

例 8-3

2×24 年 5 月，M 公司根据发生的其他经营业务编制会计分录。

（1）销售原材料一批，价款 20 000 元，增值税 2 600 元，全部款项已存入银行。该材料的实际成本为 16 000 元。

1）确认收入：

借：银行存款	22 600	
贷：其他业务收入		20 000
应交税费——应交增值税（销项税额）		2 600

2）结转材料销售成本：

借：其他业务成本	16 000	
贷：原材料		16 000

（2）将一项专利技术出租给 N 公司。该项专利技术的账面余额为 750 000 元，摊销年限为 10 年。按出租合同的规定，N 公司每年支付专利技术使用费（不含税）1 200 000 元。M 公司本年如数收到专利技术使用费，适用的增值税税率为 6%。

1）收到当年专利技术使用费：

借：银行存款	1 272 000	
贷：其他业务收入		1 200 000
应交税费——应交增值税（销项税额）		72 000

2）摊销当月专利技术成本：

借：其他业务成本	6 250	
贷：累计摊销		6 250

（3）月末，将“其他业务成本”账户本期发生额合计转入“本年利润”账户：

借：本年利润	22 250	
贷：其他业务成本		22 250

第三节 税金及附加

一、税金及附加的概念

税金及附加，是指企业在经营活动中发生的并由企业负担的相关税费，包括消费税、城市维护建设税、教育费附加、资源税、房产税、城镇土地使用税、车船税、印花税等。

企业在日常生产经营活动中，既要消耗原材料、发生人工费用、计提固定资产折旧费，也要按照国家规定缴纳各种税费。企业缴纳税费在增加政府财政收入的同时，也导致企业经济利益的流出和所有者权益的减少。因此，企业依法缴纳的税金及附加构成了企业经营损益的重要组成部分。

税金及附加主要包括以下方面：

第一，经济业务不同，企业缴纳税费列支的账户不同，如对外销售自产产品缴纳的资源税，记入“税金及附加”账户，而自用自产产品缴纳的资源税，可能记入不同账户，如“生产成本”“制造费用”“管理费用”等账户。记入“税金及附加”账户的税费是指直接列入当期损益的部分。

第二，税金及附加通常反映企业与税务机关之间发生的税务关系，但不包括企业向税务机关缴纳的税收滞纳金及罚款，应将税收滞纳金及罚款确认为营业外支出。

第三，记入“税金及附加”账户的税费大多是因日常活动所形成的支出，但最终确认为营业外收入或营业外支出的交易或事项的相关税费均不通过“税金及附加”账户核算，而分别在“固定资产清理”“营业外收入”“营业外支出”等账户核算。

二、税金及附加的账务处理

企业应当设置“税金及附加”账户，核算企业经营活动发生的消费税、城市维护建设税、教育费附加、资源税、房产税、城镇土地使用税、车船税、印花税等相关税费。

企业按规定计算确定与经营活动相关的税费（除印花税）时，借记“税金及附加”账户，贷记“应交税费”账户。期末，应将“税金及附加”账户余额转入“本年利润”账户，结转后，“税金及附加”账户无余额。

【提醒您】

企业缴纳的印花税，不会发生应付未付税款的情况，不需要预计应纳税金额，同时不存在与税务机关结算或者清算的问题。因此，企业缴纳的印花税不通过“应交税费”账户核算。企业于购买印花税票时，直接借记“税金及附加”账户，贷记“银行存款”账户。

例 8-4

某企业为增值税一般纳税人，适用的增值税税率为13%，消费税税率为25%，城市维护建设税税率为7%，教育费附加征收率为3%。2×24年10月，根据发生的应交税费业务，编制相关的会计分录。

（1）销售应纳消费税产品一批，取得不含税收入4 000 000元，增值税税额为520 000元，全部款项客户暂欠。

1）确认收入和应交增值税：

借：应收账款	4 520 000	
贷：主营业务收入		4 000 000
应交税费——应交增值税（销项税额）		520 000

2）计算应交消费税1 000 000（4 000 000×25%）元：

借：税金及附加	1 000 000	

贷：应交税费——应交消费税　　1 000 000

（2）经计算，本期应交房产税 160 000 元、城镇土地使用税 83 000 元、车船税 15 000 元：

借：税金及附加　　258 000

贷：应交税费——应交房产税　　160 000

——应交城镇土地使用税　　83 000

——应交车船税　　15 000

（3）本期以银行存款支付订立购销合同应交印花税 3 000 元、订立借款合同应交印花税 500 元：

借：税金及附加　　3 500

贷：银行存款　　3 500

（4）期末，计算本期应交城市维护建设税和教育费附加（本期发生的增值税进项税额为 300 000 元）：

当月实际应交增值税＝520 000－300 000＝220 000（元）

当月应交城市维护建设税＝(220 000＋1 000 000)×7%＝85 400（元）

当月应交教育费附加＝(220 000＋1 000 000)×3%＝36 600（元）

借：税金及附加　　122 000

贷：应交税费——应交城市维护建设税　　85 400

——应交教育费附加　　36 600

（5）期末，将“税金及附加”账户本期发生额合计转入“本年利润”账户：

“税金及附加”账户结转的金额＝1 000 000＋258 000＋3 500＋122 000

＝1 383 500（元）

借：本年利润　　1 383 500

贷：税金及附加　　1 383 500

第四节　信用减值损失和资产减值损失

在激烈竞争的市场环境下，企业对部分资产确认信用减值损失，计提资产减值准备，以反映资产价值的变化，有利于增强资产处理过程中发生事实损失的应对能力，并保持其财务状况的稳定性。

【提醒您】

会计实务中，企业持有的资产种类较为多样，根据各类资产的不同特性，会计准则分别对不同资产的减值进行了具体规定。主要有三类：（1）对于原材料、在产品、产成品等存货的减值，应当根据《企业会计准则第 1 号——存货》进行会计处理；（2）对于固定资产、无形资产、长期股权投资等长期资产，即由多项资产构成的资产组或资产组组合以及商誉减值，应当根据《企业会计准则第 8 号——资产减值》进行会计处理；(3) 对于包括应收账款、交易性金融资产等在内的金融资产等的减值，应当根据《企业会计准则第 22 号——金融工具确认和计量》进行会计处理。

一、信用减值损失

（一）信用减值损失的概念

信用减值损失，是指企业计提有关金融资产信用减值准备所形成的信用损失。需要确认信用减值损失的金融资产包括应收款项、债权投资、其他债权投资等资产。

前已述及，对应收款项、债权投资等金融资产信用减值损失采用预期信用损失法核算。在预期信用损失法下，以未来可能的违约事件造成的损失的期望值来计量资产负债表日应当确认的减值准备。

（二）信用减值损失的账务处理

为了反映信用减值损失的增减变动情况，企业应设置“信用减值损失”账户以及与该资产相关的减值准备账户，如“坏账准备”“债权投资减值准备”“其他债权投资减值准备”等账户。

企业应当在资产负债表日计算应收款项、债权投资、其他债权投资等资产预期信用损失，如果该资产的预期信用损失大于该资产当前减值准备的账面金额，应当将其差额确认为减值损失，借记“信用减值损失”账户，根据金融资产的种类，贷记“坏账准备”“债权投资减值准备”等账户。

企业计提上述信用减值准备后，相关资产的价值又得以恢复的，应在原已计提的减值准备金额内，按恢复增加的金额，借记“坏账准备”“债权投资减值准备”等账户，贷记“信用减值损失”账户。若核销金额大于已计提的损失准备，还应按其差额借记“信用减值损失”账户。

二、资产减值损失

在资产负债表日，企业经过对资产的测试，判断资产的可收回金额低于其账面价值而计提资产减值损失准备所确认的相应损失为资产减值损失。概括地讲，资产减值损失是指资产的可收回金额低于其账面价值导致的损失。

为了反映资产减值损失的增减变动情况，企业应设置“资产减值损失”账户以及与该资产相关的减值准备账户，如“长期股权投资减值准备”“固定资产减值准备”“无形资产减值准备”等账户。

计提资产减值准备时，企业应按资产账面价值超过其可收回金额的部分计提资产减值准备，借记“资产减值损失”账户，贷记“固定资产减值准备”等账户；如果当期应计提的资产减值准备数额高于其账面余额，企业应按其差额补提资产减值准备。

例 8－5

2×24 年 12 月，M 公司有关资产或信用减值准备的情况如表 8－2 所示。

表 8－2 资产或信用减值准备情况表

2×24 年 12 月　　单位：元

项目	年初账面余额	本期计提额	本期减少额		期末账面余额
			转回	转销	
一、坏账准备	200 000	0	0	140 000	60 000
二、存货跌价准备	180 000	5 000	0	45 000	140 000
三、固定资产减值准备	600 000	0	0	45 000	555 000
四、无形资产减值准备	200 000	50 000	0	0	250 000
合计	1 180 000	55 000	0	230 000	1 005 000

资产或信用减值准备的具体情况如下：

(1) 计提坏账准备采用余额百分比法。本期应收客户甲公司货款 20 000 元，因甲公司经营不善无法收回，本期予以转销。期末应收款项余额为 1 200 000 元，计提坏账准备比例为 5%。编制如下会计分录：

1) 转销应收甲公司款项：

借：坏账准备　　20 000
　贷：信用减值损失　　20 000

2) 年末冲销多计提的坏账准备：

借：坏账准备　　120 000
　贷：应收账款——甲公司　　120 000

(2) 本期计提存货跌价准备 5 000 元，结转销售产品成本 185 000 元，其相应存货跌价准备为 45 000 元。编制如下会计分录：

借：主营业务成本　　140 000
　　存货跌价准备　　45 000
　贷：库存商品　　185 000

(3) 处置一项固定资产，其原值为 195 000 元，累计折旧为 120 000 元，已计提固定资产减值准备 45 000 元。不考虑其他因素。编制如下会计分录：

借：固定资产清理　　30 000
　　累计折旧　　120 000
　　固定资产减值准备　　45 000
　贷：固定资产　　195 000

(4) 计提无形资产减值准备。编制如下会计分录：

借：资产减值损失　　50 000
　贷：无形资产减值准备　　50 000

第五节 期间费用

一、期间费用概述

（一）期间费用的特征

期间费用，是指与生产产品（或提供劳务）无直接关系，属于某一时期耗用的费用，包括管理费用、销售费用和财务费用。这些费用为获得利润而发生，但又与特定的收入没有直接关系，因此，它被认为是企业为取得整体收入而发生的，应在发生时全部计入当期损益的费用。

期间费用的主要特征如下：

第一，期间费用不参与成本计算，而是直接计入当期损益。期间费用是企业为产品生产提供正常的条件和组织管理整个企业的经营活动所发生的费用，与某特定成本核算对象如采购的材料、生产的产品等没有直接关系，因而期间费用不计入有关核算对象的成本，而是直接计入当期损益。

第二，期间费用大多为共同费用，且经常发生，数额均匀。

第三，与期间费用相关的支出一般不产生经济利益，或者即使产生经济利益也不符合资产确认条件，应当在发生时确认为费用，计入当期损益。

第四，期间费用只与费用发生的当期有关，不影响或不分摊到其他会计期间。

（二）期间费用的列支形式

期间费用的列支形式一般有直接支付、转账摊销、预付待摊和预提应付四种。

（1）直接支付，是指期间费用发生时直接以库存现金、银行存款或备用金支付。多数期间费用是以这种方式列支。

（2）转账摊销，是指通过转账方式确认应由本期负担的期间费用。如周转材料摊销、无形资产摊销、固定资产折旧等。

（3）预付待摊，是指已在某个会计期间支付，但未在当期全部负担，而由当期和以后各受益期分摊。如以经营租赁方式支付的固定资产改良支出就属于这种方式列支的期间费用。

（4）预提应付，是指预先提取应由本期负担，但在以后会计期间支付。如应付的借款利息就属于这种方式确认的费用。

期间费用列支四种形式的账户对应关系如图 8-2 所示。

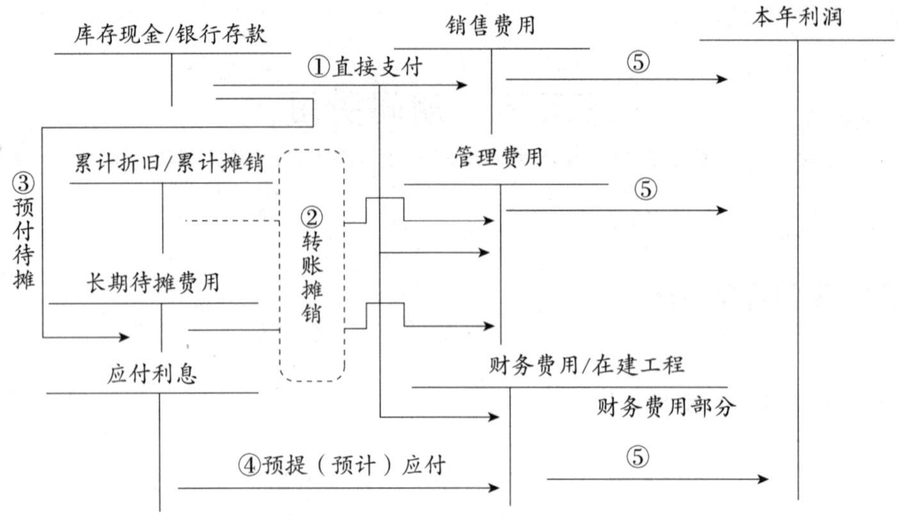

注：业务⑤是指期末将期间费用转入本年利润。

图 8-2　期间费用列支四种形式的账户对应关系

二、销售费用

销售费用，是指企业销售商品和材料、提供服务过程中发生的各种费用，包括保险费、包装费、展览费和广告费、商品维修费、预计产品质量保证损失、供电费、装卸费以及为销售本企业商品而专设的销售机构（含销售网点、售后服务网点等）的职工薪酬、业务费、折旧费等经营费用和企业发生的与专设销售机构相关的固定资产修理费用等后续支出等。

销售费用是与企业销售商品活动有关的费用，其内容如图 8-3 所示。

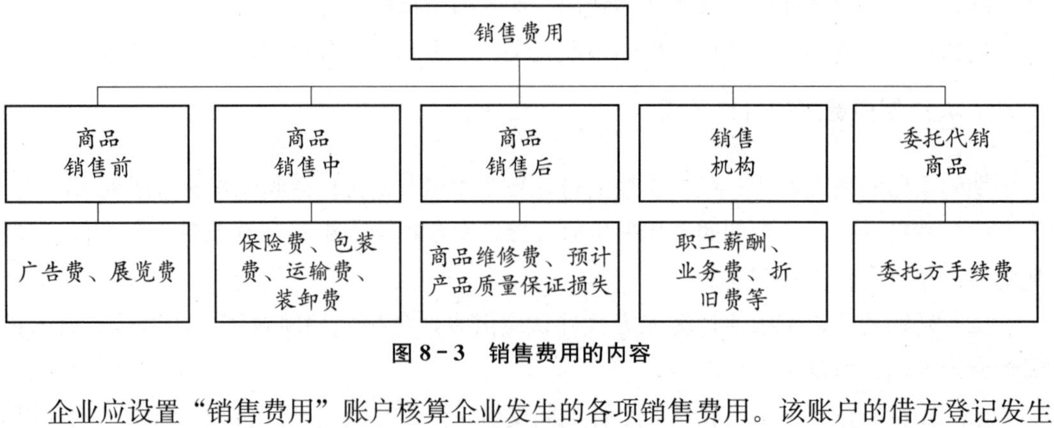

图 8-3　销售费用的内容

企业应设置“销售费用”账户核算企业发生的各项销售费用。该账户的借方登记发生的销售费用；贷方登记期末转入“本年利润”账户的销售费用；“销售费用”账户结转至“本年利润”账户后无余额。该账户的明细账可按费用项目设置。

例题

销售费用的核算

按企业在销售商品过程中发生的包装费、保险费、展览费和广告费、运输费、装卸费等费用，借记“销售费用”账户，贷记“库存现金”“银行存款”等账户；按企业发生的为销售本企业商品而专设的销售机构的职工薪酬、业务费等经营费用，借记“销售费用”账户，贷记“应付职工薪酬”“银行存款”“累计折旧”等账户；期末，应将“销售费用”账户余额转入“本年利润”账户，结转后，“销售费用”账户无余额。

三、管理费用

管理费用，是指企业行政管理部门为组织和管理生产经营活动而发生的各种费用。包括企业在筹建期间发生的开办费、董事会和行政管理部门在企业的经营管理中发生的或者应由企业统一负担的公司经费（包括行政管理部门职工工资及福利费、物料消耗、低值易耗品摊销、办公费和差旅费等）、行政部门负担的工会经费、董事会费（包括董事会成员津贴、会议费和差旅费等）、聘请中介机构费、咨询费（含顾问费）、诉讼费、业务招待费、技术转让费、研究费用等。

企业应设置“管理费用”账户核算其发生的各项管理费用。该账户的明细账可按费用项目设置。

例题

管理费用的核算

企业在筹建期间发生的开办费，包括人员工资、办公费、培训费、差旅费、印刷费、注册登记费以及不计入固定资产成本的借款费用等在实际发生时，借记“管理费用”账户，贷记“银行存款”等账户；确认行政管理部门人员的职工薪酬时，借记“管理费用”账户，贷记“应付职工薪酬”账户；行政管理部门计提固定资产折旧时，借记“管理费用”账户，贷记“累计折旧”账户；企业发生办公费、水电费、业务招待费、聘请中介机构费、咨询费、诉讼费、技术转让费、研究费用时，借记“管理费用”账户，贷记“银行存款”“研发支出”等账户。

四、财务费用

财务费用，是指企业为筹集生产经营所需资金而发生的筹资费用，包括利息支出（减利息收入）、汇兑损益以及相关的手续费、企业发生的现金折扣或收到的现金折扣等。其中：(1) 利息支出，是指企业短期借款利息、长期借款利息、应付票据利息、票据贴现利息、应付债券利息、长期应付引进国外设备款利息等利息支出（除资本化的利息外）减去银行存款等的利息收入后的净额。(2) 汇兑损益，是指企业因向银行结售或购入外汇而产生的银行买入、卖出价与记账所采用的汇率之间的差额，以及月度（季度、年度）终了，各种外币账户的外币期末余额，按照期末规定汇率折合的记账人民币金额与原账面人民币金额之间的差额等。(3) 相关的手续费，是指发行债券所需支付的手续费（需资本化的手续费除外）、开出汇票的银行手续费、调剂外汇手续费等，但不包括发行股票所支付的手续费等。

企业应设置“财务费用”账户核算企业发生的各项财务费用。该账户的明细账可按费用项目设置。

企业发生财务费用时，借记“财务费用”账户，贷记“银行存款”“未确认融资费用”等账户。企业发生应冲减财务费用的利息收入、汇兑差额、现金折扣时，借记“银行存款”“应付账款”等账户，贷记“财务费用”账户。期末，将“财务费用”账户余额转入“本年利润”账户时，借记“本年利润”账户，贷记“财务费用”账户。

需要说明的是，利息费用是财务费用的主要内容，核算利息费用时应注意以下内容：

第一，确认财务费用的借款利息是不符合资本化条件的利息支出，即不符合记入“在建工程”等账户的标准。

第二，利息费用既包括向金融企业借款，也包括向非金融企业、个人借款形成的利息费用，既有短期借款的利息费用，也有长期借款的利息费用，还包括企业将持有的未到期商业汇票向银行贴现支付的贴现利息。

第三，企业取得的利息收入，一般应冲减当期财务费用。企业取得的债券利息收入应计入投资收益，不冲减财务费用。

案例

假如你是注册会计师

例题

财务费用的核算

思考与练习

一、思考题

1. 什么是费用？其特点表现在哪些方面？简述费用与成本、支出、损失的关系。

2. 企业费用是如何分类的？确认费用应遵循什么原则？

3. 主营业务成本和其他业务成本各包括哪些内容？

4. 企业的哪些资产要核算减值损失？哪些资产计提的减值准备可以转回？哪些资产计提的减值准备不能转回？

5. 企业的期间费用包括哪些内容？期间费用的核算方式主要有几种？

二、练习题

（一）单项选择题

1. 下列各项中，应计入产品成本的是（　　）。

A. 固定资产报废净损失　　B. 支付的矿产资源补偿费

C. 预计产品质量保证损失　　D. 基本生产车间设备计提的折旧费

2. 下列各项中，应计入管理费用的是（　　）。

A. 预计产品质量保证损失　　B. 聘请中介机构年报审计费

C. 专设售后服务网点的职工薪酬　　D. 企业负担的生产职工养老保险费

3. 下列各项中，应计入财务费用的是（　　）。

A. 销售商品发生的销售折让　　B. 销售商品发生的商业折扣

C. 购进商品发生的现金折扣　　D. 购进商品发生的进货退回成本

4. 下列各项中，不应计入销售费用的是（　　）。

A. 已售商品预计保修费用

B. 为推广新产品而发生的广告费用

C. 随同商品出售且单独计价的包装物成本

D. 随同商品出售不单独计价的包装物成本

5. 在资产持有期间，其相应的资产减值准备可以转回的是（　　）。

A. 存货跌价准备
B. 长期股权投资减值准备
C. 无形资产减值准备
D. 固定资产减值准备

（二）多项选择题

1. 下列各项中，应计入财务费用的有（　　）。
A. 银行承兑汇票手续费
B. 购买交易性金融资产手续费
C. 外币应收账款汇兑损失
D. 商业汇票贴现发生的贴现息

2. 下列各项中，工业企业应计入其他业务成本的有（　　）。
A. 销售材料的成本
B. 出售单独计价包装物的成本
C. 出租包装物的成本
D. 经营租赁出租设备计提的折旧

3. 下列各项中，应计入期间费用的有（　　）。
A. 销售商品发生的销售折让
B. 销售商品发生的售后服务费
C. 销售商品发生的商业折扣
D. 委托代销商品支付的手续费

4. 下列各项中，属于企业期间费用的有（　　）。
A. 出售无形资产发生的净损失
B. 计提行政管理部门固定资产折旧
C. 办理银行承兑汇票支付的手续费
D. 出售交易性金融资产发生的净损失

5. 下列各项中，属于营业成本核算范围的有（　　）。
A. 出售商品的成本
B. 出租无形资产的摊销额
C. 销售材料的成本
D. 经营出租设备计提的折旧额

（三）计算分析题

甲上市公司为增值税一般纳税人，适用的增值税税率为13%。2×24年3月发生的经济业务如下：

（1）5日，对行政管理部门使用的设备进行日常维修，应付企业内部维修人员工资1.2万元。

（2）15日，向乙公司销售材料一批。该批材料的销售价格为5万元，增值税税额为0.65万元，销售材料实际成本为4万元。材料已发出，销售款项存入银行。

（3）20日，将50台自产的V型厨房清洁器作为福利发放给本公司职工，其中行政管理人员30台、销售人员20台。该厨房清洁器每台生产成本为1.2万元，市场售价为1.5万元（不含增值税）。

（4）31日，确认短期银行借款利息。该笔资金本金为60万元，借入时间为2月1日，期限6个月，年利率为6%，到期还本，按月计提利息，按季付息。

（5）月末，分配职工工资150万元，其中直接生产产品人员工资105万元，车间管理人员工资15万元，企业行政管理人员工资20万元，专设销售机构人员工资10万元。

要求：（1）根据上述经济业务，逐笔编制会计分录。

（2）计算该公司3月的营业成本、销售费用、管理费用和财务费用。

素养园地

2010年8月12日，某公司在中国创业板上市，是中国A股最早上市的视频公司。2020年5月14日，某公司股票被终止上市。2021年4月，因某公司2007年至2016年连续十年财务造假等，被北京市证监局罚款合计2.4亿元。2022年1月，北京金融法院向某公司等21名被告发起诉讼，涉案金额超45亿元。

按照会计准则的规定，企业研发活动分为研究阶段和开发阶段。前者的支出计入管理费用，后者的支出在符合条件时计入资产成本。通常，一个研发项目只有到开发阶段后期，其支出才有可能符合资本化要求，后期支出较少，资本化的比例也很低，甚至有的科技企业将全部研发支出予以费用化，资本化支出为零。例如，用友公司每年的研发资本化比例维持在8%左右，海信研发资本化比例为零，2015年华为的专利申请数量全球第一，研发投入596亿元，研发支出资本化比例为零。

但某公司恰恰相反，2015年某公司的研发费用共12.24亿元，资本化金额达7.32亿元，资本化比例接近60%，这个资本化比例在世界范围也属少见。这么高的资本化比例，意味着一个项目刚刚开始，还没完全进入研发阶段，在经济价值存在众多不确定性的情况下，某公司就已经明确了项目的价值，转入开发阶段并将支出予以资本化。

资料来源：喻煌．乐视网研发支出过度资本化问题分析．河北企业，2020-04-10.

结合案例，请思考：研发支出的费用化和资本化支出界限不清，对公司财务状况和经营成果会产生何种影响？财务人员应如何提高职业判断能力，合理划分研发支出费用界限？

第九章 利　润

学习目标

本章主要介绍利润确认、计量和形成的理论与方法。

通过本章的学习，学生应熟悉营业利润、利润总额、净利润的内容；掌握结转本年利润的会计处理方法、所得税费用的计算及会计处理方法。

素养目标

1. 教师讲解利润的相关知识，使学生熟悉利润的组成，掌握利润的核算方法，培养学生实事求是的意识；防止出现操纵利润、粉饰报表等直接影响资本市场的健康发展、严重损害投资切身利益的违法违纪行为。

2. 教师讲解利润的形成，使学生深刻理解利润形成的原因，如核心利润（经过人的科学管理形成的）、投资损益（投放资金带来的）和营业外收支（由偶发、自然条件原因所致）三个部分的关系，培养学生充分认识人在利润形成中的决定性作用，引导管理层发挥人的主观能动性。

3. 教师讲解利润形成与分配的相关知识，使学生深刻认识企业依法缴纳所得税的意义，提高企业所得税核算的认识，培养学生利用会计岗位特点，引导企业自觉履行依法纳税意识。

导　读

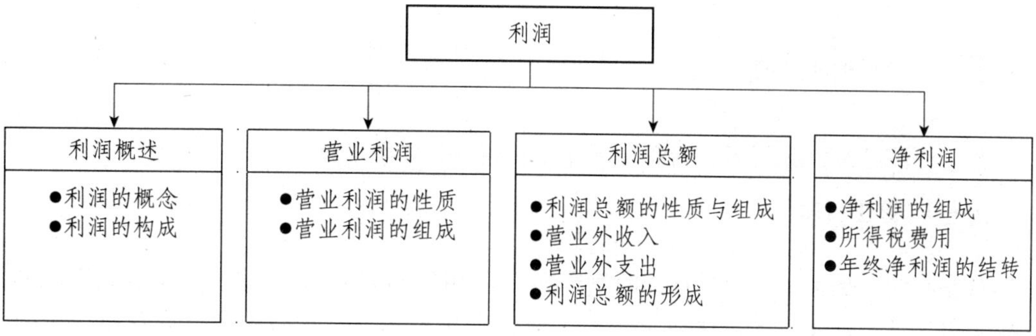

框图说明：

在市场经济条件下，追求利润最大化已成为企业生产经营活动的主要目标之一。利润直接反映了企业的盈利水平和获利能力，是进行投资和信贷决策必不可少的重要信息。利润可分为营业利润、利润总额和净利润三个层次。

第一节　利润概述

一、利润的概念

利润，是指企业在一定会计期间的经营成果。它是企业一定期间经营业绩和获利能力的综合反映。就其构成来看，企业的利润既有在生产经营活动中形成的，也有通过投资活动获得的，还包括那些与生产经营活动无直接关系的事项所引起的盈亏。利润是企业生存与发展的必要条件，也是考核和分析企业管理水平高低的一项综合性指标，通过提供利润信息，既可以评价企业管理层的经营业绩，也可以为投资者、债权人等财务报告使用者进行决策提供重要的依据。

利润包括收入减去费用后的净额、直接计入当期利润的利得和损失等。

（一）收入减去费用后的净额

收入减去费用后的净额，是指企业从事日常活动取得的收入扣减费用后的差额。

（二）直接计入当期利润的利得和损失

利得或损失，是指由企业非日常活动所形成的、会导致所有者权益增加或减少、与所有者投入资本无关的经济利益的流入或流出。

根据利得和损失的性质及影响，《企业会计准则——基本准则》又将利得和损失区分为“直接计入所有者权益的利得和损失”和“直接计入当期利润的利得和损失”。

通过判断经济利益是由企业日常活动所形成的还是非日常活动所形成的，将收入与利得、费用与损失进行区别，有助于使用者全面分析与判断企业的盈利能力和可持续发展能力。

二、利润的构成

企业利润可按营业利润、利润总额和净利润三个层次核算。

（一）营业利润

营业利润，是指企业通过日常的生产经营活动所取得的经营成果，是企业利润总额的主要来源。它是营业收入减去营业成本，减去销售费用、管理费用和财务费用等期间费用，再扣除上缴国家的各种流转税金（税金及附加）、资产（信用）减值损失以及加减公允价值变动损益、投资损益、资产处置损益后的余额。其计算公式如下：

营业利润＝营业收入－营业成本－税金及附加－销售费用－管理费用－研发费用－财务费用＋其他收益±投资损益±公允价值变动损益±资产减值损失±信用减值损失±资产处置损益

提供营业利润信息可以较为恰当地反映企业管理者的经营业绩，有助于投资者、债权人进行盈利预测，并做出正确决策。

（二）利润总额

利润总额，是企业生产经营成果的综合反映。企业在生产经营过程中，通过销售过程将商品卖给客户实现收入，收入扣除当初的投入成本以及其他一系列费用，再加减非经营性质的收支及投资收益（或损失），即企业的利润总额或亏损总额。其计算公式如下：

利润总额＝营业利润＋营业外收入－营业外支出

（三）净利润

企业净利润（或净亏损）为利润总额减去所得税费用后的余额，其计算公式如下：

净利润＝利润总额－所得税费用

净利润是一项非常重要的指标，它不仅可以反映企业一定时期最终所取得的经营成果，也为投资者做出投资或分红等决策、为管理人员制定经营方案等提供可靠信息。

第二节 营业利润

一、营业利润的性质

营业利润，是指企业通过日常的生产经营活动所取得的经营成果，是企业一定时期获得的利润中最主要、最稳定的来源。营业利润至少包括以下几层含义：

（1）营业利润是企业为完成其经营目标，从事最基本的经常性活动形成的经营成果，营业收入、营业成本是影响营业利润高低的主要因素。

（2）资产处置收益或损失、资产减值损失是企业日常经营活动发生的经济业务或交易，其结果会引起营业利润的增加或减少。

（3）期间费用虽然与特定成本核算对象没有直接关系，但它是企业为组织和管理整个经营活动所发生的费用，是企业日常活动中引起的经济利益的流出，是营业利润的抵减因素。

（4）营业利润既包括交易期间已实现的收入和费用，也包括未实现的资产价值变动形成的利益或损失，如公允价值变动损益等。

通常，营业利润越多，表明企业的总体经营管理水平越高，效益越好。因此，营业利润可以客观地反映企业管理者的经营业绩，有助于投资者、债权人进行盈利预测，并做出正确决策。

二、营业利润的组成

（一）营业收入

营业收入，是指企业在生产经营活动中由于销售商品、提供劳务等所取得的货币收入。营业收入一般分为主营业务收入和其他业务收入。

1. 主营业务收入

主营业务收入，是指企业为完成其经营目标，在日常活动中从事主要活动而取得的收入。主营业务收入一般占企业收入的比重较大，对企业的经济效益产生较大的影响。

企业销售商品或提供劳务实现销售收入时，应按照实际收到或应收的价款，借记"银行存款""应收账款""应收票据"等账户，按销售收入的金额，贷记"主营业务收入"账户，按增值税专用发票上注明的增值税税额，贷记"应交税费——应交增值税（销项税额）"账户。期末，将主营业务收入余额转入本年利润时，借记"主营业务收入"账户，贷记"本年利润"账户。

2. 其他业务收入

其他业务收入，是指各类企业主营业务以外不独立核算的其他业务或附营业务所产生的收入，如材料销售、固定资产出租、无形资产出租、包装物出租等实现的收入等。

企业确认其他业务收入时，借记"银行存款""应收账款"等账户，贷记"其他业务收入""应交税费——应交增值税（销项税额）"等账户。

期末，将"其他业务收入"账户余额转入"本年利润"账户时，借记"其他业务收入"账户，贷记"本年利润"账户。

（二）营业成本

营业成本，是指企业在一定期间为取得营业收入（包括主营业务收入和其他业务收入）所发生的费用。与营业收入分类相对应，企业营业成本一般分为主营业务成本和其他业务成本。

1. 主营业务成本

主营业务成本，是指企业为取得销售商品、提供劳务等主营业务收入所发生的成本。

企业从事生产经营活动的最终目标是通过销售产品（或商品）、提供劳务等活动实现收入并获得利润。企业在对外销售产品或商品、提供劳务确认收入前，其经营的对象主要表现为存货（即产品生产成本、库存商品成本），一旦将销售的产品或商品、提供的劳务确认为主营业务收入，企业应结转与其相关的产品、商品的销售成本或劳务成本，这些已销售产品、商品或劳务的成本，即主营业务成本。

期末，企业应根据本期销售商品、提供劳务的实际成本，计算并结转主营业务成本，借记"主营业务成本"账户，贷记"库存商品""劳务成本"账户。

将主营业务成本余额转入本年利润时，借记“本年利润”账户，贷记“主营业务成本”账户。

主营业务成本计算和结转的时间，企业可以根据自身的实际情况和业务特点确定。一般情况下，制造业企业于月份终了时结转已销产品的成本；商品流通企业经营批发业务的，也于月终时结转已销商品的销售成本；商品零售企业平时按照已销商品的销售收入结转成本，以便落实库存，随时了解库存商品的动态情况；施工企业于月终根据本月已办理工程价款结算的已完工程实际成本结转成本；房地产开发企业于月终根据本月已对外转让、销售和结算的开发产品的实际成本结转经营成本。

2. 其他业务成本

其他业务成本，是指企业为取得其他业务收入而发生的成本，如出租包装物的价值摊销额、销售材料的成本、出租固定资产的折旧额等。

企业发生其他业务成本时，借记“其他业务成本”账户，贷记“原材料”“周转材料”“累计折旧”“累计摊销”“应付职工薪酬”“银行存款”等账户。

期末，将其他业务成本余额转入本年利润时，借记“本年利润”账户，贷记“其他业务成本”账户。

（三）税金及附加

税金及附加，是指应由营业收入补偿的各种税金及附加费，主要包括消费税、城市维护建设税和教育费附加、资源税、土地增值税、房产税、车船税、城镇土地使用税、印花税等。

企业依据按规定计算确定的与经营活动相关的税费，借记“税金及附加”账户，贷记“应交税费”账户；期末，将税金及附加转入本年利润时，借记“本年利润”账户，贷记“税金及附加”账户。

（四）期间费用

期间费用，是指发生时不能直接归属于某个特定产品或劳务，而应从当期损益中扣除的费用，包括销售费用、管理费用和财务费用。

企业发生销售费用、管理费用和财务费用时，应借记“销售费用”“管理费用”“财务费用”账户，贷记“银行存款”等账户。期末，将销售费用、管理费用和财务费用转入本年利润时，借记“本年利润”账户，贷记“管理费用”“销售费用”“财务费用”账户。

（五）信用减值损失

信用减值损失，是指企业按照《企业会计准则第 22 号——金融工具确认和计量》的要求计提各项金融工具减值准备时所形成的预期信用损失。

企业应当在资产负债表日计算金融工具（或金融工具组合）预期信用损失。期末，将信用减值损失转入本年利润时，借记“本年利润”账户，贷记“信用减值损失”账户。

（六）资产减值损失

资产减值损失，是指企业计提相关资产减值准备所形成的损失。包括存货、长期股权投资、固定资产、在建工程、工程物资、无形资产等资产发生减值时确认的减值损失。期末，将资产减值损失转入本年利润时，借记“本年利润”账户，贷记“资产减值损失”账户。

（七）公允价值变动损益

公允价值变动损益，是指交易性金融资产以及其他以公允价值计量的资产和负债由于公允价值变动形成的损益。

有关资产的公允价值高于或低于其账面价值时，应确认公允价值变动损益，借记或贷记有关资产类账户，贷记或借记“公允价值变动损益”账户。期末，将公允价值变动损益转入本年利润时，借记或贷记“公允价值变动损益”账户，贷记或借记“本年利润”账户。

（八）投资收益

投资收益，是指企业以各种方式对外投资所取得的收益（或发生的损失）。投资收益包括：

（1）企业确认的长期股权投资损益。

（2）企业持有或处置交易性金融资产、指定为以公允价值计量且其变动计入当期损益的金融资产或金融负债、以公允价值计量且其变动计入其他综合损益的金融资产（即其他债权投资、其他权益工具投资）实现的损益。

（3）企业以摊余成本计量的金融资产（即债权投资）在持有期间取得的投资收益和处置损益。

（九）其他收益

其他收益，是指企业取得与其日常活动相关但不宜确认收入或冲减成本费用的政府补助。

政府补助，是指企业从政府无偿取得的货币性资产或非货币性资产，如政府对企业的无偿拨款、税收返还、财政贴息以及无偿给予的非货币性资产。

政府补助分为与资产相关的政府补助和与收益相关的政府补助。其中：与资产相关的政府补助，是指企业取得的、用于购建或以其他方式形成长期资产的政府补助；与收益相关的政府补助，是指除与资产相关的政府补助之外的政府补助。

政府补助有总额法和净额法两种会计处理方法。总额法是在确认政府补助时，将其全额一次或分次确认为收益，而不是作为相关资产账面价值或者成本费用等的扣减；净额法是将政府补助确认为对相关资产账面价值或者所补偿成本费用等的扣减。

企业应设置“递延收益”账户核算企业确认的应在以后期间计入当期损益的政府补助。该账户的明细账应当按照政府补助的种类设置。

1. 与资产相关的政府补助

总额法下，企业在取得与资产相关的政府补助时，应当按照补助资金的金额借记“银行存款”等账户，贷记“递延收益”账户；然后，在相关资产使用寿命内按合理、系统的方法分期计入损益，借记“递延收益”账户，贷记“其他收益”（与企业日常活动相关）或“营业外收入”（与企业日常活动无关）账户。

【提醒您】

相关资产在使用寿命结束时或结束前被处置，尚未分配的相关递延收益余额应当转入资产处置当期的损益，不再予以递延。

净额法下，企业在取得政府补助时应当按照补助资金的金额冲减相关资产的账面价值。如果企业取得政府补助在先，确认所购建的长期资产在后，应当将取得的政府补助先确认为递延收益，在相关资产达到预定可使用状态或预定用途时，将递延收益冲减资产账面价值；反之，应当在取得补助时冲减相关资产的账面价值，并按照冲减后的账面价值和相关资产的剩余使用寿命计提折旧或进行摊销。

例 9-1

2×18 年 1 月，M 企业向政府有关部门提交了 1 680 000 元的补助申请，作为对其购置环保设备（用于污染物排放测试）的补贴。3 月 15 日，M 企业收到了政府补贴款 1 680 000 元。4 月 20 日，企业购入不需安装的环保设备一台，实际成本为3 840 000 元，可抵扣的增值税为 499 200 元，使用寿命为 10 年，采用直线法计提折旧（不考虑净残值）。2×26 年 4 月，该设备因发生毁损而报废。不考虑相关税费等其他因素。企业分别采用总额法和净额法两种会计处理方法的结果如下所示。

	总额法	净额法
(1) 2×18 年 3 月 15 日实际收到财政拨款，确认递延收益：	借：银行存款 1 680 000 贷：递延收益 1 680 000	借：银行存款 1 680 000 贷：递延收益 1 680 000
(2) 2×18 年 4 月 20 日购入设备：	借：固定资产 3 840 000 应交税费 499 200 贷：银行存款 4 339 200	借：固定资产 3 840 000 应交税费 499 200 贷：银行存款 4 339 200 同时： 借：递延收益 1 680 000 贷：固定资产 1 680 000
(3) 2×18 年 5 月起按月计提折旧，并分摊递延收益：	借：制造费用 32 000 贷：累计折旧 32 000 借：递延收益 14 000 贷：其他收益 14 000	借：制造费用 18 000 贷：累计折旧 18 000
(4) 2×26 年 4 月设备毁损，同时转销递延收益余额：	借：固定资产清理 768 000 累计折旧 3 072 000 贷：固定资产 3 840 000 借：递延收益 336 000 贷：固定资产清理 336 000 借：营业外支出 432 000 贷：固定资产清理 432 000	借：固定资产清理 432 000 累计折旧 1 728 000 贷：固定资产 2 160 000 借：营业外支出 432 000 贷：固定资产清理 432 000

2. 与收益相关的政府补助

与收益相关的政府补助，应当分情况按照以下规定进行会计处理：

（1）企业收到用于补偿其以后期间的相关成本费用或损失的，应先确认为递延收益，并在确认相关成本费用或损失的期间，计入当期损益或冲减相关成本。

（2）企业收到用于补偿其已发生的相关成本费用或损失的，直接计入当期损益或冲减相关成本。

【提醒您】

(1) 与企业日常活动相关的政府补助，应当按照经济业务实质，计入其他收益或冲减相关成本费用。与企业日常活动无关的政府补助，应当计入营业外收入。

(2) 对于同时包含与资产相关部分和与收益相关部分的政府补助，企业应当区分不同部分分别进行会计处理；难以区分的，应当整体归类为与收益相关的政府补助。

(十) 资产处置损益

资产处置损益，是指企业出售划分为持有待售的非流动资产（金融工具、长期股权投资和投资性房地产除外）或处置组（子公司除外）时确认的处置利得或损失，以及处置未划分为持有待售的固定资产、在建工程、生产性生物资产及无形资产而产生的处置利得或损失。

企业确认资产处置收益时，借记相关账户，贷记“资产处置损益”账户；确认资产处置损失时，借记“资产处置损益”账户，贷记相关账户；期末，将资产处置损益转入本年利润时，借记或贷记“资产处置损益”账户，贷记或借记“本年利润”账户。

【提醒您】

企业固定资产、无形资产和在建工程等报废、毁损损失，其账面价值扣除残值、保险赔偿和责任人赔款产生的净损益应计入营业外收支。

第三节 利润总额

一、利润总额的性质与组成

利润总额，是企业生产经营成果的综合反映。在生产经营过程中，企业通过销售过程将商品出售实现收入，收入扣除其投入成本或费用，再加减非经营性质的收支及投资收益（或损失），即企业的利润总额或亏损总额。

企业的利润总额是由营业利润和营业外收支组成的，其计算公式如下：

利润总额＝营业利润＋营业外收入－营业外支出

利润总额公式中，有关营业利润的内容在本章第二节有详细说明，下面对营业外收支做重点介绍。

二、营业外收入

（一）营业外收入的内容

营业外收入，是指企业利润总额中除营业利润以外的收益。营业外收入并不是由企业经营资金耗费所产生的，不需要企业付出代价，实际上是一种纯收入，不可能也不需要与有关费用进行配比。营业外收入主要包括下述内容。

1. 非流动资产毁损报废利得

非流动资产毁损报废利得，是指因自然灾害等发生毁损、已丧失使用功能而报废非流动资产所产生的清理收益。

2. 盘盈利得

盘盈利得，是指对于现金等资产清查盘点中盘盈的部分，报经批准后计入营业外收入的金额。

3. 政府补助

政府补助，是指与企业日常活动无关的、企业从政府无偿取得的货币性资产或非货币性资产形成的利得。

4. 捐赠利得

捐赠利得，是指企业接受来自社会各界的捐赠产生的利得。企业接受的捐赠和债务豁免，按照会计准则的规定符合确认条件的，通常应当确认为当期收益。

5. 无法支付的应付款项

无法支付的应付款项，是指企业由于其债权人破产、消亡等原因无法偿还的应付款项。

（二）营业外收入的核算

例题

营业外收入的核算

企业应设置“营业外收入”账户核算企业发生的与其生产经营无直接关系的各项收入。该账户的明细账应按营业外收入的项目设置。

营业外收入应当按照实际发生的数额进行核算。企业发生营业外收入时，直接增加企业的利润总额。确认营业外收入时，借记有关账户，贷记“营业外收入”账户；期末将营业外收入转入本年利润时，借记“营业外收入”账户，贷记“本年利润”账户。

三、营业外支出

（一）营业外支出的内容

营业外支出，是指企业发生的与其日常活动无直接关系的各项损失或支出。营业外支出虽然不属于经营资金的垫支耗费，但不能作为产品补偿价的组成部分，而只能作为对企业经营成果的扣减。在会计核算中，不能混淆经营费用与营业外支出的界限。营业外支出的内容包括以下部分。

1. 非流动资产毁损报废损失

非流动资产毁损报废损失，是指因自然灾害等发生毁损、已丧失使用功能而报废非流动资产所产生的清理损失。

2. 公益性捐赠支出

公益性捐赠支出，是指企业对外进行公益性捐赠发生的支出。

3. 非常损失

非常损失，是指企业对于因客观因素（如自然灾害等）造成的损失，在扣除保险公司赔偿后计入营业外支出的净损失。如发生火灾将厂房烧毁，地震造成房屋塌陷以及造成的停工损失、善后清理费用等。

4. 盘亏损失

盘亏损失，是指固定资产清查盘点中盘亏的固定资产，在查明原因处理时按确定的损失计入营业外支出的金额。

5. 罚款支出

罚款支出，是指企业由于违反税收法规、经济合同等而支付的各种滞纳金和罚款。

【提醒您】

需要注意的是，营业外收入和营业外支出应当分别核算。在具体核算时，不得以营业外支出直接冲减营业外收入，也不得以营业外收入冲减营业外支出，即企业在会计核算时，应当区别营业外收入和营业外支出进行核算。

（二）营业外支出的核算

例题

营业外支出的核算

“营业外支出”账户核算企业发生的与其生产经营无直接关系的各项支出。该账户借方登记发生的各项营业外支出数额；贷方登记期末转入“本年利润”账户的营业外支出数额；结转后，“营业外支出”账户无余额。该账户的明细账应按支出项目设置。

营业外支出应当按照实际发生的数额进行核算，并直接减少其当期的利润总额。企业发生营业外支出时，借记“营业外支出”账户，贷记“待处理财产损溢”“库存现金”“银行存款”“固定资产清理”等账户。期末，将营业外支出转入本年利润时，借记“本年利润”账户，贷记“营业外支出”账户。

四、利润总额的形成

企业利润总额核算的方法有账结法和表结法两种。每年 1 月至 11 月，企业可根据实际情况自行选用。年终，应采用账结法。

无论采用何种方法确定净利润或亏损，企业都应设置“本年利润”账户，核算本年度实现的净利润或发生的净亏损。该账户的贷方登记从收益类账户余额的转入数；借方登记从成本、费用支出类账户余额的转入数。结转后，“本年利润”账户余额如在借方，为企业当期发生的净亏损；余额如在贷方，为企业当期实现的净利润。

（一）利润形成的账结法

账结法，是指利用“本年利润”账户直接计算利润总额或净亏损的方法。采用账结法，需要编制结转凭证，将该期间各损益类账户的余额转入“本年利润”账户，通过“本年利润”账户算出本期实现的净利润（或净亏损）。

企业结转收益类账户时，借记“主营业务收入”“其他业务收入”“其他收益”“投资收益”“公允价值变动损益”“资产处置损益”“营业外收入”等账户，贷记“本年利润”账户；结转成本、费用支出类账户时，借记“本年利润”账户，贷记“主营业务成本”“其他业务成本”“税金及附加”“销售费用”“管理费用”“财务费用”“资产减值损失”“信用减值损失”“投资收益（损失）”“公允价值变动损益（损失）”“资产处置损益（损失）”“营业外支出”等账户。结转后，期末各损益类账户应无余额。“本年利润”账户如为贷方余额，反映企业自年初至期末累计实现的利润总额；如为借方余额，反映企业自年初至期末累计发生的亏损。

需要说明的是，采用账结法结转收益类账户时，也包括所得税费用的结转（见图 9-1）。考虑章节内容的安排，所得税费用的结转方法将在本章第四节“净利润”中进行介绍。

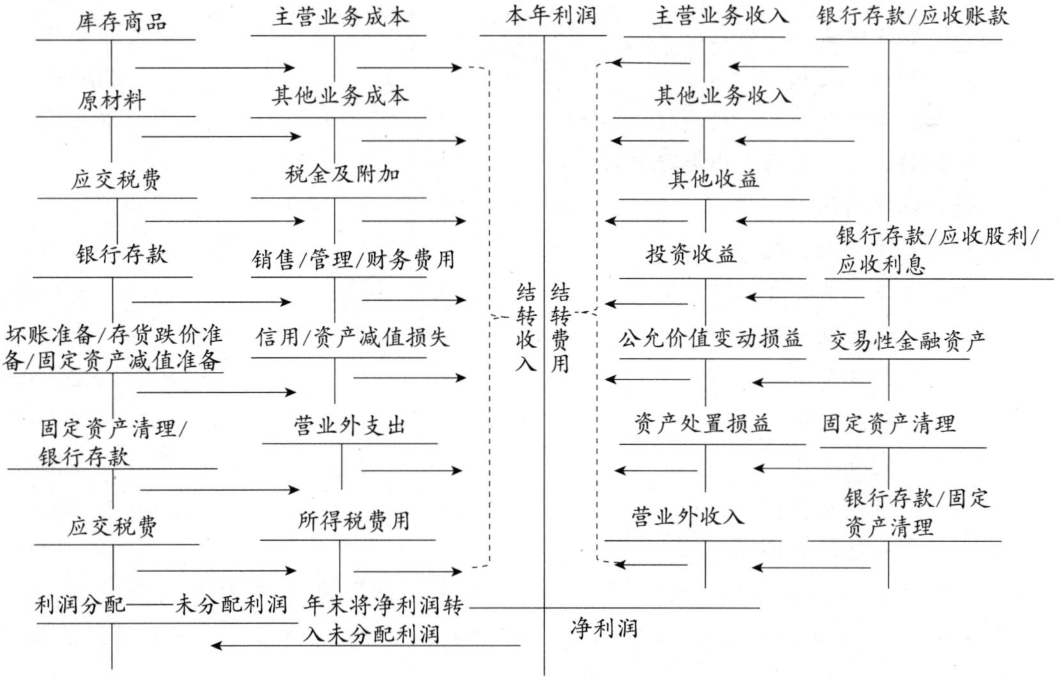

图 9-1 利润形成的账结法

例 9-2

M公司每月采用账结法核算利润。2×24 年 11 月，该公司利润表中“利润总额”项目本年累计余额为 10 800 000 元。2×24 年 12 月 31 日转账前各损益类账户余额如表 9-1 所示。

表 9-1 转账前各损益类账户余额 单位：元

账户	贷方余额	借方余额
主营业务收入	30 000 000	
其他业务收入	500 000	
投资收益	80 000	
营业外收入	20 000	
主营业务成本		22 000 000
其他业务成本		200 000
税金及附加		800 000
管理费用		1 200 000
销售费用		200 000
财务费用		350 000
资产减值损失		150 000
营业外支出		100 000

根据表 9-1，该公司 12 月 31 日应编制如下会计分录：

(1) 结转收益类账户：

借：主营业务收入 30 000 000
　　其他业务收入 500 000
　　投资收益 80 000
　　营业外收入 20 000
　贷：本年利润 30 600 000

(2) 结转成本、费用支出类账户：

借：本年利润 25 000 000
　贷：主营业务成本 22 000 000
　　　其他业务成本 200 000
　　　税金及附加 800 000
　　　管理费用 1 200 000
　　　销售费用 200 000
　　　财务费用 350 000
　　　资产减值损失 150 000
　　　营业外支出 100 000

经过损益类账户的结转，该公司 12 月“本年利润”账户贷方余额为 5 600 000（30 600 000－25 000 000）元，即 12 月实现的利润总额。2×24 年全年利润总额为 16 400 000（10 800 000＋5 600 000）元。

账结法的优点是各月可通过“本年利润”账户提供企业当月及本年累计实现的利润总额或发生净亏损的情况；同时，比较完整地反映了利润总额或净亏损形成的账务处理程序。但从实用角度分析，采用账结法需要编制结转损益分录，工作量较大。

（二）利润形成的表结法

表结法，是指利用利润表直接计算利润总额（或净亏损）的方法。采用表结法，月末结账时各损益类账户的本期发生额不转入“本年利润”账户，通过利润表计算出从年初起至本月末实现的累计利润（或净亏损）总额，然后减去截至上月末本表中的本年累计利润（或净亏损），据以确定本月实现的利润总额或发生的净亏损。年终，需要将各损益类账户的全年累计余额一次转入“本年利润”账户，同时结平各损益类账户。

【提醒您】

即使企业平时采用表结法确定利润总额或净亏损，但年终时仍需采用账结法，将损益类各账户的全年累计金额转入“本年利润”账户，通过“本年利润”账户集中反映全年利润总额（或净亏损）及其构成情况。

第四节 净利润

一、净利润的组成

净利润，是指企业利润总额扣减所得税费用后的余额。其计算公式如下：

净利润＝利润总额－所得税费用

利润总额是衡量企业一定会计期间经营业绩的十分重要的经济指标。其组成内容本章第三节已有说明，此处不再赘述。

所得税费用，是指企业根据会计准则的规定，计算确定的当期所得税和递延所得税之和。其计算公式如下：

所得税费用＝当期所得税＋递延所得税

净利润是一个企业最终经营成果的集中体现。企业的投资者、债权人和经营管理者都十分重视和关心净利润指标。对于企业的投资者来说，净利润是获得投资回报大小的基本因素，对于企业管理者而言，净利润是进行经营管理决策的基础。同时，净利润是评价企业盈利能力、管理绩效和偿债能力的一个基本工具，也是一个反映和分析企业多方面情况的综合指标。

二、所得税费用

（一）应交所得税的计算

应交所得税，是指企业根据当期发生的交易和事项，按照税法的规定计算确定的应交所得税金额，即当期所得税。

应交所得税应以适用的税收法规为基础计算确定。企业在确定应交所得税时，对于当期发生的交易或事项，会计处理与税收处理不同的，应在会计利润的基础上按照适用税收法规的规定进行调整，计算出当期应纳税所得额，按照应纳税所得额与适用的所得税税率计算确定当期应交所得税。其计算公式如下：

应交所得税＝应纳税所得额×适用税率

一般情况下，应纳税所得额可在会计利润的基础上，考虑会计与税收之间的差异，按照以下公式计算确定：

应纳税所得额＝税前会计利润＋纳税调整增加额－纳税调整减少额

纳税调整增加额主要包括税法规定允许扣除项目中，企业已计入当期费用但超过税法规定扣除标准的金额（如超过税法规定标准的职工福利费、工会经费、职工教育经费、业务招待费、公益性捐赠支出、广告费和业务宣传费等），以及企业已计入当期损失但税法规定不允许扣除项目的金额（如税收滞纳金、罚金、罚款）。

纳税调整减少额主要包括按税法规定允许弥补的亏损和准予免税的项目，如前五年内未弥补的亏损和国债利息收入等。

例 9-3

2×24 年，M 公司按《企业会计准则》的规定计算的税前会计利润为16 400 000元，适用的所得税税率为 25%。该公司 2×24 年会计确认的收支与税法规定的计税收支标准存在不一致的情况如下（不考虑其他因素）：

(1) 全年实发工资、薪金 2 000 000 元为合理的支出，实发职工福利费 65 000 元，计提工会经费 50 000 元。根据税法的规定，企业发生的职工福利费支出不超过工资、薪金总额 14%的部分准予扣除；企业拨缴的工会经费，不超过工资、薪金总额 2%的部分准予扣除。

(2) 当年营业外支出中有 150 000 元为税收滞纳罚金。

(3) 当年收到国债利息收入 180 000 元。

根据上述资料，该公司当期所得税计算如下：

纳税调整数＝(50 000－2 000 000×2%)＋150 000－180 000＝－20 000（元）

应纳税所得额＝16 400 000－20 000＝16 380 000（元）

当期应交所得税额＝16 380 000 × 25%＝4 095 000（元）

【提醒您】

例 9-3 中，实发职工福利费 65 000 元未超过工资、薪金 2 000 000 元的 14%，无须调整。

（二）递延所得税

递延所得税是指按照所得税准则的规定应予以确认的递延所得税资产和递延所得税负

债在期末应有的金额相对于原已确认金额之间的差额，即递延所得税资产及递延所得税负债当期发生额的综合结果。用公式表示为：

$$\text{递延所得税}=\left(\begin{matrix}\text{期末递延}\\\text{所得税负债}\end{matrix}-\begin{matrix}\text{期初递延}\\\text{所得税负债}\end{matrix}\right)-\left(\begin{matrix}\text{期末递延}\\\text{所得税资产}\end{matrix}-\begin{matrix}\text{期初递延}\\\text{所得税资产}\end{matrix}\right)$$

（三）所得税费用的账务处理

企业应设置“所得税费用”账户核算企业所得税费用的确认及结转情况。该账户借方登记企业计入本期损益的所得税费用；贷方登记企业转入“本年利润”账户的所得税费用。年度终了，应将“所得税费用”账户的余额转入“本年利润”账户，结转后应无余额。

年度终了，企业依据按照《企业所得税法》的规定计算确定的当期应纳税额，借记“所得税费用”账户，贷记“应交税费——应交所得税”账户。

音频

财务会计中的“利润”与所得税法中的“应纳税所得额”的关系

例 9-4

承例 9-3，M 公司 2×24 年度“递延所得税负债”“递延所得税资产”账户期初、期末均无余额，当年应交所得税额为 4 095 000 元。编制如下会计分录：

确认所得税费用：

借：所得税费用	4 095 000	
贷：应交税费——应交所得税		4 095 000

结转所得税费用：

借：本年利润	4 095 000	
贷：所得税费用		4 095 000

三、净利润分配

（一）净利润分配的内涵

按照《公司法》以及公司章程等的规定，公司实现的净利润归投资者所有，应当依法向投资者分配。利润分配就是将净利润在投资者和公司再投资之间进行分配的过程。公司本年实现的净利润，加上年初未分配利润（或减去年初未弥补亏损），即为可供分配的利润。

可供分配的净利润如何在投资者和公司再投资之间进行分配，构成了公司净利润分配的基本内容。通常，公司在制定分配方案时应考虑基本限制条件，如净利润的分配不得使公司丧失偿债能力而破产、不得损害公司资本的完整性以及必须以足够的收益为前提等。

（二）年度净利润分配的顺序

根据《公司法》等有关法律法规的规定，公司当年实现的净利润，一般应按下列顺序进行分配。

1. 弥补以前年度亏损

公司发生亏损由其自行弥补的资金来源在第六章已做说明，不再赘述。

2. 提取10%法定公积金

公司按照本年净利润抵减年初累计亏损后余额的10%计提法定公积金。

3. 提取任意公积金

公司提取法定公积金后，公司章程对提取任意公积金有规定的，按公司章程的规定提取；否则，公司可以根据股东（大）会决议的比例提取任意公积金。

4. 向投资者分配利润

公司应当按照“同股同权、同股同利”的原则，向投资者分配利润。需要说明的是，在弥补公司以前年度亏损和提取法定公积金之前，公司不得向投资者分配利润。

（三）净利润分配的账务处理

1. 弥补以前年度亏损

企业无论以税前利润还是以税后利润弥补亏损，其会计处理方法相同，都不需要进行专门的会计处理，只要将企业当年实现的利润，自“本年利润”账户转入“利润分配——未分配利润”账户的贷方，即可与该账户期初借方余额也就是年初需弥补的亏损自然抵补。所不同的是，两者计算缴纳所得税时的处理不同。如果以税前利润弥补亏损，其弥补亏损的数额可以抵减当期企业应纳税所得额；而以税后利润弥补亏损的数额，则不能作为纳税所得的扣除。

例9-5

2×17年M公司发生亏损960 000元。2×18年至2×22年，该公司每年均实现利润160 000元。2×23年实现税前利润280 000元。该公司适用的所得税税率为25%。弥补亏损的有关会计分录如下

(1) 2×17年末结转发生亏损额：

借：利润分配——未分配利润	960 000	
贷：本年利润		960 000

(2) 2×18年至2×22年，每年结转实现的利润：

借：本年利润	160 000	
贷：利润分配——未分配利润		160 000

(3) 2×23年用税后利润弥补亏损：

2×17年发生亏损，“利润分配——未分配利润”账户借方余额960 000元，2×18年至2×22年5年共以税前利润弥补亏损800 000（160 000×5）元，至2×22年末尚有未弥补亏损160 000元。该企业2×23年实现税前利润280 000元。按照规定，尚未弥补亏损只能用税后利润进行弥补。

2×23年应交所得税＝280 000×25%＝70 000（元）

借：所得税费用	70 000	
贷：应交税金——应交所得税		70 000

将当期净利润 210 000（280 000－70 000）元转入利润分配账户，弥补以前年度亏损。

借：本年利润　　210 000

　贷：利润分配——未分配利润　　210 000

经过上述核算，该企业 2×23 年年末“利润分配——未分配利润”账户余额为贷方 50 000（－160 000＋210 000）元。

2. 提取盈余公积

公司净利润在弥补以前年度亏损后，如果有剩余，应按一定比例计提盈余公积，借记“利润分配——提取盈余公积”科目，贷记“盈余公积”科目。

3. 向投资者分配利润（有限责任公司）

有限责任公司向投资者分配利润，应当根据当年可以向投资者分配的利润，决定向投资者分配利润的具体数额。结转应付投资者利润时，应借记“利润分配——应付利润”科目，贷记“应付利润”科目；实际支付利润时，借记“应付利润”科目，贷记“银行存款”等科目。

例 9－6

承例 9－4，M 公司为有限责任公司，2×24 年年初未分配利润为 195 000 元，本年净利润 12 305 000 元全部为可供分配利润，年末可供分配利润限额为 12 500 000 元。该公司决定向投资者分配利润 1 000 000 元。编制如下会计分录：

借：利润分配——应付利润　　1 000 000

　贷：应付利润　　1 000 000

4. 分派股利（股份有限公司）

（1）股利的性质。

股利，是指股份有限公司按股东所持有股份比例分配给股东的留存收益（或利润）。分配股利通常是在公司经营获利、具备一定留存收益时，由公司董事会根据本公司营业展望及未来计划决定股利分发形式、金额和时间。股利不是费用支出，而是收益的分配。一般来说，公司在提取盈余公积之后方可向股东分派股利。股利的分配应以各股东持有股份或投资额的数额为依据。

（2）股利的种类。

股利按其分派对象，可以分为优先股股利和普通股股利。优先股股利一般按优先股面值和固定的股利率计算，分配优先股股利的多少，不受公司业绩的制约，且其支付要先于普通股股利。普通股股利是指根据公司的盈利水平和股利政策确定的股利，公司只有发放了优先股股利，方可发放普通股股利。

股利按其分派的形式，可以分为现金股利、股票股利、财产股利和负债股利。财产股利和负债股利实际上是现金股利的替代。这两种股利方式目前在我国公司实务中很少使用，但并非法律所禁止。可见，我国股份有限公司股利分派形式主要是现金股利和股票股利。

现金股利，是指以现金支付的股利，它是股利支付的主要方式。由于发放现金股利将同时减少公司的留存收益和现金（即货币资金），所以公司选择支付现金股利时，除了要有足够的留存收益之外，还要有足够的现金。而充足的现金往往会成为公司发放现金股利的主要制约因素。

股票股利，是指公司以增发股票的方式所支付的股利，我国实务中通常也称其为“红股”。对公司来说，发放股票股利既没有现金流出，也不会导致公司财产的减少，只是将公司的留存收益转化为股本。但发放股票股利会增加流通在外的股票数量，同时降低股票的每股价值。它不会改变公司股东权益总额，但会改变股东权益的构成。

（3）股利分派的账务处理。

1）现金股利。

企业分派现金股利，属于其重大财务事项，应由董事会做出分配预案，经股东大会批准后，由公司正式宣告。宣告发放现金股利便构成了公司对股东应履行的偿付责任，现金股利发放完毕之前，此项流动负债不应解除。企业经股东大会或类似机构决议，按分配给股东或投资者的现金股利或利润，借记“利润分配——应付现金股利或利润”账户，贷记“应付股利”账户。

例 9-7

2×24 年 5 月 25 日，XY 股份公司公布 2×23 年度利润分配实施公告：以 2×23 年 12 月 31 日该公司总股本 95 000 000 股为基数，向所有股东每 10 股派发 5 元现金红利（含税)。股权登记日为 2×24 年 6 月 5 日，除息日为 2×24 年 6 月 6 日，现金红利发放日为 2×24 年 6 月 10 日。该公司的会计处理如下：

（1）发放股利宣布日：

借：利润分配——应付股利　　47 500 000

　贷：应付股利　　47 500 000

（2）股权登记日和除息日，不做任何会计处理。

（3）股利发放日：

借：应付股利　　47 500 000

　贷：银行存款　　47 500 000

2）股票股利。

股票股利，是公司以增发的股票作为股利分配给股东，以替代现金股利或作为现金股利的补充。股票股利实质上是发行公司将其应分配给股东的盈利资本化，即将留存收益转为投入资本。

股份有限公司经股东大会批准采取发放股票股利分配方式时，公司应在实施该方案并办妥增资手续后，根据实际发放的股票股利数，借记“利润分配——未分配利润”账户，贷记“股本”账户。

例 9-8

M 股份公司拥有对外发行的普通股 20 000 000 股，每股面值 1 元。2×24 年 5 月 10 日，该公司宣布发放 6%的股票股利，股权登记日为 5 月 20 日，每股市价为 5 元。6 月 30

日，办妥增资手续并发放股利。编制如下会计分录：

借：利润分配——转作普通股股利 6 000 000

贷：股本——普通股（1 200 000 股，面值 1 元） 1 200 000

资本公积——股本溢价 4 800 000

例 9-9

2×23 年年初，M 股份有限公司股东权益构成如表 9-2 所示。该公司根据 2×23 年至 2×24 年度发生的相关经济业务编制会计分录。

表 9-2 股东权益构成表

单位：元

项目	金额
股本（股本数为 1 000 万股，每股面值为 1 元）	10 000 000
资本公积	20 000 000
盈余公积	5 000 000
未分配利润	1 500 000
股东权益总额	36 500 000

（1）2×23 年实现净利润 2 500 000 元，结转本年实现的净利润：

借：本年利润 2 500 000

贷：利润分配——未分配利润 2 500 000

（2）根据 2×23 年度实现净利润的 10%和 5%的比例，分别提取法定盈余公积和任意盈余公积。

借：利润分配——提取法定盈余公积 250 000

——提取任意盈余公积 125 000

贷：盈余公积——法定盈余公积 250 000

——任意盈余公积 125 000

（3）2×24 年 3 月 10 日，召开股东大会，审议批准了董事会提出的利润分配方案。向股东按每股 0.1 元派发现金股利，按每 10 股送 1 股的比例派发股票股利。

批准发放现金股利，编制如下会计分录：

应付现金股利＝10 000 000×0.1＝1 000 000（元）

借：利润分配——应付现金股利 1 000 000

贷：应付股利 1 000 000

【提醒您】

分派股票股利不同于分派现金股利。股东大会通过批准股票股利分配方案后，还需进行注册资本变更的申请登记工作，所以对宣告分配股票股利无须进行账务处理，仅在当期会计报表附注中说明即可，待办理好有关手续，进行变更登记并公告时直接进行账务处理。

(4) 2×24 年 5 月 12 日，该公司以银行存款支付全部现金股利：

借：应付股利　　1 000 000

　贷：银行存款　　1 000 000

(5) 2×24 年 5 月 25 日，新增股本办理完股权登记和相关增资手续。

股本＝10 000 000÷10×1＝1 000 000（元）

借：利润分配——转作股本的股利　　1 000 000

　贷：股本　　1 000 000

(6) 将“利润分配”账户的明细账（“利润分配——未分配利润”除外）转入“利润分配——未分配利润”账户。

借：利润分配——未分配利润　　2 375 000

　贷：利润分配——提取法定盈余公积　　250 000

　　　　　　——提取任意盈余公积　　125 000

　　　　　　——应付现金股利　　1 000 000

　　　　　　——转作股本的股利　　1 000 000

“利润分配——未分配利润”账户期末余额＝1 500 000＋2 500 000－2 375 000

＝1 625 000（元）

案例

假如你是财务部经理

四、年终净利润的结转

年终，企业按上述步骤和方法算出本年利润余额后，应将“本年利润”账户的最终余额（即净利润）转入“利润分配”账户。若为贷方余额，编制借记“本年利润”账户、贷记“利润分配——未分配利润”账户的会计分录；若为借方余额，则编制借记“利润分配——未分配利润”账户、贷记“本年利润”账户的会计分录。结转后，“本年利润”账户应无余额；同时，将利润分配各项目转入未分配利润。

例 9-10

承例 9-3、例 9-4，年末，经过上述结转，M 公司 2×24 年净利润为 12 305 000（16 400 000－4 095 000）元。将净利润由“本年利润”账户结转至“利润分配——未分配利润”账户。编制如下会计分录：

借：本年利润　　12 305 000

　贷：利润分配——未分配利润　　12 305 000

思考与练习

一、思考题

1. 利润作为考核和分析企业管理水平高低的一项综合性指标，其作用表现在哪些方面？

2. 利润由哪些内容组成？如何计算？

3. 什么是营业外收入？营业外收入是由哪些内容组成的？

4. 什么是政府补助？其形式有哪些？如何确认和计量政府补助？

二、练习题

（一）单项选择题

1. 下列各项中，应计入管理费用的是（　　）。

A. 筹建期间的开办费　　B. 预计产品质量保证损失

C. 生产车间管理人员工资　　D. 专设销售机构的固定资产修理费

2. 下列各项中，应计入其他业务成本的是（　　）。

A. 库存商品盘亏净损失　　B. 经营租出固定资产折旧

C. 向灾区捐赠的商品成本　　D. 火灾导致原材料毁损净损失

3. 下列各项中，不属于政府补助的是（　　）。

A. 收到的财政贴息

B. 收到先征后返的增值税

C. 收到政府作为资本性投入的财政拨款

D. 收到政府为支持企业技术创新无偿拨付的款项

4. 下列各项中，应当确认为投资损益的是（　　）。

A. 长期股权投资减值损失

B. 长期股权投资处置净损益

C. 期末交易性金融资产公允价值变动的金额

D. 支付与取得长期股权投资直接相关的费用

5. 下列各项中，不应计入营业外收入的是（　　）。

A. 债务重组利得　　B. 处置固定资产报废净收益

C. 收发差错造成的存货盘盈　　D. 企业确实无法支付的应付账款

（二）多项选择题

1. 下列各项中，影响企业营业利润的有（　　）。

A. 出售原材料损失　　B. 计提无形资产减值准备

C. 公益性捐赠支出　　D. 出售交易性金融资产损失

2. 下列资产减值准备中，在符合相关条件时可以转回的有（　　）。

A. 坏账准备　　B. 存货跌价准备

C. 无形资产减值准备　　D. 固定资产减值准备

3. 下列各项中，影响企业营业利润的有（　　）。

A. 处置无形资产净收益　　B. 出租包装物取得的收入

C. 接受公益性捐赠利得　　D. 经营租出固定资产的折旧额

4. 下列各项中，不应确认为财务费用的有（　　）。

A. 企业筹建期间的借款费用　　B. 资本化的借款利息支出

C. 销售商品发生的商业折扣　　D. 支付的银行承兑汇票手续费

5. 下列各项中，应计入营业外支出的有(　　)。

A. 无形资产处置损失　　B. 存货自然灾害损失

C. 固定资产报废清理损失　　D. 长期股权投资处置损失

（三）计算分析题

M公司为增值税一般纳税人，适用的增值税税率为13%，商品销售价格不含增值税，确认销售收入时逐笔结转销售成本，年末确定的坏账提取比例为10%。该公司2×24年1—11月累计实现利润总额为1 500 000元。

2×24年12月，M公司发生的经济业务如下：

(1) 向甲公司销售商品一批，按商品标价计算的金额为2 000 000元，由于是成批销售，M公司给予客户10%的商业折扣并开具了增值税专用发票，款项至年末尚未收回。该批商品的实际成本为1 500 000元。

(2) 向本公司行政管理人员发放自产产品作为福利，该批产品的实际成本为80 000元，市场售价为100 000元。

(3) 向乙公司转让一项软件的使用权，一次性收取使用费212 000（含税）元并存入银行，并且不再提供后续服务。

(4) 销售一批原材料，增值税专用发票上注明的售价为800 000元，款项收到并存入银行。该批材料的实际成本为590 000元。

(5) 将以前会计期间确认的与资产相关的政府补助在本月分配计入当月收益3 000 000元。

(6) 确认本月设备安装劳务收入。该设备安装劳务合同总收入为1 000 000元，预计合同总成本为700 000元，合同价款在前期签订合同时已收取，并已确认应交增值税。采用完工百分比法确认劳务收入。截至本月末，该劳务的累计完工进度为60%，前期已累计确认劳务收入500 000元、劳务成本350 000元。

(7) M公司长期持有乙公司10%的股权并采用成本法核算。2×24年1月1日，该项投资账面价值为13 000 000元。2×24年度乙公司实现净利润2 000 000元，宣告发放现金股利1 200 000元。

(8) M公司“坏账准备”账户年初余额为500 000元，包括计提应收账款、其他应收款的坏账准备。当年，将不能收回的应收账款200 000元确认为坏账损失。“应收账款”和“其他应收款”账户的年末余额分别为1 800 000元和200 000元。

(9) 以银行存款支付管理费用200 000元、财务费用100 000元、营业外支出50 000元。

除上述资料外，不考虑其他因素。

要求：(1) 编制M公司上述业务相关的会计分录并计算营业收入、营业成本和营业利润。

(2) 将12月各损益类账户余额结转入“本年利润”账户。

(3) 计算M公司全年税前会计利润，即利润总额。

(4) 假设M公司2×24年度不存在所得税纳税调整事项，计算当年应交所得税（税率为25%），编制确认所得税费用和将所得税费用结转入“本年利润”账户的会计分录。

(5) 将“本年利润”账户年末余额转入“利润分配——未分配利润”账户。

素养园地

某公司重组上市过程中，于 2015 年 1 月披露承接某“一带一路”沿线国家地铁公交工程的金属屋面围护系统工程，合同金额 3 250 万美元。某公司重组上市后，2015 年报披露工程完工，实现收入 2 亿元。经查，某公司通过虚构承揽境外项目、虚构跨境资金循环、虚构建材出口、虚构境内建材贸易等手法，虚增收入 5.8 亿元，虚增利润 2.6 亿元。

2017 年 12 月，证监会对某公司做出上限罚款，对相关责任人员依法采取证券市场禁入措施。

资料来源：施先旺，季华．中级财务会计．2 版．大连：东北财经大学出版社，2021：384.

结合案例，请思考：利用涉及“一带一路”沿线国家的涉外项目造假，是否会对国家形象造成恶劣影响？假如你是负责审计某公司财务报告的审计师，看到涉及“一带一路”沿线国家的项目，是否应当给予特别的重视？如何设计特别的审计程序以保证审计的有效性？

第十章

财务报表

学习目标

本章介绍了财务报表的基本理论与编制方法。

通过本章的学习，学生应了解企业财务报表的构成和分类；理解财务报表的作用、编制要求和附注的内容；掌握资产负债表、利润表、现金流量表及所有者权益变动表的结构及编制方法。

素养目标

财务报表是企业经营活动的综合反映，也是与企业有利益关系各方制定经济决策的主要依据。教师通过讲解财务报表相关知识，不仅让学生掌握财务报表编制程序、编制方法，还让学生深刻认识财务报表信息在维护国家利益、社会公共利益和企业利益中所发挥的重要作用，以“诚信为本、操守为重、坚持原则、不做假账”为原则，自觉形成提供真实可靠的会计信息意识，不粉饰财务报表，践行公正和诚信理念。

导 读

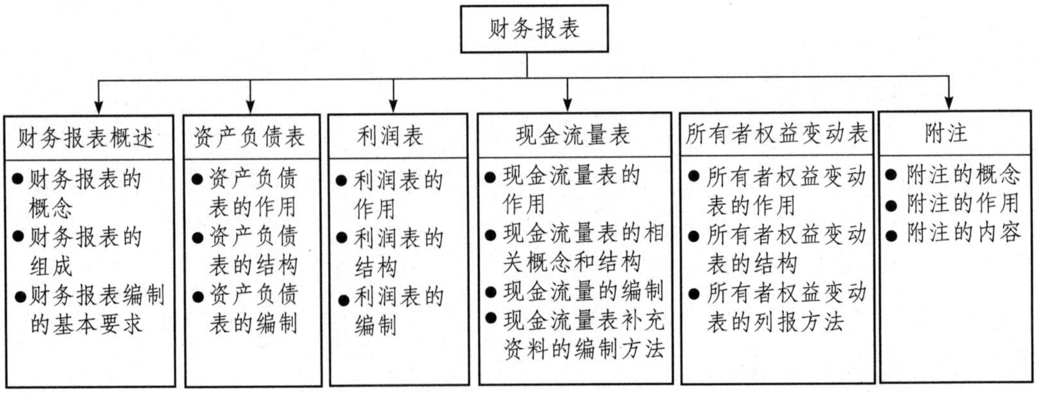

框图说明：

财务会计的基本目标是向企业外部有关方面提供有用的会计信息，有助于他们做出各种相关的经济决策。财务报表是财务会计信息的主要载体，也是企业财务状况、经营成果和现金流量的结构性表述。一套完整的财务报表体系是由报表和附注组成，其中报表包括资产负债表、利润表、现金流量表和所有者权益（或股东权益）变动表。

第一节 财务报表概述

导入案例

2×24 年暑期，某大学理财专业的学生季某家得到一笔拆迁款。季某的姑姑知道季某是学理财的，也知道她一直在关注可获利的投资机会。近日，季某的姑姑根据季某已将部分资金投资于公司债券的情况，建议她用剩余资金购买美的尔公司发行的 10 年期债券，该公司承诺债券的回报率为 35%。美的尔公司主打产品为民族服装、服饰。

季某告诉她的姑姑，除非她能看到美的尔公司的财务报表，否则不能对这项投资过于乐观。季某的姑姑认为这是个千载难逢的良机，她已经帮季某找到一份美的尔公司近期未经审计的年度财务报表复印件。资产负债表显示负债权益比为 0.1（负债总额与所有者权益总额之比）。当年美的尔公司报告的净利润为 4 845 200 元，但无法获得与存货计量、折旧方法、贷款合同等有关的重要附注披露资料。

思考： 如果你是季某，请你给姑姑发一份邮件，向她解释为什么根据美的尔公司所提供的财务报表进行投资决策是不明智的，重点解释为什么该公司提供的财务报表既不相关也不可靠。

一、财务报表的概念

财务报表，是对企业财务状况、经营成果和现金流量的结构性表述。

企业制定未来重大经济决策需要财务会计信息，而财务会计最有用的信息都集中在财务报表中。通过财务报表这一信息载体，可以将企业的财务状况、经营成果和现金流量等信息传递给与企业有经济利益关系的各方，有利于他们做出相关的经济决策。可见，财务报表是向投资者、债权人等会计信息使用者提供决策有用信息的媒介和渠道，也是投资者、债权人等与企业管理层之间进行信息交流、沟通的桥梁和纽带。

二、财务报表的组成

《企业会计准则——基本准则》规定，一套完整的财务报表体系是由报表和附注组成的，如图 10-1 所示。

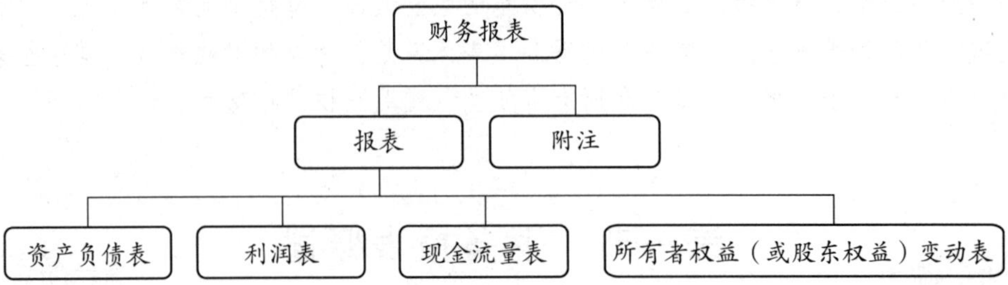

图 10-1 财务报表组成

（一）报表

报表主要由资产负债表、利润表、现金流量表、所有者权益（或股东权益）变动表组成。其中：资产负债表，是反映企业在某一特定日期的财务状况的财务报表；利润表，是反映企业在一定会计期间的经营成果的财务报表；现金流量表，是反映企业在一定会计期间的现金和现金等价物流入和流出情况的财务报表；所有者权益（或股东权益）变动表，是反映企业在某一特定日期所有者权益增减变动情况的财务报表。

（二）附注

附注，是指为了帮助理解报表的内容而对报表有关项目等所做的解释，是财务报表的有机组成部分。

三、财务报表编制的基本要求

为了充分发挥财务报表的作用，保证财务报表提供的信息能够满足有关各方的需要，企业编制财务报表必须遵循下列要求。

（一）报表列报的基础：持续经营基本假设

企业应当以持续经营为基础，根据实际发生的交易和事项，按照《企业会计准则——基本准则》和其他相关会计准则的规定进行确认和计量，在此基础上编制财务报表。

（二）报表编制过程中的基本要求

（1）编制报表前，应认真核对账簿记录，做到账证相符、账账相符、账实相符。在财务报表列报时，至少应当提供所有列报项目在可比会计期间的比较数据，并遵循一致性列报的原则，保证不同期间财务报表相关项目的数字相互衔接，使会计信息在同一企业的不同时期具有可比性。

（2）财务报表所涉及的资产和负债、收入和费用在列报时不能相互抵消，应以总额列报。但下列情况可以净额填列：一是资产项目按扣除减值准备后的净额填列；二是非日常活动产生的损益，以收入扣减费用后的净额填列。

（3）在财务报表列报时，对相对比较重要的项目予以全面和尽可能详细的披露；相反，对不重要或与决策无关的项目则可以简要的方式披露，甚至不予披露。

（4）报表编制完毕，要核对报表之间的数字。各种报表之间以及同一报表各项目之间，凡有对应关系的数字都要核对相符；本年度财务报表与上年度财务报表之间的相关指标数字应衔接一致。

音频

重要性原则与财务报表项目的设置

（三）报表报送的基本要求

（1）企业至少应当按年编制和填列会计准则所要求的全部财务报表，并在规定的期间内对外提供，不得提前或者延迟。如果年度财务报表涵盖的期间短于一年，则企业应当披露：财务报表涵盖的期间；年度财务报表涵盖期间短于一年的原因。

（2）报表格式的基本要求。企业应当在财务报表中以显著的方式填列以下内容：编报企业的名称、资产负债表日或财务报表涵盖的会计期间、人民币金额单位，财务报表是合并财务报表的，应当予以标明。

第二节　资产负债表

一、资产负债表的作用

资产负债表，也称财务状况表，是指反映企业某一特定日期财务状况的会计报表，它是根据“资产＝负债＋所有者权益”这一会计等式，按照一定分类标准和次序，将企业一定日期的资产、负债和所有者权益项目适当排列，并对日常核算资料进行高度浓缩整理后而形成的。

追溯历史，15 世纪，意大利的企业为了报税以及在终止合伙关系的过程中，在报告应税财产时就采用了资产负债表。在财务报表体系中，资产负债表是起始报表，它涵盖了一个企业的全部账户，同时反映了每个账户的起始和终结，是企业期初、期末财务状况的集中体现。资产负债表可以为投资者、债权人以及经营管理层等提供评价企业偿债能力、预测未来财务状况和发展潜力的重要信息。

资产负债表是企业会计报表体系中的主要报表，它能够提供丰富的信息，具有以下作用：

（1）资产负债表中的资产项目反映了企业所拥有的各种资源数量、结构以及企业偿还债务的能力，有助于预计企业履行支付承诺的能力。

（2）资产负债表中的负债、所有者权益项目，揭示了企业所承担债务的数量、偿还期限的长短，反映了企业的投资者对本企业资产所拥有的权益，有助于会计信息使用者了解企业资金来源的构成，分析企业的资金结构，了解企业所面临的财务风险。

（3）通过对资产负债表的分析，可以了解企业的偿债能力、投资能力和支付能力。若把不同时期资产负债表中的相同项目进行横向对比和不同时期不同项目进行纵向对比，还可以反映企业资金结构的变化情况及财务状况的发展趋向。

二、资产负债表的结构

资产负债表由表头和基本内容组成。

（一）表头

表头包括报表名称、编制单位、编制日期、货币种类和金额单位等内容。

（二）基本内容

基本内容部分是资产负债表的核心，可以采用账户式或报告式分项列示企业的资产、负债和所有者权益。

1. 账户式资产负债表

账户式资产负债表，是指报表用左右排列成“T”形账户基本结构的形式，反映资产、负债和所有者权益的基本状况。资产项目列示在报表的左方，负债和所有者权益项目列示在报表的右方。左方资产总额等于右方负债和所有者权益总额。账户式资产负债表的简明格式如表 10－1 所示。

表 10－1 账户式资产负债表

资产	负债和所有者权益
流动资产 非流动资产	流动负债 非流动负债 所有者权益
资产总计	负债和所有者权益总计

在账户式资产负债表中，有关资产、负债和所有者权益项目平行列示，各项目之间内在钩稽关系得以充分揭示和披露。所以，这种结构的资产负债表较好地将形式和内容统一，有利于人们对资产负债表进行分析。

2. 报告式资产负债表

报告式资产负债表的报表项目依次按资产、负债和所有者权益三部分上下纵向排列。上半部列示资产，下半部列示负债和所有者权益。其简明格式如表 10－2 所示。

表 10－2 报告式资产负债表

（“资产＝负债＋所有者权益”报告式）

项目	金额
流动资产	×××
非流动资产	×××
资产总计	×××
流动负债	×××
非流动负债	×××
所有者权益	×××
负债和所有者权益总计	×××

（三）资产负债表项目的说明

根据《企业会计准则》的规定，企业需要提供比较资产负债表，以便报表使用者通过比较不同时点资产负债表的数据，掌握企业财务状况的变动情况及发展趋势。所以，资产负债表还就各项目再分为“年初余额”和“期末余额”两栏，以反映和比较不同时期资产、负债和所有者权益增减变化的状况。

我国资产负债表采用账户式结构，为适应会计报表使用者的需要，还根据各项资产、负债、所有者权益在经营中的作用以及管理要求归类排列，以便取得经营管理所需的资料。

1. 资产

资产负债表中的资产方分为流动资产和非流动资产。

（1）流动资产各项目按流动性和变现能力的强弱顺序排列。流动性、变现能力较强的资产项目排列在先，流动性及变现能力弱的资产项目排列在后。资产负债表中列示的流动资产项目通常包括货币资金、交易性金融资产、衍生金融资产、应收票据、应收账款、应收款项融资、预付款项、其他应收款、存货、合同资产、持有待售资产和一年内到期的非流动资产等。

由于流动资产在企业经营活动中不断周转、直接影响企业经营活动，因此在资产方排为第一类。

（2）资产负债表中列示的非流动资产项目通常包括债权投资、其他债权投资、长期应收款、长期股权投资、其他权益工具投资、其他非流动金融资产、投资性房地产、固定资产、在建工程、生产性生物资产、油气资产、使用权资产、无形资产、开发支出、商誉、长期待摊费用、递延所得税资产以及其他非流动资产等。

2. 负债和所有者权益

资产负债表中的负债和所有者权益方分为以下三个类别：

（1）流动负债。资产负债表中列示的流动负债项目通常包括短期借款、交易性金融负债、衍生金融负债、应付票据、应付账款、预收款项、合同负债、应付职工薪酬、应交税费、其他应付款、持有待售负债、一年内到期的非流动负债等。流动负债是在债权人提出要求时，或预期在资产负债表日后一年内需要清偿的债务。

（2）非流动负债。通常包括长期借款、应付债券、租赁负债、长期应付款、预计负债、递延收益、递延所得税负债以及其他非流动负债等。非流动负债通常是不需要即期支付的债务。

【提醒您】

（1）流动负债与非流动负债的划分是否正确，直接影响对企业短期和长期偿债能力的判断。如果混淆了负债的类别，将歪曲企业的实际偿债能力，误导报表使用者进行决策。

（2）流动负债是企业计算短期偿债能力比率的基础。区分流动负债和非流动负债，有助于分析流动资产与流动负债之间的相互关系（即形成“流动比率”指标），为短期债权人判断企业短期偿债能力提供信息。

（3）流动负债和非流动负债的界限并非绝对的。例如，由于企业与供货方之间发生某些未确定事项，使其应付账款账龄超过一年或一个营业周期以上，对此仍将其纳入流动负债核算范围之内。相反，现有一项流动负债，计划用一项非流动负债来取代，应将其在资产负债表非流动负债项目中列示。

（3）所有者权益。通常包括实收资本、其他权益工具、资本公积、库存股、其他综合收益、专项储备、盈余公积和未分配利润。

资产负债表中的负债及所有者权益项目是按照偿还出资额的先后顺序排列的。流动负债需要在一年内或一个营业周期内偿还，排在最前；所有者权益只有在企业解散时才需要偿还，排在最后。负债部分也是按照债务清偿缓急排列的，先流动负债，后非流动负债。

在资产负债表中，资产各项目年初总计数和期末总计数，应分别与负债、所有者权益各项目的年初总计数和期末总计数相等。

三、资产负债表的编制

资产负债表的编制，主要是通过对日常会计核算资料的归类、整理完成的。

（一）资产负债表“期末余额”栏的填列方法

资产负债表“期末余额”栏一般应根据资产、负债和所有者权益类账户的期末余额填列。

1. 根据总账账户的余额填列

表中“其他权益工具投资”“递延所得税资产”“长期待摊费用”“短期借款”“应付票据”“持有待售负债”“交易性金融负债”“租赁负债”“递延收益”“递延所得税负债”“实收资本（或股本）”“其他权益工具”“库存股”“资本公积”“其他综合收益”“专项储备”“盈余公积”等项目，应根据有关总账账户的余额填列。

其中，自资产负债表日起一年内到期应予以清偿的租赁负债的期末账面价值，在“一年内到期的非流动负债”项目反映；“长期待摊费用”项目中摊销年限（或期限）只剩一年或不足一年的，或者预计在一年内（含一年）进行摊销的部分，仍在“长期待摊费用”项目中列示，不转入“一年内到期的非流动资产”项目；“递延收益”项目中摊销期限只剩一年或不足一年的，或预计在一年内（含一年）进行摊销的部分，不得归类为流动负债，仍在该项目中填列，不转入“一年内到期的非流动负债”项目。

2. 根据总账账户的余额计算填列

表中“货币资金”项目，需根据“库存现金”“银行存款”“其他货币资金”三个总账账户余额的合计数填列；“其他应付款”项目，需根据“其他应付款”“应付利息”“应付股利”三个总账账户余额的合计数填列。

例 10-1

2×24 年 12 月 31 日，M 公司“应付利息”账户贷方期末余额为 40 000 元，“应付股利”账户贷方期末余额为2 000 000元，“其他应付款”账户贷方期末余额为440 000元。

2×24年12月31日，M公司资产负债表中“其他应付款”项目“期末余额”栏应填列的金额=40 000+2 000 000+440 000=2 480 000（元）。

3. 根据明细账账户的余额分析计算填列

（1）“开发支出”项目、“应收款项融资”项目和“未分配利润”项目。

表中“开发支出”项目，应根据“研发支出”账户中所属的“资本化支出”明细账户期末余额填列；“应收款项融资”项目，应根据“应收票据”“应收账款”账户的明细账户期末余额分析填列；“未分配利润”项目，应根据“利润分配”账户中所属的“未分配利润”明细账户期末余额填列。

（2）“应付账款”项目和“预收款项”项目。

表中“应付账款”项目，应根据“应付账款”和“预付账款”账户所属的相关明细账户的期末贷方余额合计数填列；“预收款项”项目，应根据“预收账款”和“应收账款”账户所属各明细账户的期末贷方余额合计数填列。

（3）“交易性金融资产”项目和“其他债权投资”项目。

表中“交易性金融资产”项目，应根据“交易性金融资产”账户的明细账户期末余额分析填列，自资产负债表日起超过一年到期且预期持有超过一年的以公允价值计量且其变动计入当期损益的非流动金融资产，在“其他非流动金融资产”项目中填列；表中“其他债权投资”项目，应根据“其他债权投资”账户的明细账户余额分析填列，自资产负债表日起一年内到期的长期债权投资，在“一年内到期的非流动资产”项目中填列，购入的以公允价值计量且其变动计入其他综合收益的一年内到期的债权投资，在“其他流动资产”项目中填列。

（4）“应交税费”项目。

表中“应交税费”项目，应根据“应交税费”账户的明细账户期末余额分析填列，若为借方余额，应当根据其流动性在“其他流动资产”或“其他非流动资产”项目中填列。

（5）其他。

表中“一年内到期的非流动资产”“一年内到期的非流动负债”项目，应根据有关非流动资产或非流动负债项目的明细账户余额分析填列；“应付职工薪酬”项目，应根据“应付职工薪酬”账户的明细账户期末余额分析填列；“预计负债”项目，应根据“预计负债”账户的明细账户期末余额分析填列。

4. 根据总账账户和明细账账户的余额分析计算填列

（1）“长期借款”“应付债券”项目。

“长期借款”“应付债券”项目，应分别根据“长期借款”“应付债券”总账账户余额扣除“长期借款”“应付债券”账户所属的明细账户中将在资产负债表日起一年内到期，且企业不能自主地将清偿义务展期的部分后的金额计算填列。

例10-2

2×21年12月31日，N公司“长期借款”账户余额为80 000元，其中：第1笔30 000元，期限从2×21年8月1日至2×24年8月1日；第2笔为50 000元，期限从

2×20 年 8 月 1 日至 2×22 年 8 月 1 日。两笔借款均为到期一次还本、分期付息。

该公司 2×21 年 12 月 31 日的资产负债表中与长期借款有关项目的填列方法如下：

(1)“长期借款”项目＝80 000－50 000＝30 000（元）；

(2)“一年内到期的非流动负债”项目应填列 50 000 元。

---

(2)“其他流动资产”“其他流动负债”“其他非流动负债”项目。

“其他流动资产”“其他流动负债”项目，应根据有关总账账户及有关账户的明细账户期末余额分析填列；“其他非流动负债”项目，应根据有关账户的期末余额减去将于一年内（含一年）到期偿还数后的金额填列。

5. 根据有关账户余额减去其备抵账户余额后的净额填列

(1) 表中“持有待售资产”“长期股权投资”“商誉”项目，应根据相关账户的期末余额填列，已计提减值准备的，还应扣减相应的减值准备。

(2) 表中“在建工程”项目，应根据“在建工程”和“工程物资”账户的期末余额，扣减“在建工程减值准备”和“工程物资减值准备”账户的期末余额后的金额填列。

(3) 表中“固定资产”项目，应根据“固定资产”和“固定资产清理”账户的期末余额，减去“累计折旧”和“固定资产减值准备”账户的期末余额后的金额填列。

例 10-3

2×24 年 12 月 31 日，某企业“固定资产”账户借方余额为 15 000 000 元，“累计折旧”账户贷方余额为 6 000 000 元，“固定资产减值准备”账户贷方余额为 1 000 000 元。

2×24 年 12 月 31 日，该企业资产负债表中“固定资产”项目期末余额栏应填列的金额＝15 000 000－6 000 000－1 000 000＝8 000 000（元）。

---

(4) 表中“无形资产”“投资性房地产”“生产性生物资产”“油气资产”项目，应根据相关账户的期末余额扣减相关的累计折旧（或摊销、折耗）填列，已计提减值准备的，还应扣减相应的减值准备，折旧（或摊销、折耗）年限（或期限）只剩一年或不足一年的，或者预计在一年内（含一年）进行折旧（或摊销、折耗）的部分，仍在上述项目中列示，不转入“一年内到期的非流动资产”项目。采用公允价值计量的上述资产，应根据相关账户的期末余额填列。

(5) 表中“长期应收款”项目，应根据“长期应收款”账户的期末余额，减去相应的“未实现融资收益”账户和“坏账准备”账户所属相关明细账户期末余额后的金额填列。

(6) 表中“使用权资产”项目，应根据“使用权资产”账户的期末余额，减去“使用权资产累计折旧”和“使用权资产减值准备”账户的期末余额后的金额填列。

(7) 表中“长期应付款”项目，应根据“长期应付款”和“专项应付款”账户的期末余额，减去相应的“未确认融资费用”账户期末余额后的金额填列。

6. 综合运用上述填列方法分析填列

(1) 应收和预付款项。

表中“应收票据”项目，应根据“应收票据”账户的期末余额，减去“坏账准备”账户中相关坏账准备期末余额后的金额分析填列；“应收账款”项目，应根据“应收账款”

账户的期末余额，减去“坏账准备”账户中相关坏账准备期末余额后的金额分析填列，如预收账款账户所属明细账户期末为借方余额，该余额也应填列在“应收账款”项目内；账户的期末余额，减去“坏账准备”账户中相关坏账准备期末余额后的金额分析填列；“其他应收款”项目，应根据“其他应收款”“应收利息”“应收股利”账户的期末余额合计数，减去“坏账准备”账户中相关坏账准备期末余额后的金额填列；“预付款项”项目，应根据“预付账款”和“应付账款”账户所属各明细账户的期末借方余额合计数，减去“坏账准备”账户中相关坏账准备期末余额后的金额填列。

例 10-4

2×24 年 12 月 31 日，M 公司债权债务明细账户余额如表 10-3 所示。

表 10-3 M 公司债权债务明细账户余额 单位：元

债权账户	明细账户余额	总账余额	债务账户	明细账户余额	总账余额
应收账款	A 公司 100 000（借方）	80 000（借方）	应付账款	E 公司 30 000（借方）	70 000（贷方）
	B 公司 20 000（贷方）			F 公司 100 000（贷方）	
预付账款	C 公司 20 000（借方）	30 000（贷方）	预收账款	G 公司 30 000（借方）	10 000（贷方）
	D 公司 50 000（贷方）			H 公司 40 000（贷方）	
坏账准备	A 公司 5 000（贷方） D 公司 3 000（贷方）	8 000（贷方）			

根据表 10-3，该公司 2×24 年 12 月 31 日资产负债表有关债权债务项目的填列方法如下：

（1）应收账款＝100 000＋30 000－5 000＝125 000（元）；

（2）预付账款＝20 000＋30 000＝50 000（元）；

（3）应付账款＝100 000＋50 000＝150 000（元）；

（4）预收账款＝40 000＋20 000＝60 000（元）。

（2）“债权投资”项目。

表中“债权投资”项目，应根据“债权投资”账户的相关明细账户的期末余额，减去“债权投资减值准备”账户中相关减值准备的期末余额后的金额分析填列。自资产负债表日起一年内到期的长期债权投资，在“一年内到期的非流动资产”项目中填列。购入的以摊余成本计量的一年内到期的债权投资，在“其他流动资产”项目中填列。

（3）“合同资产”“合同负债”项目。

表中“合同资产”和“合同负债”项目，应根据“合同资产”账户和“合同负债”账户的明细账户期末余额分析填列，同一合同下的合同资产和合同负债应当以净额列示，其中净额为借方余额的，应当根据其流动性在“合同资产”或“其他非流动资产”项目中填列，已计提减值准备的，还应减去“合同资产减值准备”账户中相应的期末余额后的金额填列，其中净额为贷方余额的，应当根据其流动性在“合同负债”或“其他非流动负债”项目中填列。

（4）“存货”项目。

表中“存货”项目，应根据“材料采购”“原材料”“发出商品”“库存商品”“周转材料”“委托加工物资”“生产成本”“受托代销商品”等账户的期末余额及“合同履约成本”账户的明细账户中初始确认时摊销期限不超过一年或一个正常营业周期的期末余额合计，减去“受托代销商品款”“存货跌价准备”账户期末余额及“合同履约成本减值准备”账户中相应的期末余额后的金额填列，材料采用计划成本核算，以及库存商品采用计划成本核算或售价核算的企业，还应按加或减材料成本差异、商品进销差价后的金额填列。

例 10-5

M公司的存货采用计划成本法核算。2×24 年 12 月 31 日，该公司“生产成本”账户余额为 500 000 元，“原材料”账户余额为 400 000 元，“库存商品”账户余额为250 000 元，“委托加工物资”账户余额为 160 000 元，“发出商品”账户余额为400 000 元，“存货跌价准备”账户余额为 150 000 元，“受托代销商品”账户借方余额和“受托代销商品款”账户贷方余额均为 350 000 元，“材料成本差异”账户借方余额为100 000 元。

2×24 年 12 月 31 日，M公司资产负债表“存货”项目“期末余额”栏填列方法如下：

“存货”项目金额＝500 000＋400 000＋250 000＋160 000＋400 000－150 000＋350 000－350 000＋100 000＝1 660 000（元）。

（5）“其他非流动资产”项目。

表中“其他非流动资产”项目，应根据有关账户的期末余额减去将于一年内（含一年）收回数后的金额，及“合同取得成本”账户和“合同履约成本”账户的明细账户中初始确认时摊销期限在一年或一个正常营业周期以上的期末余额，减去“合同取得成本减值准备”账户和“合同履约成本减值准备”账户中相应的期末余额填列。

（二）资产负债表“年初余额”栏的填列方法

表中的“年初余额”栏通常根据上年末有关项目的期末余额填列，且与上年末资产负债表“期末余额”栏相一致。如果企业发生了会计政策变更、前期差错更正，应当对“年初余额”栏中的有关项目进行相应调整。如果企业上年度资产负债表规定的项目名称和内容与本年度不一致，应当对上年年末资产负债表相关项目的名称和金额按照本年度的规定进行调整，填入“年初余额”栏。

例 10-6

安信有限责任公司为增值税一般纳税人，2×24 年根据发生的经济业务编制会计分录（略）、登记账簿（如表 10-4、表 10-5 所示）、编制资产负债表（如表 10-6 所示）。

其中：

（1）“生产成本”账户借方发生额 900 000 元，包括耗费原材料 600 000 元，确认职工薪酬 150 000 元，分配制造费用 150 000 元。

（2）“制造费用”账户借方发生额 150 000 元，包括车间计提的折旧费 50 000 元、职工薪酬 100 000 元。

（3）“累计折旧”账户贷方本期发生额 200 000 元，包括车间计提折旧 150 000 元，行政管理部门计提折旧 50 000 元。

表 10-4 资产、负债和所有者权益账户

单位：元

账户名称	上年年末余额	本期发生额		期末余额	账户名称	上年年末余额	本期发生额		期末余额
		借方	贷方				借方	贷方	
库存现金	60 000		50 000	10 000	短期借款	20 000			20 000
银行存款	240 000	2 566 500	2 262 750	543 750	应付票据	30 000		69 500	99 500
交易性金融资产①	150 000		100 000	50 000	应付账款			58 500	58 500
应收票据	60 000	847 500		907 500	预收账款	35 000			35 000
应收账款	300 000			300 000	应付职工薪酬	5 000	300 000	300 000	5 000
坏账准备(应收账款)			20 000	−20 000	应交税费	300 000	216 750	358 750	442 000
预付账款	40 000			40 000	应付利息	10 000		75 000	85 000
库存商品	50 000	900 000	900 000	50 000	其他应付款			45 000	45 000
原材料	550 000	150 000	600 000	100 000	流动负债合计	400 000	516 750	906 750	790 000
生产成本		900 000	900 000	0	长期借款	1 050 000	250 000		800 000
制造费用		150 000	150 000	0	预计负债			100 000	100 000
流动资产合计	1 450 000	5 514 000	4 982 750	1 981 250	非流动负债合计	1 050 000	250 000	100 000	900 000
债权投资	0	1 250 000	250 000	1 000 000	负债合计	1 450 000	766 750	1 006 750	1 690 000
固定资产	750 000	450 000		1 200 000					
累计折旧			200 000	−200 000	实收资本	800 000		1 000 000	1 800 000
固定资产减值准备	0		30 000	−30 000	资本公积			200 000	200 000
在建工程	750 000	105 000		855 000	盈余公积	600 000		62 437.5	662 437.5
非流动资产合计	1 500 000	1 805 000	480 000	2 825 000	利润分配：提取法定盈余公积		41 625	41 625	
					利润分配：提取任意盈余公积		20 812.5	20 812.5	
					利润分配：未分配利润	100 000	62 437.5	416 250	453 812.5
					本年利润	0	1 457 750 416 250	1 874 000	0
					所有者权益合计	1 500 000	1 998 875	3 615 125	3 116 250
总计	2 950 000	7 319 000	5 462 750	4 806 250	总计	2 950 000	2 765 625	4 621 875	4 806 250

① 不属于现金等价物债券投资。

表 10-5 损益类账户

单位：元

账户	收入类		账户	费用支出类	
	借方	贷方		借方	贷方
主营业务收入	1 500 000	1 500 000	主营业务成本	900 000	900 000
投资收益	50 000	50 000	税金及附加	25 000	25 000
营业外收入	150 000	150 000	销售费用	70 000	70 000
			管理费用	125 000	125 000
			财务费用	45 000	45 000
			信用减值损失	20 000	20 000
			资产减值损失	30 000	30 000
			资产处置损益	174 000	174 000
			营业外支出	104 000	104 000
			所得税费用	138 750	138 750
合计	1 700 000	1 700 000	合计	1 631 750	1 631 750

注：(1)“销售费用”账户发生额 70 000 元为用银行存款支付广告宣传费 70 000 元；

(2)“营业外支出”账户发生额 104 000 元包括税收滞纳金 4 000 元，预计损失 100 000 元。

表 10-6 资产负债表

会企 01 表

编制单位：安信有限责任公司　　2×24 年 12 月 31 日　　单位：元

资产	上年年末余额	年初余额	负债及所有者权益（或股东权益）	上年年末余额	年初余额
流动资产			流动负债		
货币资金	553 750	300 000	短期借款	20 000	20 000
交易性金融资产	50 000	150 000	交易性金融负债		
衍生金融资产			衍生金融负债		
应收票据	907 500	60 000	应付票据	99 500	30 000
应收账款	280 000	300 000	应付账款	58 500	
应收账款融资			预收款项	35 000	35 000
预付款项	40 000	40 000	合同负债		
其他应收款			应付职工薪酬	5 000	5 000
存货	150 000	600 000	应交税费	442 000	300 000
合同资产			其他应付款	130 000	10 000
持有待售资产			持有待售负债		
一年内到期的非流动资产			一年内到期的非流动负债		
其他流动资产			其他流动负债		
流动资产合计	1 981 250	1 450 000	流动负债合计	790 000	400 000
非流动资产			非流动负债		
债权投资	1 000 000		长期借款	800 000	1 050 000
其他债权投资			应付债券		
长期应收款			其中：优先股		
长期股权投资			永续股		
其他权益工具投资			租赁负债		
其他非流动金融资产			长期应付款		

续表

资产	上年年末余额	年初余额	负债及所有者权益（或股东权益）	上年年末余额	年初余额
投资性房地产			预计负债	100 000	
固定资产	970 000	750 000	递延收益		
在建工程	855 000	750 000	递延所得税负债		
生产性生物资产			其他非流动负债		
油气资产			非流动负债合计	900 000	1 050 000
使用权资产			负债合计	1 690 000	1 450 000
无形资产			所有者权益(或股东权益)		
开发支出			实收资本(或股本)	1 800 000	800 000
商誉			其他权益工具		
长期待摊费用			其中：优先股		
递延所得税资产			永续股		
其他非流动资产			资本公积	200 000	
非流动资产合计	2 825 000	1 500 000	减：库存股		
			其他综合收益		
			专项储备		
			盈余公积	662 437.5	600 000
			未分配利润	453 812.5	100 000
			所有者权益(或股东权益)合计	3 116 250	1 500 000
资产总计	4 806 250	2 950 000	负债和所有者权益（或股东权益)总计	4 806 250	2 950 000

(4)“应付职工薪酬”账户借方、贷方发生额为 300 000 元，为分配并支付的职工薪酬，其具体内容为：生产工人 150 000 元，行政管理人员 75 000 元，在建工程人员 75 000 元。

(5)“应交税费”账户借方发生额 216 750 元，其中支付固定资产进项税额 58 500 元，原材料进项税额 19 500 元，支付所得税 138 750 元。

(6)“其他应付款”账户贷方余额 120 000 元，出租设备预收租金 450 00 元，应付利息 75 000 元，其中：计入财务费用 45 000 元、在建工程 30 000 元。

(7)“应付利息”项目中包括本期应计入财务费用 30 000 元，计入在建工程成本 450 000 元，全部利息尚未支付。

(8)“长期借款”账户期末余额 800 000 元中，将于一年内到期的金额为200 000 元。

(9)“预计负债”账户期末余额 100 000 元为公司涉及一项诉讼案件确认赔偿金额估计的负债。

四、资产负债表的局限性

(1) 资产负债表中的多数资产和负债按历史成本列报，与其相关信息的可靠性高但相关性不足。

（2）资产负债表中的许多项目不能精确地计量，其结果也不确定，只能加以估计和判断。

（3）资产负债表忽略了会计主体的部分重要资产。资产方没有也不可能反映会计主体拥有或控制的所有资源。例如，技术创新或软件产品、商誉、人力资本等资产，由于公允价值和历史成本都不可得，因此它们根本没有被列示在资产负债表上。

（4）资产负债表的格式及项目的分类，反映了资产、负债的性质及流动性信息，但没有关于资产、负债功能分类信息，如仅反映“是什么”，不能够反映“干什么”，而后者能够传递资产、负债作用方面的信息。

（5）表外融资日益普遍，资产负债表列报和披露的负债信息不断缺失，在企业财务风险增加的同时，资产负债表分析的潜在价值却在不断下降。

第三节 利润表

一、利润表的作用

利润表是反映企业在一定时期的经营成果的报表。经营成果通常表现为企业某一时期收入与费用配比形成的利润或亏损，因此，利润表又称损益表，一度被称为损益计算书。根据收入支出配比原理，利润是企业一定时期收入与费用相互抵减的余额，收入反映了企业所取得的经营成果，而费用则说明企业取得相应经营成果所付出的努力和代价。收入超过了费用，为实现的利润；反之，则为亏损。利润表不仅反映了企业在一定会计期间获得的收益或发生的耗费，还揭示了企业收益实现的过程，以正确评价企业经营业绩，预测未来的获利能力。

具体来说，利润表的主要作用包括以下几方面：

（1）有助于评价企业的经营成果。利润表是企业一定期间收入实现、费用耗费等情况的综合反映。通过利润表，可以全面反映企业一定会计期间的收入实现情况以及该期间费用耗费情况，据以反映企业净利润的实现情况，判断资本保值、增值情况。

（2）有助于股东或出资者考核与评价管理层的工作业绩。利润表提供的利润指标具有综合性，使企业在生产、经营、理财和投资等各项活动中管理效率和效益等都能够得到集中的反映。因此，通过利润表，可以为企业管理层判断企业经营活动效率、管理手段优劣、控制制度严密性等方面提供依据。

（3）有助于预测企业未来现金流量。利润是企业现金流入的主要来源，通过利润表，可以预测未来的收益，从而预测未来现金流量。投资者可据此预测未来股利及股票市价，信贷者可据此预测利息收入和偿债能力，从而做出决策。

（4）有助于分析和预测企业未来期间的经营与盈利趋势。在利润表中，不仅列示了营业利润、利润总额和净利润构成情况，还反映了上年度和本年度全年累计实际发生的数据资料。会计信息使用者通过将不同年度相同指标进行比较，可以分析企业盈利水平的变动情况，预测企业经营成果的发展趋势以及未来的收益能力。

二、利润表的结构

企业利润表包括表头和基本内容两部分。

（一）表头

表头部分反映报表的会计主体、编制期间（某月份或某年度）、货币种类及单位。

（二）基本内容

基本内容是利润表的核心部分，分为项目栏和金额栏。项目栏反映企业全部收支相抵后各项经营成果指标的构成、分类和排列；金额栏则反映企业不同时期（月份、年份）各项收入、费用及经营成果达到的水平。

其中，费用的列报，根据《企业会计准则》的规定，应当采用功能法，即按照费用在企业中所发挥的功能进行分类列报，通常分为从事经营业务发生的成本、管理费用、销售费用和财务费用等，并且将营业成本与其他费用分开披露，借以向报表使用者提供具有结构性的信息，能清楚地揭示企业经营业绩的主要来源和构成，提供的信息更具有相关性。

【提醒您】

企业费用除按功能分类外，还可以按性质分类。费用按照性质分类，是指将费用按其性质分为耗用的原材料、职工薪酬费用、折旧费、摊销费等，而不是按照费用在企业中所发挥的不同功能分类。由于与费用性质相关的信息有助于预测企业未来现金流量，企业可以在利润表附注中披露费用按照性质的分类。

为使利润表能清晰反映企业利润的形成原因及构成，便于利润表使用者分析、考核企业利润，利润表的结构有单步式和多步式两种。

1. 单步式利润表

单步式利润表是将报告期所有收入和所有费用支出加在一起，相互抵减，一次计算出该报告期损益的报表。如果收大于支，为实现的利润；反之，为发生的亏损。单步式利润表格式如表 10－7 所示。

表 10－7 单步式利润表

收入	
营业收入	×××
营业外收入	×××
收入小计	×××
成本费用	
营业成本	×××

续表

税金及附加	×××
销售费用	×××
管理费用	×××
财务费用	×××
资产减值损失	×××
公允价值变动损失	×××
所得税费用	×××
成本费用小计	×××
净利润	×××

2. 多步式利润表

多步式利润表，是指按照企业净利润的构成因素和不同的构成内容，根据净利润计算层次排列的利润计算表。多步式利润表格式如表 10－8 所示。

《企业会计准则》规定，企业应当采用多步式利润表列报，将不同性质的收入和费用类别进行对比，从而可以得出一些中间性的利润数据，便于报表使用者理解企业经营成果的不同来源。企业可以分如下几个步骤编制利润表：

(1) 以营业收入为基础，减去营业成本、税金及附加、销售费用、管理费用、财务费用、资产减值损失、信用减值损失，加上其他收益、投资收益（减去投资损失）、公允价值变动收益（减去公允价值变动损失）和资产处置收益（减去资产处置损失）计算出营业利润。

(2) 以营业利润为基础，加上营业外收入，减去营业外支出，计算出利润总额（如为亏损，以“－”号表示）。该指标反映了企业某一特定期间的总体经营成果。

(3) 以利润总额为基础，减去所得税费用，计算出净利润（或净亏损）。净利润（或净亏损）体现了企业最终经营成果。

(4) 计算其他综合收益的税后净额。

(5) 计算综合收益总额。以净利润为基础加上其他综合收益的税后净额，计算得出综合收益总额。

(6) 计算每股收益。每股收益是本期净利润与流通在外普通股股数的比值。它反映了企业每股普通股在一个会计期间所获得的净利润或发生的净亏损。每股收益是广大投资者评价企业以往的经营业绩和管理效率，估计股票投资风险和回报，预测企业未来获利趋势的最直观、最重要的参考依据。在众多的财务分析指标中，唯独将每股收益指标作为利润表的表内项目列示，同时要求在附注中详细披露其计算过程，以供投资者决策参考。

1) 基本每股收益。基本每股收益是企业按照属于普通股股东的当期净利润，除以发行在外普通股的加权平均数计算出来的。其计算公式为：

$$\text{基本每股收益}=\frac{\text{当期净利润}-\text{优先股股利}}{\text{发行在外普通股的加权平均数}}$$

【提醒您】

计算基本每股收益时，分子为归属于普通股股东的当期净利润，或应由普通股股东分担的净亏损金额。发生亏损的企业，每股收益以负数列示。

发行在外普通股的加权平均数按下列公式计算：

$$\text{发行在外普通股的加权平均数}=\frac{\text{期初发行在外普通股股数}+\text{当期新发行普通股股数}\times\text{已发行时间}-\text{当期回购普通股股数}\times\text{已回购时间}}{\text{报告期时间}}$$

例 10-7

2×24 年期初，M公司发行在外的普通股为 10 000 000 股；3 月 2 日，新发行普通股 4 500 000 股；12 月 1 日，回购普通股 1 500 000 股，以备将来奖励职工之用。该公司当年度实现的净利润为 26 000 000 元。基本每股收益的计算方法如下：

$$\text{发行在外普通股的加权平均数}=10\ 000\ 000\times\frac{12}{12}+4\ 500\ 000\times\frac{10}{12}-1\ 500\ 000\times\frac{1}{12}$$

$$=13\ 625\ 000\text{（股）}$$

$$\text{基本每股收益}=\frac{26\ 000\ 000}{13\ 625\ 000}=1.91\text{（元）}$$

2）稀释每股收益。稀释每股收益是以基本每股收益为基础，假设企业所有发行在外的稀释性潜在普通股均已转换为普通股，从而分别调整归属于普通股股东的当期净利润以及发行在外普通股的加权平均数计算而得的每股收益。其中，潜在普通股是指赋予其持有者在报告期或以后期间享有取得普通股权利的一种金融工具或其他合同。目前，我国企业发行的潜在普通股主要有可转换公司债券、认股权证、股份期权等。稀释性潜在普通股，是指假设当期转换为普通股会减少每股收益的潜在普通股。对于亏损企业而言，稀释性潜在普通股的假设转换将增加每股亏损的金额。

多步式利润表将企业营业收入与费用项目加以归类，设置若干个中间性利润指标，分别反映利润总额计算过程。它可以为报表使用者提供判断企业营业性收支与非营业性收支对利润影响程度的资料，也便于分析构成损益各因素的增减变动状况，有助于预测企业盈利趋势。

每一会计期间均需要编制利润表。月度利润表基本内容的金额栏分为“本月数”“本年累计数”两栏。“本月数”栏反映各项目的本月实际净发生数；“本年累计数”栏反映各项目自年初起至本月末止的累计实际净发生数。

年度利润表基本内容的金额栏分为“上期金额”“本期金额”两栏。“上期金额”栏反映各项目的上年累计实际发生数；“本期金额”栏反映各项目自年初起至年末累计实际发生数。

三、利润表的编制

总体来说，利润表基本内容部分应当根据损益类账户的本期发生额来编制。其中，收入项目根据损益类有关账户的本期贷方发生净额填列；成本费用项目根据损益类有关账户的本期借方发生净额填列。

（1）根据各该账户本期贷方发生净额填列的项目有：营业收入（包括主营业务收入、

其他业务收入)、其他收益、营业外收入、投资收益、公允价值变动收益、资产处置收益。其中：投资收益项目按“投资收益”账户贷方累计发生额减去借方累计发生额后的贷方净额填列，如出现投资净损失（即计算出的结果为借方净额），应以负数填列；公允价值变动收益项目应根据“公允价值变动损益”账户贷方累计发生额减去借方累计发生额后的贷方净额填列，如为净损失（即计算出的结果为借方净额），应以负数填列；资产处置收益项目应根据“资产处置损益”账户贷方累计发生额减去借方累计发生额后的贷方净额填列，如为净损失（即计算的结果为借方净额），应以负数填列。

（2）根据各该账户本期借方发生净额填列的项目有：营业成本（包括主营业务成本、其他业务成本)、税金及附加、销售费用、管理费用、研发费用、财务费用、资产减值损失、信用减值损失、营业外支出、所得税费用等。

（3）根据各明细账户发生额分析填列的项目有：“研发费用”项目，应根据“管理费用”账户下的“研发费用”明细账户的发生额分析填列；“利息费用”“利息收入”项目，应根据“财务费用”账户的相关明细账户的发生额分析填列。

（4）根据表中某些项目构成要素之间关系计算确定。如表中“营业利润”“利润总额”“净利润”“综合收益总额”项目是根据该项目组成要素之间相互关系计算确定。

根据财务报表列报准则的规定，企业需要提供比较利润表，使报表使用者通过比较不同期间利润的实现情况，判断企业经营成果的未来发展趋势。所以，利润表各项目再分为“本期金额”和“上期金额”两栏分别列示。其中：利润表“上期金额”栏内各项数字，应根据上年该期利润表“本期金额”栏内所列数字填列。如果上年该期利润表规定的各个项目的名称和内容同本期不相一致，应对上年该期利润表各项目的名称和数字按本期的规定进行调整，填入利润表“上期金额”栏内；利润表“本期金额”栏内各项数字一般应根据损益类账户的发生额分析填列。

例 10-8

安信有限责任公司根据例 10-6 编制的利润表如表 10-8 所示。

表 10-8 利润表

会企 02 表

编制单位：安信有限责任公司　　2×24 年度　　单位：元

项目	本期金额	上期金额（略）
一、营业收入	1 500 000	
减：营业成本	900 000	
税金及附加	25 000	
销售费用	70 000	
管理费用	125 000	
研发费用		
财务费用	45 000	
其中：利息费用		
利息收入		
加：其他收益		
投资收益（损失以“—”号填列）	50 000	
其中：对联营企业和合营企业的投资收益		

续表

项目	本期金额	上期金额（略）
以摊余成本计量的金融资产终止确认收益（损失以“－”号填列）		
净敞口套期收益（损失以“－”号填列）		
公允价值变动收益（损失以“－”号填列）		
信用减值损失	20 000	
资产减值损失	30 000	
资产处置收益（损失以“－”号填列）	174 000	
二、营业利润（亏损以“－”号填列）	509 000	
加：营业外收入	150 000	
减：营业外支出	104 000	
三、利润总额（亏损总额以“－”号填列）	555 000	
减：所得税费用	138 750	
四、净利润（净亏损以“－”号填列）	416 250	
（一）持续经营净利润（净亏损以“－”号填列）		
（二）终止经营净利润（净亏损以“－”号填列）		
五、其他综合收益的税后净额		
（一）不能重分类进损益的其他综合收益		
1. 重新计量设定受益计划变动额		
2. 权益法下不能转损益的其他综合收益		
3. 其他权益工具投资公允价值变动		
4. 企业自身信用风险公允价值变动		
（二）将重分类进损益的其他综合收益		
1. 权益法下可转损益的其他综合收益		
2. 其他权益投资公允价值变动		
3. 金融资产重分类计入其他综合收益的金额		
4. 其他债权投资信用减值准备		
5. 现金流量套期储备		
6. 外币财务报表折算差额		
六、综合收益总额	416 250	
七、每股收益		
（一）基本每股收益		
（二）稀释每股收益		

四、利润表的局限性

（1）利润表中省略了不能可靠计量但被证实能影响企业业绩的某些项目。例如，某公司在品牌认同、客户服务和产品质量提升的同时，企业价值也得到提升，但辨别并报告这些价值的通用框架不存在。

（2）利润数额的多少，有时会受到所用会计政策的影响，使可比性质量受到影响。假设其他所有因素相同，一家企业折旧采用加速折旧法，而另一家企业可能选择直线法，其结果是第一家企业报告的利润较低。

(3) 利润计量包含了一定判断因素，可能会因估计动机、判断水平的差异，导致费用被低估和收益被高估。如一家企业可能诚实地估计一项资产的使用寿命为20年，而另一家企业估计为15年。

(4) 利润表提供的损益信息性质不够清晰，如核心活动、非核心活动。

总之，利润表上述几个局限性降低了其信息在预测未来现金流的数量、时间、不确定性上的有效性。

第四节　现金流量表

导入案例

电话铃声响了，远大公司财务经理拿起电话，听到副总经理的质问："董事会决定提高一车间有害工种职工待遇方案已过半年，尚未实施，你说没钱！我想改善行政办公楼环境，你也一拖再拖，也是讲没钱。我们已经看过公司的利润表，这两年公司一直盈利，这么多的利润，怎么会没有钱？钱用到什么地方去了？"

思考：如果你是财务经理，如何向副总经理解释这些问题？

一、现金流量表的作用

现金流量表，是反映企业一定会计期间现金和现金等价物流入和流出的报表。它是企业的第三张报表。试问，企业已经编制了资产负债表、利润表，为什么还要编制现金流量表？主要有以下几个方面的原因：

(1) 现金至上，"企业的经营，通常被描述为资金的周转，始于现金支出，终于现金收入"[①]。管理企业意味着管理企业的现金，管理层为了提高综合掌控现金的能力，需要获得现金流入和流出信息。

(2) 资产负债表、利润表编制的基础为权责发生制，虽然通过利润表可以提供经营活动成果（损益）信息，但其与现金流量并没有直接的联系，资产负债表能够提供期初、期末货币资金的余额及其变化，但无法解释为什么当期货币资金会发生如此变化。资产负债表、利润表也无法直接提供投资活动和筹资活动等有关信息。

(3) 现金流量信息对投资者和债权人等都非常重要，因为股东能否获得现金股利、债权人出借资金的本金和利息能否收回、员工薪酬能否支付以及各种税费能否足额缴纳等，这些问题的解决一般都取决于企业的现金流量。

---

① 美国财务会计准则委员会．论财务会计概念（中译本）．北京：中国财政经济出版社，1993：38.

编制现金流量表的作用是向报表的使用者提供企业一定时期内现金流入与流出的信息，有助于他们分析企业现金流量的变动及其原因，评价企业偿还债务、支付股利和对外筹资的能力，根据现金流量的过去与未来的相关性，预测企业未来创造现金流量的能力，通过对现金流量表现金信息和利润表净利润的比较分析，评价净利润产生现金的能力，提高净利润的质量。

二、现金流量表的相关概念和结构

（一）现金流量表相关概念的辨析

理解与现金流量表相关的以下几个概念，是认识现金流量表，掌握其结构和编制方法的前提。

1. 现金和现金流量

（1）现金。现金流量表的“现金”是指现金和现金等价物。其中，现金包括库存现金、银行存款和其他货币资金。

【提醒您】

银行存款和其他货币资金中有些不能随时用于支付的存款，如不能随时支取的定期存款等，不应作为现金，而应列作投资；提前通知银行等金融机构可支取的定期存款，应包括在现金范围内。

现金等价物是指期限短、流动性强、易于转换成已知金额的现金，且价值变动风险很小的投资。所谓期限短，一般是指某项投资自取得日起 3 个月或者更短的时间内到期。现金等价物通常包括 3 个月内到期的债券投资等。权益性投资变现的金额通常不确定，因而不属于现金等价物。现金等价物虽然不是现金，但其支付能力与现金相差不大，可视为现金。在以下表述现金时，除特别说明外，均包括现金和现金等价物。

（2）现金流量。现金流量是指企业现金和现金等价物的流入（即收到现金）和流出（即支付现金）。现金流量的这种变化，通常是企业与外部第三方之间（如投资者、债权人、政府及其有关部门、社会公众等）发生了现金收付。

【提醒您】

在编制现金流量表时，应将企业的库存现金、银行存款、其他货币资金和现金等价物视为一个完整的现金体（池），其内部之间形式的转换，如将库存现金转为活期存款，将活期存款转为现金等价物等，在会计上等同视之，不构成现金流量交易或事项，不会产生现金的流入和流出。

2. 现金流量总额和现金流量净额

（1）现金流量总额。现金流量表中各项目的现金流量一般以总额表示。“总额”是指没有相互抵消的金额，即现金流量表中分别列示现金流入量与流出量。现金流入量称为现金来源，现金流出量称为现金运用。

（2）现金流量净额。现金流量净额是指现金流入与现金流出的差额，这个差额可能是正数，也可能是负数。如果是正数，则为净流入；如果是负数，则为净流出。

3. 现金流量的分类

现金流量表准则将导致企业一定会计期间产生的现金流量分为三类：经营活动产生的现金流量、投资活动产生的现金流量和筹资活动产生的现金流量。通过分析资产负债表的结构，可加深对现金流量分类的认识，如图 10－2 所示。

资产负债表

	资产	期末余额	负债和所有者权益	期末余额	
经营活动产生的现金流量	流动资产		流动负债		经营活动产生的现金流量
	货币资金		应付账款		
	应收账款		预收账款		
	预付账款		应付职工薪酬		
	……		……		
			非流动负债		筹资活动产生的现金流量
投资活动产生的现金流量	非流动资产				
	债权投资		长期借款		
	固定资产		应付债券		
	投资性房地产		……		
	无形资产		所有者权益		
	……		实收资本		
			盈余公积		
			……		
	资产总计		负债和所有者权益总计		

图 10－2 现金流量的分类

注：流动负债中的“短期借款”属于筹资活动现金流量。

（1）经营活动产生的现金流量。经营活动是指企业投资活动和筹资活动以外的所有交易和事项。如对于工商企业而言，经营活动主要包括销售商品、提供劳务、购买商品、接受劳务、支付税费等。

（2）投资活动产生的现金流量。投资活动是指企业长期资产的购建和不包括在现金等价物范围内的投资及其处置活动。其中：长期资产是指固定资产、无形资产、在建工程、其他资产等持有期限在一年或一个营业周期以上的资产。投资活动，既包括实物资产投资，也包括非实物资产投资。

（3）筹资活动产生的现金流量。筹资活动是指导致企业资本及债务规模和构成发生变动的活动。其中：资本包括实收资本（股本）和资本溢价（股本溢价）；债务包括向银行借款、发行债券以及偿还债务等。

（二）现金流量表的结构

现金流量表的结构分为正表和补充资料两部分。

1. 现金流量表正表

正表是现金流量表的核心。按照经济活动的性质，正表分为经营活动产生的现金流量、投资活动产生的现金流量和筹资活动产生的现金流量三部分内容，每一类现金流量分别按现金流入和现金流出总额反映。

2. 现金流量表补充资料

现金流量表补充资料是对现金流量表内容的进一步说明，包括以下内容：

(1) 将净利润调节为经营活动现金流量的信息。此内容实质上就是采用间接法计算和反映经营活动的现金流量。

(2) 不涉及现金收支的重大投资和筹资活动。这些活动虽然不涉及当期的现金收支，但会明显影响企业的财务状况，或在未来可能影响企业的现金流量，如一年内到期的可转换公司债券等。

(3) 现金及现金等价物净变动情况。

三、现金流量表的编制

（一）编制现金流量表的途径和准备工作

1. 编制现金流量表的途径

(1) 根据现金和银行存款日记账资料，对某一会计期间内引起现金变动的事项（剔除现金和现金等价物之间变换的事项），按照现金流量的类别分类并分别汇总，填入现金流量表。

(2) 通过利润表、非现金账户资料编制。一般来说，现金的变动总是与非现金项目的变动联系在一起，如商品交易发生的现金收支，会与存货、销售收入的变动相关，支付工资会与成本、管理费用的变动相关，接受现金投资会与实收资本或股本的变动相关，等等。所以通过对非现金项目的分析，就可以找出现金的流动量，从而编制现金流量表。

2. 编制现金流量表的准备工作

首先，从资产负债表中确定现金（“货币资金”项目）期末、期初之间的差额，判断当期现金增减变动情况，为具体编制现金流量表明确方向。如通过计算表 10－6 中的“货币资金”项目的期末、年初之间的差额，说明该公司本期比上期多支出现金 253 750（553 750－300 000）元，通过后续编表，进一步解释说明各类资金活动对现金支出的影响。

其次，编制现金流量表的依据，除账簿资料外，还有资产负债表、利润表资料，以及与现金变动相关的交易或事项资料。编制前，应做好相关资料的准备工作，这一点与资产负债表、利润表的编制不同。

企业可根据业务量的大小及复杂程度，采用工作底稿法、T 形账户法，或直接根据有关账户的记录分析填列现金流量表。其中：分析填列法是直接根据资产负债表、利润表和有关会计账户明细账的记录，分析计算现金流量表各项目的金额，并编制现金流量表。

（二）经营活动现金流量项目的编制

编制现金流量表时，经营活动现金流量有两种列报方式（如图 10－3 所示）：一是按照现金收入和现金支出的类别直接反映经营活动产生的现金流量，如现金流量表的正表部分；二是以净利润为起算点，调整不涉及现金的收入、费用、营业外收支等有关项目，剔除投资活动、筹资活动对现金流量的影响，据此计算出经营活动产生的现金流量，如现金流量表补充资料部分的“将净利润调节为经营活动现金流量”项目的计算方法。

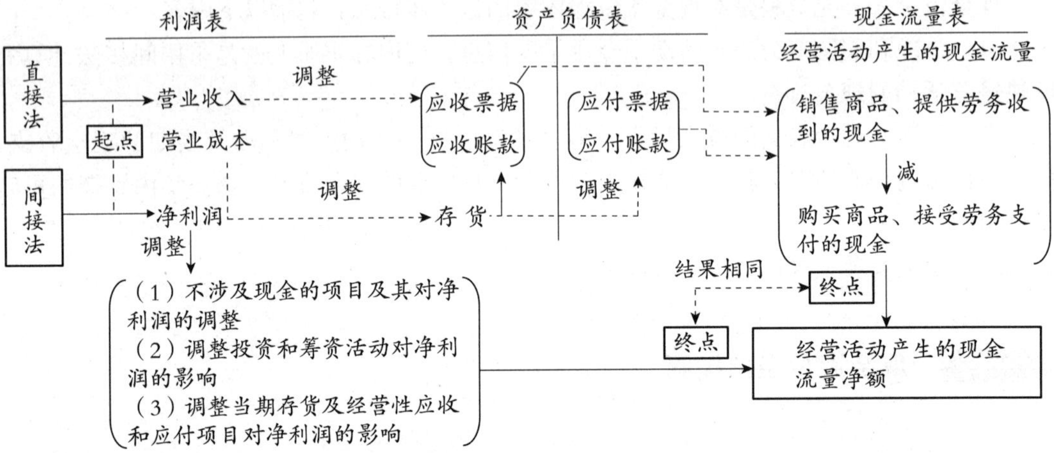

图 10－3　经营活动现金流量的两种列报方式

1. 计算经营活动现金流量的直接法

直接法是指按照现金收入和现金支出总括分类反映来自经营活动的现金流量的方法。采用直接法所提供的信息，有助于估量企业未来的现金流量。

（1）销售商品、提供劳务收到的现金。

企业销售产品如果全部采用现销方式，“销售商品、提供劳务收到的现金”项目可根据利润表上的“营业收入”项目的数额加上本期增值税销项税额计算填列。但如果是赊销业务，会导致销售收入及应收款项已确认并入账，但在本期未收到现金；本期实际收到的现金中，也会有不属于本期收入的上期应收款项的收回。至于预收账款，其余额的变化对现金收入的影响则恰好与应收款项项目相反。于是，根据资产负债表、利润表以及相关资料，按下列公式计算该项目金额：

$$\text{销售商品、提供劳务收到的现金}=\text{营业收入}+\text{销项税额}+\left(\text{应收账款年初余额}-\text{应收账款期末余额}\right)+\left(\text{应收票据年初余额}-\text{应收票据期末余额}\right)+\left(\text{预收账款期末余额}-\text{预收账款年初余额}\right)-\text{当期计提的坏账准备}-\text{票据贴现利息}$$

【提醒您】

（1）如果企业采用备抵法核算坏账，且本期发生了坏账，或有坏账收回，应减去本期确认的坏账，加上本期收回的坏账。因为发生坏账减少了应收账款余额，但没有实际的现金流入；坏账收回有现金流入，但与营业收入无直接关系，且不影响应收账款余额。（2）如果本期发生了应收票据贴现息，则应在公式中减去贴现息，因为贴现息减少了应收票据，但没有相应的现金流入。

例 10-9

2×24 年，M 公司有关财务报表和补充资料如下：一是利润表“营业收入”项目本期发生额合计 40 000 000 元，“营业成本”项目为 24 000 000 元。二是资产负债表部分项目期末余额如表 10-9 所示。三是补充资料：本年计提坏账准备 8 000 元；本期增值税销项税额为 6 800 000 元，本期增值税的进项税额为 2 720 000 元；“存货”项目中包括计提车间的折旧费 56 000 元，分配生产车间工人薪酬 168 000 元。

表 10-9　资产负债表　　单位：元

资产	期末余额	年初余额	负债和所有者权益	期末余额	年初余额
应收票据	320 000	240 000	应付票据	712 000	600 000
应收账款	160 000	480 000	应付账款	592 000	616 000
预付款项	1 040 000	960 000	预收账款	80 000	160 000
存货	6 272 000	7 808 000			

现金流量表“销售商品、提供劳务收到的现金”项目本期金额计算结果为：

40 000 000＋6 800 000＋(240 000－320 000)＋(480 000－160 000)＋(160 000－80 000)－8 000＝47 112 000（元）

（2）收到的税费返还。

本项目包括企业收到返还的增值税、所得税、消费税、关税和教育费附加返还款等，应根据相关账户的记录分析填列。

（3）收到其他与经营活动有关的现金。

本项目包括罚款收入、短期租赁和低价值资产租赁收到的现金、投资性房地产收到的租金收入、流动资产损失中由个人赔偿的现金收入、除税费返还外的其他政府补助收入等，应根据相关账户的记录分析填列。

（4）购买商品、接受劳务支付的现金。

如果每期购买的商品全部在当期现销完毕，期末也无赊购存货，该项目应按照利润表上的“营业成本”项目金额加上本期增值税进项税额计算确定。但期末无存货以及无赊购存货情形并不多见，存货赊购方式势必会影响购买商品的现金支出。该项目的计算公式如下：

购买商品、接受劳务支付的现金＝营业成本＋增值税进项税额－(存货年初余额－存货期末余额)＋本期计提的存货跌价准备＋(应付账款年初余额－应付账款期末余额)＋(应付票据年初余额－应付票据期末余额)＋(预付账款期末余额－预付账款年初余额)－当期计入生产成本、制造费用的职工薪酬－当期计入生产成本、制造费用的折旧费

【提醒您】

（1）如果本期存货减少，说明本期商品销售数量大于本期购入数量，本期销售了上期的商品存货，但销售的上期部分并未在本期发生现金支出，故应从本期营业成本

中扣减；反之，如果本期存货增加，应加计本期营业成本。(2) 如果本期应付款项增加，说明本期赊购商品超过当期用现金偿还的应付款项，多赊购的商品增加了可供销售的商品，但本期并未支付现金。因此，在确定购货现金支出时，应从营业成本中扣减应付款项的增加额。反之，如果本期应付款项减少，应将其差额计入营业成本。而预付账款的影响恰恰与应付款项相反，即本期预付账款增加，加计营业成本；本期预付账款减少，减少营业成本。(3) 当期计入制造成本的职工薪酬和折旧费虽引起了存货增加但未支付现金。

例 10-10

承例 10-9，M公司现金流量表“购买商品、接受劳务支付的现金”项目金额为：

24 000 000+2 720 000 －(7 808 000－6 272 000)+(616 000－592 000)
+(600 000－712 000)+(1 040 000－960 000)－ 56 000－168 000
=24 952 000 (元)

(5) 支付给职工以及为职工支付的现金。

本项目包括企业为获得职工提供的服务，本期实际给予的各种形式报酬以及其他相关支出，应根据相关账户的记录分析填列。应注意的是，支付在建工程人员的工资，应在“购建固定资产、无形资产和其他长期资产支付的现金”项目中反映。

(6) 支付的各项税费。

本项目包括本期发生并支付的税费，以及本期支付以前各期发生的税费和预交的税金，如支付的增值税、消费税、所得税、教育费附加、印花税、房产税、土地增值税、车船使用税等，应根据相关账户的记录分析填列。

(7) 支付其他与经营活动有关的现金。

本项目反映企业除上述 (4) 至 (6) 项目外，支付的其他与经营活动有关的现金，如罚款支出，支付的差旅费、业务招待费、保险费，经营租赁支付的现金等，应根据有关账户的记录分析填列。

2. 计算经营活动现金流量的间接法

间接法就是以企业的净利润为出发点，通过对以下三方面若干项目的调整，最终计算确定经营活动产生的现金流量：一是影响净利润但不会引起现金变动的事项，如当期计提的减值准备、固定资产折旧、无形资产摊销等；二是影响净利润但不属于经营活动的交易或事项，如当期固定资产报废或处置净损益、公允价值变动损益、投资收益、不属于经营环节的财务费用等；三是与净利润无关但影响经营活动现金流量变动，如经营性应收、应付以及存货、递延所得税资产和递延所得税负债的变动。

(三) 投资活动现金流量项目的编制

(1) 投资活动形成的现金流量项目的内容，如表 10-10 所示。

表 10－10 投资活动现金流量项目填列内容

现金流入		现金流出	
项目	列报内容	项目	列报内容
1. 收回投资收到的现金	包括出售、转让或到期收回除现金等价物以外的交易性金融资产、债权投资、其他债权投资、长期股权投资、其他权益工具投资等而收到的现金；不包括债权性投资收回的利息、收回的非现金资产，以及处置子公司及其他营业单位收到的现金净额。	1. 购建固定资产、无形资产和其他长期资产支付的现金	包括购买、建造固定资产，取得无形资产和其他长期资产（如投资性房地产）支付的现金，如购买机器设备和建造工程等支付的现金、支付在建工程人员的工资等，不包括为购建资产发生的借款利息资本化部分等。
2. 取得投资收益收到的现金	包括股权性投资分得的现金股利、债权性投资的利息收入；不包括现金等价物范围内的债权性投资及其利息收入。	2. 投资支付的现金	企业权益性投资和债权性投资所支付的现金。包括现金等价物以外的投资所支付的现金，以及支付的佣金、手续费等交易费用，如交易性金融资产、债权投资、其他债权投资、长期股权投资、其他权益工具投资等。
3. 处置固定资产、无形资产和其他长期资产收回的现金净额	出售固定资产、无形资产和其他长期资产（如投资性房地产）所取得的现金，减去为处置这些资产而支付的有关费用后的净额。	3. 支付的其他与投资活动有关的现金	
4. 收到其他与投资活动有关的现金			

（2）投资活动产生的现金流量项目的编制方法。

投资活动现金流入项目：

1）“收回投资收到的现金”项目，应根据“交易性金融资产”“债权投资”“其他债权投资”“长期股权投资”“库存现金”“银行存款”等账户的记录分析填列。

2）“取得投资收益收到的现金”项目，应根据“应收股利”“应收利息”“投资收益”“库存现金”“银行存款”等账户的记录分析填列。

3）“处置固定资产、无形资产和其他长期资产收回的现金净额”项目，应根据“固定资产清理”“库存现金”“银行存款”等账户的记录分析填列。

4）“收到其他与投资活动有关的现金”项目，应根据有关账户的记录分析填列。

投资活动现金流出项目：

1）“购建固定资产、无形资产和其他长期资产支付的现金”项目，应根据“固定资产”“在建工程”“工程物资”“无形资产”“库存现金”“银行存款”等账户的记录分析填列。

2）“投资支付的现金”项目，应根据“交易性金融资产”“债权投资”“其他债权投资”“长期股权投资”“库存现金”“银行存款”等账户的记录分析填列。

3）“支付其他与投资活动有关的现金”项目，应根据有关账户的记录分析填列。

（四）筹资活动现金流量项目的编制

（1）筹资活动形成的现金流量项目的内容，如表 10－11 所示。

表 10-11 筹资活动现金流量项目的填列内容

现金流入		现金流出	
项目	内容	项目	内容
1. 吸收投资收到的现金	包括企业以发行股票等方式筹集资金实际收到的款项净额，即发行收入减去支付的佣金等发行费用后的净额；不包括以发行股票等方式筹集资金而由企业直接支付的审计、咨询等费用。	1. 偿还债务支付的现金	以现金偿还债务的本金。包括归还金融企业的借款本金、偿付企业到期的债券本金等；不包括偿还的借款利息、债券利息。
2. 借款收到的现金	企业举借各种短期、长期借款而收到的现金，以及发行债券实际收到的款项净额。	2. 分配股利、利润或偿付利息支付的现金	实际支付的现金股利、支付给其他投资单位的利润、支付的借款利息和债券利息。
3. 收到其他与筹资活动有关的现金		3. 支付其他与筹资活动有关的现金	以发行股票、债券等方式筹集资金而由企业直接支付的审计、咨询等费用，融资租赁各期支付的现金、以分期付款方式构建固定资产和无形资产等各期支付的现金等。

（2）筹资活动产生的现金流量项目的编制方法。

筹资活动现金流入项目：

1）“吸收投资收到的现金”项目，应根据“实收资本（或股本）”“资本公积”“库存现金”“银行存款”等账户的记录分析填列。

2）“取得借款收到的现金”项目，应根据“短期借款”“长期借款”“交易性金融负债”“应付债券”“库存现金”“银行存款”等账户的记录分析填列。

3）“收到其他与筹资活动有关的现金”项目，应根据有关账户的记录分析填列。

筹资活动现金流出项目：

1）“偿还债务支付的现金”项目，应根据“短期借款”“长期借款”“交易性金融负债”“应付债券”“库存现金”“银行存款”等账户的记录分析填列。

2）“分配股利、利润或偿付利息支付的现金”项目，应根据“应付股利”“应付利息”“利润分配”“财务费用”“在建工程”“制造费用”“研发支出”“库存现金”“银行存款”等账户的记录分析填列。

3）“支付的其他与筹资活动有关的现金”项目，应根据有关账户的记录分析填列。

例 10-11

承例 10-6 和例 10-8，根据该公司的资产负债表和利润表，采用分析填列法编制该公司的现金流量表，如表 10-12 所示。

表 10-12 现金流量表

编制单位：安信有限责任公司　　　　2×24 年　　　　单位：元

项目	本期金额	上期金额（略）
一、经营活动产生的现金流量：		
销售商品、提供劳务收到的现金	847 500	
收到的税费返还	150 000	

续表

项目	本期金额	上期金额（略）
收到其他与经营活动有关的现金	45 000	
经营活动现金流入小计	1 042 500	
购买商品、接受劳务支付的现金	100 000	
支付给职工以及为职工支付的现金	225 000	
支付的各项税费	138 750	
支付其他与经营活动有关的现金	74 000	
经营活动现金流出小计	537 750	
经营活动产生的现金流量净额	504 750	
二、投资活动产生的现金流量：		
收回投资收到的现金	100 000	
取得投资收益收到的现金	50 000	
处置固定资产、无形资产和其他长期资产收回的现金净额	174 000	
处置子公司及其他营业单位收到的现金净额		
收到其他与投资活动有关的现金		
投资活动现金流入小计	324 000	
购建固定资产、无形资产和其他长期资产支付的现金	525 000	
投资支付的现金	1 000 000	
取得子公司及其他营业单位支付的现金净额		
支付其他与投资活动有关的现金		
投资活动现金流出小计	1 525 000	
投资活动产生的现金流量净额	−1 201 000	
三、筹资活动产生的现金流量：		
吸收投资收到的现金	1 200 000	
取得借款收到的现金		
收到其他与筹资活动有关的现金		
筹资活动现金流入小计	1 200 000	
偿还债务支付的现金	250 000	
分配股利、利润或偿付利息支付的现金		
支付其他与筹资活动有关的现金		
筹资活动现金流出小计	250 000	
筹资活动产生的现金流量净额	950 000	
四、汇率变动对现金及现金等价物的影响		
五、现金及现金等价物净增加额	253 750	
加：期初现金及现金等价物余额	300 000	
六、期末现金及现金等价物余额	553 750	

注：(1) 销售商品、提供劳务收到的现金＝1 500 000＋195 000＋(60 000－907 500)＋(300 000－280 000)－20 000＝847 500（元）；

(2) 购买商品、接受劳务支付的现金＝900 000＋19 500－(600 000－150 000)＋(30 000－99 500)－150 000－150 000＝100 000（元）；

(3) 支付给职工以及为职工支付的现金＝150 000＋75 000＝225 000（元）；

(4) 支付的各项税费（所得税）＝138 750（元）；

(5) 购建固定资产、无形资产和其他长期资产支付的现金＝450 000＋75 000＝52 5000（元）；

(6) 支付其他与经营活动有关的现金＝70 000＋4 000＝74 000（元）。

四、现金流量表补充资料的编制方法

（一）将净利润调节为经营活动的现金流量

将净利润调节为经营活动的现金流量，实际上是经营活动产生的现金流量的另一种列报方法，即间接法。在间接法下，首先要列出净利润，然后对净利润进行调整（增加或减少），即调整被包括在净利润中但是不涉及经营活动现金流入或现金流出的某些数额（如折旧费用），以及调整经营循环涉及的非现金流动资产和流动负债的各种变化，可将净利润调节为经营活动的现金流量。调节公式如下：

经营活动产生的现金流量净额＝净利润＋当期计提的资产、信用减值准备＋当期计提的固定资产折旧、油气资产折耗、生产性生物资产折旧＋当期无形资产摊销＋长期待摊费用摊销＋处置固定资产、无形资产和其他长期资产的损失（减：收益)＋固定资产报废损失（减：收益）＋公允价值变动损失（减：收益)＋财务费用（减：收益）＋投资损失（减：收益)＋递延所得税资产减少（减：增加)＋递延所得税负债增加（减：减少)＋存货的减少（减：增加)＋经营性应收项目的减少（减：增加）＋经营性应付项目的增加（减：减少)＋其他

对上述公式解释如下：

（1）上式中所指的资产减值准备是指当期计提扣除转回的减值准备，包括坏账准备、存货跌价准备、投资性房地产减值准备、长期股权投资减值准备、债权投资减值准备、固定资产减值准备、在建工程减值准备、工程物资减值准备、生物资产减值准备、无形资产减值准备、商誉减值准备等。

（2）企业处置固定资产、无形资产和其他长期资产发生的损益，属于投资活动产生的损益，不属于经营活动产生的损益，所以，在将净利润调节为经营活动现金流量时，需要予以剔除。如为损失，在将净利润调节为经营活动现金流量时，应当加回；如为收益，在将净利润调节为经营活动现金流量时，应当扣除。

（3）企业发生的固定资产报废损益，属于投资活动产生的损益，不属于经营活动产生的损益，所以，在将净利润调节为经营活动现金流量时，需要予以剔除。其调整方式同（2）。

（4）企业发生的投资损益，属于投资活动产生的损益，不属于经营活动产生的损益，所以，在将净利润调节为经营活动现金流量时，需要予以剔除。其调整方式同（2）。

（5）经营性应收项目包括应收票据、应收账款、预付账款、长期应收款和其他应收款中与经营活动有关的部分，以及应收的增值税销项税额等。经营性应付项目包括应付票据、应付账款、预收账款、应付职工薪酬、应交税费、应付利息、长期应付款、其他应付款中与经营活动有关的部分，以及应付的增值税进项税额等。

例 10－12

承例 10－6、例 10－8，安信有限责任公司将净利润调节为经营活动的现金流量各项目计算结果及过程如表 10－13 所示。

表 10－13　现金流量表补充资料

补充资料	本期金额	上期金额（略）
1. 将净利润调节为经营活动现金流量：		
净利润	416 250	
加：资产减值准备	30 000	
信用减值准备	20 000	
固定资产折旧、油气资产折耗、生产性生物资产折旧	200 000	
无形资产摊销		
长期待摊费用摊销		
处置固定资产、无形资产和其他长期资产的损失（收益以“－”号填列）	－174 000	
固定资产报废损失（收益以“－”号填列）		
净敞口套期损失（收益以“－”号填列）		
公允价值变动损失（收益以“－”号填列）		
财务费用（收益以“－”号填列）	45 000	
投资损失（收益以“－”号填列）	－50 000	
递延所得税资产减少（增加以“－”号填列）		
递延所得税负债增加（减少以“－”号填列）		
存货的减少（增加以“－”号填列）	450 000	
经营性应收项目的减少（增加以“－”号填列）	－847 500	
经营性应付项目的增加（减少以“－”号填列）	415 000①	
其他	70 000	
经营活动产生的现金流量净额	504 750	
2. 不涉及现金收支的重大投资和筹资活动：		
债务转为资本		
一年内到期的可转换公司债券		
融资租入固定资产		
3. 现金及现金等价物净变动情况：		
现金的期末余额	553 750	
减：现金的期初余额	300 000	
加：现金等价物的期末余额		
减：现金等价物的期初余额		
现金及现金等价物净增加额	253 750	

（二）不涉及现金收支的重大投资和筹资活动

一定期间内影响资产或负债但不形成该期现金收支的所有投资和筹资活动的信息，应

① “经营性应付项目的增加（减少以‘－’号填列）”项目计算方法：应付票据增加 69 500 元＋应交税费增加 200 500（195 000＋25 000－19 500）元＋预收租金形成其他应收款 45 000 元＋预计负债 100 000 元＝415 000 元。

在报表附注中披露。这些投资和筹资活动虽然不涉及现金收支，但对以后各期的现金流量有重大影响。如融资租赁设备，记入“长期应付款”账户，当期并不支付设备款及租金，但以后各期必须为此支付现金，从而在一定期间内形成了一项固定的现金支出。不涉及现金收支的投资和筹资活动的业务主要有债务转为资本、一年内到期的可转换公司债券转换和融资租赁固定资产。

案例

乞丐、富翁与现金流量表

（三）现金及现金等价物净增加额

“现金及现金等价物净增加额”项目与现金流量表主表中的“现金及现金等价物净增加额”项目的金额应当相等。

第五节 所有者权益变动表

一、所有者权益变动表的作用

所有者权益变动表，是指反映构成所有者权益的各组成部分当期增减变动情况的报表。所有者权益变动表的作用主要表现在以下方面：

（1）反映了构成所有者权益各组成部分的增减变动情况，有利于揭示所有者权益增减变动的原因。

（2）反映了企业一定时期所有者权益（或股东权益）总量的增减变动状况，通过单独提供“综合收益总额”“所有者投入和减少资本”“利润分配”“所有者权益内部结转”信息，有助于报表使用者全面了解企业收益内容，分析所有者权益（或股东权益）与投入资本、综合收益之间的关系，便于决策者做出合理的判断。

二、所有者权益变动表的结构

所有者权益变动表的结构分为表头和基本内容两部分，其格式如表 10－14 所示。表头主要包括报表名称、编制单位、编制时期和金额单位等。

所有者权益变动表基本内容部分采用矩阵形式清楚地列示所有者权益各组成部分当期的增减变动情况。

（1）从纵向看，所有者权益变动表列示导致所有者权益变动的交易或事项，按所有者权益变动的来源对一定时期所有者权益变动情况进行全面反映。

（2）从横向看，所有者权益变动表按照所有者权益各组成部分（包括实收资本、其他权益工具、资本公积、库存股、其他综合收益、盈余公积、未分配利润）及其总额列示交易或事项对所有者权益的影响。

表 10-14 所有者权益变动表

2×24 年度

编制单位：安信有限责任公司　　会企 04 表　单位：元

项目	本年金额									
	实收资本（或股本）	其他权益工具			资本公积	减:库存股	其他综合收益	盈余公积	未分配利润	所有者权益合计
		优先股	永续债	其他						
一、上年年末余额	800 000					—		600 000	100 000	1 500 000
加:会计政策变更										
前期差错更正										
二、本年年初余额	800 000					—		600 000	100 000	1 500 000
三、本年增减变动金额(减少以“—”号填列)										
(一)综合收益总额										
(二)所有者投入和减少资本										
1. 所有者投入的普通股	1 000 000				200 000					1 200 000
2. 其他权益工具持有者投入资本										
3. 股份支付计入所有者权益的金额										
4. 其他										
(三)利润分配										
1. 提取盈余公积								62 437.5	−62 437.5	0
2. 对所有者(或股东)的分配										
3. 其他										
(四)所有者权益内部结转										
1. 资本公积转增资本(或股本)										
2. 盈余公积转增资本(或股本)										
3. 盈余公积弥补亏损										
4. 设定受益计划变动额结转留存收益										
5. 其他综合收益额结转留存收益										
6. 其他										
四、本年年末余额	1 800 000				200 000			662 437.5	453 812.5	3 116 250

注:资产负债表“其他应付款”项目“上年年末余额”“期末余额”项目,应分别根据“其他应付款”“应付利息”“应付股利”三个总账账户的上年年末余额合计数、本期期末余额合计数填列。

根据《企业会计准则第 30 号——财务报表列报》的规定，所有者权益变动表应就各项目再分为“本年金额”和“上年金额”两栏分别填列，本书将该表的“上年金额”栏省略。

三、所有者权益变动表的列报方法

所有者权益变动表各项目均需填列“本年金额”和“上年金额”两栏。

所有者权益变动表“上年金额”栏内各项数字，应根据上年度所有者权益变动表“本年金额”栏内所列数字填列。上年度所有者权益变动表规定的各个项目的名称和内容同本年度不一致的，应对上年度所有者权益变动表各项目的名称和数字按照本年度的规定进行调整，填入所有者权益变动表的“上年金额”栏内。

所有者权益变动表“本年金额”栏内各项数字一般应根据“实收资本（或股本）”“其他权益工具”“资本公积”“库存股”“其他综合收益”“盈余公积”“利润分配”“以前年度损益调整”账户的发生额分析填列。

第六节 附 注

一、附注的概念

附注，是对在资产负债表、利润表、所有者权益变动表和现金流量表等报表中列示项目的文字描述或明细资料，以及对未能在这些报表中列示项目的说明等。

财务报表由于受格式、反映形式等因素的限制，有时所提供的信息不能完全满足报表使用者的需要。对此，需要以附注形式来完善财务报表，为会计信息使用者理解财务报表提供帮助。附注既是对财务报表的补充说明，也是财务报表不可缺少的内容。很多情况下，会计信息使用者只有通过阅读报表附注才能对财务报表有全面、准确的理解，一些在报表中以表格形式难以表达的内容，也需要通过附注加以反映。

二、附注的作用

（一）附注能够说明企业所采用的会计政策

所谓会计政策，是指企业在会计核算时所遵循的具体原则以及企业所采用的具体会计处理方法。企业采用某种会计政策，就会形成与之相应的会计核算结果。对此，企业必须将其采用的会计政策给予充分的说明，以使报表使用者能正确地理解财务报表，否则必然误导他们的判断与决策。对会计政策的说明，通常采用附注的形式。

（二）附注能够说明影响企业财务状况和经营成果的特殊事项

企业在经营中总会遇到某些有别于正常交易的事项，例如关联方关系及交易、或有事项、企业合并与分立，等等。这些事项所带来的财务结果是正常交易情况下所不可能产生的，因而需要通过附注给予特别说明。

（三）附注能够突出企业重大事项的信息

报表使用者希望了解重大变化事项及其细节，如企业发生的重要资产转让、企业的合并与分立等。通过财务报表附注的说明，可以帮助报表使用者了解哪些是应当引起注意的重要信息，满足他们这方面的需求。

（四）附注能够补充说明财务报表本身无法表达的内容

由于财务报表所规定的内容具有一定的固定性和规定性，并只能提供定量的财务信息，这使得一些情况无法通过报表形式表达，或以报表形式表达起来过于复杂。在正式的财务报表之外以附注的形式对这些情况做单独说明，能够表达得很清楚，可以补充财务报表列示方式的不足。

三、附注的内容

财务报表附注提供的信息十分广泛，一般企业财务报表附注主要包括下述内容。

（一）企业的基本情况

（1）企业注册地、组织形式和总部地址。
（2）企业的业务性质和主要经营活动。
（3）母公司以及集团最终母公司的名称。
（4）财务报告的批准报出者和财务报告批准报出日。

（二）财务报表的编制基础

一般企业编制的财务报表都应该以会计主体、会计分期、持续经营和货币计量四项会计基本假设为基本前提。但是当企业鉴于某些特定情况，编制的财务报表不能满足上述基本前提中某一个或者若干个时，企业必须在财务报表附注中对此做出详细说明。

（三）遵循企业会计准则的声明

企业应当声明编制的财务报表符合企业会计准则的要求，真实、完整地反映了企业的财务状况、经营成果和现金流量等有关信息。如果企业编制的财务报表未能全部遵循企业会计准则，附注中不得做出这种表述。

（四）重要会计政策和会计估计

企业应当披露采用的重要会计政策和会计估计，不重要的会计政策和会计估计可以不披露。在披露重要会计政策和会计估计时，应当披露重要会计政策的确定依据和财务报表项目的计量基础，以及会计估计中所采用的关键假设和不确定因素。

（五）会计政策和会计估计变更以及差错更正的说明

企业应当按照有关规定，披露会计政策和会计估计变更以及差错更正的有关情况。

（六）报表重要项目的说明

企业对报表重要项目的说明，应当按照资产负债表、利润表、现金流量表、所有者权益变动表及其项目列示的顺序，采用文字和数字描述相结合的方式进行披露。报表重要项目的明细金额合计，应当与报表项目金额相衔接。

（七）其他需要说明的重要事项

其他需要说明的重要事项主要包括或有和承诺事项、资产负债表日后非调整事项、关联方关系及交易等，具体的披露要求须遵循相关准则的规定。

思考与练习

一、思考题

1. 什么是财务报表？企业的财务报表包括哪些？

2. 我国企业资产负债表采用的是账户式还是报告式？账户式结构的内在含义是什么？资产和负债应当如何列示？

3. 我国企业利润表采用的是多步式还是单步式？编制多步式利润表分为哪几个步骤？从利润表中能否直接得出营业利润、利润总额和净利润的金额？

4. 资产负债表反映了现金的结存，利润表反映了利润的形成，为什么还要单独编制现金流量表？

5. 现金流量分为哪几类？企业编制经营活动现金流量的方法是什么？

6. 所有者权益变动表与其他财务报表之间有着怎样的关系？

二、练习题

（一）单项选择题

1. 某企业于2×23年4月1日从银行借入期限为3年的长期借款4 000 000元，编制2×24年度资产负债表时，此项借款应填入的报表项目是(　　)。

A. “短期借款”　　B. “长期借款”

C. “其他长期负债”　　D. “一年内到期的长期负债”

2. 下列各项中，不应包括在资产负债表“存货”项目中的是(　　)。

A. 委托其他单位加工的物资　　B. 货款已付但尚未收到的原材料

C. 为建造工程而准备的各种物资　　D. 已发货但尚未确认销售的商品

3. 某企业2×24年12月31日“固定资产”账户余额为10 000 000元，“累计折旧”账户余额为3 000 000元，“固定资产减值准备”账户余额为500 000元。该企业2×24年

12 月 31 日资产负债表中“固定资产”项目的金额为(　　)元。

A. 6 500 000　　B. 7 000 000　　C. 9 500 000　　D. 10 000 000

4. 2×24 年度，甲公司“管理费用”账户发生额合计数为 7 800 000 元，其中：“研发费用”明细账户为 3 000 000 元；“技术转让费”明细账户为 500 000 元。甲公司 2×24 年度利润表中“管理费用”项目“本期金额”栏填列的金额是（　　）元。

A. 7 800 000　　B. 3 000 000　　C. 2 800 000　　D. 4 800 000

5. 某企业 2×24 年度发生以下业务：以银行存款购买将于 2 个月后到期的国债 5 000 000 元，偿还应付账款 2 000 000 元，支付生产人员工资 1 500 000 元，支付购买固定资产款项 3 000 000 元。假定不考虑其他因素，该企业 2×24 年度现金流量表中“购买商品、接受劳务支付的现金”项目的金额为(　　)元。

A. 2 000 000　　B. 3 500 000　　C. 6 500 000　　D. 11 500 000

（二）多项选择题

1. 下列各项中，不会对利润表中的营业利润产生影响的有(　　)。

A. 处置短期投资损益　　B. 计提存货跌价准备

C. 转销盘亏的固定资产　　D. 转让无形资产所有权确认的损益

2. 下列各项中，应列入利润表“营业成本”项目的有(　　)。

A. 出售商品的成本　　B. 经营出租设备计提的折旧额

C. 销售材料的成本　　D. 出租无形资产的摊销额

3. 下列各项中，属于现金流量表中“经营活动产生的现金流量”项目的有(　　)。

A. 收到的税费返还　　B. 销售商品、提供劳务收到的现金

C. 购买商品、接受劳务支付的现金　　D. 支付给职工以及为职工支付的现金

4. 下列各项中，能引起资产负债表资产项目与负债及所有者权益项目同减的有(　　)。

A. 支付现金股利　　B. 取得短期借款

C. 盈余公积补亏　　D. 以现金支付职工薪酬

5. 下列各项中，应列入利润表“资产减值损失”项目的有(　　)。

A. 原材料盘亏损失　　B. 固定资产减值损失

C. 应收账款减值损失　　D. 无形资产处置净损失

（三）计算分析题

1. W 股份有限公司 2×24 年的有关资料如下：

(1) 1 月 1 日，部分总账及其所属明细账余额如表 10－15 所示。

表 10－15　部分总账及其明细账余额表　　单位：元

总账	明细账	借或贷	余额
应收账款	A 公司	借	6 000 000
坏账准备		贷	300 000
长期股权投资	B 公司	借	25 000 000
固定资产	厂房	借	30 000 000
累计折旧		贷	9 000 000
固定资产减值准备		贷	2 000 000

续表

总账	明细账	借或贷	余额
应付账款	C公司	借	1 500 000
	D公司	贷	10 500 000
长期借款	甲银行	贷	3 000 000

注：①该公司未单独设置“预付账款”账户。

②表中长期借款为2×23年10月1日从甲银行借入，借款期限为2年，年利率为5%，每半年付息一次。

(2) 2×24年W股份有限公司发生如下业务：

1) 3月10日，收回上年已作为坏账转销的应收A公司账款700 000元并存入银行。

2) 4月15日，收到C公司发来的材料一批并验收入库，增值税专用发票注明货款为1 000 000元，增值税为130 000元，其款项上年已预付。

3) 4月20日，对厂房进行更新改造，发生后续支出总计5 000 000元，所替换的旧设施账面价值为3 000 000元（该设施原价5 000 000元，已提折旧1 670 000元，已提减值准备330 000元）。该厂房于12月30日达到预定可使用状态，其后续支出符合资本化条件。

4) 1至4月该厂房已计提折旧1 000 000元。

5) 6月30日，从乙银行借款2 000 000元，期限为3年，年利率为6%，每半年付息一次。

6) 10月以票据结算的经济业务有（不考虑增值税）：持银行汇票购进材料5 000 000元；持银行本票购进库存商品3 000 000元；签发6个月的商业汇票购进物资8 000 000元。

7) 12月31日，经计算，本月应付职工工资2 000 000元，应计提社会保险费500 000元。同日，以银行存款预付下月住房租金20 000元，该住房供公司高级管理人员免费居住。

8) 12月31日，经减值测试，应收A公司账款预计未来现金流量现值为4 000 000元。

9) W股份有限公司对B公司的长期股权投资采用权益法核算，其投资占B公司有表决权股份的30%。2×24年B公司实现净利润90 000 000元。长期股权投资在资产负债表日不存在减值迹象。

除上述资料外，不考虑其他因素。

要求：计算W股份有限公司2×24年12月31日资产负债表下列项目的年末余额：应收票据、应收账款、预付款项、长期股权投资、固定资产、应付票据、应付账款、应付职工薪酬、长期借款。

2. A股份有限公司（以下简称“A公司”）为增值税一般纳税人，适用的增值税税率为13%、所得税税率为25%。假定不考虑其他相关税费。A公司主要生产和销售甲产品，原材料按实际成本核算，在销售时逐笔结转销售成本。2×24年度，A公司相关经济业务和事项如下：

(1) 2月5日，销售甲产品一批，该批产品的实际成本为600 000元，增值税专用发票上注明的货款为1 000 000元，增值税税额为130 000元。产品已经发出，提货单已经交给买方，买方用银行存款支付增值税130 000元，对货款开具一张面值为1 000 000元、期限为4个月的不带息商业承兑汇票。

(2) 5月10日，销售甲产品一批，增值税专用发票上注明的货款为6 000 000元，增值税税额为780 000元。产品已经发出，货款和增值税已经收到并存入银行，该批产品的实际成本为3 000 000元。

(3) 本年生产产品领用原材料3 000 000元，生产车间管理领用原材料600 000元，公司管理部门领用原材料200 000元。

(4) 10月3日，销售原材料一批，该批原材料的实际成本为180 000元，增值税专用发票上注明的货款为200 000元，增值税税额为26 000元。原材料已经发出，货款和增值税已经收到并存入银行。

(5) 分配本年度工资2 000 000元，其中：生产工人工资1 000 000元，车间管理人员工资400 000元，企业管理人员工资400 000元，在建工程人员工资200 000元。假定不考虑应付福利费。

(6) 本年计提坏账准备130 000元。

(7) 本年计提固定资产折旧1 000 000元，其中：计入制造费用700 000元，计入管理费用300 000元。

(8) 本年度用银行存款支付本期发生的广告费用60 000元、销售商品过程中发生的运输费140 000元（不考虑增值税）、计入当期损益的利息费用及银行手续费合计40 000元。

(9) 本年度用银行存款缴纳增值税650 000元、所得税350 000元。

(10) 计算并确认本年应交所得税。假定不存在所得税纳税调整事项。

(11) 将本年度的损益类账户结转至“本年利润”账户。

要求：(1) 编制A公司上述业务和事项的会计分录。

(2) 编制A公司2×24年度的利润表。

3. 2×24年，甲公司发生如下经济业务：

(1) 年初从银行借入资金10 000 000元，借款期限为3年，合同年利率为6%（合同利率等于实际利率），不计复利，每年末计提并支付利息一次，到期一次还本，借款已存入银行。

(2) 购入原材料，取得的增值税专用发票上注明的原材料价款为4 000 000元，增值税税额为520 000元，款项以银行存款支付。

(3) 销售商品，开出的增值税专用发票上注明的销售价款为60 000 000元，增值税税额为7 800 000元，款项存入银行。

(4) 收到上年委托外单位代销商品的清单，开出的增值税专用发票上注明的销售价款为15 000 000元，增值税税额为1 950 000元，款项已收到并存入银行。

(5) 购入工程物资用于自建厂房，取得的增值税专用发票上注明的价款为1 500 000元，增值税税额为195 000元，款项均以银行存款支付，工程尚未完工。

(6) 提前报废一台机器设备，取得残值变价收入20 000元，发生清理费用8 000元，款项均以银行存款收付。该台设备已清理完毕。

(7) 年末计提并支付长期借款利息费用600 000元，其中在建工程应负担的为430 000元，应计入本期损益的为170 000元。

(8) 支付职工薪酬3 000 000元，其中：生产人员1 750 000元，车间管理人员500 000元，行政管理部门人员350 000元，在建工程人员400 000元。

(9) 支付现金股利 400 000 元。

除上述资料外，不考虑其他因素。

要求：(1) 分析指出上述业务 (1)、(4) 和 (5) 产生现金流量的类型（属于经营活动、投资活动还是筹资活动产生的现金流量）。

(2) 根据上述全部业务，计算甲公司 2×24 年度现金流量表下列项目的金额：

1) 销售商品、提供劳务收到的现金；

2) 购买商品、接受劳务支付的现金；

3) 支付给职工以及为职工支付的现金；

4) 处置固定资产、无形资产和其他长期资产收回的现金净额；

5) 购建固定资产、无形资产和其他长期资产支付的现金；

6) 取得借款收到的现金；

7) 分配股利、利润或偿付利息支付的现金。

素养园地

某公司于 1997 年创立，三年后进行了股份化改组，于 2001 年在上海证券交易所挂牌上市。某公司是集药品生产、研发和医疗器械营销于一体的大型医药企业。除主营业务药业以外，某公司还涉及房地产等业务。2019 年 4 月 30 日，该公司发布公告称公司账面上存在高达近 300 亿元的会计差错，这引起了证监会对某公司财务报告可靠性的注意。同年 5 月 17 日，经过证监会的初步调查，发布了关于某公司的财务报告存在严重虚假的通知。通知披露了某公司的一系列舞弊行为：一是使用虚假的银行单据增加企业存款；二是伪造一系列业务凭证对企业收入进行造假；三是把部分资金转入关联方账户进而买卖本公司股票。

结合案例，根据所学的财务会计知识，分析某公司问题的性质。社会和谐稳定发展是维持一个国家长治久安、保证人民生活幸福的重要保障，而一些上市公司提供虚假财务信息，影响了社会和谐稳定。请从宏观视角并结合职业特点，谈谈财务人员如何通过自身努力促进资本市场稳定运行，维护社会和谐稳定发展。

主要参考书目

1. 中华人民共和国财政部. 企业会计准则：基本准则. 财政部令第 33 号，2006.

2. 中华人民共和国财政部. 企业会计准则（合订本）. 北京：经济科学出版社，2020.

3. 中华人民共和国财政部. 企业会计准则：应用指南. 上海：立信会计出版社，2024.

4. 财政部会计司编写组. 企业会计准则讲解. 北京：人民出版社，2010.

5. 财政部会计资格评价中心. 初级会计实务. 北京：中国财政经济出版社，2020.

6. 戴德明，林钢，赵西卜. 财务会计学（立体化数字教材版）. 14 版. 北京：中国人民大学出版社，2024.

7. 王国生，于鹏. 中级财务会计. 2 版. 北京：首都经济贸易大学出版社，2021.

附　录

全国会计专业技术资格考试《初级会计实务》试题精选

一、单项选择题（每小题备选答案中，只有一个符合题意的正确答案。请将选定的答案填在括号中。多选、错选、不选均不得分）

1. 下列各项中，应列入利润表“管理费用”项目的是（　　）。

A. 计提坏账准备　　B. 出租无形资产摊销额

C. 支付中介机构的咨询费　　D. 处置固定资产净损失

答案：C

2. 下列各项中，不属于企业留存收益的是（　　）。

A. 资本溢价　　B. 任意盈余公积

C. 未分配利润　　D. 法定盈余公积

答案：A

3. 下列各项中，不属于现金流量表“筹资活动产生的现金流量”项目的是（　　）。

A. 取得借款收到的现金　　B. 吸收投资收到的现金

C. 偿还债务支付的现金　　D. 处置固定资产收回的现金净额

答案：D

4. 下列各项中，应列入利润表“营业外支出”项目的是（　　）。

A. 自然灾害造成的存货净损失

B. 无法查明原因的库存现金短缺

C. 交易性金融资产公允价值变动损失

D. 因债务人无力支付欠款而发生的坏账损失

答案：A

5. 某企业采用先进先出法计算发出原材料的成本。某年 9 月 1 日，甲材料结存 20 克，每件实际成本为 300 元；9 月 7 日，购入甲材料 350 千克，每千克实际成本为 310 元；9 月 21 日，购入甲材料 400 千克，每千克实际成本为 290 元；9 月 28 日，发出甲材料 500 千克。9 月份，甲材料发出成本为（　　）元。

A. 145 000　　B. 150 000　　C. 153 000　　D. 155 000

答案：C

6. 某企业 4 月发生以下业务：计提生产设备折旧 150 000 元，发生车间管理人员工资

100 000 元，支付广告费 350 000 元，预提生产经营用短期借款利息 25 000 元，支付行政管理人员劳动保险费 100 000 元。假定不考虑其他因素，该企业当月期间费用总额为（ ）元。

A. 35 500　　B. 375 000　　C. 475 000　　D. 495 000

答案：C

7. 下列各项中，应当确认为投资损益的是（　　）。

A. 长期股权投资减值损失

B. 长期股权投资处置净损益

C. 期末交易性金融资产公允价值变动的金额

D. 支付与取得长期股权投资直接相关的费用

答案：B

8. 某企业盈余公积年初余额为 50 万元，本年利润总额为 600 万元，所得税费用为 150 万元，按净利润的 10%提取法定盈余公积，并将盈余公积 10 万元转增资本。该企业盈余公积年末余额为（　　）万元。

A. 40　　B. 85　　C. 95　　D. 110

答案：B

9. 某股份有限公司按法定程序报经批准后采用收购本公司股票方式减资，购回股票支付价款低于股票面值总额的，所注销库存股账面余额与冲减股本的差额应计入（　　）。

A. 盈余公积　　B. 营业外收入　　C. 资本公积　　D. 未分配利润

答案：C

10. M 企业某年 5 月份营业收入为 300 万元，营业成本为 260 万元，税金及附加为 18 万元，管理费用为 15 万元，资产减值损失为 4 万元，公允价值变动收益为 3 万元，投资收益为 12 万元，营业外收入为 5 万元，营业外支出为 6 万元。假定不考虑其他因素，该企业当月营业利润为（　　）万元。

A. 15　　B. 17　　C. 18　　D. 22

答案：C

11. 银行承兑汇票到期但企业无力支付票款时，企业应编制的会计分录是（　　）。

A. 借记“应付票据”科目，贷记“短期借款”科目

B. 借记“应付票据”科目，贷记“应付账款”科目

C. 借记“应付票据”科目，贷记“其他应付款”科目

D. 借记“应付票据”科目，贷记“其他应收款”科目

答案：A

12. 某商品流通企业存货的日常核算采用毛利率法计算发出存货成本。该企业 2021 年 3 月份实际毛利率为 25%，4 月 1 日存货成本为 500 万元，4 月份购入存货成本为 1 500 万元，销售收入为 800 万元。该企业 4 月末存货成本为（　　）万元。

A. 200　　B. 600　　C. 1 200　　D. 1 400

答案：D

13. 下列各科目的期末余额，不应在资产负债表“存货”项目列示的是（　　）。

A. “库存商品”　　B. “生产成本”

C. “工程物资”　　　D. “委托加工物资”

答案：C

14. 2020年甲公司自行研发一项非专利技术，当年研发成功并达到预定可使用状态，累计研究支出为160万元，累计开发支出为500万元（其中符合资本化条件的支出为400万元）。该非专利技术使用寿命不能合理确定。假定不考虑其他因素，2020年度甲公司因该项非专利技术而影响利润总额的金额为（　　）万元。

A. 100　　B. 160　　C. 260　　D. 660

答案：C

15. 某企业2021年12月31日购入一台设备，入账价值为200万元，预计使用寿命为10年，预计净残值为20万元，采用年限平均法计提折旧。2022年12月31日，该设备存在减值迹象，经测试预计可收回金额为120万元。2022年12月31日该设备账面价值应为（　　）万元。

A. 120　　B. 160　　C. 180　　D. 182

答案：A

二、多项选择题（每小题备选答案中，有两个或两个以上符合题意的正确答案，请将选定的答案填在括号中。多选、少选、错选、不选均不得分）

1. 下列各项中，应列入利润表“管理费用”项目的有（　　）。

A. 行政管理部门办公费　　B. 行政管理用固定资产折旧费

C. 自主研发项目的研究支出　　D. 行政管理部门固定资产日常修理费

答案：ABCD

2. 下列交易或事项中，会引起现金流量表“投资活动产生的现金流量净额”项目发生变化的有（　　）。

A. 购买股票支付的现金　　B. 向投资者派发现金股利

C. 购建固定资产支付的现金　　D. 收到被投资单位分配的现金股利

答案：ACD

3. 资产负债表的下列项目中，应根据有关科目余额减去其备抵科目后的净额填列的有（　　）。

A. 存货　　B. 固定资产

C. 应收账款　　D. 长期股权投资

答案：ABCD

4. 下列各项中，应确认为企业职工薪酬的有（　　）。

A. 支付临时工的工资　　B. 支付辞退职工的经济补偿金

C. 为职工缴纳的工伤保险费　　D. 为生活困难职工发放的补助金

答案：ABCD

5. 某企业为增值税一般纳税人，委托其他单位加工应税消费品，该产品收回后继续加工。其发生的下列支出中，应计入委托加工物资成本的有（　　）。

A. 发出材料的实际成本　　B. 支付给受托方的加工费

C. 支付给受托方的增值税　　D. 受托方代收代缴的消费税

答案：AB

6. 下列各项中，应列入利润表“营业成本”项目的有（　　）。

A. 出售商品的成本　　B. 经营出租设备计提的折旧额

C. 销售材料的成本　　D. 出租无形资产的摊销额

答案：ABCD

7. 下列各项中，应确认为企业其他货币资金的有（　　）。

A. 企业持有的3个月内到期的债券

B. 企业为购买股票向证券公司划出的资金

C. 企业汇往外地建立临时采购专户的资金

D. 企业向银行申请银行本票时拨付的资金

答案：BCD

8. 下列各项中，影响企业营业利润的有（　　）。

A. 出售原材料损失　　B. 计提无形资产减值准备

C. 公益性捐赠支出　　D. 出售交易性金融资产损失

答案：ABD

9. 下列各项中，除已提足折旧的固定资产外，应计提折旧的有（　　）。

A. 在用的固定资产　　B. 提前报废的固定资产

C. 融资租入的固定资产　　D. 未使用、不需用的固定资产

答案：ACD

10. 下列各项中，年度终了需要转入“利润分配——未分配利润”科目的有（　　）。

A. 本年利润　　B. 利润分配——应付现金股利

C. 利润分配——盈余公积补亏　　D. 利润分配——提取法定盈余公积

答案：ABCD

三、判断题（请判断每小题的表述是否正确。认为表述正确的，在括号中画“√”；认为表述错误的，在括号中画“×”）

1. 企业股东大会审议批准的利润分配方案中应分配的现金股利，在支付前不作账务处理，但应在报表附注中披露。（　　）

答案：×

2. 所有者权益变动表能够反映构成所有者权益各组成部分当期增减变动情况，让报表使用者理解所有者权益增减变动的根源。（　　）

答案：√

3. 企业采购材料已验收入库但发票账单未到、货款未付的，尽管应付款金额不能完全确定，也应当于期末按照估计金额确认为负债。（　　）

答案：√

4. 企业出售交易性金融资产时，应将该金融资产出售时的公允价值与其账面余额之间的差额确认为营业外收入或营业外支出。（　　）

答案：×

5. 专门用于生产某产品的无形资产，其所包含的经济利益通过所生产的产品实现的，该无形资产的摊销额应计入产品成本。（　　）

答案：√

四、不定项选择题

资料：甲公司为增值税一般纳税人。2019 年 12 月，甲公司发生与职工薪酬相关的经济业务如下：

(1) 10 日，购买小型取暖炉一批，价款 100 000 元，增值税税额 13 000 元，已取得可抵扣增值税专用发票，全部款项以银行存款支付。取暖炉购入后作为福利发给一线生产工人，并转出增值税进项税额。

(2) 31 日，公司为高级管理人员免费使用的 5 辆汽车计提折旧，每辆汽车应计提折旧费 3 000 元，作为非货币性薪酬核算。

(3) 31 日，根据在岗职工数量及其岗位，决定以补贴职工食堂支出的形式发放货币性职工薪酬，共计 17 000 元，其中生产工人 12 000 元，车间管理人员 2 000 元，行政管理人员 1 500 元，专设销售机构人员 1 500 元。

要求：

1. 根据资料 (1)，下列各项中，甲公司发放取暖炉相关会计处理表述正确的是（　　）。

A. 贷记“库存商品”科目 100 000 元

B. 借记“应付职工薪酬”科目 113 000 元

C. 借记“应付职工薪酬”科目 100 000 元

D. 贷记“应交税费——应交增值税（进项税额转出）”科目 13 000 元

答案：ABD

2. 根据资料 (2)，下列各项中，关于甲公司计提车辆折旧费会计处理结果表述正确的是（　　）。

A. 应付职工薪酬增加 15 000 元　　B. 管理费用增加 15 000 元

C. 累计折旧增加 15 000 元　　D. 固定资产账面价值减少 15 000 元

答案：BCD

3. 根据资料 (3)，下列各项中，关于甲公司职工福利费会计处理表述正确的是（　　）。

A. 行政管理人员的补贴计入管理费用

B. 专设销售机构人员的补贴计入销售费用

C. 产品生产人员的补贴计入生产成本

D. 车间管理人员的补贴计入管理费用

答案：ABC

4. 根据资料 (1) 至 (3)，下列各项中，甲公司当月发生的非货币性职工薪酬是（　　）元。

A. 128 000　　B. 130 000　　C. 145 000　　D. 100 000

答案：A

5. 根据资料 (1) 至 (3)，上述业务对甲公司 2019 年 12 月利润表中“管理费用”项目本期金额的影响是（　　）元。

A. 18 000　　B. 16 500　　C. 18 500　　D. 20 000

答案：B